权威·前沿·原创

皮书系列为
"十二五"国家重点图书出版规划项目

陕西省社会科学院/编

陕西社会发展报告
（2016）

ANNUAL REPORT ON SOCIETY OF SHAANXI
(2016)

主　编/任宗哲　白宽犁　牛　昉

社会科学文献出版社
SOCIAL SCIENCES ACADEMIC PRESS (CHINA)

图书在版编目(CIP)数据

陕西社会发展报告.2016/任宗哲,白宽犁,牛昉主编—北京:社会科学文献出版社,2015.12
（陕西蓝皮书）
ISBN 978-7-5097-8401-3

Ⅰ.①陕… Ⅱ.①任… ②白… ③牛… Ⅲ.①社会发展-研究报告-陕西省-2016 Ⅳ.①D674.1

中国版本图书馆CIP数据核字（2015）第276630号

陕西蓝皮书
陕西社会发展报告（2016）

主　　编 /	任宗哲　白宽犁　牛　昉
出 版 人 /	谢寿光
项目统筹 /	高振华
责任编辑 /	高振华　张丽丽
出　　版 /	社会科学文献出版社·皮书出版分社 （010）59367127
	地址：北京市北三环中路甲29号院华龙大厦　邮编：100029
	网址：www.ssap.com.cn
发　　行 /	市场营销中心 （010）59367081　59367090
	读者服务中心 （010）59367028
印　　装 /	北京季蜂印刷有限公司
规　　格 /	开本：787mm×1092mm　1/16
	印　张：20.5　字　数：307千字
版　　次 /	2015年12月第1版　2015年12月第1次印刷
书　　号 /	ISBN 978-7-5097-8401-3
定　　价 /	69.00元

皮书序列号 / B-2009-114

本书如有破损、缺页、装订错误，请与本社读者服务中心联系更换

版权所有 翻印必究

陕西蓝皮书编委会

主　　　任　任宗哲

副　主　任　刘卫民　白宽犁　杨　辽　毛　斌

委　　　员　（按姓氏笔画排列）
　　　　　　于宁锴　王长寿　王建康　牛　昉　李继武
　　　　　　吴敏霞　何炳武　谷孟宾　郭兴全　唐　震
　　　　　　裴成荣

主　　　编　任宗哲　白宽犁　牛　昉

本书执行主编　牛　昉

主编简介

任宗哲 经济学博士,二级教授,博士生导师。现任陕西省社会科学院党组书记、院长,研究领域为公共管理、公共经济学。出版专著《中国地方政府研究》、《公共服务城乡均等化供给》等多部。发表学术论文百余篇。曾荣获国家级教学成果奖二等奖、陕西省人民政府教学成果奖特等奖;陕西省政府哲学社会科学优秀成果一等奖2项、省部级三等奖4项。兼任陕西省社会科学界联合会第四届委员会副主席等。

白宽犁 陕西省社会科学院副院长、研究员。研究领域为马克思主义中国化、思想政治教育工作、宣传思想文化工作、社会治理等。在《求是》、《人民日报》、《光明日报》、《陕西日报》等报刊上发表文章100余篇,编辑出版著作20余部,承担国家社科基金等项目20余项。兼任陕西省社会科学信息学会会长。

牛昉 陕西省社会科学院社会学研究所所长、研究员,院学术委员会委员。研究方向为社会政策、社会舆情、农村社会学。主持参与完成"退耕还林还草参与式评估研究"等国家社科基金项目,以及陕西省社科规划和省软科学项目等多项课题。出版《退耕还林还草参与式评估研究》等著作,发表学术论文、调研报告数十篇,其中,《陕西、黑龙江退耕还林绩效评价与后续政策建议》被时任国务院副总理曾培炎批转国家西部办并被相关部门采用。从2014年起担任年度"陕西社会发展报告"的执行主编。

摘 要

《陕西社会发展报告（2016）》由陕西省社会科学院社会学研究所组织院内外科研院所、高等院校和政府相关部门的研究人员共同撰写完成。本书既总结和回顾了过去一年陕西社会建设取得的成就，也分析和梳理了当前社会发展中存在的问题和挑战，探求有效的应对之策，为进一步思考和把握陕西社会发展实际、政策指向和工作策略等提供重要参考。

本书基本延续以往的板块设计，分为"总报告"、"年度热点"、"民意调查"、"专题报告"四大板块。全书紧紧围绕十八大及十八届三中全会关于社会发展的重大决策部署，紧贴"三个陕西"建设实际，对陕西社会发展的诸多领域进行了全面深入的探讨。其中，法治政府建设、革命老区扶贫问题、行政审批制度改革以及移民搬迁问题成为本年度关注的热点。

本年度的"民意调查"四篇报告，包括社会热点焦点事件公众调查、公众对推进"一带一路"的认知、公众"获得感"状况、网络舆情地图等内容，直接反映了陕西公众对党和政府重大决策的态度和回应，充分反映了当前社会舆论的趋势和特点。"专题报告"则主要集中在教育事业改革、劳动就业、老龄化、城乡低保、农村选举等十余个领域，对陕西社会建设、社会治理诸多问题进行了深入分析，并提出了许多有建设性的意见建议。

Abstract

Annual Report on Society of Shaanxi (2016) is organized by Institute of Sociology, Shaanxi Academy of Social Science (SXASS), which involved experts and scholars from SXASS, universities and other related institutes. Focusing on the Social Construction of Shaanxi, scholars analyze and research on issues and challenges in different important fields of society, in order to supply an overview and orientation of social policies in Shaanxi comprehensively.

Report consists of four main sections: "General Report", "Annual Hotspots", "Surveys on Public Opinions" and "Particular Reports". Based on the influential reform arrangement and strategy policies from 3rd Plenary Session of 18th CPC Central Committee, focusing on the "Three - dimensional Shaanxi" Construction Plan from the status quo of Shaanxi social development, report provides systematical interpretation of social fields, especially on construction of law government, poverty alleviation of old revolutionary base areas, reformation of administrative approval system and relocation of immigrants issues.

Four reports of public opinions are focused on public opinion on hotspots, "the Belt and the Road", "Sense of Gain" from Public in Shaanxi and map of net-mediated public sentiment, reflecting public attitude and response to policies of the party and government, as well as the tendency and characteristic of current social public sentiment. Particular Reports respectively provide research on reformation of education, labor employment, ageing of population, basic living allowance in urban and rural areas, and election in rural areas and so on, in order to provide deep investigations, analyses and relevant countermeasures on social construction and governance in Shaanxi.

目 录

Ⅰ 总报告

B.1 2015～2016年陕西社会形势分析与展望
　　　　………………………………………………………… 杨红娟 / 001

Ⅱ 年度热点

B.2 陕西省法治政府建设研究报告 ………………………… 胡映雪 / 013
B.3 陕西省革命老区扶贫开发问题研究 …………………… 田丽丽 / 028
B.4 陕西省区县政府行政审批制度改革成效、困境及对策
　　　——以陕西省碑林区为例 ……………… 贺 莉 乔欣欣 / 039
B.5 陕南移民搬迁中社会治理体制创新问题研究报告
　　　…………………………………… 张燕玲 张 涛 赵 娟 / 053

Ⅲ 民意调查

B.6 2015年社会热点、焦点事件：陕西公众问卷调查分析报告
　　　………………………………… 陕西省社会科学院课题组 / 069

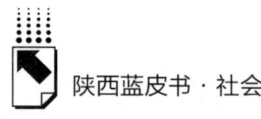

B.7 陕西公众对"一带一路"战略的认知调查报告
　　　　　　　　　　　　　　　　　　陕西省社会科学院课题组 / 080

B.8 陕西公众"获得感"状况调查分析报告
　　　　　　　　　　　　　　　　　　陕西省社会科学院课题组 / 093

B.9 2015年陕西省网络舆情地图
　　　　　　　　　　　　　　　　　　　　　　　　　　张春华 / 107

Ⅳ 专题报告

B.10 陕西省民办高校毕业生就业问题研究
　　　　　　　　　　　　　　　　　　　　　　　张　辉　孙晓辉 / 122

B.11 陕西省劳动就业形势分析与预测报告
　　　　　　　　　　　　　　　　　　　　　　　　　　刘　源 / 140

B.12 陕西省县级政府门户网站信息公开运行现状分析报告
　　　　　　　　　　　　　　　　　　　　　　　　　　李德旺 / 153

B.13 陕西省老年人现状与需求调查报告
　　　　　陕西省老龄办、陕西省老年学学会、陕西省社会科学院 / 168

B.14 陕西统筹城乡最低生活保障制度研究报告
　　　　　　　　　　　　　　　　　　　　　　　　　　薛金慧 / 191

B.15 陕西省残疾人事业发展现状与对策研究
　　　　　　　　　　　　　　　　　　　　　　　聂　翔　王占军 / 204

B.16 陕西省传统文化资源开发利用的现状、问题及对策建议
　　　　　　　　　　　　　　　　　　　　　　　　　　王晓洁 / 216

B.17 陕西省农村基层选举的现状、问题及对策研究
　　　　　　　　　　　　　　　　　　　　　　　　　　何文兰 / 224

B.18 陕西美丽乡村建设研究报告 …………………… 王旭瑞 / 238

B.19 陕西青年群体离婚现状、原因及对策建议
　　　　　　　　　　　　　　　　　　　　　　　李　巾　聂　翔 / 248

B.20 陕西家政服务业发展状况研究
　　　　　…………………………………………… 吴菲霞 / 265
B.21 陕西"农转居"社区教育问题研究报告
　　　　　………………………………… 唐　震　李亚绒　张雅丽 / 279
B.22 西安市雾霾天气治理的现状、问题及对策建议
　　　　　………………………………………………… 高　萍 / 300

皮书数据库阅读**使用指南**

CONTENTS

Ⅰ General Report

B.1 Analyze and Outlook on Shaanxi Social Development in 2015-2016 / *Yang Hongjuan* / 001

Ⅱ Annual Hotspots

B.2 Research Report on Construction of Law Government in Shaanxi / *Hu Yingxue* / 013

B.3 Study on Poverty Alleviation and Development Issues in Old Revolutionary Base Areas of Shaanxi / *Tian Lili* / 028

B.4 Achievements Difficulties and Countermeasures in Reformation of Governmental Approval System in Shaanxi / *He Li, Qiao Xinxin* / 039

B.5 Research Report on in Social Governance Innovation System with in the Relocation and Resettlement of Immigrants in Southern Shaanxi / *Zhang Yanling, Zhang Tao and Zhao Juan* / 053

III Surveys on Public Opinions

B.6 Analysis Report from Questionnaire of Public on Hotspots
and Focus Events in 2015 in Shaanxi
Research Group of Shaanxi Academy of Social Sciences / 069

B.7 Survey Research on Perception and Needs of "the Belt
and the Road" from Public in Shaanxi
Research Group of Shaanxi Academy of Social Sciences / 080

B.8 Analysis Survey Report on Situation of "Sense of Gain"
from Public in Shaanxi
Research Group of Shaanxi Academy of Social Sciences / 093

B.9 Map of Network Public Sentiment in Shaanxi   *Zhang Chunhua* / 107

IV Particular Reports

B.10 Research on Employment Issues of Graduates from
Private Colleges and Universities in
Shaanxi Province   *Zhang Hui, Sun Xiaohui* / 122

B.11 Analyze and Forecast Report of Labor Employment
Situation in Shaanxi   *Liu Yuan* / 140

B.12 Analysis Report of Current Managing Status of County
Government Public Information in Shaanxi   *Li Dewang* / 153

B.13 Survey Report on Status and Needs of elder in Shaanxi
Research Group of Provincial Committee on Aging Task et al. / 168

B.14 Research Report of Minimum Living Security System in
Shaanxi Urban and Rural Areas   *Xue Jinhui* / 191

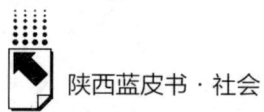

B.15 Research on Development Status and Countermeasures
of Disabled Issues in Shaanxi Province　　*Nie Xiang, Wang Zhan Jun* / 204

B.16 Research on Current Status, Problems and Countermeasures
of Utilization of Traditional Culture Resources
in Shaanxi Province　　*Wang Xiaojie* / 216

B.17 Research on Current Status, Problems and Countermeasures
of Rural Elections in Shaanxi Province　　*He Wenlan* / 224

B.18 Research Report on Construction of Beautiful
Countryside　　*Wang Xurui* / 238

B.19 Research on Situation, Reasons and Countermeasures of
Divorce in Youth Groups of Shaanxi　　*Li Jin, Nie Xiang* / 248

B.20 Research Report on Situation of Domestic Service
Development in Shaanxi　　*Wu Feixia* / 265

B.21 Research Report on Education Issues in "Farmers to Citizens"
Communities in Shaanxi　　*Tang Zhen, Li Yarong and Zhang Yali* / 279

B.22 Research on Current Status, Problems and Countermeasures
of Governance Situation against Fog and Haze Weather in Xi'an
　　Gao Ping / 300

总报告

General Report

B.1
2015~2016年陕西社会形势分析与展望

杨红娟*

摘　要： 2015年，陕西全面深化社会体制改革，大力改善和保障民生，城乡居民收入全面增加，社会事业全面进步，人民群众获得感和公众社会安全感得到增强，社会形势稳定发展。展望2016年，陕西面对问题，勇于进取，贯彻"五个扎实"精神，全面深化的社会体制改革将进一步提升公共服务效能，陕西人民的获得感将会进一步加强，人民群众的生活会得到进一步保障和改善，社会形势会更加和谐稳定。

关键词： 收入差距缩小　获得感　民生质量提升　人口结构失衡

---

* 杨红娟，陕西省社会科学院社会学研究所副研究员。

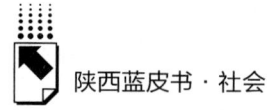

2015年是"十二五"的收官之年,是全面深化改革的关键年,陕西坚持"五个扎实",深化社会体制改革,大力改善和保障民生,积极推进基本公共服务均等化,努力推动社会治理创新,社会发展总体和谐稳定,民生质量进一步提高,社会形势稳定和谐,为陕西"十三五"的持续发展打下了坚实的基础。

一 2015年陕西社会发展基本状况分析

2015年,陕西继续落实"两个80%",支持保障和改善民生,特别是在财政收入增速放缓情况下,优化支出结构,上半年全省民生支出占到全部财政支出的81.69%,比上年同期增长10.6%,为教育、社会保障、医疗卫生等各项民生改善提供了资金支持。

(一)城乡居民收入全面增加,收入差距进一步缩小

城乡居民收入持续提高,与全国差距继续缩小。调查数据显示,上半年,陕西居民人均可支配收入8664元,同比名义增长10.2%,增速在全国31个省(自治区、直辖市)中居第5位,高于全国1.9个百分点,与全国平均水平相比,陕西居民人均可支配收入为全国的79.3%,较上年同期提升0.9个百分点,与全国水平差距继续缩小。同时,陕西农村居民人均可支配收入增速快于城镇居民2.4个百分点,城乡收入比为3∶1(以农村居民收入为1),城乡收入差距较上年同期进一步缩小。城乡居民收入与经济增长和财政收入增长联动机制建立,转型升级的经济发展举措为城乡居民收入增加提供了新动力。

贫困群体和贫困地区人民生活水平不断提升。城乡贫困群体社会救助标准得到提高,2015年,城乡低保标准和农村五保供养标准在各设区市现行标准基础上提高35元/人/月;农村低保最低限定标准提高到2250元/人/年;农村五保集中供养最低限定标准提高到6000元/人/年(其中,现金不低于5800元/人/年),分散供养最低限定标准提高到5500元/人/年(其中,现金不低于5300元/人/年)。贫困地区农民的收入不断提高,资料显示,

2015年上半年,全省贫困地区农民人均可支配收入为4351元,比上年同期增加431元,增长11.0%,增幅比同期全省农民人均可支配收入高0.2个百分点,可支配收入增加额中,工资性收入和转移性收入占比最大,显示出各级政府部门在促进贫困地区转移就业、提升各种贫困扶助标准等方面的全方位扶贫措施的效果明显。

离退休人员收入全面上调。上半年,陕西城镇企业退休人员基本养老金实现了"十一连调",月人均达到2302元。特别是城乡居民基础养老金标准得到进一步提高,最低标准达到75～145元。农村"八大员"等七大类20个群体84.94万人的社保待遇也提高了10%。

陕西城乡居民收入全面提升,收入差距的缩小是改善民生、不断调整收入分配结构,同时促进各项社会政策落实的结果。

(二)基本民生质量不断提升,社会事业全面进步

2015年,陕西在社会保障、医疗卫生、教育等方面完善制度,基本民生持续改善,人民生活质量不断提升。

社会养老保险进一步统筹整合。2015年陕西积极推进机关事业单位养老保险改革,并于上半年相继出台了一系列改革政策,完善了机关事业单位工资制度,建立了县以下公务员职务与职级并行制度,推动了国有企业负责人薪酬制度改革,同时拟出台职业年金办法。事业单位养老保险改革养老保险制度的建立,揭开了陕西养老金深入改革的序幕,有力推进了社会保障制度的公平性、可持续性发展。

因病致困、致贫问题得到制度性解决。2015年,陕西在西安、宝鸡、延安、汉中、渭南、咸阳、商洛等市城乡居民大病保险试点的基础上,将大病保险制度覆盖全省各市。大病保险对参加城乡居民医疗保险患者经基本医保支付后需个人负担的合规医疗费用实际支付比例达到50%以上,基本医疗保险、大病保险以及医疗救助等制度的有效衔接,基本解决了陕西城乡居民看病贵问题,城乡居民因病致困、致贫问题得到缓解,陕西人民的医疗健康水平进一步提高。

贫困群体的问题得到有效解决,社会救助制度体制机制更加完善。2015

年被陕西定为"社会救助年",这一年,《陕西省社会救助办法》颁布,并于11月1日起施行。《办法》明确了最低生活保障、特困、受灾人员的范围及其享有的医疗、教育、住房、就业等救助项目,同时鼓励社会力量参与社会救助,并建立低保经办人员、村(居)委会成员等八类人员申请或享受低保备案制度,正式开通了陕西省社会救助服务热线4008992349,为提升陕西社会救助工作法治化水平奠定了坚实基础,也提高了社会救助的整体效能,发挥了社会救助托底线、救急难的社会作用。

上学难问题进一步缓解。促进学前教育快速发展,继续扩大公办幼儿园数量,计划新建、改建公办幼儿园150所,将学前一年财政补助标准提高到生均1300元,基本解决了"入园难"问题;解决义务教育阶段学生不公平入学问题,发布《关于切实做好全省2015年义务教育招生入学工作的通知》,要求所有县(区)义务教育学校实现100%的公办小学和90%以上的公办初中划片免试就近入学,同时将进城务工人员随迁子女的义务教育纳入流入地政府保障体系,以公办义务教育学校为主,统筹安排辖区内义务教育学位。为此,加强学校建设,改善普通学校办学条件,创办更多群众认可的"家门口好学校",为学生就近入学创造条件,缩小城乡义务教育差距,基础教育进一步均衡发展。规范内部管理,规范招生行为,加强文化建设,维护安全稳定,优化发展环境,促进民办教育规范发展,实现民办教育对解决入学难问题的效能。陕西省教育厅在全省民办教育领域部署开展"放心上民校"活动,为社会提供了多样化的教育选择机会。

就业形势基本稳定。面对经济下行带来的就业压力,陕西省制定了《关于进一步做好新形势下就业创业工作的实施意见》,明确了就业创业工作的新定位、新布局、新思路。陕西首次将稳定和扩大就业作为经济运行合理区间的下限,并将调查失业率纳入宏观调控指标。把大众创业作为经济增长的新引擎和扩大就业新的增长点,特别提出在创业上坚持政府引导、市场主导、需求向导的"三导原则"和"创业孵化"的"四+模式"(市场主体建设+市场运营+政府支持+创业者)。提出坚持省内、省外转移就业并重,拓宽转移就业渠道。统计局发布的数据显示,2015年上半年陕西全省就业保持稳定,但受多重因素叠加影响，就业结构优化调整将成为经济发展中的新常态。上半年，陕西全省城镇新增就业23.05万人，完成全年目标的64%，城镇登记失业率3.39%，就业总量仍保持一定增长，劳动力供求关系基本平衡。

（三）全面深化社会体制改革，人民群众获得感不断增强

2015年是全面深化体制改革的关键年，因此，陕西推进"链条式"改革，更加注重改革的系统性，强化改革的配套和保障，确保改革关键之年有关键作为。

户籍制度改革全面启动实施。2015年，陕西通过城乡统一户口登记，全面放开了建制镇和小城市的落户限制，建成覆盖全省人口、以公民身份号为唯一标识、以人口基础信息为基准的陕西省实有人口服务管理信息系统以及社区集体户等举措，开始解决户籍制度中存在的障碍和壁垒，结束了城乡二元户籍制度，健全人口信息管理制度，并明确将进城落户农业转移人口纳入社区服务管理，促进农村人口向城镇转移，从而建立起有效的人口管理制度，有效支撑社会管理和公共服务。

社会组织改革全面推进。社会组织是政府与市场之间的第三部门，是社会治理的重要主体和依托。2015年，以政策创制为引领，为社会组织改革发展提供制度保障，颁布实施《陕西省四类社会组织直接登记管理办法》，对行业协会商会类、科技类、公益慈善类、城乡社区服务类社会组织等进行直接登记，重点培育和优先发展与民生相关的社会组织；发布《2015年陕西省福利彩票公益金培育发展社会组织项目实施方案》，资助养老助老、残障人群、困境妇女及儿童、社区服务治理等公益服务项目，以项目运作方式支持一批、培育一批具有社会影响力的社会组织，激发社会组织活力；严格规范党政领导干部在社会组织中兼任职，对在419家社会团体兼任领导职务的966名副处级以上党政机关领导干部进行了清理规范，特别厘清政府职能部门与行业协会、商会的职责权限，推动行业协会、商会与行政机关彻底脱钩；开展行业协会、商会去行政化的专项治理；加强社会组织评估，面向社会公开招募第三方评估机构。这一系列举措促进了政社分开、权责明确、依法自治的现代社会组织体制的形成。

推进公共服务创新改革。在全力推进"1+3+n"政府购买服务政策体系的基础上,2015年,将社会救助领域的社会工作纳入政府购买服务范围。并发布《陕西省人民政府办公厅关于在公共服务领域推广政府和社会资本合作模式的实施意见》,改革创新公共服务供给机制,充分发挥市场机制作用,提升公共服务的供给质量和效率,实现公共利益最大化。社会体制改革不断深化,提高了民生投入的效能,使人民群众具有了实实在在的获得感。

(四)平安陕西建设成效显著,公众社会安全感增强

2015年,继续深化平安陕西建设,以大力推进网格化管理为重点,着力夯实基层基础,发布了《关于统筹推进全省城乡社区网格化管理的指导意见》和《关于进一步健全基层综合服务管理平台夯实平安建设基层基础的工作意见》,安排部署推进全省城乡社区网格化管理,加强基层综合服务管理平台规范化建设。同时树立典型模范,广泛发动人民群众参与,通报表彰了平安建设先进县(区)、全省优秀治安中心户长以及全省模范"红袖章"平安志愿者,激励社会各界群众积极投身平安陕西建设;加强信息化建设,不断提升平安陕西建设的科学水平和效能。2014年,陕西公众对社会治安满意率达92.69%,同比上升0.32个百分点,连续13年保持稳步上升,并对全省2015年上半年公众安全感进行了摸底调查,以便发现问题,发挥优势,不断提升公众安全感和社会治安满意度。

重视安全生产,颁布《陕西省安全生产"党政同责、一岗双责"暂行规定》(陕办发〔2015〕12号),明确了各级党委、政府对安全生产工作的主要职责分工,进一步对安全生产的相关责任进行了细化分解,形成了安全生产监管的长效机制,国务院安委会办公室向全国转发了这一文件。同时对八类安全生产违法违规行为进行重点打击治理。全省安全形势基本稳定,重点监测的煤矿安全事故统计显示,1~7月,全省煤矿共发生死亡事故10起、死亡15人,同比事故减少3起,下降23%,死亡人数减少15人,下降50%。发生较大事故1起、死亡4人,同比减少1起2人;未发生重大事故,同比减少1起13人;煤炭百万吨死亡率下降48%。

二　陕西社会发展面临的问题与挑战

社会形势基本稳定，和谐发展局面得以持续，但在经济升级转型的过程中，经济发展速度的放缓使就业形势更加复杂，区域均衡发展问题凸显，人口结构变化带来的后果使陕西社会面临诸多问题与挑战。

（一）就业面临更加复杂的新形势

在经济面临巨大调整的过程中，陕西面临更加复杂的就业形势。从劳动力供给来看，尽管陕西劳动年龄人口自2012年开始出现拐点，首次出现负增长，但这种峰值减少，在短时期内就业人口仍处于高位，就业依然面临供给过剩的矛盾。从劳动力需求看，很多用人单位生产任务不足、对近期生产形势未能有稳定增长的期待，加之不断上涨的员工工资，用工需求受到抑制；上半年对榆林市30家企业的调查显示，将近一半的企业无招工需求，因而市场上人力资源供大于求依然是就业形势中的重要特点；与此同时，陕西省正处于大规模产业结构调整和发展方式转变阶段，大力发展能源化工业、先进装备制造业、高新技术产业和现代服务业的要求使第二次产业特别是制造业正在经历的结构性变革仍将持续，一些旧的工作岗位因为科技进步和技术发展而被淘汰，而部分劳动力的素质不能马上适应新工作岗位的技术要求，造成结构性失业增加。表现尤为突出的是专业人才和技术工人的短缺，装备制造业急需的人才面临断档，新兴的产业、行业和技术性职业所需要的高层次复合型人才缺乏，高技术、高技能产业工人已成为经济发展的稀缺资源。特别是就业市场中的主力"80后"、"90后"青年，就业依赖性、就业随意性严重，求职者对自己的定位不清，求职时更加关注休假、技能培训等综合福利待遇以及职业前景、劳动强度、工作时间等工作环境等，而吸纳就业主力的民营企业和小微企业往往与他们的要求差距较大，企业普遍面临"招不来、用不起、留不住"的用工困局。员工的流动性增强与用人单位缩减员工培训、薪酬等方面的共同作用，导致整个社会劳动力技能水平总体提升得相对缓慢。劳动力供需错位的就业结构性矛盾产生的效应将会成为陕西经济转型升级的重大困难和问题。

大学生就业依然是就业问题的难点。2015年陕西省普通高校毕业生达到34.1万名，其中研究生毕业生3万名，本科毕业生17.2万名，高职（专科）毕业生13.9万名，总人数超过了此前两年，人数较上年增长10%以上，为历年之最。大学生初次就业率以及半年离职率成为社会关注的热点问题。2014年相关调查显示，高校毕业生，学历层次越高半年内离职率越低。提升初次就业率和再次促进大学生就业创业成为陕西就业中的难题。

（二）社会均衡发展问题更加凸显

在经济下行压力加大的情况下，陕西区域差距更加显著，特别是陕北情况更为严重。研究显示：2014年，从生产总值来看，关中和陕南占全省经济比重上升、陕北比重持续下降，多数市区对全省经济的贡献率降低；关中消费占全省比重具有绝对优势，陕南消费占全省比重与2013年持平，陕北两市中，榆林社会消费品市场持续低迷，增速降低，延安消费增速是全省较2013年回升幅度最大的；而地方财政收入，关中地方财政收入占全省比重稳定在60%以上，是全省地方财政收入的主要来源区域，陕北两市地方财政收入增速年内呈现回升态势，但仍低于全省平均水平，说明陕北企业要恢复到正常生产经营状态还存在较多困难。陕南地方财政收入增速较快，也能在一定程度上助力全省地方财政收入增长。统计显示，2015年上半年，榆林的财政收支矛盾凸显。可见，陕西经济下行对陕北的影响最为明显，这必然使民生投入增速相应降低，民生事业因资金缺乏发展受限。同时，在陕北经济高速发展期出现的严重贫富分化、民间借贷等潜在问题开始凸显和蔓延。

对社会各阶层来说，低收入阶层对经济增速放缓的压力更为敏感。经济下行的压力，对就业的影响最大，会使各地就业形势更加严峻；而且经济增速放缓，影响最大的是劳动力市场上技能缺乏者、中老年劳动力以及非稳定就业者等,他们的家庭往往是低收入家庭;经济减速会更大程度挤压农业与农村发展空间,部分农民收入也会受到较大影响。经济下行对不同收入阶层的不平衡影响会扩大收入差距,成为陕西社会结构优化和社会和谐稳定中的重大困难。

(三)人口结构失衡对陕西社会发展提出新要求

人口结构是社会结构的基础结构,对经济社会的影响深远持久。近年来,人口发展的结构失衡,成为陕西社会可持续发展面临的主要问题和挑战。陕西少子化、老龄化现象凸显,2014年,少年儿童(0~14岁)比2010年减少约17万人,60岁以上人口较2013年增加了32.89万人,人口老年比达到15.48%。劳动年龄人口继续减少。2014年,全省劳动年龄人口(16~59岁人口)较2013年减少11.26万人。每8个劳动力人口(15~64岁人口)负担1个65岁及以上老年人,而2010年,这一数值为9,劳动力人口抚养老年人口压力显著增大。社会总抚养比达到31.7%,社会抚养负担逐年加重,通常认为,社会总抚养比小于或等于50%称为人口红利期。因而,随着劳动力人口逐年减少,少子化、老龄化进程进一步加快,陕西人口红利开始消退。特别是老龄化进程中已经存在并将继续加重的高龄化、老龄化、失能化、空巢化等特征,对社会保障制度完善提出更高要求,建立更加公平、可持续的社会保障制度的要求更为迫切;提升养老社会保险和医疗保险在整个财政支出中的比例十分必要,同时,社会养老服务体系也需要政府的财政支持。老年社会优待范围的拓展和优待水平的提高将共同带动老年福利费用支出的增加,老年救助范围的扩大和救助标准的提高将带动低保救助、五保供养、三无补助、独生子女老人补助、失独老人家庭补助等费用的增加。因此,"为老"方面的财政预算的增加,对优化政府财政支出结构提出更高要求。而家庭结构的小型化、人口流动性增强导致的家庭养老功能弱化,需要更加精细、符合差异性需求的社会养老服务体系建设来积极应对。但陕西社会养老服务体系在建设运营中存在的诸多问题和需求的紧迫性,使养老服务体系建设任务更加艰巨。

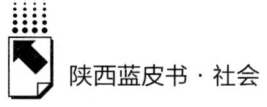

三 陕西社会发展展望与对策

2015年初,习总书记第一次针对陕西经济社会发展所作的系统性、指导性讲话,提出用"五个扎实"推进陕西发展,成为建设"三个陕西"、同步实现全面小康社会的新动力。展望2016年的陕西社会发展,全面深化的社会体制改革将进一步提升公共服务效能,陕西人民的获得感将会进一步加强,人民群众的生活会得到进一步保障和改善,社会形势会更加和谐稳定。

(一)不断增强人民群众的"获得感"将成为社会改革的目标

实现人民群众的获得感,就是要不断提高人民的福祉,建设更加公平、和谐稳定的社会。人民群众的"获得感"需要通过不断增加的收入、完善的制度保障、公平的社会参与、美好的生活、洁净的生态和生活环境来满足。在经济进入新常态的条件下,陕西认真践行"五个扎实",全面深化改革,通过改革释放的红利应对经济增速的放缓,通过公平的社会体制机制使人民群众有更多、更均等的自我选择机会,通过反腐败和政府体制机制改革建设廉洁高效的政府,持续地改善民生,提高人民的生活满意度和幸福感,使人民群众能够自觉把自己的切身利益同改革的命运紧密联系在一起,真正凝聚改革共识,成为全面深化改革的支持者和拥护者。

(二)社会保障兜底作用进一步发挥

2015年,陕西各级政府实行一系列发展举措,全面贯彻"五个扎实",努力使这一要求变成陕西发展的现实。在扎实做好保障和改善民生工作方面,发挥社会保障兜底作用,把注意力更多地放在社会底层,放在特困群体身上,并突出教育和就业两个重点。这也反映了陕西精准把握实现全面小康社会的要求,全面小康是共同小康,是民生平衡的小康,是不同群体特别是弱势群体也同样能够达到的小康。可以预见,民生保障特别是弱势群体的社会保障将进一步加强，社会安全网将更加牢实，为此，陕西应着力推进社会养老保险制度改革，以公平正义的价值理念、科学的社会保障制度设计和管理，全面提升人民群众福祉水平；完善社会救助制度，建立健全基本社会保险与城乡低保、农村五保供养、医疗救助、临时救助等的有效衔接机制，帮助贫困群众摆脱生存困境，社会救助"救急难"的制度性支撑不断加强；加强精准扶贫与精准脱贫，针对贫困地区实际，突出人力资源建设和投入，加强基础教育和职业教育，完善家庭经济困难学生资助体系，加强贫困人口职业技能培训，使贫困地区人人能上学、人人有技能，进一步拓宽贫困地区群众就业门路和就业能力，进一步提高贫困地区居民的收入。

（三）公共服务多元供给格局将得到推动

公共服务多元体系是公共服务均等化、精细化的要求，是政府完善和履行公共服务职能的必要途径。陕西近年来出台了一系列引入市场竞争机制购买公共服务，在公共服务领域政府与市场、政府和社会资本合作模式等方面的法规文件，为公共服务多元体系的建立提供了基础。因此，要进一步进行配套改革措施，促进这些政策文件的落实。以公共利益为导向，大力培育各种社会服务组织，并使其能够与事业单位在公共服务中公平竞争，使社会组织足够并在发展中壮大；试点陕西的公共服务PPP模式，政府通过招标等方式择优选择具有投资、运营管理能力的社会服务企业或社会组织，以市场原则订立合同，明确责权利关系，形成服务意向，由这些社会服务企业或组织提供公共服务；政府主要对社会资本参与养老服务在准入、服务、管理、设施设备等方面进行指导规范，并建立强制性的信息披露制度，接受社会的监督。及时总结经验，向社会推广，从而引导大量社会资本进入公共服务领域。

（四）积极应对老龄化将成为陕西社会发展的重要关注

"十三五"时期是陕西从"老龄化"社会进入"老龄"社会的转折期，也是充实社会养老的关键期。根据预测2015年以后，老年人口的增加趋势将更加明显，2020年老年人口总量将超过500万，占总人口比重达到13.3%。同时高龄化趋势增强，到2020年陕西80岁以上老年人口将达到94.2万，增长速度快于同期其他年龄段人口；失能半失能老年人口大幅增加。随着人口高龄化和人口寿命的延长，失能老年人增加成为必然的趋势。空巢家庭继续大量存在，人口流动的加剧使城乡空巢家庭继续大量存在并呈上升趋势。家庭养老功能继续弱化，将使社会养老服务业和养老产业发展刻不容缓。因此，要以积极老龄化、健康老龄化的理念，完善城乡统筹的社会保障制度，加快建立城乡居民养老金待遇调整机制，提高各类社会保险制度的统筹层次，并建立失能老人的社会保障制度；加强社会养老服务体系建设，在服务资源有限的条件下，重点保障失能、半失能老年人的基本服务需求，为低保、失独家庭和重点优抚对象中的失能、半失能老人购买居家养老服务券，统筹发展居家养老、机构养老和其他多种形式的养老服务，并探索多种形式的"医养融合"模式；积极发展养老产业，将老龄产业发展提到政府重要议事日程，鼓励社会资本以独资、合资、合作、联营、参股等方式参与养老，使民间专业组织或社会力量参与管理和运作；优先发展养老服务业支持性产业，如家政业、医养结合的养老机构、老年护理专业人员和管理人员培训产业、老年产品用具开发、老年养生保健服务业等。同时要调整人口政策，全面落实"二孩"政策，促进人口更加均衡发展。

年度热点
Annual Hotspots

B.2
陕西省法治政府建设研究报告

胡映雪*

摘　要： 十八届四中全会《决定》要求"深入推进依法行政，加快建设法治政府"。陕西切实贯彻十八届四中全会的《决定》要求，在建设法治政府方面取得了极大成效，行政立法的质量不断提高，行政决策机制进一步健全，行政执法体制更加完善，政务公开水平全面提高。虽然陕西法治政府建设取得了极大成效，但仍存在薄弱环节：行政立法缺乏协调，立法工作仍显滞后；行政执法体制有待进一步理顺，执法效能有待提高；现行行政监督体制的实效性有待进一步加强。为提升陕西政府工作的法治化水平，适应法治政府建设的需要，陕西今后应继续加强重点领域立法工作，完善立法机制；把规范行政执法行为作为理顺行政执法体制的重点；完善行政执法监督机制；提高行政决

---

* 胡映雪，陕西省社会科学院政治与法律研究所助理研究员，主要研究方向为政治学理论、人大制度。

策的公开性和科学性,通过以上途径不断强化法治政府建设。

关键词: 陕西 法治政府 行政立法 行政执法 政务公开

一 陕西推进法治政府取得的主要进展

(一)陕西行政立法的质量不断提高

要实施依法行政,营造良好发展环境,必须要有完备的法规制度。按照服务经济社会发展、维护社会公平正义、规范行政权力运行的要求,陕西把立法重点转到全面深化改革开放、保障和改善民生、创新社会管理上来,立经济社会急需之法,立人民群众期盼之法。

首先,陕西立足解决地方实际问题,不仅继续加强市场经济宏观调控、市场秩序规范方面的立法,还更加注重改善民生方面的立法。近年来,陕西陆续出台了《陕西省最低工资规定》、《陕西省城市居住区物业管理规定》、《陕西省就业促进条例》等,特别是《陕西省损害群众利益行为行政责任追究暂行办法》,在全国首创以政府规章的形式使损害群众利益行为的责任追究更加规范化、程序化,行政监督制度更加完善,通过实施该办法,"全省每年给予党纪政纪处分的超千人,2014 年前 9 个月,全省已处分 4280 人",① 使人民的权利得到更完善的保护。

其次,陕西重点关注促进改革开放、规范市场秩序、加强社会管理和改善公共服务等方面的立法,在立法中更注重规范政府自身行为,把地方立法和全省改革发展稳定的重大决策相结合,努力为全省科学发展与和谐稳定提供法治保障。2011 年,陕西制定了《推进依法行政、建设法治政府的第二个五年规划(2011 - 2015)》,依法行政有序推进。2013 年 8 月,陕西修订

---

① 《辉煌十年法治路》,《陕西日报》2014 年 10 月 20 日。

了《陕西省人民政府工作规则》，该规则把依法行政作为省政府工作的基本准则。2006年至今，陕西先后制定了《陕西省依法行政监督办法》、《陕西省行政执法责任制办法》、《陕西省规范性文件监督管理办法》、《陕西省行政执法证件管理办法》等多部政府规章，政府行政行为更加规范化。

再次，政府立法程序不断规范和完善，立法的民主性、科学性增强，立法质量得到提高，公众参与、专家论证等制度贯穿于立法全过程，探索政府规章立法听证，确保政府立法规范、引导、保障和服务于陕西改革发展的功能。

（二）行政决策机制进一步健全

陕西政府行政决策机制逐步健全，政府工作规则不断完善。省政府及时修订了政府工作规则，各市县政府也都按相关要求，对当地政府工作规则进行了完善。各级部门按照完善决策规则、规范决策程序、强化决策监督、落实决策责任的要求，基本建立了重大事项集体决策制度、专家咨询制度、法律论证制度、社会公示和听证制度、决策责任追究制度。对重大宏观政策，关系国计民生的重大项目安排、重大决策，以及需要较强专业性的决策事项，在决策前基本都组织相关领域的专家进行必要的可行性论证；涉及的政府组织有关部门和专家每年对决策的执行情况进行跟踪反馈和监督，并视情况适时调整和完善相关决策。

陕西对重大决策事项的执行情况进行定期评估，并将评估结果纳入工作考核体系，实施决策责任追究，对决策失当的情况进行处理，实现了决策权与决策责任的统一。西安、宝鸡、铜川、渭南、榆林等市和省环保厅、省交通运输厅、省商务厅等部门制定了《重大行政决策程序规定》，决策透明度和公众参与度不断增强。"全省10个设区市、杨凌示范区管委会、大部分的县级政府和部分乡镇政府建立了法律顾问制度，对重大行政决策事项、涉权涉法文件、合同、协议等提出应对处理意见，为政府决策提供法律支持。"[①]

[①] 《全省政府法制工作会议工作报告》，陕西省政府法制公众信息网，http：//www.sxzffz.gov.cn/News_ View.asp？NewsID=5276。

政府的规范性文件得到定期清理，决策的有效性提高。陕西至今已进行了4次全面规范性文件清理。"2014年4月，陕西省政府和省政府办公厅清理规范性文件529件，其中废止107件，修改16件，保留406件。全省共清理设区市、县（市、区）政府及其部门规范性文件10176件，其中废止809件，修改1812件，保留7555件，为决策的顺利执行提供了依据。"[1]

（三）行政执法体制更加完善

行政执法是建设法治政府的核心环节。规范行政执法对确保法律正确实施、保障公众合法权益具有十分重要的意义。陕西省进一步理顺了行政执法体制，提高了行政执法的规范程度。

陕西省加快落实权力清单制度，给行政执法责任制的完善提供了有力依据。陕西修订《陕西省行政执法责任制办法》，建立了职权分解和责任落实、行政执法评议考核、行政执法责任追究三项制度。2011年陕西省政府正式实施《陕西省规范行政处罚自由裁量权规定》（以下简称《规定》），从规范行政处罚自由裁量权工作的组织领导、行使规则、基准制度、量罚情形、重大行政处罚案件公开备案和考核责任等六个方面对行政处罚自由裁量权的行使加以规范，陕西省政府所属50个部门结合实际建立了行政处罚裁量基准制度。目前，"陕西省对五百多部法律、法规、规章涉及行政处罚自由裁量权的1983个条款，进行了量化细化，共制定行政处罚裁量基准7866个"[2]。

严格行政执法人员的资格管理。2002年以来，陕西修订了《陕西省行政执法证件管理办法》，规定了行政执法人员的资格条件以及证件的使用管理，以制度化的形式建立了行政执法人员主体资格审查制度。2002~2012年，共组织过三次大规模的集中培训和换证工作，加强了执法人员的管理和培训。同时，建立了行政执法人员网上管理平台，社会公众可通过该平台监督执法

---

[1] 《管好"红头文件"，规范行政决策》，《陕西日报》2014年10月21日。
[2] 《陕西省48个省级部门制定行政处罚自由裁量基准7866个》，陕西省政府法制公众信息网，http：//www.sxzffz.gov.cn/news_ view.asp？newsid=4149。

人员，全省48个省级行政执法部门制定公布了本行业行政执法行为规范。①

相对集中行政处罚权和综合行政执法试点工作继续推进。按照《国务院关于进一步推进相对集中行政处罚工作的规定》和中编办《关于清理整顿行政执法队伍实行综合行政执法试点工作的意见》，经省政府批准，宝鸡市成立了城市管理综合行政执法局，开展城市管理综合行政执法试点工作。此前，已有西安、咸阳、渭南、榆林、汉中等市开展了试点。通过试点工作总结了行政综合执法的经验，并进行推广，多头执法的状况有所改观，城市管理的效能有所提高。

陕西在各级行政机关全面推行行政执法责任制，行政执法行为的规范程度大大提高。陕西省在以前经验的基础上，按照国务院办公厅《关于推行行政执法责任制的若干意见》，重新安排部署执法责任制推行工作。《陕西省行政执法责任制办法》于2007年3月1日开始实施，其中规定，十三类行政执法行为必须追究执法者的责任，情节严重的将被降级、撤职、移送司法机关查处。当前，行政执法责任制已在全省各级政府及其部门全面推广，行政执法制度依据更加完备，行政执法程序进一步完善，行政执法文书不断规范。

（四）政务公开水平全面提高

自《中华人民共和国政府信息公开条例》颁布以来，陕西省各级政府以《中华人民共和国政府信息公开条例》为基本依据，信息公开工作的制度化、法治化程度不断提高，全省政府信息公开工作呈现稳步推进、健康发展的良好态势。

一是充分利用互联网和新媒体，发挥政府门户网站作为政府信息公开第一平台的作用。省政府门户网站通过各种专栏，如信息公开专栏、舆情反馈专栏等及时发布信息、收集舆情，针对重要政策和热点问题进行政策解读、答疑解惑，2014年全年组织在线访谈28期，取得了较好的社会效果。通过"陕西发布"等政务微博及时发布各类信息，"陕西发

---

① 秦华：《陕西：唱响行政执法好声音》，《陕西日报》2014年10月22日。

布"全年"共发布信息4186条,回复网友关切4000余条,粉丝数合计200余万,舆论影响力增强,截至2014年底,全省党政群系统已开通政务微博3584家"①。

二是传统媒体信息公开和新闻发布工作不断规范。"全省召开新闻发布会126次,省政府及其部门共召开新闻发布会49次,涉及国民经济运行、雾霾治理、食品安全、公务员招录、出入境管理等内容。"②陕西省安全生产监督管理局、食品药品监督管理局等部门对各自行业领域的安全生产隐患在门户网站"曝光台"发布,并在《陕西日报》、《华商报》、《西安晚报》和西部网等省市主流媒体予以公开。

三是政府信息主动公开数量增加。全年通过政府网站公开政府信息1018986条,比2013年增长4%(见图1)。公开范围涉及行政法规、政府文件、应急管理、规划计划、重大项目、政府采购、行政事业性收费、依法行政、服务三农、机构改革、环境保护、扶贫和教育等方方面面的内容。其中,省政府门户网站发布政府信息15876余条,公开政府文件856个,政府

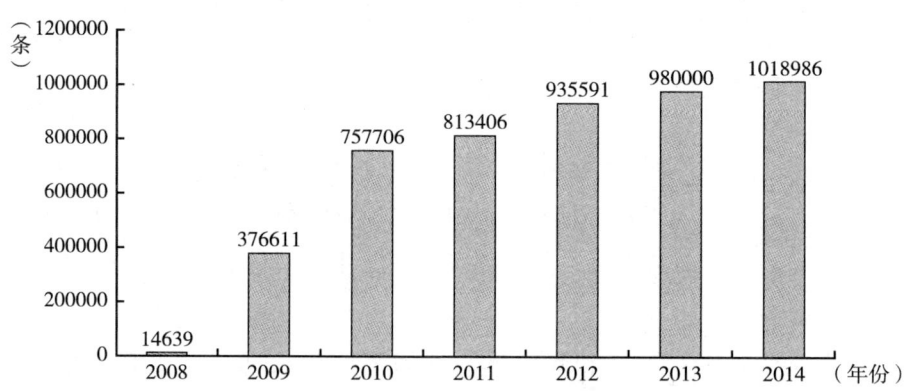

图1 主动公开政府信息数量

---

① 《陕西省人民政府办公厅2014年政府信息公开年度报告》,http://www.shaanxi.gov.cn/0/1/75/765/191351.htm。
② 《陕西省人民政府办公厅2014年政府信息公开年度报告》,http://www.shaanxi.gov.cn/0/1/75/765/191351.htm。

重要会议44次、舆情反馈24条;省政府英文门户网站发布信息600余条。公开全国人大代表建议办理结果3件、全国政协提案办理结果2件。行政权力运行信息公开成效显著,省政府行政审批精减至386项,比2013年的1056项减少670项。财政资金信息公开工作取得突破性进展,省本级、11个市(区)、107个县(区)已全面实现"三公"经费公开。①

二 陕西法治政府建设存在的薄弱环节

(一)行政立法缺乏协调,立法工作仍显滞后

近年来,陕西省制定了大量的地方性法规和行政规章,已初步形成了较完备的行政法规体系,但有些法规,缺乏可操作性,且规定不统一、不协调。此外,行政机关被授予的自由裁量权过大,严重影响了行政机关的依法行政水平。

1. 行政立法体制有待进一步科学化

根据我国立法法,行政机关制定行政法规和规章的行为应当有权力机关明确的授权,必须以宪法和法律作为依据,与宪法和法律相抵触的行政立法无效。但是,目前地方行政立法权限的划分还没有较为明确的规定。一些领域具有多个管理部门,而各部门都认为自己有权制定各种规范性文件来对其进行管理,因此造成一系列的法规互相打架的问题。有些法律法规本身不够完备,可操作性较差,规定得太原则,自由裁量度过大,缺乏可操作性,极大地影响着行政法规的正确执行。例如在行政问责方面,虽然陕西省行政问责方面的探索已经取得了显著的成效,全省各地相继出台了一些关于问责的办法和规章,但仍然没有一部在全省范围内通行的办法,各地区在此方面各自为政,有的城市制定了较为成熟的行政问责制度,如渭南的《渭南市行

---

① 《陕西省人民政府办公厅2014年政府信息公开年度报告》,http://www.shaanxi.gov.cn/0/1/75/765/191351.htm。

政问责办法》，而部分城市至今还未制定相关制度，发展非常不平衡。行政立法需进一步完善和统一，只有所依之法更加完善，依法行政才可能真正彻底地得以贯彻，建立法治政府的目标才能得以实现。

2. 行政立法缓慢、滞后，许多领域仍旧无法可依,给依法行政带来困难

虽然陕西省加强了重点领域的立法工作，但许多领域的法规仍然需要健全。比如公务员财产申报、见义勇为、家庭暴力、慈善事业等领域均没有相应的立法；陕西至今还没有一部在全省范围内通行的行政程序法，即使有相关的规定，但程序和时效的要求却不明确，使个别行政机关滥用行政权力，或者不依程序行使权力，不利于建设法治政府。

3. 部门权力、部门利益介入立法难以杜绝

立法本应是各方利益互相协调的结果，但现实中行政权力却常常介入立法试图通过立法来确认和保护部门利益，影响了立法的公平、公正。某些部门在个别领域可能存在较强的部门利益，相关部门都不想放弃对这些部门的控制权，因为这种控制权可以带来利益，因此，当立法需要出现时，各部门为了自己的利益，往往竭尽全力使立法对本部门更加有利，很容易出现以法争权、以法扩权的现象，与法治政府的初衷背道而驰。

（二）行政执法体制有待进一步理顺，执法效能有待提高

有些行政执法权限划分不清，职责分工不明，政企不分、政事不分的现象仍然存在。一方面是执法机关林立，职责不清，职权交叉重合；另一方面是执法缺位，效率低下，反应滞后。各个行政机关在执法时互相推诿，越权执法，如在食品安全监管领域，实行的是"多头管理"的执法体制，按照生产和流通的不同环节分别由不同的部门来监管，结果这种方式无法有效地发挥监管职能。又如在文化市场管理方面，虽然文化市场只有一个，但公安、工商、出版等部门又都对其有管理职责，采取齐抓共管的方式；文化、广播、新闻出版又分属三个不同的行政管理部门，三个管理部门各自为政，结果是有的领域重复管理，有的领域管理真空，既是大家都在管，又是大家都不管。有的行政执法机关甚至不具有执法主体资格，

做出处罚决定时不依法定程序，或者滥用自由裁量权，不依法履行职务；有的执法是在经济利益的驱动下进行的，通过执法来谋取经济利益；执法处罚监督机制也没发挥出应有的效果，执法不公、以权谋私、违法行政的责任追究不严明。

这种执法体制的弊端主要表现在：第一，行政执法机关林立，执法队伍臃肿使行政支出过大，执法成本居高不下；第二，行政执法机关各自为政、职责不清，导致执法效率低下，产生执法真空地带；第三，重复执法和多头处罚扰乱市场经济秩序，侵犯行政相对人的合法权益。这些都是执法体系不顺的结果，制度上的原因是影响行政执法的根本原因。

（三）现行行政监督体制的实效性有待进一步加强

目前，陕西省已初步建立了比较完整的行政监督体系，但是监督的效果却不尽如人意，离法治政府的要求还有一段距离，行政权力往往得不到有效的监督。这其中有立法方面的原因，更多的是监督机制上的原因，直接影响其监督作用的发挥。

1. 监督主体缺失

行政法制监督主体多元，多种监督主体相互交错，但相互之间缺乏应有的沟通和协调，缺乏一个起主导作用的核心力量。各监督主体的监督范围、领域、权限划分不清，责任不明，没有形成疏而不漏的监督网络，影响了监督行政的实效。甚至还有相当一部分行政领域处于"监督真空"状态，如对行政机关的抽象行政行为的监督，对不属于行政诉讼范围的国家行为、行政自由裁量行为和行政机关最终裁决行为的监督等。

2. 行政监督乏力

从内部监督来看，行政执法部门虽然有纪检、监察、审计等部门的内部监督，但是这些监督仍局限于查处违法违纪的行政执法人员，是一种具体行政行为的事后监督，对行政执法机关的抽象行政执法行为是否合法、是否适当则无法监督；行政复议制方面，由于行政机关上下级之间的隶属关系和工作业务往来，上下级行政机关在政绩、工作成效等各方面发生千丝万缕的联系，上级行政机关纠正下级行政机关的违法行政行为存在动力不强的问题。另外，政府法制机构作为政府法制工作的参谋助手，具有一定的执法监督权，但是由于政府法制机构的监督缺乏权威性，监督没有手段，政府法制监督的作用不能够充分发挥出来。

从外部监督来看，司法机关由于人事、财政、物资都由政府来管理，其办案的独立性大打折扣，在审理行政诉讼案件时很难做到客观公正；另外，人大监督也没有发挥真正的作用，人大虽然是最有权威性的监督机构，但由于种种原因，长期以来其监督的实效性不强。现实情况是，外部监督主体受制于监督对象，无法起到监督和约束的作用。

3. 行政监督滞后

完善的监督体系应包含行政权力运行的整个过程，不仅要监督行使权力的后果，更要监督权力的取得过程和运行过程。监督不应是纠错监督，而应当是一种常规式活动。当前陕西省的行政监督主要功能在于对行政行为失当的纠正，事前预防和权力行使过程的监督往往被忽视了，结果是，错误发生了、损失产生了才启动监督程序，行政监督明显滞后。

三　陕西法治政府建设需要加强的重点方面

党的十八届四中全会提出，"各级政府必须坚持在党的领导下、在法治轨道上开展工作，加快建设职能科学、权责法定、执法严明、公开公正、廉洁高效、守法诚信的法治政府"。这是实现依法治国方略目标对我国法治政府建设提出的基本要求和标准。

（一）继续加强重点领域立法工作，完善立法机制，探索委托第三方起草立法

行政立法是依法行政的前提和基础。要从政府工作的实际出发，围绕服务全省经济社会发展大局，加强重点领域的立法和规范性文件制定工作，为

行政执法提供前提条件。

继续加强重点领域立法工作。就陕西省情来说，改善民生、创新社会管理、提高公共服务水平、规范政府行为将继续成为立法的重点。此外，在发展经济和规范市场方面，加快关中—天水经济区发展、西安国际化大都市建设、"一带一路"建设等方面的立法和其他规范性文件的制定也是应当加强和完善的方面。在进行重点领域立法时，应注重集中民智、民意，坚持立法项目公开征集和调研论证制度。为了增强制度建设的目的性和针对性，应探索建立规范性文件制定立项制度。

完善立法机制，探索委托第三方起草立法，加强对规范性文件的管理。将来需要规范的领域将越来越多，有些领域的专业性较强，如环保、金融方面的法规和规章，可尝试法制机构组织起草、委托起草和社会招标起草等方式，或者建立法制工作者、行政管理工作者和专家学者相结合的法案起草模式，不断创新和改进政府规章和规范性文件起草方式。当前，陕西行政立法的主要方式是先由主管部门起草，再交由法制部门公开征集意见，最后经人大讨论通过。为防止部门利益法制化，今后应探索委托第三方起草方式，规范起草单位的遴选、委托程序。

继续扩大政府立法的民主性和公开性。在现有制度的基础上，要不断健全和细化公开征求意见、听证、专家咨询论证、意见采纳情况说明等制度，提高现有制度的可操作性，使人民群众能够充分表达意见并且得到尊重，使立法以实现人民利益为价值取向，而不是以部门利益为价值取向。应当采取对人民负责任的态度进行立法，在遇到社会舆论争议较大的立法项目时，要引入独立的第三方评估。评估结束后，应当就评估结果以及相关法规、规则草案的说明一并向社会公众及时公布，积极回应社会质疑。立法通过后，还应建立立法评估机制，相关部门应适时对法规和规章的实施效果、经济社会效益及存在的问题进行全面评估，为进一步完善立法提供有力依据。

继续完善和规范重大行政决策的程序，提高决策程序的科学性。要提高决策流程的严密性，使公众参与、专家论证、风险评估、合法性审查、集体

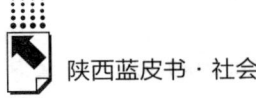

讨论决定等环节衔接得更好，使其成为缺一不可的整体系统。不仅要规范决策前程序，还要规范决策后程序，应当建立重大决策终身责任追究制度及责任倒查机制，对于不依法决策及决策严重失误带来重大损失的，应严格追究其责任。

（二）把规范行政执法行为作为理顺行政执法体制的重点

着力完善行政执法程序。规范执法程序应根据实际情况加强对自由裁量权的规范，要根据立法目的和合法合理原则，对自由裁量权逐条进行梳理、细化，制定规范的裁量标准。对一些重大执法决定的合法性进行审查，确保权力得到合理运用，还要建立执法全过程记录等制度，使执法过程公开可查，提高依法行政水平，杜绝"以言代法、以权压法、徇私枉法"等损害法律尊严的行为。

继续深化行政执法体制机制改革，走综合执法之路。当前应着力解决权责交叉、多头执法问题。各级政府部门应积极梳理权力清单，再根据需要配置执法力量，继续探索综合执法的道路。除现有的领域之外，还应加快推进文化、农业、水利、商务等部门的综合执法改革试点，使综合执法工作不断深化。基层执法机关是最主要的执法力量，他们对基层的情况也最了解，因此应当着重提高基层执法能力，明确其执法权限，使执法重心下移。

继续深化落实行政执法责任制，要从执法依据、执法主体、执法结果监督三方面不断完善，适应法治政府的要求。在执法依据方面实行动态管理，各级行政机关应不断与时俱进，根据相关法律、法规、规章的变动情况，及时调整行政执法依据，使其与调整后的上位法相适应，执法依据调整后应向社会公开。在执法主体资格方面要加强行政主体资格的清理和认证，对于无主体资格的机关要及时取消其执法权。在执法结果监督方面要加强对行政执法结果的追踪检测，完善行政执法案卷评查制度，把案卷评查作为常规化监督工作，以便及时发现和纠正问题。

加强行政执法程序建设，改进行政执法方式。程序公正是实体公正的重要前提,今后应当提高对行政程序的重视程度。行政执法部门在进行执法活动时,应当严格依照程序进行,不可为追求执法效率而不顾程序。此外,应当对现有的执法依据进一步细化,出台更加完备的实施细则,使执法流程更加规范化。树立以人为本的执法理念,坚持文明执法、人性化执法,加快制定《陕西省行政执法程序规定》。

(三)完善行政执法监督机制是建设法治政府的重要保障

行政权力受到监督和制约,是建设法治政府的重要保障,使权力在阳光下运行,人民群众的监督权才能得以实现。政府只有受到人民群众的监督,才能避免不作为或滥用手中的权力。加强对行政执法权力的监督,是依法行政的保证。

首先要强化政府内部的制约与监督。加大《陕西省依法行政监督办法》执行力度,制定相关配套制度,进一步完善监督程序,提高监督效能。对财政资金分配使用、国有资产监管、政府投资、采购等以权谋私风险较高的部门和岗位实行分事行权、分岗设权,切实加强行政效能监察,加快推进审计监督全覆盖。加大审计监督力度,加强对财政预算执行、重大投资项目、党政主要领导干部等的审计工作,加强对关系民生稳定的项目,如社会保障基金、住房公积金、扶贫救灾等资金的使用情况进行专项审计。行政机关的监察部门要加强执法监察,对失职渎职、损害群众利益等行为要坚决查处,确保依法行政,保障政令畅通。

其次是进一步保障社会公众的监督权。相关部门应转变工作思路,更加主动地公开信息,接受社会监督,对财政预算、公共资源配置、重大建设项目批准和实施等人民群众特别关心的事项要主动及时公布,以获得社会公众的认可。对新闻媒体的监督不应采取以往"防"和"堵"的态度,而是应当制定相关的制度,以保障舆论机构获取信息、发布信息的权利,通过舆论监督来督促自己更好地为人民服务。良药苦口利于病,只有把各种监督力量充分调动起来形成合力,现有监督网络才能充分发挥出应有作用,才能使法治政府建设取得新进展。

严格实施行政问责。加快制定《陕西省行政问责办法》，确定问责主体，明确问责范围，规范问责程序，使行政问责制度化、常态化，使领导干部承担相应的行政责任成为一种常态，通过问责来使相关领导和工作人员明确自己的责任，从而使其工作更加慎重，避免犯更大的错误。

（四）提高行政决策的公开性和科学性

十七届二中全会审议通过的《关于深化行政管理体制改革的意见》，强调要规范行政决策行为，完善科学民主决策机制。十八大以来，党和政府已经把信息公开作为保障公民权利、规范行政权力的重要突破口，公开也是提高行政决策科学性和民主性的基础。在现代社会，科学、民主决策已经成为法治政府的基本理念之一。

第一，健全重大行政决策制度的公开性。当前，在进行重大行政决策时，虽然公众参与、专家论证、风险评估等已是必经程序，但公众参与、专家论证等环节却不够完善，公众如何参与、参与到何种程度、参与的具体程序等问题都没有明确的规定，有时虽然论证通过了，但因其程序的缺陷，显得公信力不足，社会公众对此并不买账，因此，应建立科学公正的听证代表遴选制度，对听证意见的采纳情况要说明理由并予以公开和反馈，把听证结果作为行政决策的重要依据。提高风险评估工作质量，有序引入社会组织和专业机构开展重大决策风险评估工作，未经风险评估的，一律不得作出决策。普遍建立法律顾问制度，法制机构应做好法律顾问的联系和服务，提高专家论证质量，为政府决策提供有力的法律支持，从源头上防止和减少社会矛盾。要建立和完善重大行政决策法定程序，界定重大行政决策范围，细化决策流程，明确各级行政机关的决策权限，以增强行政决策公开透明度。

第二，加快建立重大行政决策风险评估机制，提高行政决策的科学化水平。法治政府是对人民负责任的政府，在做出决策时一定要慎重，要尽量把各方面问题都考虑到，因为一旦决策出问题，最终埋单的还是人民。因此，要加快建立重大行政决策风险评估机制，凡是与经济社会发展和人民群众切身利益密切相关的重大决策事项，都要进行合理性、可行性和可控性评估，确保人民利益不受损害。不仅要进行专家咨询和论证，还应该充分调研，取得一手资料，通过论证结果和对资料的分析进行风险评估，对决策有可能引发的社会、经济、环境等方面的风险进行预测并确定风险等级，提前制订风险应急预案，把评估结果作为决策的重要依据。

第三，加强重大行政决策的跟踪反馈和责任追究。一项决策经过前期论证，证实合理合法后开始实施，并不代表就此一劳永逸了。重大决策实施后，决策机关要通过各种途径和方式，监测决策的执行情况和社会效果，对决策进行全面评估，发现问题后，要及时对决策进行调整和完善，如果产生了比较严重的问题，则应停止实施，并且对决策失当进行责任追究，若发现违反法定程序进行决策或以权谋私导致决策失误的，依法追究相关责任人的责任。

B.3
陕西省革命老区扶贫开发问题研究

田丽丽*

摘　要： 在新的扶贫阶段，特别是近两年来，陕西革命老区扶贫工作取得了显著成效，贫困人口大幅减少。但在扶贫工作中仍存在政府包揽过多、社会民间组织参与不足、"重经济、轻社会"等问题。要进一步推进革命老区扶贫开发工作，使更多的老区群众共享改革开放成果，还需创新扶贫理念、完善扶贫机制，培育社会组织，以确保老区扶贫开发更加有序、高效。

关键词： 社会治理　社会参与　能力建设

扶贫开发是中国政府在改革开放进程中，针对贫困地区实施的一项减少贫困人口、关怀弱势群体、缩小贫富差距、努力实现全国人民共同富裕的重大举措，这既体现了社会主义的本质，也是中国梦的重要组成部分。陕西是扶贫开发任务较重的省份，全国592个国家扶贫开发重点县中，陕西省占50个，超过全国数目的1/10。特别是革命老区，受地理位置和客观因素限制，贫困人口众多，成为全省扶贫工作的重点和难点。习近平总书记高度重视扶贫开发工作，在来陕西视察期间对革命老区扶贫开发提出明确要求和殷切期望，"各级党委和政府要把老区发展和老区人民生活改善时刻放在心上，确保老区人民同全国人民一道进入全面小康社会"。这充分体现了国家对革命老区扶贫工作的重视、对老区人民生活的关怀。在

---

* 田丽丽，陕西省社会科学院社会学研究所助理研究员。

当前和今后一个时期，在原有扶贫工作基础上，进一步加大老区扶贫力度，创新扶贫机制，缩小城乡发展差距，对确保全省人民共享改革发展成果、建设西部强省具有重要意义。在此基础上，梳理陕西革命老区扶贫开发所取得的成效，分析其中存在的问题，探索解决问题的有效方法，就显得至关重要。

一 陕西革命老区扶贫开发实施情况及成效

一直以来，陕西省委、省政府高度重视革命老区扶贫开发工作，向革命老区输入了大量的财政资金和社会资源，扶贫开发工作取得了显著的成效。

（一）基本情况

陕西是农业大省，农村人口众多，农村贫困问题相对突出，尤其是陕北白于山区、黄河沿岸土石山区和秦巴中高山区属于集中连片的贫困地区，是扶贫工作中的"硬骨头"。陕西是全国著名革命老区，革命老区县共59个，其中28个是国家扶贫开发工作重点县（见表1）。陕西的革命老区，分布在陕北全地区、陕南大部分地区和关中小部分地区，包括第二次国内革命战争时期的陕甘、川陕、鄂豫陕革命根据地和抗日战争时期的陕甘宁抗日根据地。"十一五"期间，在全省范围内启动建设扶贫重点村7513个，搬迁贫困人口57万人，有325万贫困人口实现了脱贫，为全面建设小康社会打下了良好的基础。"十二五"期间，中共中央、国务院印发了《中国农村扶贫开发纲要（2011~2020）》，为全国扶贫开发工作做出了纲领性的指示。随后，陕西结合自身省情，相继制定了《陕西省"十二五"农村扶贫开发规划（2011~2015）》、《陕西省农村扶贫开发条例》，扶贫工作步伐加快，进入攻坚阶段，重点在于集中连片贫困地区及革命老区。截至2014年底，按照省级扶贫标准，陕西还有贫困人口460.3万人，其中革命老区县有293.76万人，超过全省贫困人口的60%。

表1 2015年陕西省国家扶贫开发工作重点县

市区	贫困县区	革命老区县
商洛市	商州区、洛南县、丹凤县、商南县、山阳县、镇安县、柞水县	商州区、洛南县、丹凤县、商南县、山阳县、镇安县、柞水县
安康市	汉滨区、旬阳县、石泉县、紫阳县、白河县、汉阴县、镇坪县、岚皋县、宁陕县	旬阳县、宁陕县
铜川市	耀州区、宜君县、印台区	宜君县、耀州区
汉中市	洋县、西乡县、宁强县、略阳县、镇巴县、留坝县、勉县、佛坪县	洋县、西乡县、宁强县、勉县
榆林市	清涧县、子洲县、绥德县、米脂县、佳县、吴堡县、横山县、定边县	清涧县、子洲县、绥德县、米脂县、佳县、吴堡县、横山县、定边县
渭南市	合阳县、白水县、蒲城县、澄城县、富平县	富平县
咸阳市	永寿县、长武县、旬邑县、淳化县	旬邑县、淳化县
宝鸡市	麟游县、太白县、陇县	—
延安市	延长县、延川县、宜川县	延长县、延川县

（二）革命老区扶贫开发的主要做法和取得的成效

1. 贫困人口逐步减少，贫困率逐年降低

近几年来，陕西省委、省政府高度重视扶贫开发工作，各项开发任务全面、按时完成。2011年，全省脱贫65.3万人；2012年，脱贫85.8万人；2013年，脱贫110万人；2014年，脱贫114.7万人，完成年度目标的114%，贫困人口减少到460.3万，在国家扶贫资金绩效考核中被评为A级（见图1）。总体来看，过去四年，贫困发生率由30.6%下降到17.7%，其中59个革命老区县脱贫190.68万人，占全省脱贫人数的61%，贫困发生率降低到10.93%，老区居民生活得到改善，收入增速高于全省平均水平5个百分点。

2. 全面梳理贫困片区规划，老区面貌不断改善

陕西省贫困地区，特别是贫困老区大多集中在秦巴山片区、六盘山片区、吕梁山片区3个国家级片区，以及白于山区、黄河沿岸土石山区2个省级片区。为了加快片区脱贫步伐，陕西省印发了《2014年陕西省片区牵头

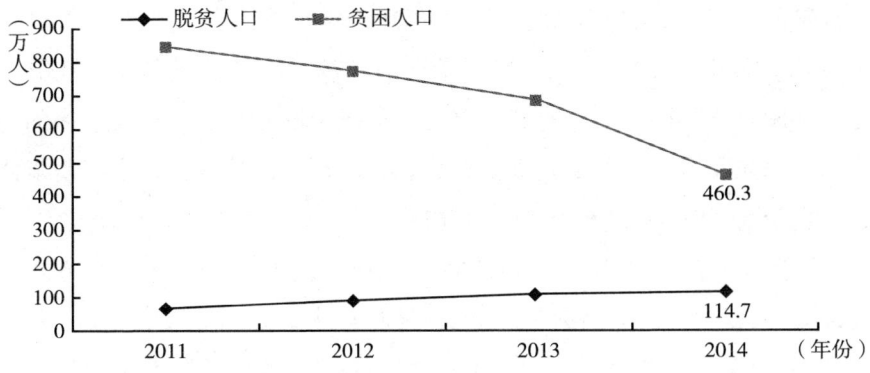

图1　2011～2014年陕西脱贫人口对比

单位工作要点》，明确了片区扶贫开发的工作思路。陕西省扶贫办、省发改委、省统计局、国家统计局陕西调查总队联合印发《陕西省片区规划实施检测和评估工作方案》，对片区扶贫规划项目的实施做了系统梳理，并启动片区项目实施评估工作，以此来推动、落实片区扶贫攻坚任务。与此同时，陕西19个省级部门落实了片区扶贫支持政策，促成交通、水利、卫生、科技、产业等一批重大项目落地，有效促进了行业部门向片区的优先倾斜。截至2014年底，3个国家级片区实际完成各类投资1213.21亿元。同时，陕西省扶贫办、财政厅还争取到国家专项彩票公益资金1.2亿元，在全省12个老区县（包含42个乡镇、172个村）实施整村推进试点项目。陕西贫困老区基础设施、产业发展、民生、公共服务得到改善，原本自然条件十分恶劣的老区已经逐步发展起来，很多老区自然生态环境好转、道路通畅，基本具备了经济快速发展的条件。

3. 移民搬迁持续推进，老区居民在城乡一体化建设中共享改革成果

陕西的避灾扶贫搬迁工程始于2011年，惠及山北、山南大批山区农户。2014年，陕西省出台《陕北关中移民搬迁规划实施指导意见》，进一步规范移民搬迁工作管理，督促各地不断加大移民搬迁投入力度。四年多来，全省共投入资金331亿元，搬迁贫困人口达到21.9万户，共约85万人。其中，革命老区县累计投资289亿元，搬迁贫困人口约19.1万户72.6万人，占全

省搬迁贫困人口总数的87.3%。2013~2014年，贫困老区县贫困人口减少60.7万人，贫困发生率由19.62%下降到17.72%。政府对移民搬迁群众实施建房补助政策，同时对没有劳动能力、缺乏家庭积累、无安全住房的特困群众采取优先安置，政府免费提供住房，特困群众免费居住，产权归集体所有，安置资金由各级财政承担。据初步统计，在搬迁方式上，主要采取"县城搬迁"、"有土搬迁"、"集镇搬迁"和"就近搬迁"等几种方式，陕北大部分县域将县城作为移民目的地，吴起县从2011年到2013年，县城搬迁户达到2163户，衡山、子洲、子长、安塞等县城搬迁规模也比较大。在如何将搬迁安置资金效益最大化方面，各个市、县都做出了体制创新探索，如延安市把老区扶贫移民纳入城镇化建设体系，考虑到老区县发展基础差，延安市在市、区、县政府以扶贫移民搬迁工程为平台，建立移民搬迁项目资金整个捆绑联席会议制度，做到项目资金跟着扶贫项目走，解决了资金短缺问题，让老区农民搬出了危旧窑洞。

4. 扶贫开发模式不断创新，老区脱贫发展的基础不断好转

2014年，按照中办25号文件要求，陕西省印发了《关于创新机制扎实推进全省农村扶贫开发工作的实施意见的通知》，提出创新扶贫开发考核机制、建立精准扶贫工作机制、建立干部驻村联户扶贫机制、改革财政专项扶贫资金管理机制、完善金融服务机制、创新社会参与机制等六大机制改革。

精准扶贫工作机制方面，陕西制定了《农村扶贫开发建档立卡工作方案》，明确了贫困人口范围。2014年，全省共识别贫困村8808个，国家标准下（2736元）的贫困人口451万人、省级标准下（2875元）的贫困人口575万人。

干部驻村联户扶贫机制方面，在原有"两联一包"基础上，选派省、市、县三级干部驻村开展联户扶贫，从2014年5月到2015年8月，陕西共选派驻村干部2.05万人，通过走访与入户调查，根据贫困原因帮助村民制定有针对性的帮扶措施，确保了扶贫实效。

财政专项扶贫资金管理机制方面，打破原有资金下放渠道，九成专项扶贫资金直接下放到县，85.5%的项目资金直接用于贫困户，探索实施了扶贫资金竞争性分配机制。

扶贫开发考核机制方面，更加看重脱贫人口数量、移民搬迁、城乡居民收入等指标，下调了各市经济指标权重，西安、安康率先取消了对 11 个贫困县的 GDP 考核。

5. 开展省级试点项目，进一步提高精准扶贫效率

2015 年，为了更大限度地落实精准扶贫，陕西省选取贫困县区，开展旅游扶贫、光伏扶贫等省级试点项目。光伏扶贫选取 10 个试点县，其中包括蓝田、宜君、延长、佳县、勉县、洛南 6 个老区县。在光伏扶贫项目中，每个试点县安排 200 万元专项资金，用于贫困户分布式光伏设备项目建设补助，9 月底前，试点项目已经全部开工。在旅游试点的选取上，以秦巴片区为重点，兼顾陕北和关中，包括商南、镇安、绥德、耀州、宁陕 5 个革命老区县和其他贫困县，通过旅游试点建设，老区的基础设施、公共服务配套建设将得到强化，建档立卡贫困户可以从到户资金中获得省级扶贫资金的 50% 作为补助，用于农家乐、家庭旅馆、采摘园等建设。

二 革命老区扶贫开发工作中存在的几个问题

在新的扶贫阶段，陕西投入了相当多的资源，老区扶贫工作取得了很大的成就。但是，陕西老区的贫困人口数量依然庞大，反贫问题依然突出，在扶贫工作中存在政府包揽过多、社会民间组织参与不足、"重经济、轻社会"等问题。

（一）扶贫开发理念中的政府决策性思维，忽略了贫困主体的参与性与公平性

在扶贫工作中，陕西以农村低保、医疗救助为托底，以农业补贴、教育补贴为支持，以开发项目来推动经济发展。在多层次的扶贫工作中，政府同时承担着统筹、落实、推进、监督等多项功能，可以说是扶贫工作中的支配性主体。政府的支配性角色给扶贫工作带来两个问题。一是贫困地区村民的个人意愿被忽略，在扶贫开发项目中被动参与。在现阶段，陕西省将很多资

金投入到扶贫开发项目中，资金投入自上而下。在项目的选择、确立中，各级政府往往承担着决策角色，贫困地区农民的意愿得不到充分表达，政府通过利益诱导和行政干预来推动产业发展，往往是政府怎么说，村民就怎么干，村民缺乏话语权。例如在子长县，一些农业项目推进快、规模大，缺乏引导与示范，村民短时间内心理上接受不了，但也要被动参与。二是项目开发在选择参与对象时缺乏民主参与环节，不是所有贫困农民都能公平地享受到项目扶贫的成果。在项目的运行过程中，要考虑参与者应该具备一定的经济能力或经营能力，但贫困地区的劳动力往往大批外出务工，所以往往是乡镇干部或是经济条件比较好的农户来参与项目开发。这导致一些真正需要项目带动来脱贫致富的贫困群体没有参与到项目中来或是因为没有经济能力被排斥在外，结果是只有贫困地区相对富裕的农户才有机会参与项目开发，而普通贫困村民都成了旁观者，导致"富的更富，穷的更穷"。

（二）扶贫项目中政府包揽过多，老区经济发展内生动力不足

近两年来，陕西省加大了革命老区的扶贫力度，各项优惠政策不断落地。但政府在其中包揽的工作也随之增多，有些干部还代替农民劳作，导致部分农民完全依赖政府，自力更生的积极性降低。例如，在延安市的许多老区贫困县，政府为农民免费修建大棚，提供免费肥料、菜苗、技术服务，但农民"等、靠、要"的心理也开始出现，有农民表示，"政府要是年年扶持就好了"，"大棚的草帘子希望政府能免费给换"。甚至有部分农民不愿意从事产业发展，总是希望从政府手中获得救济与补贴。

（三）扶贫建设中"重经济、轻社会"，导致老区社会发展滞后经济发展

在新阶段，中国的扶贫模式已经从救济式扶贫进入到开发式扶贫。陕西省投入了大量的财力、物力、人力致力于老区的发展，希望通过老区经济发展带动群众脱贫、致富。然而，从"开发"到"扶贫"，涉及太多的不确定因素，也就是说，在开发过程中，贫困群体是否能够受益或者是否能够公平

受益，是存在风险的，这主要体现在老区经济发展与社会发展之间的不同步。

首先，资源开发与社会文化之间存在矛盾。延安、榆林全面小康实现程度高于全国平均水平，但这主要受益于资源开发，在民主法治、文化建设、人民生活等方面，与全省相比还有较大差距。

其次，资源开发力度与落后的基础设施之间存在矛盾。陕北的资源开放带动了当地财政收入的增长，但是财政反哺民生力度不足。陕北靖边县青阳岔镇最早进行石油开发，但县内仍有重要道路为土道，当地农民并未"因油富裕"。庆阳是全国重要的能源化工基地，但全市仅有高速公路183公里，等级公路密度近28.18公里/百平方公里，部分县区60%以上的农村不通沥青马路。

最后，老区总体发展较快与区域内发展不均衡之间的矛盾。由于各个老区县所处的自然环境不同、资源不同，经济发展速度也出现较大差别，不同城镇、农村居民人均可支配收入差距较大，如2014年榆林、延安农民人均可支配收入分别是9730元、9779元，而庆阳市只有5499元。

（四）社会扶贫缺乏社会组织的有效承托，没有与政府扶贫形成功能互补

2014~2015年，陕西省连续出台了《关于落实〈创新扶贫开发社会参与机制实施方案〉的意见》、《陕西省人民政府办公厅关于进一步动员社会力量参与扶贫开发的实施意见》，鼓励社会力量参与扶贫。但是与东部发达地区相比，陕西的社会组织，特别是NGO组织发展缓慢，相关人才也十分缺乏，陕西当前的社会扶贫主要采取政府组织、企事业和民营企业参与的手段，同时开展村对村的结对帮扶活动。还没有形成社会各界特别是民间组织、社会成员自发、深入开展扶贫活动的局面，政府负担还比较沉重。

（五）扶贫工作长效机制尚未健全，老区持续发展能力较弱

在陕西革命老区，多数贫困县、村经济结构单一，土地没有得到有效利

用,群众自我发展能力较弱。一方面是因为自然环境限制下,青年村民选择外出打工,农村留守老人居多,受教育程度普遍偏低,生产经营能力不足;另一方面受到市场、信息等因素制约,产业发展落后,难以抵御风险。例如,陕北老区种植范围最广的农作物是洋芋,2013 年当地销售价为 2 元/公斤,2014 年降为 1.4 元/公斤,由于价格下滑,农民惜售,直到 0.6 元/公斤都卖不出,大量的洋芋由于滞销而烂掉,农民损失严重。此外,由于目前的扶贫工作以各部门为单位,没有形成统筹全局的扶贫体系,因此各行业、各部门扶贫的力度也不尽相同,效果差异也比较大。在这种情况下,因为疾病、灾害、支付子女教育费用等反贫的人口数量仍然较多。

三 新时期革命老区扶贫开发创新路径建构

推进新时期陕西革命老区扶贫开发工作,使更多的老区群众共享改革开放成果,还需进一步创新扶贫理念,完善扶贫机制,培育社会组织,充分调动各方力量投入到扶贫开发工作中,以确保老区扶贫开发更加有序、高效。

(一)在扶贫工作中引入"社会治理"理念,鼓励贫困群体参与项目决策与监督

革命老区地理位置偏远、经济基础薄弱,其开发扶贫工作是一项艰巨的工程,也是一个社会治理的过程。因此,要实现老区的脱贫致富,不仅要靠财政投入、项目推进来支撑,更应在现有扶贫机制的基础上引入"社会治理"的理念。所谓社会治理,"是个人和制度、公共和私营部门管理其共同事物的各种方法的综合。它是一个持续的过程,在其中,冲突或多元利益能够相互调适并能采取合作行动。它既包括正式的制度安排也包括非正式的制度安排"[1]。从社会治理的视角来推动老区的反贫困工作,应当清醒地认识到扶贫的主体不是单一的,而是多元的,政府和其他社会扶贫组织应当形成

---

[1] 董晓波:《农村反贫困战略转向研究》,《社会保障研究》2010 年第 1 期。

交流、合作的关系，贫困对象在扶贫项目的选择、实施过程中应当能够充分表达自己的意愿、需求。具体地说，首先，政府在政策制定、项目开发的过程要采用社会治理理念；其次，在经费使用上为社会治理预留成本；最后，在扶贫工作中掌握项目推进节奏，为社会治理预留充足的时间。

（二）进一步完善扶贫长效机制建设，确保贫困群体真正受益

建立各部门相互合作共通的扶贫体系。在陕西省委、省政府的领导下，统筹发改委、扶贫办、电信局、农业厅、水利厅、教育厅等各部门，做到有计划、有步骤地扶贫开发，确保老区的基础设施和医疗、教育等社会事业同步发展。

理顺"开发"与"扶贫"的关系。在对有条件的老区进行资源开发的同时，要兼顾生态环境与社会效益，处理好经济发展与社会发展、环境保护之间的关系。注重财政对民生工程的反哺，注重贫困群体生产生活条件的改善，注重农民的增收，把资源开发与精准扶贫有效结合，确保贫困群体真正受益。

把扶贫攻坚与"一带一路"建设结合起来。当前，国家正在推进丝绸之路经济带建设，陕西省要抓住这个有利时机，将老区扶贫与"一带一路"有机结合，一是要利用好国际、国内两个市场，扩展扶贫对外开放的广度和深度；二是要统筹做好扶贫开发、新农村建设、老区特色产业等工作，把扶贫工作纳入到"一带一路"的建设框架，形成具体的区域发展战略，提高老区扶贫开发的质量和效益，为老区的进一步发展提供动力支持。

（三）大力培育社会组织，扩大社会扶贫的基础

在扶贫开发项目中，"社会"的作用举足轻重。在老区扶贫开发过程中，政府的指导固然重要，但要形成更持续的扶贫效果，还要充分培育社会资本、挖掘社会力量。可以将专业社会工作的介入作为社会扶贫的手段之一，对贫困老区而言，社会工作的基本方法是在田野观察与居民互动的基础上，明确村民与村庄的问题与需求，整合村内资源并寻求村外社会资源的协

助，同时动员和组织村民参与集体活动，提升村民能力，构建起适合本社区发展的社会支持网络。对陕西而言，一是要形成政府与专业社会工作组织合作的长效机制，开展参与式扶贫；二是考虑到陕西省内各高校、社科研究机构具备较多的社会工作资源，政府可以依托高校，联合基层政府及村委会，组建老区社会工作办公室，共同开展反贫困社会工作。在这个过程中可以充分借助广大志愿者的力量，在全社会形成社会力量参与扶贫的和谐氛围。

（四）加强贫困群体能力建设，实现扶贫开发从"输血"到"造血"的改变

老区基础设施、生产环境改善的同时，农民要实现脱贫、增收，个人的观念、素质、技能也尤为重要。所以，培育新型农民、发展壮大劳动力是增加农民收入、发展老区经济的重要之路。首先，要鼓励贫困群体树立信心，克服消极情绪和"等、靠、要"的惰性心理，树立积极生产、自力更生的生活信念。农民是扶贫开发的受益主体，在精准扶贫工作中，既要推行产业化扶贫，又要以贫困户的利益为核心，使广大农民能够参与并共享开发成果，激发他们的内生动力，充分调动他们的主动性和积极性。其次，要因地制宜、有计划地加强贫困地区劳动力的技能培训，结合当地实际情况和农民个人状况，培养他们掌握一定技能，帮助他们找到适合自己的致富之路，让越来越多的农民不需要外出务工就能获得稳定的收入。

要从根本上增强农民的能力，还要进一步加大老区农村扶贫教育工作力度，将资金、政策向贫困地区倾斜，确保贫困地区的孩子有书读，逐步提高老区人口的素质，阻断贫困代际传递，真正实现老区脱贫。

B.4
陕西省区县政府行政审批制度改革成效、困境及对策
——以陕西省碑林区为例*

贺莉 乔欣欣**

摘　要： 郡县治而天下安，就一个国家而言，县域是国家治理的基础，县域治理现代化是国家治理现代化的根基，而推动县域治理现代化重在推动县域治理改革，以县域治理改革促进县域治理现代化。行政审批制度改革是县域治理改革的一个重要领域，因为自上而下的简政放权，只有真正在区县一级政府落到实处，才能够有效激发社会活力。区县作为基层治理单位，承接了大量上级政府下放的审批权限，不仅面临的任务十分艰巨，其难度也非常大。本文从区县一级政府的行政审批制度改革入手，以陕西省碑林区的改革为调研和观察对象，对其改革过程中存在的问题和经验进行了梳理，并给出下一步改革的具体建议。

关键词： 陕西　行政审批　制度改革　简政放权

从1982年至今，我国先后进行了六次较大规模的行政审批制度改革。新一届中央政府履职后，随即启动了第七轮行政审批制度改革，这次改革的

---

* 该调研报告系陕西省社会科学院2015年重点课题（15ZD06）的阶段性研究成果。
** 贺莉，陕西省社会科学院助理研究员、法学博士，主要研究领域为教育教学效果评价；乔欣欣：陕西省社会科学院助理研究员、法学博士，主要研究领域为政治学理论与西方政治思想史。

主要内容有：第一，把国务院行政审批制度改革工作牵头单位由监察部调整为中央机构编制委员会办公室，国务院行政审批制度改革工作领导小组办公室设在中央编办，以此增强改革工作的独立性和协调性。第二，继续取消和下放行政审批事项，并且启动清理非行政许可审批事项。第三，推进权力清单建设。2014年3月17日，根据国务院办公厅《关于公开国务院各部门行政审批事项等相关工作的通知》的要求，国务院审改办公开了国务院各部门行政审批事项汇总清单。此次公开的汇总清单涵盖了60个有行政审批事项的国务院部门，共1235项审批事项。此次公开，是中央政府加快权力清单公布速度、大力推进行政审批制度改革的重要举措，也是我国行政审批制度改革逐步走向纵深的表现（见图1）。

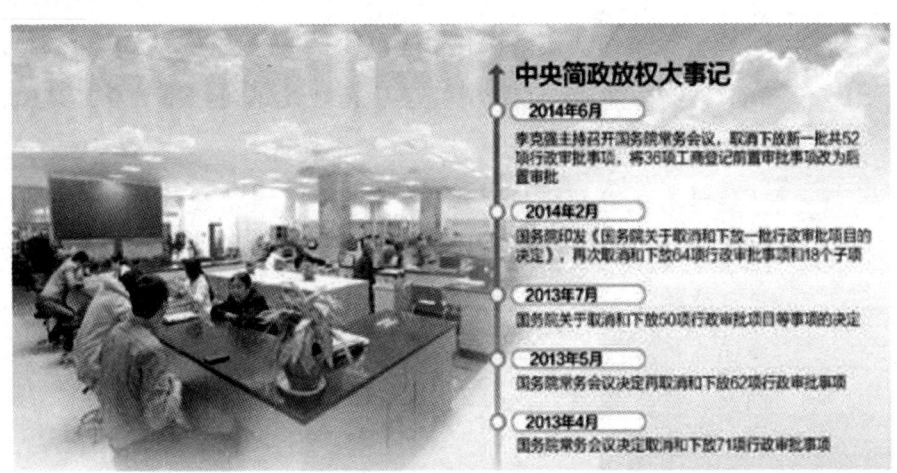

图1 中央简政放权大事记

资料来源：王比学、张洋：《全面深化改革进行时（加快转变政府职能篇）：一场政府的"自我革命"》。

随后，内地31个省、自治区、直辖市根据中共中央和国务院的统一部署，"接、放、管"三管齐下，以深化行政审批制度改革为龙头，开启了地方政府职能转变的新篇章。一些省份推出了富有实效性的改革措施，形成了内涵式、整体性、规模化的改革大潮。地方政府在本次改革中的主要工作任务有：从中央政府接手非本级政府负责的行政审批权，从自身下放给下级政府及转移给市场和社会，同时重视事中、事后监督，加强监管。省级地方政府行政审批制度改革的主要做法是：建立权力清单，建立负面清单制度，推进商事登记制度改革，加强事中、事后监督，积极培育市场和社会组织。

一 陕西省行政审批制度改革实践

陕西省认真贯彻落实国务院行政审批制度改革的方针和路线，取得了明显的成效。2013年底，陕西省出台了《关于深化行政审批制度改革推进简政放权工作的实施意见》，提出力争到2015年，全省行政审批事项在原有基础上减少1/3以上。截至2015年初，统计显示全省经过先后三个批次的精简和下放，累计取消和下放行政审批事项222项，再经省法制办对53个部门的834项审批事项逐项进行合法性审查并继续清理后，减少到目前的52个部门共计721项，精简幅度达32%。精简项目涉及投资项目核准、生产经营活动批准、资质资格管理、经济社会管理等多个方面。为了接受社会监督，省改办在《陕西日报》对省级部门保留的721项审批事项向社会公布，包括审批部门、项目编码、项目名称、项目类别；同时，逐项检查各部门所涉及的审批项目，完善设定依据、审批对象、办理手续和时限、审批流程和收费依据等，并在各部门的门户网站进行公开，形成省级部门行政审批事项汇总目录，实现动态管理。

根据中共中央、国务院《关于地方政府职能转变和机构改革的意见》和陕西省政府进一步深化行政体制改革、加快转变政府职能的要求，西安市人民政府在第71次常务会上通过了《关于进一步简政放权完善城市管理体制的意见》，该意见决定，原来由市级部门负责，涉及市容监管、市场监管、工程监管、安全监管、环境交通监管、公共服务六大方面的71项事权将向基层延伸，确保市民群众办事更便利。这标志着西安市简政放权工作正式启动。碑林区政府作为西安市下放行政审批项目的承接单位，自2013年以来，已开展了三批次的改革行政审批事项的工作，有序承接市级下放事权，集中清理行政审批事项，强化属地管理责任，促进政府职能转变。

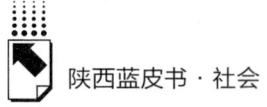

二 碑林区行政审批制度改革的主要做法

"郡县治,天下安",就一个国家而言,县域是国家治理的基础,县域治理现代化是国家治理现代化的根基,而推动县域治理现代化重在推动县域治理改革,以县域治理改革促进县域治理现代化。自上而下推动简政放权唯有真正把落脚点放在县域,把直接治理民众的权力真正落在县域层面,才能真正把激发县域发展活力落到实处。碑林区作为西安市的一个重要城区,在此次的行政审批制度改革中肩负着"提升城市管理水平、推进现代化美丽城区建设"的重任,以简政放权为重点,按照法制化、规范化、制度化的要求,有序承接下放事权,集中清理审批事项,强化属地管理责任。在本次改革中,碑林区走在了全市的前面,对行政审批制度改革和城市管理体制创新开展了切合实际的、扎实有力的工作,形成了地方行政审批制度改革的新鲜、生动的案例,也为行政审批制度改革提供了有益的经验。

(一)统一思想,凝聚改革动力

明确指导思想,以党的十八大、十八届三中全会精神为指导。根据省、市共建大西安的要求,按照"依法行政、分级管理、权责一致、循序渐进"的原则,确定"权责一致、重心下移、减少层次、能放则放"的工作思路,进一步理顺、划清市、区、街办以及社区各自的职责,强化基层城市管理的功能责任,稳步推进简政放权工作,逐步建立权责一致、精简规范、公开透明、监督有力的行政管理体制。组织各部门学习、研究本次行政审批制度改革的相关文件、领导人讲话精神,提高对简政放权工作的思想认识,树立大局观念,确保做到人人熟悉掌握政策;将行政审批改革工作作为实现进一步发展的重要机遇,以此来凝聚共识,为改革蓄力。

(二)明确组织领导,全面摸查梳理

碑林区政府作为地方行政审批制度改革的一级单位,不仅要做好上级单位下放的事项,也要做好本级政府部门所涉及的审批项目的清理工作。碑林区形成了以编办牵头、其他各部门业务人员配合的调研摸底收集网络和政策推进辐射网络,在制定本区的改革政策之前首先进行了充分的调研摸底工作,对市、区两级政府在事权划分上的现状及问题进行深入调研,重点对市、区两级部门具有的执法、管理、许可、监督等事权进行全面梳理,并进一步提出下放管理事权的建议;对辖区各街道社区与区级部门在事权划分上的问题、现状进行调研、梳理,形成区、街事权清单,提出将事权下放到街道社区的建议,为推动事权逐级下放打好基础、做好准备。截至2015年2月,碑林区已初步完成调查梳理汇总工作,集中清理范围内的55家单位共计填报行政审批事项381项;非行政许可审批事项215项,涉及151个项目、104个子项;其他审批事项33项,涉及25个项目、17个子项。碑林区在对全区审批事项清理规范的同时,对各街道、党政群机关、垂直管理部门涉及75家单位的主要职责、科室职责、所属事业单位职责进行了全面的梳理汇总,并在碑林信息网、区政府电子触屏上予以公布。

(三)制定科学的改革措施,狠抓任务落实

按阶段、按步骤、分批次有序推进改革。碑林区的行政审批事项工作按照三个步骤来进行。一是调研梳理阶段,要求各部门对取消和下放的行政审批事项进行认真研究,在与市级对口部门联系沟通的基础上,对本部门取消和承接的行政审批事项进行摸底调研。二是落实承接阶段,要求各相关部门要针对下放权限的承接举措、工作程序、运行机制等,制订本部门承接下放事权的工作方案并报区编办。三是督导检查阶段,由区监察局牵头,联合区编办、区法制办、区政府政务中心等相关部门,对各相关部门取消和承接的行政审批事项落实情况进行督导,确保下放事权得到有效落实。四是强化行政服务中心的载体功能,将市级下放的行政审批项目集中进驻区政务服务中心,并对外提供"一站式"服务;加强对行政审批事项的动态管理,及时根据上级政策法规和情况进行调整,规范行政审批事项的运行;对下放的行政审批事项制订统一的办事指南和操作规程,规范审批程序,方便群众办事。

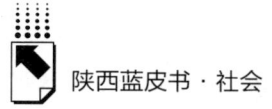

三 碑林区行政审批制度改革的成效

在碑林区委、区政府的推动下,经过编办及相关部门的共同努力,碑林区行政审批制度改革取得了一些成绩,并产生了一系列正向的关联效应。仅就改革的显性成绩来看,主要表现在以下方面。

(一)有序承接上级下放的事项,逐步减少本级政府的审批事项

针对省、市新下放的各项事权,碑林区政府各相关部门积极理顺工作程序,做好承接工作。经过几个批次的具体工作,碑林区行政审批制度改革后保留下来的审批事项的绝对数量有了减少。碑林区对陕西省、西安市取消和下放的285项行政审批事项进行了承接、落实。截至2015年2月的统计数据显示,已全部完成三个批次的承接、落实工作,共计取消和承接事权141项,其中第一批次承接市级下放行政审批事项51项,涉及19个部门;第二批次共取消事权11项,承接市级下放事权36项,涉及18个部门;第三批次共取消事权17项,承接市级下放事权26项,涉及15个部门(见图2)。与此同时,在对全区审批事项清理规范的同时,对各街道、党政群机关、垂直管理部门涉及75家单位的主要职责、科室职责、所属事业单位职责进行了全面的梳理汇总,并在碑林信息网、区政府电子触屏上予以公布,既为进一步理顺区、街、社区的职责,推进简政放权工作奠定了基础,也方便了群众办事,更使政府的工作得到广大群众的监督。

(二)推进政务大厅建设,提高行政审批效率

碑林区政府首先强化行政服务中心的载体功能,按照"两集中、两到位"的原则,将市级下放的行政审批项目集中进驻区政务服务中心,并对外提供"一站式服务";其次,加强对行政审批事项的动态管理,及时根据上级政策法规和宏观情况适时调整规范行政审批事项的运行,提高服务质量;再次,对下放的行政审批事项制订统一的办事指南和操作规程,规范审批程序,方

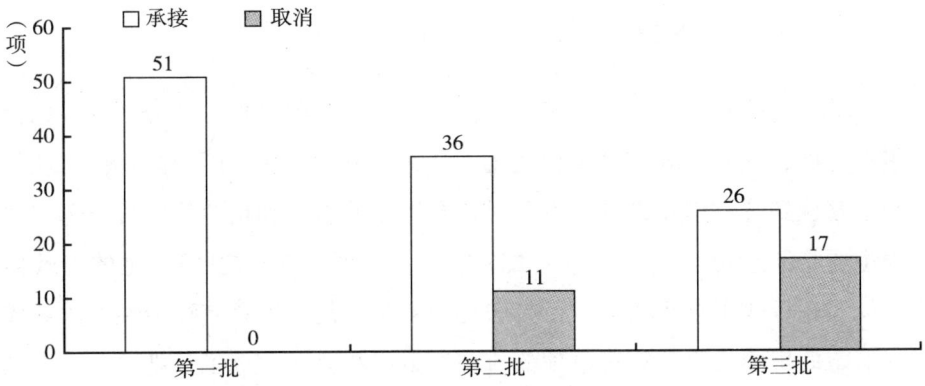

图 2　碑林区减少审批事项批次及具体情况

便群众办事。截至 2015 年 2 月，碑林区已有 30 家单位、182 项审批和服务事项进驻区政府政务中心，这使得行政审批效率大大提高。提高行政审批的效率一直被作为行政审批制度改革的核心问题，行政审批事项的集中办理以及审批效率的提高能够为经济社会的快速发展奠定基础。审批效率的显著提高能够带动整个社会成本的降低，提升经济效益，从而极大地促进地方经济的发展。

（三）加强政务公开，强化外部监督

行政审批制度改革所追求的审批效率、服务满意度等目标，促使行政审批建立起了对外服务的参照系统，使申请人的权益受到尊重。在这种情况下，将所有实际发生的审批事项进行公开，必然成为一项基本的要求，对于没有公开的则要求不予认可；没有公开仍在审批的则要追究相应审批部门的行政责任。碑林区政府按照"谁审批、谁负责"的原则，使各部门切实履行其行政审批的后续监管职责，明确责任主体，对委托下放的行政审批事项、委托单位对受委托单位在授权范围内实施行政行为的后果承担行政和法律责任；加强监督检查，按照"有权必有责、用权受监督、侵权要赔偿、违法要追究"的要求，各部门和纪检监察机关进一步加强对行政审批事项的监督检查，逐步建立健全有关监督检查的工作制度和机制，明确实施监督检查的具体办法和程序，促使责任追究制度落实到位。

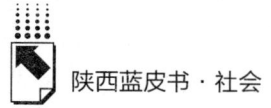

（四）推动管理改善，促进职能转变

碑林区的行政审批制度改革，从窗口收文到集中受理、从分散办理到相对集中许可、从简化环节到流程优化、从并联审批到跨部门协同运作、从信息共享互认到统一信息系统，以及对社会组织的引入和培育均以打破部门边界为主要特征进行"大生产式"的运作。在条块分割、以条为主的行政体制下，实现行政审批相对集中，打破部门壁垒，是一项具有革命性的改革成果。形态的集中为之后审批事项的梳理、重组和整合创造了条件。由集中到集约再到集成，使政府的组织形态、业务形态变化不再仅是政府部门自身的事，对组织的价值评估越来越重视存在环境和外部效应的评价，这是社会向民主法治转型中地方政府走向公共服务型组织的前奏。

四 区县政府行政审批制度改革实践中存在的问题

从碑林区的行政审批制度改革实践来看，区县政府行政审批制度改革中存在着一些问题，这些问题具有一定的代表性，反映了区县政府改革实践中的一些共性。

（一）审批事项承接过程中遇到的问题

区县一级政府所承接的下放事权没有相应的人、财、物和技术的匹配，下放过程中资料交接不完整，具有技术含量的事项得不到相应的培训。在实际承接工作中，一些基层部门原本的工作任务相当繁重，人员、经费却并未得到增加；同时，还要承接一些全新的事项（业务），大大影响了承接部门的工作效率和积极性。市委、市政府在统筹下放事权工作中，只对下放事项的内容作了规定，但对该事项涉及的权力清单未做明确规范。因此，上级部门未能对下级部门充分授权，使得下级部门在执行过程中无所适从。

简政放权这项工作对组织权威、人权、财权、物权的要求未能满足，导致政令不通。一方面，区县一级政府简政放权的具体事项由编办牵头，对于

"条块结合"的部门、与编办在行政上同属一个行政层级的其他部门来说，编办的行政效力显得力不从心。由于在机构、编制上遵循"只减不增"的原则，由省一级政府、市一级政府下放至区县一级政府的事项未能得到相应的人权、财权的同时下放，使得承接方无法将其承接的事项进一步落实。

（二）审批事项取消中遇到的问题

上级政府明放暗不放的问题。一些行政审批事项主要包括：其一，由"审批"改为"备案"、"报告"制，使原有的程序更复杂；其二，取消一项，追加一项，并没有真正简政放权；其三，对同一事项的若干行政程序进行分解下放，如将审批权、执法权保留，但是将日常摸排、建档、监管和巡查下放，导致下级部门在行政过程中重复工作，无形中增加了行政成本，对服务对象来说，增加了另一道屏障；同时，责任和权力的不对等，使下级部门的工作积极性受到打击，行政权威不足。

下放过程中法律、法规、规范滞后导致行政合法性不足。区县一级政府在以往和目前的行政过程中将一些业务（如"小额贷款担保"、"物业监管"）下放至街道、社区，这样带来了摸底和日常监管的便利，也方便了群众。但是，在"依法行政"的改革背景下，下放的合法性受到了质疑，如果收归区县政府，既不方便日常管理，又不方便服务群众。

（三）权力清单的摸排和公布工作中遇到的问题

缺乏统一、清晰的权力清单和责任清单标准。由于区县政府没有立法权，所以在权力清单摸排过程中更加依赖市级政府的权力清单和责任清单。以西安市为例，到目前为止仅仅公布了行政审批清单，权力和责任清单还没有理出来。有立法权的上一级政府没有统一的权力、责任清单标准，同时也缺乏相应的培训或具有操作性的说明性文件，这对下一级政府的权力清单和责任清单的摸排来说，标准不一，内容也相差甚远。

部分权限隶属关系不明确。上级政府部门行政不协调导致下级政府部门行政困难及服务对象的迷茫，阻碍企业正常发展。如规定2亿美元以下企业的备案、审批及节能在区发改委办理。如果一企业不清楚这一规定，去市发改委的投资处办理备案、审批，市发改委同意为该企业办理备案和审批，但是市发改委的节能处按规定告诉该企业，不足2亿美元应当到区发改委办理节能审批，造成了备案、审批在市上，而节能审查在区上，或者相反。

五 改革困境的成因分析

（一）行政观念、行政理念对改革的影响

卢梭认为行政官员个人身上有这三种本质不同的意志：一是个人固有的意志，这种意志仅指倾向于个人的特殊利益；二是全体行政官的意志，这是小团体的利益；三是人民的意志或是主权者意志，是"公意"。按照自然的次序，公意总是最弱的，团体意志其次，最强大的是个别意志。政府中的每个成员首先是他自己，而后才是行政官，最后才是公民；而这种极差与社会秩序的要求截然相反。在实际工作中，政府往往是参与竞争、博弈的一员，而不是公共利益的代表，造成了在实际工作中很难真正"为人民服务"。

（二）政策制定对政策实施的影响

从理论上来看，政策的制定和政策的执行属于两个不同的阶段，但在实际运行过程中，两者之间联系紧密。政策制定之初就需要考虑到政策执行过程中的种种状况，而政策执行过程中的一些问题往往来源于政策制定阶段。在我国，行政审批制度改革的总体方针和改革意向由党中央提出，进一步的政策和法律规范由国务院及其相关部委制定和推行，由此一步步推向基层。在这个过程中，中央的改革意向和总体方针在国务院和各部委进行了分解，在省一级政府及其部门继续分解，直至区县政府。中央改革政策自身携带的行政权力、行政责任在向下推进的过程中被碎片化地分解到各个部门，而各部门又缺乏良好的协调和沟通，各自为政，相互推诿，造成了权力和责任的

碎片化分解。同时，在向下的过程中，权力、责任不仅在横向部门分解、交织，在纵向的层级上往往会权力截留、责任下放，造成责权不对等。在政策下行的过程中，政策制定和政策执行的冲突显现出来，这种冲突不仅表现为价值观、权力、责任、利益的冲突，而且通过具体的政策工具凸显。

（三）政策执行的问题

自上而下的政府改革启动以来，"执行难"始终伴随着改革的进程。来自上级的政策貌似在基层很快得到执行，但其落实情形在全国千差万别；政策在一些地区得到较好执行的同时，在另一些地区有可能出现"走形式、走过场"的现象，导致改革效果大打折扣，有的甚至背离改革政策制定的初衷。行政审批制度改革作为一项自上而下的政策也存在着执行问题。面对改革，政策执行者会展开博弈，在执行政策时根据自己的利益需求对上级政策原有的精神实质或部分内容进行取舍，有利的就贯彻执行，不利的则有意曲解乃至舍弃。政策执行者在执行过程中通过变通、异化和停滞化等方式，使政策目标在执行过程中发生了扭曲、变异等状况，所谓"上有政策、下有对策"。

（四）体制、机制的影响

作为整体的政府在目标设定、部门职能配置等方面不能实现不同层级、不同部门之间的无缝隙化和无重叠化。处于行政体系末端的区县政府更加受到政策下行过程中各种冲突的影响，在承接下放事权的同时，面临着更严重的责权分离、利益截留。同时，网络时代的到来使得各级政府、各个部门都要受到舆论和公众的监督，区县政府面临着的舆论监督压力丝毫不小于省和中央政府，在责任下沉的过程中，区县政府更容易被"问责"。

六 推进区县政府行政审批制度改革的建议

（一）转变观念，统筹规划，勇于创新

观念层面的改变最为根本。政府为企业提供良好的发展环境能够带来财

政收入的提高，政府就会有更多的财力来提供更优质的公共服务，改善整体环境。如果政府各部门为了各自的一点儿小的利益，紧紧抓着手中的权力，不为企业的良性发展提供服务和帮助，使企业在本区域不能得到良性的发展甚至倒闭，影响的是本区域整体经济的发展，最终受害的是老百姓，当然包括每一位政府工作人员及其家庭成员。

做好全省行政审批制度改革的顶层设计和统筹安排。顶层设计和统筹谋划既要立足陕西经济社会发展实际，也要考虑与经济体制、行政体制、社会治理等改革相适应；既要突出地方特色，也要遵循中央政府的改革安排。将简政放权和转变政府职能紧密结合起来，应该认识到行政审批制度改革与其他改革之间的统一性，例如与政务公开、行政权力运行公开透明和程序化、政府绩效管理和行政问责等改革结合起来，不能光为了简政放权而改革。

鼓励新技术在政府部门的使用，以新技术的使用推动行政审批在纵向政府部门以及横向部门间的联动，为下一步省、市、区政务大厅的全面联动奠定基础。通过信息网络技术，实现行政审批事前、事中、事后实时在线监察，统一建设行政审批业务操作平台、行政审批电子监察平台、行政投诉处理平台、行政审批事项管理平台、行政审批业务数据交换汇总平台和联合审批专项监察平台。积极构建"网络服务大厅"，充分发挥电子大厅的行政服务咨询告知功能和资料预审功能。逐步扩大网上审批业务范围和办结率，逐步实现网上办理审批、缴费、咨询、办证、监督以及联网核查等事项，构建新型行政服务模式。在积极推进行政审批信息化的同时，必须增强信息安全意识和管理规范意识。

（二）动态性原则与依法行政的有效衔接

改革本身不是僵化的、一成不变的，应允许政策根据实际情况适时调整。从管理和政策执行的角度来看，改革政策的实施需要"动起来"，而不是文件、讲话精神的上传下达。这就要求政府及其部门在简政放权的过程中，做到下放前充分调研，下放中加强业务指导与监督以及下放后的再次调研与方案、对策的调整。

按照"人随事走、编随人走、费随事转"的原则,上级部门在审批权限下放的同时,应考虑与财权、人权要素配置方面同步配套进行。但是实际承接工作中,相关部门的工作任务日趋繁重,人员经费却并未得到增加,再加上人员编制总量控制的严格规定,区级层面已无法满足部门的要求,难免造成部门混编混岗、一人多岗,从下属单位抽调人员现象出现。因此,建议市局在审批权限下放的同时,对区县业务经费人员编制制度、建设业务培训和软硬件方面统筹考虑同步跟进。

在承接大量行政审批事项后,由于行政编制人员不足,执法主体问题凸显。在人员编制"只减不增"的要求下,事权下放后执法资格、执法证件、执法能力、执法水平等都将成为制约执法效率的障碍;机构改革工作中,按照人员编制在现有编制基础上精减10%的要求,碑林区将出现58.5%的单位超编、11.3%的单位满编的现象,给今后的机构编制规范化管理和人员结构调整带来了一定的困难,建议今后一段时间内,市上对区县人员编制实行"总量控制",在总量不超编的情况下,可以允许个别部门进行"超编进人"(主要在群团口)或"增编进人"。

针对目前权力清单摸排过程中遇到的标准不一而导致摸排结果不一致的状况,允许权力清单的动态性条款、兜底条款的存在,保持权力清单和责任清单的动态性,承认权力清单和责任清单的普遍性和特殊性的规律,既保证一般工作的有效性,又关注特殊事项的客观存在性。就某一具体行政事项,加强立法与行政的协调,以解决潜在的、不得已的"行政违法"的状况。例如,就物业公司的监管方面,尽快督促省、市立法机构出台符合当下陕西省物业发展现状的物业管理规范,以弥补《物业管理条例》的不足与滞后。

(三)针对具体部门、具体事项,以点带面,逐步解决好政府内部的协调问题

就某一具体下放事项,改善省、市和区县级政府间的协调,逐步形成无缝隙政府。例如,以发改委为例,督促该部门由专人负责将该部门下放至区县一级政府的某一项行政审批事项的规定逐级整理,清理该事项在纵向上

（省发改委、市发改委以及区发改委）的权力和责任有无分解、交叉、重复，以自上而下解决下放不彻底，责任权力不匹配，事权与人权、财权、物权不匹配的问题。

改善同级政府各部门之间的协调。针对某一具体的行政审批事项，如清理某一事项在横向上（同一级发改委）的项目办、节能办等有无规定、执行标准不一致的，避免同一部门内部的相互争利与推诿扯皮。市委、市政府在统筹下放事权工作中，只针对放权的事项内容进行了明确，并未对市区两级涉及的放权部门与承接部门的对接流程、完成时限、成效考量等进行规范，而在实际操作中，因区级承接部门对应市级主管部门时，无任何约束效力，市级主管部门对已放权事项迟迟未做安排，导致部分区级部门具体承接工作难以开展，建议市上在下放行政审批事项后，能对档案资料移交情况、事权交接时限、审批业务流程核准、事权对接落实情况及时进行督促检查，确保将行政审批事项下放和承接工作落到实处。

（四）加强政府与外部机构、团体和媒体的互动

加强政府与群众之间的互动。简政放权最终是要便利企业、便利群众，省一级政府要督促所辖各级政府、各部门的政策研究人员深入基层、深入企业、深入群众，在广泛调研的基础上撰写有针对性的、深入人心的调研报告，为各级党委、政府的决策提供参考。加强政府与智囊机构之间的互动。省委、省政府可以协同相关部门设立简政放权的专项研究资助，对陕西省行政审批制度改革中出现的一些问题做深入的调研和研究，鼓励各科研机构和智库将陕西省的简政放权纳入科学研究体系，以此形成更为科学、合理的改革方案。

B.5
陕南移民搬迁中社会治理体制创新问题研究报告

张燕玲 张涛 赵娟*

摘　要： 实施陕南移民搬迁是陕西省委、省政府顺应群众期待和新型城镇化发展趋势作出的重大决策。2014年以来，移民搬迁工程在破解陕南地区自然环境之殇、贫穷落后之困与促进社会治理体制创新、实现可持续发展方面取得了显著成效，创造了许多符合各地实际的好做法、好经验。面对经济新常态下基层社会治理体制改革呈现的新特点，陕南移民搬迁要进一步完善基层社会治理创新机制，加强培育社会力量参与社会治理，持续推动陕南移民搬迁工作的健康发展。

关键词： 陕南　移民搬迁　社会治理　体制创新

陕南移民搬迁是一项关系全省经济社会发展的重大发展工程、重大民生工程、重大创新工程和重大德政工程，是省委、省政府给全省人民的庄严承诺。自2011年实施以来，在省委、省政府的统一指挥下，陕南三市励精图治、攻坚克难，28个县区创造性地开展这项工作，已使280万秦巴山区群

---

* 本课题为2014年陕西省社会科学基金一般项目"陕南地区移民搬迁安置中政府治理与社会参与的互动关系研究"的阶段性研究成果（立项号：2014E01）。
张燕玲，陕西省社会科学院政治与法律研究所助理研究员；张涛，陕西省安全生产监督管理局；赵娟，西安市公安局地铁分局副局长。

众的生产生活条件得到根本改善，陕南移民搬迁安置工作取得显著成效。2015年上半年，省财政拨付资金55亿元用于移民搬迁，陕南三市已累计搬迁安置群众26万户88万余人，集中安置率达86.7%，其中当年建成安置房5.7759万套，搬迁安置群众19.57万人。陕南移民搬迁已经进入了承上启下的关键阶段，顺利完成阶段性目标，实现"十三五"良好开局，要按照党的十八届三中全会《决定》提出的创新社会治理体制、提高社会治理水平总要求，进一步协调推进移民搬迁与改革创新的关系，通过健全公共服务体系、创新社会治理体制，释放改革红利，激活发展动力，全面推进陕南移民搬迁工作的可持续发展。

一　经济新常态下基层社会治理体制改革的新特点

（一）基层治理主体呈现多元化的特点

社会治理体制创新首先是治理主体的创新。党的十八届三中全会《决定》明确提出，要"坚持系统治理，加强党委领导，发挥政府主导作用，鼓励和支持社会各方面参与，实现政府治理和社会自我调节、居民自治良性互动"。传统社会管理的典型特点是管理主体的政府一元性，现代社会治理的重要特征则是政府、市场、社会和公民多元性的治理主体及其相互关系的建构。面对多层次、多元化、多样性的社会需求，作为"看不见的手"的市场和"看得见的手"的政府，也会出现冲突或失灵的时候，而作为缓冲力量的"第三只手"，社会和民众就能很好地弥补市场与政府的不足，并在基层社会治理和社会服务中发挥不可替代的重要作用。社会治理不再是政府"剃头挑子——一头热"，而越来越呈现与新的社会形态相匹配的以党和政府为主导、涵盖社会组织和公众等多方面有序参与、共同治理的新特点，这正是治理主体多元化的必然诉求。尤其在基层社会治理中，由于社会资源的扩散以及公共服务领域的不断扩大，社会事务不可能仅是政府与基层管理部门的公务，而且是整个社会与群众都在积极参与、与自身利益密切相关的社会事务。

(二)基层治理体系日趋完善的特点

过去,我们习惯于用"运动式"的方式实现某方面的管理,虽然见效快、威力大,但持续性不强。因此,制度性的常态治理必须跟上,即通过完善社会治理体系,实现由阶段性管控向长期性治理的转变。一是民生服务和权益保障体系的建设。改善民生、提供公共服务是社会治理体制创新的基础性工程,是现代政府的基本职能,也是社会长治久安的根本保证。发展民生服务保障体系,重点是强化政府依法合理配置社会资源,保障公民权利,协调利益关系,提供公共服务的职能。二是社会纠纷多元化解体系的建设。现阶段,由人民内部矛盾引发的群体性事件有所下降,但仍不可轻视。通过建立健全重大决策社会稳定风险评估机制、诉求表达机制、心理干预机制、矛盾调处机制等,有效预防和化解社会矛盾,切实维护群众合法权益。在这方面,基层政府和部门在实践中已经形成许多成熟的做法。比如,建立健全以人民调解、行政调解、司法调解相衔接的矛盾纠纷化解的"大调解"体系;构建"一综多专"的大调解新格局,以"党政领导、综治牵头、依托部门"为模式,在矛盾多发领域建立专业调处机制;按照"专业化、社会化、职业化"的方向,培养群众威信高、社会广泛认可的专业调解员队伍;等等。三是社会安全稳定维护体系的建设。通过建立集疏导、防控、惩处和监督于一体的社会秩序和社会安全稳定维护保障体系,依法及时回应群众的正当利益诉求;加强现代防控体系建设,着力构建社会安全机制;强化重点区域、重点人群的管理和服务,依法严惩重大刑事犯罪;等等。四是社会组织培育和发展体系的建设。党的十八届三中全会《决定》明确提出,要"正确处理政府和社会关系,加快实施政社分开,推进社会组织明确权责、依法自治、发挥作用"。这为社会组织的发展提供了更为广阔的空间,更有利于发挥社会组织在社会治理中的作用。

(三)基层治理方式呈现多样化的特点

治理主体的多元化,必然要求社会治理方式的多样化。实践表明,原有的治理方式在一些社会矛盾和社会纠纷的处理中，不仅没有解决问题，反而导致了次生社会矛盾出现。究其根本，在于不善运用法治思维和法治方式化解社会矛盾、解决社会纠纷；在于偏离了依法行政的轨道，违背了依法治国的基本精神。党的十八大把"法治保障"明确加入"党委领导、政府负责、社会协同、公民参与"的社会管理总体格局，国务院法制办、最高院、最高检等积极推动社会治理相关法律法规及政策措施的研究和制定，相继出台了一些法规政策和司法解释，地方政府也更加注重社会领域的地方性法规制定，推动社会治理法制先行。比如，2015年1月1日起实施了《关于进一步加强流动人员人事档案管理服务工作的通知》，强调实行"集中统一、归口管理"的流动人员管理体制，取消收取人事关系及档案费用，提供免费的人事档案保存等基本公共服务。同时，基层社会治理作为一种参与式的社会治理，还必须重视发挥不同利益主体或代表各自的优势，让大家共同参与到治理过程中，实现由单一行政管理方式向综合运用经济、行政、法律、道德、信息技术等多手段社会治理方式的转变。基层社会治理中许多现实矛盾和问题，法律上并没有明确的规定和要求，这就要求既要发挥好法律规范与约束的作用，也要发挥好行业规章和团体章程、乡规民约、市民公约等具有普遍约束力的社会规范作用；同时要重视发挥好道德规范的调节功能。2015年6月，西安市在全市开展了"厚德陕西"道德建设活动，通过推进诚信建设制度化、志愿服务制度化等措施，为社会治理提供法治手段之外的道德支撑。

（四）基层公共服务呈现社会化的新特点

提升基本公共服务的能力和水平是基层社会治理的重要内容，直接关系到城乡统筹发展、新农村建设和广大基层群众利益的实现。社会主体日益分化、社会利益日益多元、社会服务日益多样的现状，决定了完全依靠政府提供社会服务显然不行，而各类社会组织则可利用自身专业性、灵活性的优势，为群众提供更加个性化、多样化的社会管理和服务。基本公共服务的社会性，是政府与社会的协作水平提高的直接体现，本质上是通过政府职能转变来处理好政府与市场、政府与社会的关系。一方面，政府把该管的事务管好，把该放的权力放掉,把工作重点转到提供优质公共服务、创造良好发展环境和维护社会公平正义上来;另一方面,社会提高自我管理能力,社会组织在社会治理中凸显主体地位,社区自治功能得以激活和强化,基层居民获得更多渠道直接参与治理。目前,全国正在推广PPP模式,鼓励和带动社会资本对公共服务领域的投入管理,创新公共服务供给方式,引导社区居民通过自我治理达到社区自治。比如,陕西省财政厅和省有色集团共同出资组建"陕西陕南移民搬迁安置工程有限公司",调动了社会各方资金共60亿元参与移民搬迁。

二 陕南移民搬迁中社会治理体制创新的主要做法

陕南移民搬迁既是破解集中连片贫困地区发展难题的积极探索,又是促进陕西经济社会可持续发展以及全面建成小康社会的重大举措,功在当代,利在千秋。陕西通过大规模实施移民搬迁,既改善了山区群众的居住环境,又很好地保护了陕南生态环境,加快了城镇化发展进程,有力地促进了经济发展方式、农民生产生活方式和社会治理方式的历史性变革,巨大的综合效益日益显现。陕南三市移民搬迁实践在创新社会治理体制中激发社会活力,创造了符合各地实际的好做法、好经验,迈入了由艰难起步到交替攻坚再到全面推进的新阶段。

(一)坚持顶层设计与区域协调相结合,构建具有陕西特色的陕南移民搬迁社会治理工作机制

任何缺乏顶层设计和区域协调、单兵独进似的改革,都不能真正取得成功。因此,搞好顶层设计,加强区域协调,构建社会治理体制改革的统一战线,是移民搬迁工作中创新社会治理的前提。

第一,着眼于陕南移民搬迁工作中社会治理体制改革的基本现状和发展趋势,明确具有可行性和前瞻性的改革总体思路。从陕西经济社会发展的全局出发,对社会治理体制改革的总体思路、目标任务、组织领导、工作重点等进行通盘考虑,制定纲领性文件是首要任务。基于对陕南片区实际情况和

地区发展基础的精准把握，省委、省政府制定了《陕南地区移民搬迁安置总体规划（2011—2020年）》，明确了移民搬迁的总体目标、安置政策、范围对象和保障措施。先后出台了《陕南地区移民搬迁安置工作实施办法（暂行）》、《陕南移民搬迁安置住房建设项目管理办法》、《陕南移民搬迁安置补助资金筹集与管理办法》等规范性文件，同步建立陕南移民搬迁规划制定、任务分解、目标考核、公共服务、产业扶持等一系列制度机制。同时，加强基层党委在社会治理体制中"总揽全局"的领导作用。汉中、安康、商洛三市按照省委、省政府关于陕南移民搬迁工作的总体要求，分别出台移民搬迁实施规划及安置点布局、基础设施和公共服务配套、产业体系建设规划，并在具体实施中积极探索、认真总结、不断完善，确保了移民搬迁工作有力有序有效推进。

第二，着眼于省、市、县各级优势与互补性，高度重视区域间的协同力量。移民搬迁是一项复杂的系统工程，必须着眼于改革的整体性，注重各部分之间的沟通协调和相互依赖。为此，陕西成立由副省长庄长兴任组长的陕南地区移民搬迁工作领导小组，统筹协调和组织实施移民搬迁工作，并建立省级领导、市级协调、县级实施、部门指导的四级工作运行体制，强化地区、部门间的工作衔接，提升工作质量和水平。陕南三市以及涉及移民搬迁工作的职能部门，都成立了由党委、政府主要领导任组长、第一副组长的移民搬迁工作领导小组及其办事机构，负责组织实施、督促检查、协调指导，推动各项任务的具体落实。省委、省政府每年定期召开专题会议，主要领导亲力亲为狠抓工作推进，加大省级统筹力度，经常深入一线，协调解决重大问题；省人大、省政协多次组织调查研究，提出加强和改进移民搬迁工作的意见建议；社会各界高度关注，积极建言献策，形成了认识一致、步调统一、共同推进陕南移民搬迁的良好氛围和工作合力。

第三，着眼于社会治理体制创新与陕南经济体制改革、文化体制创新、生态环境改善的内在统一关系，系统提升改革的综合效益。实施陕南移民搬迁就是为了改善人民生活，满足人民群众对美好生活的新期待，这既是中国特色社会主义经济社会发展的必然趋势和终极目标，也是各级政府共同努力的工作方向和政治责任。因此，把移民搬迁工作纳入发展全局、借力推动陕南循环经济发展、实现民生改善和生态文明建设，是改革应有之义。省委、省政府用系统思维谋划全局，以统筹推进的方式凝聚合力，确定了"搬得出、稳得住、能致富"的总要求，明确了移民搬迁同新型城镇化、现代农业产业"三位一体"的发展目标，坚持把移民搬迁与县域经济社会发展规划结合，与产业发展规划结合，与土地利用总体规划结合，与新型城镇化和新农村建设规划相结合的发展思路，通过实施"靠城靠镇靠园区"和"进城入镇驻社区"的政策措施，形成了移民搬迁同城镇化、工业化、信息化、农业现代化"四化同步"的发展格局，从根本上改变了秦巴山片区群众生产生活条件和生存环境，取得了移民搬迁工作的多重效益。

（二）充分发挥市场和社会在社会治理中的重要作用，建立健全陕南移民搬迁的协同治理机制

实施移民搬迁进行集中安置，其难度和规模相当于再造一个个城镇，单纯依靠政府行政力量不可能实现可持续发展。在社会治理体制创新中，需要充分发挥政府、市场、社会三者的协同作用，由政府提供基础性保障与支持，让市场凝聚必要的资源和力量，而社会则对改革的成效拥有最终评判权。陕南移民搬迁通过搭建各种制度化的参与平台和沟通渠道，培育市场主体，壮大社会组织，建立健全政府与社会的协同治理机制。

第一，发挥政府主导作用，做好统筹规划，整合各种资源，为其他社会治理协同主体的发展提供动力支持。移民搬迁作为推进新型城镇化、实现陕南循环发展战略的重要引擎，必须发挥政府在统筹城乡经济社会发展规划和城乡一体化中的组织领导作用。正如赵正永书记所说："要把移民搬迁和其他工作有机结合起来，按照城乡一体的理念，通盘考虑城乡空间、资源、环境、基础设施和人口布局，从根本上改变'出了城市就是农村'和'复制农村'的问题。"因此，陕南移民搬迁坚持集中安置为主，政府主导，县级统筹，科学规划，企业运作；坚持市县整体谋划，一盘棋部署，一体化布局，分年度实施；坚持移民搬迁与现代农业、工业园区、保障房建设和城镇建设有机结

合，促进形成中心城市、县城、重点镇、新型农村社区四位一体的城镇社会治理体系。同时，各级政府通过政策引导、资金帮扶、人力参与、技术援助等方式，为其他社会治理协同主体的壮大和发展提供支持。在面上，着力发展吸纳就业能力强的设施农业、循环工业和观光旅游业；在点上，统筹设置移民搬迁就业创业专项资金，因户施策、工作到人确定扶持办法，加大搬迁群众职业技能培训力度，争取每户有一人从事二、三产业或有稳定的就业门路和收入来源。比如，安康市树立全市一盘棋思想，支持和鼓励群众跨行政区域实现就近安置。在高新区和恒口示范区规划建设了可安置万人以上的大型跨区域集中安置社区，引导搬迁群众向中心城市聚集。同时，打破镇、村行政界限，跨镇、跨村统筹规划，科学布点，积极引导镇办之间、村组之间跨区域搬迁，引导搬迁群众进城入镇安置，解决好对象衔接和迁入地就业、入学、社保、管理等问题，保护迁出地原有财产和收益等权益。

第二，激发市场活力，调动民间资本发展新经济组织，使之成为吸纳劳动力解决就业问题，实现移民搬迁地区城镇化的重要力量。陕南三市正处于农业现代化、工业化和城镇化全面起步时期，"三农"问题是经济社会发展的短板。而移民搬迁是牵一发而动全局的战略工程，通过集中安置发展壮大民营企业、实现就地就近城镇化的路径，使人口的快速集聚倒逼产业就业创业，倒逼发展方式转变，倒逼社会治理创新，有力地助推陕南地区城乡一体化进程。紫阳、宁陕等地在引导企业及社会力量参与移民搬迁和城镇化建设，加快建立社会企业参与机制方面已经形成了很好的经验。四年多来，在发展新经济组织构筑"稳得住、能就业、快致富"产业支撑过程中，陕南探索形成了灵活多样的发展模式，既解决移民群众就业问题，也使社会人员重新实现组织化。一是"依托园区"模式，紧邻各类园区建设移民安置点。安康市平利县依托现代农业园区、旅游景区建设安置点，引导搬迁户从事经商、务工、旅游等二、三产业，群众年人均纯收入由搬迁前不足3500元增长到7000元以上。二是"引进企业"模式，在移民安置点旁边通过招商引资建成社会企业。洋县磨子桥通过招商引资在安置点旁建成劳动密集型企业；山阳县出台一系列优惠政策，引进高纯金属钒、钒电池等深加工项目。

三是"配建企业"模式,将园区企业与移民安置配套建设,园区企业可充分解决移民就业问题。镇安县按照"靠城、靠镇、靠园区"思路,探索"以产定搬、以搬拓城、产城融合、城乡一体"产业安置模式。该县云盖寺镇花园移民社区,配建中小企业孵化园已入驻普瑞电子、美云秦绣等十几家企业,解决3000名社区移民群众的就业问题。四是"联合办企"模式,汉阴县涧池镇西坝社区安置点按照"龙头企业+基地+村委会+搬迁户"的模式,以紫云现代农业园区为载体,以村委会为纽带,联合搬迁户加入企业生产链条,扶持50户搬迁户发展富硒蔬菜产业。五是"流转集约土地"模式,如西乡县对搬迁群众的原有土地进行流转,发展茶产业园区,再返聘搬迁群众管护园区,让群众获得土地分红与务工的两次收入。两年间,陕南通过移民搬迁共流转土地1.86万亩,建成各类农业园区267个,推动了陕南山区"一家一户"的自然经济形态加速向规模化农业市场经济形态转变。2014年底,陕南移民搬迁在县城、集镇和工业园区附近,共建设大型社区化集中安置点162个、中型安置点589个,集中安置率达到88.63%,安置居民人均纯收入达到7478元,较四年前增长八成。目前,已有近1万人通过城镇公益性岗位落实就业,有15万名搬迁群众实现就近就地就业,有16万人进城入镇发展二、三产业。

(三)加快公共服务向安置社区延伸,夯实移民搬迁社会治理的社区自治机制

省委书记赵正永指出:"实施移民搬迁不仅要改善群众的居住条件,更重要的是让农民享有和城市居民同样的公共服务设施和水平,进一步缩小城市差距。"山区群众居住分散,解决基础设施问题成本高、重复浪费、经济性差。从乡村到社区,从山上到山下,群众的生活环境和习惯发生了明显变化,原来的镇村区域界限被打破,形成了既不同于城市,又有别于村级组织的新型居住群体——移民搬迁安置社区。安置社区直接面向广大居民群众,是社会治理体制改革的承载主体,也是陕南地区社会治理的基础性环节。移民搬迁打破了原来部门界限,统筹使用相关资源,推动了公共财政与人口聚

集同步同向，探索出一条加快"城""乡"融合、促进公共服务均等化、创新城镇社区治理的捷径，这也是陕南移民搬迁取得成效的关键之举。

第一，加强社区基础设施和公共服务配套设施，坚持住房建设与基础设施和公共服务设施建设同步推进。这是提升移民搬迁社区公共服务功能的关键。对此，省上专门出台《陕南地区移民搬迁公共设施建设标准》，按照"保基本、按标准、分阶段、抓统筹"的原则，对移民搬迁建设行业部门的项目审定、建设标准等关键环节进行明确规范，优先保证集中安置社区的基础设施和公共服务设施及时建成与使用。同时，建立了长效运行机制，落实运营经费，抓好设施管理。陕南三市按照"小型保基本、中型保功能、大型全覆盖"的要求，把基础设施和公共服务配套设施与安置社区同步规划、一体建设，严格按照安置规模确定配套建设的标准、时限及内容。对100户、500户、1000户等不同规模的安置社区配置不同的公共服务设施，然后进行分类指导。500户以上的安置社区，水电路视讯网等基础设施全部建设到位，并配套教育、医疗、卫生、文化、超市、消防、垃圾污水处理设施及社区服务中心等公共服务设施，实现社区服务功能的"全覆盖"。丹凤县江北社区建设一站式服务中心的同时，积极探索社区老年人日间照料工作，修建了标准化餐厅、宿舍等设施，设立床位30张，精心为社区老年人提供日间服务。四年多来，省、市、县整合专项资金75.6亿元，全部或基本建成2027个移民安置社区的基础设施和公共服务配套项目，惠及近百万搬迁群众。今后，陕西省将进一步加大基础配套设施建设力度，给予"小配套"项目搬迁户每户2万元补助，用于安置小区"三通一平"小配套基础设施建设。

第二，探索新型城镇社区管理模式，构建完备的社区管理与运行体制。陕南移民搬迁按照"在城镇集中安置点实行社区化管理，农村大中型集中安置点逐步实现社区化管理，农村小型安置点实行村民自治组织管理"的规定建设新型社区，基本构建了以社区党组织为核心、社区居委会为主体、社会组织为配套、社区物业公司为依托的社区管理服务新格局，加快推进移民安置社区管理制度化、专业化、规范化，让搬迁群众享受高品质的公共服务。2015年以来，新兴移民社区管理更加重视优化人口居住空间，创新集体所有制实现形式，完善社会治理和公共服务体系。汉滨区在大、中型安置社区成立社区自治组织，建立周二驻村服务、阳光政务服务、网络信息查询、常态化进村服务四个平台，对搬迁群众实施规范、有效管理；镇安县出台了《移民搬迁安置点社区物业管理办法》，按照100户以下的安置点实行社区管理、100~500户实行物业与社区管理相结合、500户以上实行市场化物业管理的模式设立移民搬迁安置社区；平利县药妇沟社区以创建"五星"社区为抓手，实行网格化管理组团式服务的社区治理模式，组建社区党支部，成立社区居委会，设立社区便民服务站，让搬迁群众主动参与社区建设与管理；宁强县二道河安置社区专门建立了居民数据库，构建以党组织为核心、居委会为主体、监委会为辅助、物业公司为保障的"四位一体"服务组织体系，全面负责搬迁群众就业、医疗、养老、低保、户籍等社会保障服务，使移民搬迁群众与城市市民一样享有舒适的居住条件，有效防止了"回流"现象的发生。

第三，实行居住证制度和户籍迁移自主，创新移民搬迁的后续管理机制。2015年政府工作报告中提出，要"抓紧实施户籍制度改革"，陕西作为首批试点省份已经正式出台了《陕西户籍制度改革意见》。陕南移民搬迁取消了农业户口与非农业户口性质区分，按照"权责对等、科学合理、渐次发展"的原则和"社区管理房和人、原籍管理林和地"的思路，健全完善与居住年限等条件相适应的基本公共服务供给机制。这样，移民搬迁群众持居住证就可以享有与当地户籍人口同等的劳动就业、基本医疗卫生服务、基本公共教育、公共文化服务、计划生育服务、证照办理服务等权利；并逐步享有与当地户籍人口同等的住房保障、就业扶持、养老服务、社会救助社会福利等权利。白河县率先探索建立"颁发一本居住证、划分两地管理职责、探索三种运行模式、设置四套管理机构、开辟五大就业渠道"的社区管理服务新机制。为每户统一颁发《居民户口簿》，实行《一户一法增收明白卡》网络化管理；对实际居住在社区但暂不具备进城落户条件或暂不愿迁转户口的搬迁群众实行居住证制度，双向享受城市和农村优惠政策、公共服务的权利与义务；同时按照"社区管理房和人，原籍管理地和林"的办法划分两地管理职责，以"地"为主的服务事项归原村管理，以"人"为主的服务事项归社区管理。

（四）促进政府职能和工作作风转变，打造移民搬迁社会治理体制创新的责任主体

政府在社会治理体制创新中的负责地位，决定了政府自身改革是社会治理体制改革的重要组成部分。而政府职能和工作作风的转变，是实现政府在社会治理体制创新中的负责地位的前提与基础。职能不转变，负责就会"包揽"；作风不转变，负责就会"专断"。尤其在社会治理职能建设方面，政府要做到既不包揽，也不缺位，更不错位。

第一，明确移民搬迁工作中的政府职责。十八届三中全会的决定明确提出"加强地方政府公共服务、市场监管、社会管理、环境保护等职责"，"实现政府职能从生产建设型向公共服务和社会管理型转变，从提供经济物品向提供制度环境转变，从行政管制型向公共服务型转变"。陕西按照精简、统一、效能的原则和决策、执行、监督相协调的要求，建立了权责清晰、行为规范、运转协调的移民搬迁行政管理体制，对搬迁安置项目实行政府负责制，执行"一个安置社区、一个项目主体、一个项目法人"的管理模式和工程质量责任追究"终身制"。商洛市先后制定出台《关于进一步加强移民搬迁安置工作的决定》、《加强和规范移民搬迁安置工作实施细则》、《移民搬迁安置工作考核办法》、《移民搬迁安置工作督查办法》等一系列政策和办法，抓住关键促规范，进一步明确了移民搬迁工作的政策标准，确保全市移民搬迁安置工作严格执行政策、严格搬迁程序、严格工程管理。汉中市先后出台《移民社区管理办法》、《安置点小配套管理办法》、《山林土地流转指导意见》、《社会政策衔接办法》等一系列规范性文件，解决了搬迁群众的后顾之忧。商南县实施移民搬迁户村镇县四级档案"8+2"工程（搬迁户户籍证明、明白卡、申请书等8项资料+扶贫就业计划书和两灾户管护责任书），建成标准化移民搬迁信息化平台。安康汉滨区在各个大、中

社区建立健全社区管理制度，完善区、镇、村（社区）三级问题库，对搬迁群众按照放心户、连心户、关心户三种类型精确分类，建立信息网，实施精细化管理。洛南县启动实施了"陕南移民搬迁精细化管理年"活动，重点突出规划修编科学化、项目管理规范化、对象审定精细化、信息建设程序化等八个方面细化流程与要求，推动全县移民搬迁工作走上精细化、制度化、规范化、程序化的轨道。

第二，创新移民搬迁工作考核机制。从2015年起，陕西将完善社区配套、提高入住率作为县区政府移民搬迁工作考核的一项重要指标。特别是在后续管理与服务方面，要求各县区抓紧完善搬迁户社会保障制度衔接并转，使搬迁群众享受均等的社会公共服务。陕南三市各级政府，坚持移民搬迁党政"一把手"负责制，建立县级领导包抓、部门包联工作机制，将平时考核与年度考核相结合，形成了责任明确、上下齐动、一级抓一级、层层抓落实的移民搬迁工作责任制。移民搬迁工作被纳入县区、部门年度目标责任考核范畴实行单项考核，同时列入重点督察内容，重大项目观摩考评工作内容，重点考核任务完成率、群众入住率和移民巩固率。商洛市全面落实"县区委书记担责、县区长挂帅、常务副县区长主抓"的强势推进机制，建立了"季度点评、专项视察、年底交账"的考评研判机制和"五部门"联合督察工作制度，每月巡回督察各县区工作进展情况，分析差距、点准问题、限期整改，确保移民搬迁工作扎实推进。汉中市严格实行包抓责任制，县区主要领导分别包抓一个100户以上的安置点，示范带动，整体推进。采取专项督察、随机检查、跟踪督察、现场观摩等方式，督导政策落实，及时解决问题，加快工作进度。每月在《汉中日报》公布县区移民搬迁进度和排名情况，每季度对所有安置点现场检查评比，做到月通报、季点评、半年评比、年终验收。

第三，完善工作激励和监督机制。陕南三市对移民搬迁工作实行动态管理，每季度检查并督察工作进展，依据检查结果严格兑现奖惩，激励各县区加快推进移民搬迁安置工作。汉中市以城镇安置率、集中安置率、特困户安置率、两灾户安置率、群众入住率的"五率"指标进行考核，从计划、实施、结果上进行重点考核，每年拿出300万元奖励考核成效好的县区，对排名靠后的约谈主要负责同志，对未完成任务的严格问责，确保移民搬迁目标如期实现。商洛市创造性地出台"季度点评，专项视察，年底交账"工作推进机制，每年年底召开交账会，通报排名情况，对未完成当年任务、排名最后的县区实行行政问责，约谈党政"一把手"，并对县区分管领导实施调岗调位；严格实行"红旗奖励、黄牌警告、流动管理"的奖惩兑现机制，每季度末依据点评情况，对完成进度目标任务、排名第一的县区颁发流动红旗，奖励500万元，在年度目标责任考核中加5分，对未完成目标任务且排名最后的县区实施黄牌警告，全市通报批评，在年度目标责任考核中减5分。

第四，加强移民搬迁中的作风建设。资金和资金安全始终是移民搬迁工程建设的重中之重，也是各级政府加强作风建设和反腐倡廉建设的关键环节。移民搬迁已经实施近五年，搬迁后的产业培育、社会治理体系建设、公共服务完善都需要党员干部投入更长的时间、更多的精力。这就要求全省各级领导干部始终保持良好的工作作风，工作态度不变，工作力度不减，工作推进不慢，以"蚂蚁啃骨头"的精神，把移民搬迁这件打基础、利长远、惠民生的大事办好。2015年以来，陕西按照《财政扶贫资金管理办法》，进一步规范移民搬迁资金运作程序，全面落实资金动态监测制、领导会签制、项目决算审计制、公开公示制和检查验收责任追究制等管理制度，强力清除移民搬迁工作中党员干部的作风之弊、行为之垢，对积压挪用、做假冲账、应付检查等行为严查严办，确保资金安全高效运行。略阳县制定执行了《移民搬迁专项资金管理使用办法》，上级补助、县级配套和农户自筹等各个渠道筹集的资金全部纳入专户管理，严查套取、贪污、挪用搬迁资金的行为，保证了资金安全运行。南郑县实行县财政局与移民办领导双签，县政府分管领导审批签字后予以拨付，确保了资金流向的安全性。

三 陕南移民搬迁社会治理体制创新的趋势分析

按照中央对社会治理体制创新的总体要求，依据陕南地区移民搬迁社会治理的典型经验，针对当前存在的难点和问题，展望下一阶段创新社会治理体制机制的发展前景，我们认为应着重在以下两个方面加大力度。

（一）进一步完善基层社会治理创新机制

一是完善社会治理的投入机制。主要完善政府主导、多元主体投入的资金保障机制，加大公共服务设施的财政投入力度。陕南三市多为连片贫困地区，建议合理调整资金配套比例并足额下拨，加大对市县级财政承担各类公共服务配套建设的资金支持力度，确保新建安置社区公共服务设施尽早全面建成。二是完善社会治理职能部门的协调联动机制。坚持统一领导、协调联动，对职能部门的权责进行明确划分，对搬迁安置与社区治理中问题的处理流程和权限进行明确规定，避免出现管理部门碎片化、权责体系重叠以及治理权限分散化的现象；建立健全规划统筹、信息共享、联审会商、协调服务、跟踪问效等联动机制，综合解决职能交叉和空白带来的问题，处理滞后问题，提高职能部门服务质量和工作效率。三是健全社区工作准入机制。在符合条件的大、中型安置社区推行"分级准入、依法准入，职能前移、服务前移，权随责走、费随事转"的准入制度。凡拟将评比考核、工作任务、组织机构等交给社区的，除政策规定应由社区自治组织承担的之外，均实行准入制度；对已经进入社区的事项，要建立严格的审批准入制度，明确授权内容和规范进入程序；对未获批准的工作任务，社区有权拒绝执行。

（二）加强对体制外社会力量参与社会治理的培育

一是注重政府职能逐步向社会组织转移的制度化。陕南移民搬迁社会治理不同于其他类型的社会治理，在移民搬迁的前期主要依靠政府力量投入，但后期要真正实现搬迁居民"稳得住"，就需要大力培育社会组织，配合政府参与社会治理与服务，这是加快实现社会治理体制创新的关键点。从目前的发展状况来看，社会组织自身能力不足、公众参与整体水平不高，甚至某些方面与政府职能的有序转移之间是相互影响、相互制约的。建议在陕南移民搬迁安置中启动全面清理政府部门相关职能的工作，明确需要逐步转移给社会组织的职能清单,并制定具体的时间表和步骤图,通过完善地方性规章政策确保这项工作的制度化。目前,要推动社会组织发展壮大,一项重要而紧迫的工作就是推进政府职能向社会组织的有序转移。二是推进政府向社会购买服务的法制化。"1+3+n"政府购买服务政策体系是当下通行的政府与社会间有效的协作模式,尤其在提供公共物品和服务方面具有明显优势。政府通过向社会购买服务的方式,对社会组织予以扶持,激发社会力量实现社会协同,这方面陕西已经积累了许多好的经验与做法,有些走在了全国前列。陕南移民搬迁在探索政府向社会组织购买服务方面也已经迈出了重要步子,接下来有必要在充分调研的基础上吸收其他地方的经验和做法,制定和出台《陕南移民搬迁政府向社会组织购买服务的项目指南》和《指导意见》,在移民搬迁的相关领域中列出政府向社会组织购买服务的清单,在制度化、法制化保障方面加大创新力度。

民意调查

Surveys on Public Opinions

B.6
2015年社会热点、焦点事件：
陕西公众问卷调查分析报告

陕西省社会科学院课题组*

摘　要： 本报告对陕西公众关于2015年省内外社会热点、焦点事件的关注、认定与评价等进行了整体描述与分析。调查结果显示，总体上看，公众对"抗战胜利70周年大阅兵"、"习总书记年初陕西视察"等重要事件/活动给予高度关注。在社会"流行词语"认定中，"大阅兵"是最能体现2015年社会热点的关键词。在主要社会事件/活动评价中，"纪念抗日战争胜利大阅兵"、"习主席访美"综合影响位居前两位，体现出公众对中国以成熟的大国形象走向世界的认同与信心。在陕西热点事件/

---

* 课题组成员：吴南，陕西社会科学院社会学研究所副研究员；谢雨锋，陕西社会科学院社会学研究所副研究员；张影舒，陕西省社会科学院社会学研究所助理研究员；江波，陕西社会科学院社会学研究所研究员。

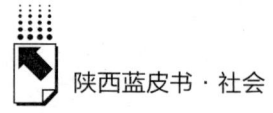

活动评价中,居综合影响首位的是"习总书记视察陕西"。报告展示出陕西公众对2015年经济社会发展的解读与重要期待。

关键词: 社会热点 社会"流行词语" 陕西

2015年是我国全面深化改革的关键之年,也是全面推进依法治国的开局之年。这一年,我国进入经济发展新常态,在取得一系列成就的同时,经济社会发展也面临不少挑战。这一年,中国大国外交稳中有进、成效显著,推进"一带一路",创办亚投行,在国际舞台上负责任大国的形象日益彰显。这一年哪些事件/活动、社会现象将成为陕西公众关注和讨论的热点和焦点?对此,我们采用问卷调查的方式,对年龄在20~70岁的公众进行了专项调查,以下报告正是依据本次调查数据分析完成。

一 公众对2015年重要社会事件/重大活动的关注度

2015年,国内外发生的一系列大事要事,既引起了人们的广泛关注,也给人们带来了极大的震撼和多重的思考。在这不平凡的一年,哪些社会事件/活动更能受到公众关注,产生了更为重要的影响?我们选取了2015年11月前较有影响的13项社会热点事件/活动展开调查。对每项事件的测量均采用5级量表方法获取公众评价结果,即将"非常关注"赋值为5分,"较关注"赋值为4分,"一般"赋值为3分,"不太关注"赋值为2分,"不关注"赋值为1分。具体统计结果如表1和表2所示。总体上看,公众对"抗战胜利70周年大阅兵"、"天津滨海新区爆炸事故"、"习主席访问美国"和"习总书记年初陕西视察"等具有树立大国形象、提升国际地位、关乎生命安全,以及对陕西省经济社会发展具有重要影响的事件给予了高度关注,而对其他各项社会事件/活动的评价,内部均存在一定的差异。

调查结果显示,作为国家纪念中国人民抗日战争胜利暨世界反法西斯战争胜利70周年重头戏的"抗战胜利70周年大阅兵"备受公众关注，平均分值达4.47分，高居榜首。其中，逾六成受访者表示"非常关注"（63.3%），有24.8%的受访者表示"比较关注"，二者相加近九成（88.1%）。排在第二位的"天津滨海新区爆炸事故"再次将公众关注的目光聚焦于公共安全，逾八成（84.3%）受访者表示对该事件"非常关注"（50.5%）或"比较关注"（33.8%），平均分值达4.25分，相反，只有3.3%的受访者明确表示"不关注"。

在2015年13项社会热点、焦点事件/活动中，与对新一届领导集体治国理政高度认同相一致，与习总书记有关的大事均获得了公众普遍的关注。"习主席访问美国"以3.91分的平均分值位居总选项第三位，近七成的受访者表示"非常关注"（34.0%）或"比较关注"（35.8%），认为习主席访美不仅向世界发出了中国最强音，讲述中国好故事，彰显大国风范，提升民族自豪感，也对构建中美新型大国关系产生了积极影响。同样，对"习总书记年初陕西视察"，受访者表示"非常关注"（28.0%）或"比较关注"（42.0%）的比例也达到70.0%。受访者表示，习总书记作为"黄土地的儿子"，到革命老区考察调研，了解民情、倾听民意，传递出的都是拳拳爱民心、浓浓正能量，一系列重要讲话必将对陕西的发展起到重要作用。"习主席在西安会见印度总理莫迪"也引发公众广泛关注，成为街头巷尾的热议话题。对此表示"非常关注"（25.0%）或"比较关注"（35.8%）的受访者比例达六成多，仅有少数受访者明确表示"不关注"（3.5%）。

此外，受访者关注度比较高的还包括："北京申冬奥成功"（均值3.72分）、"屠呦呦获诺贝尔医学奖"（均值3.72分）和"淳化特大交通事故"（均值3.41分）。受访者表示，北京申办冬奥会成功显示出中国自身的强大和国际地位、国际影响力的不断提升。屠呦呦获诺贝尔医学奖是中国医学界迄今为止获得的最高奖项，它向全世界展示了中医药的科学性。

相比之下，对"亚洲基础设施投资银行成立"、"陕西落实'五个扎实'讲话精神"和"西安浐灞设立中亚使馆区"等，公众的关注度并不太高，平均分值依次为：3.18分、3.13分、3.07分，处于"一般"水平。具体如表1、表2

所示。需要特别指出的是，公众对"陕西落实'五个扎实'讲话精神"关注度不高，反映出陕西省在相关宣传方面还存在一些不足，需要引起高度重视。

表1 公众对2015年主要社会事件/活动的关注度（均值）

社会热点事件/活动	样本量	均值	标准差	排序
抗战胜利70周年大阅兵	400	4.47	0.837	1
天津滨海新区爆炸事故	400	4.25	0.984	2
习主席访问美国	400	3.91	1.044	3
习总书记年初陕西视察	400	3.86	0.996	4
北京申冬奥成功	400	3.72	1.125	5
屠呦呦获诺贝尔医学奖	400	3.72	1.138	6
习主席在西安会见印度总理莫迪	400	3.66	1.092	7
淳化特大交通事故	400	3.41	1.247	8
省民生厅挪用福彩金	400	3.29	1.335	9
2015欧亚经济论坛召开	400	3.28	1.175	10
亚洲基础设施投资银行成立	400	3.18	1.257	11
陕西落实"五个扎实"讲话精神	400	3.13	1.268	12
西安浐灞设立中亚使馆区	400	3.07	1.253	13

表2 公众对2014年主要社会事件/活动的关注度

单位：%

社会热点事件/活动	非常关注	比较关注	一般	不太关注	不关注
习总书记年初陕西视察	28.0	42.0	21.5	5.0	3.5
习主席在西安会见印度总理莫迪	25.0	35.8	23.5	12.0	3.8
习主席访问美国	34.0	35.8	21.0	5.8	3.5
抗战胜利70周年大阅兵	63.3	24.8	9.0	1.5	1.5
北京申冬奥成功	29.3	31.8	25.8	8.0	5.3
陕西落实"五个扎实"讲话精神	17.0	23.3	29.3	17.0	13.5
屠呦呦获诺贝尔医学奖	28.8	34.3	23.3	7.8	6.0
2015欧亚经济论坛召开	16.0	30.3	28.5	16.5	8.8
亚洲基础设施投资银行成立	18.3	23.3	27.8	19.5	11.3
西安浐灞设立中亚使馆区	15.8	22.8	26.8	22.5	12.3
天津滨海新区爆炸事故	50.5	33.8	9.0	3.5	3.3
省民生厅挪用福彩金	23.3	24.5	22.8	16.5	13.0
淳化特大交通事故	22.3	29.8	24.3	14.0	9.8

在问卷设计和调查访问过程中，我们还以"除上述事件/活动外，您还关注哪些事件/活动"为题，对公众进行进一步追问，经整理、归纳发现，公众还关注如下涉及经济、文化、体育、外交等领域的社会事件、社会现象或社会议题。

◆专车新规	◆住房公积金	◆一带一路	◆中国男篮夺冠	◆中国股市大跌
◆知识产权	◆依法治国	◆养老保险	◆养老金改革	◆医疗卫生改革
◆亚航事件	◆延迟退休	◆叙利亚问题	◆印度领导人来西安	◆西安购房新九条
◆中日关系	◆民族和谐	◆无极限健康	◆老人跌倒扶不扶	◆明星结婚
◆网络诈骗	◆西安择校	◆"十一"黄金周	◆刑法颁布新修正案	◆"十三五"规划
◆天价龙虾	◆新三板	◆叙利亚	◆治理雾霾	◆物价
◆上海踩踏	◆人民代表大会	◆跑男来西安	◆南京大屠杀申遗成功	◆塌方事件
◆国企改革	◆食品安全	◆煤炭行情	◆打大老虎	◆国庆66周年
◆劳模奖评	◆经济增长乏力	◆经济回暖	◆经济发展速度减慢	◆金融动荡
◆教育改革	◆基本工资	◆黄金价格	◆长征六号火箭首飞	◆环保法
◆洪涝	◆国际科技发展	◆大学生就业	◆电梯吃人事件	◆公务员制度改革
◆长江沉船	◆彩虹台风	◆爆炸事件	◆公积金跨区域使用	◆法定节假日取消
◆朝鲜阅兵	◆奥运	◆阿里巴巴	◆地铁3号线开通	◆打击假冒商品

二 公众对年度社会"流行词语"的认定

社会"流行词语"，既是一种文化现象，也是人们社会关注、社会认同、社会期待等不同社会心态的折射与反映。基于此，梳理本年度社会"流行词语"，既可感知公众对2015年社会重大事件/活动的关注度，也可以借此勾勒社情民意，认知和凝聚共识，推动社会良性发展。为了解公众对2015年社会"流行词语"的关注度与思考，我们在问卷设计中选取了在政治、经济、社会、文化环境领域传播面较广、影响力较大的19个流行词语，请受访者给出判断，调查结果如表3所示。

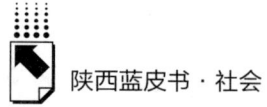

表3 公众对2015年社会"流行词语"的认定

单位：人次，%

社会流行词语	样本量	百分比	排序
大阅兵	241	60.3	1
抢红包	189	47.3	2
一带一路	165	41.3	3
高压反腐	146	36.5	4
股市	146	36.5	5
依法治国	127	31.8	6
青岛大虾	120	30.0	7
中国高铁	108	27.0	8
互联网+	105	26.3	9
雾霾	90	22.5	10
创业创新	72	18.0	11
红色通缉令	72	18.0	12
任性	57	14.3	13
亚投行	56	14.0	14
深化改革	55	13.8	15
"十三五"规划	49	12.3	16
TPP	34	8.5	17
五个扎实	30	7.5	18
其他	1	0.3	20
合计	1863	466.2	

注：由于本题为多项选择设置，故百分比之和大于100%。

从表3可以看出，在所列出的18个2015年度社会"流行词语"中，"大阅兵"以超过六成（60.3%）的高提及率成为公众心目中最能体现2015年社会热点的关键词，受到人们高度点赞和追捧。这不仅显示出社会公众对"大阅兵"的高度关注，更彰显其强大的社会感召力和影响力。体现中华民族共御外侮、不屈不挠斗志、弘扬民族精神、维护世界和平的这项活动，极大地振奋了民族精神，凝聚了实现中华民族伟大复兴的强大力量。位居第二位的是全新演绎新年俗的互联网"抢红包"，近五成（47.3%）受访者选择了该选项，它以经济行为的魅力延伸和扩展了人们社会交往的行为和空间，透过这样的仪式活动，刺激和满足潜藏于人们心底的对和谐、互信人际交往的渴望。"一带一路"战略及其实践被列在第三位，受访者提及率为41.3%，反映出地处丝绸之路新起点的陕西，期待透过"一带一路"战略的实施，在新布局中扮演更重要的角色，将中国发展的机遇和动力转化为陕西发展的机遇和动力。调查还发现，"高压反腐"持续成为社会热词，36.5%的受访者给予了关注，位列第四位，显示出公众对党中央依法治国、从严治党举措的高度认同。此外，"股市"也被受访者置于显著位置，提及率为36.5%。股市的惨烈程度大大超出人们的想象。人们在判断股灾真相的同时，也在透视改革的途径、方向和经济发展的能力，期待中国股市的"国家牛"和"改革牛"。

接下来，公众认为2015年值得关注的社会"流行词语"还包括："依法治国"、"青岛大虾"、"中国高铁"和"互联网+"，提及率分别为31.8%、30.0%、27.0%和26.3%。不少受访者认为，"依法治国"作为一项重大战略任务，是坚持和发展中国特色社会主义法治道路、全面建成小康社会的重要保障。而"中国高铁"以及相应的轨道交通装备产业，已经成为中国经济稳健发展并奋力转型升级的生动缩影。"互联网+"则代表新的社会和经济形态开始出现，它将互联网的创新成果融合于经济、社会各领域中，对刺激创新力和生产力、形成经济发展新形态具有重要影响。值得注意的是，公众对连续两年位居前列的"雾霾"关注度有所下降，受访者提及率为22.5%，被排在第十位，显示出"雾霾"现象已引起高度重视，其治理举措初见成效。另外，需要特别指出的是，作为指导陕西未来发展的"五个扎实"排位较低，只有7.5%的受访者对这一关键词表示关注。这既同其具有较强的政策性、概括性和宏观性有关，也同陕西省相关部门在宣传方面的工作不足有一定关系。

三 对主要社会事件/活动影响力的评价

2015年，注定是不平凡的一年。对这一年中不同社会事件/活动进行评价，可以透视出公众在经济发展新常态背景下，对经济社会发展的感受和期待。在对主要社会事件/活动社会影响进行评价时，我们列出了具有代表性的十类社会事件/活动，分别以"影响很大"、"影响较大"、"影响不大"和"没有影响"四类评价加以表示。在数据分析中，我们将公众对2015年主要社会事件/活动影响力的评价进行加权平均，设定"影响很大"的加权数为"4"、"影响较大"的为"3"、"影响不大"的为"2"、"没有影响"的为"1"，从而得到公众对主要社会事件/活动的综合加权比例，并据此对各项进行排序，具体如表4所示。

表4 公众对2014年主要社会事件/活动影响力的评价

单位：%

社会事件/活动	影响很大	影响较大	影响不大	没有影响	加权比例	排序
纪念抗日战争胜利大阅兵	60.1	28.4	9.8	1.8	34.7	1
习主席访美	44.0	39.2	14.3	2.5	32.5	2
反腐、红色通缉令追逃	41.5	42.7	14.3	1.5	32.4	3
养老金改革	39.8	40.6	16.0	3.5	31.7	4
股灾	38.8	37.3	18.3	5.5	31.0	5
纪念抗战系列宣传活动	35.2	38.9	20.9	5.0	30.4	6
总理敦促网络提速降费	33.3	40.9	21.7	4.0	30.4	7
推进城乡发展一体化	29.6	45.2	21.1	4.0	30.1	8
大力推进大众创业、万众创新	28.8	43.1	22.8	5.3	29.5	9
"简政放权"举措	29.1	37.7	28.1	5.0	29.1	10

调查结果显示，"纪念抗日战争胜利大阅兵"这一具有历史意义的社会事件/活动社会影响力位居首位，认为"影响很大"的受访者比例达60.1%，显著高于公众对其他社会事件/活动的选择，倘若再加上"较有影响"（28.4%）的选择比例，则显示有近九成的受访者认为这一事件/活动的社会影响力极大。相反，明确表示"没有影响"（1.8%）的受访者比例还不到两个百分点。诚如多数受访者所言，震撼的阅兵场面让人们感受到祖国日益强大，为此感到非常骄傲和无比自豪。被公众排在第二、第三位的分别是"习主席访美"和"反腐、红色通缉令追逃"。其中，83.2%的受访者认为"习主席访美"无论对中国以成熟的大国形象走向世界，还是对未来国际格局构建都产生了深远的影响，认为"没有影响"的受访者比例仅占2.5%。多数受访者认为，"红色通缉令"既是铁腕治

腐的持续行动，也是减少腐败存量的重要手段，彰显出强力反腐的决心，释放出对贪腐者虽远必追的强烈信号。因此，41.5%的受访者认为其对社会发展"影响很大"，42.7%的人认为"影响较大"，认为"没有影响"的仅占1.5%。此外，"养老金改革"、"股灾"、"纪念抗战系列宣传活动"、"总理敦促网络提速降费"和"推进城乡发展一体化"等也是公众认为社会影响较大的事件/活动。对上述选项，受访者认为"影响很大"或"影响较大"的比例均在74.0%以上。尤其是"养老金改革"和"股灾"与公众的直接利益密切相关，超过80.0%的受访者表示"养老金改革"对个体生活"影响很大"（39.8%）或"影响较大"（40.6%）；逾3/4（76.1%）的公众认为2015年的股市让人很伤心，巨大的波动对个体生活以及对未来经济发展的信心"影响很大"（38.8%）或"影响较大"（37.3%）。

四 对陕西重要事件/活动影响程度的评价

为更好地反映2015年陕西主要社会事件/活动的社会影响，我们列出了2015年对陕西社会经济发展和对外形象具有代表性的七项社会事件/活动，请公众进行评价。在统计分析中，我们将公众对2015年陕西主要社会事件/活动影响力的评价进行加权平均，设定"影响很大"的加权数为"4"、"影响较大"的为"3"、"影响不大"的为"2"、"没有影响"的为"1"，从而得到公众对2015年陕西主要社会事件/活动的综合加权比例，并据此对各项事件/活动进行排序。

分析结果显示，公众对陕西2015年主要社会事件/活动按照高低排序依次为："习总书记视察陕西"、"实施'治污降霾·保卫蓝天'行动"、"关中城际铁路开建"、"陕西加快建设丝绸之路经济带新起点"、"推进城乡发展一体化"、"召开丝绸之路国际旅游博览会"和"全省开展'三严三实'专题教育活动"，具体调查结果如表5所示。

表5 公众对陕西热点事件/活动影响程度的评价

单位：%

社会事件/活动	影响很大	影响较大	影响不大	没有影响	加权比例	排序
习总书记视察陕西	58.6	32.0	7.9	1.5	34.8	1
实施"治污降霾·保卫蓝天"行动	45.6	37.8	13.3	3.5	32.6	2
关中城际铁路开建	35.0	44.3	18.5	2.3	31.2	3
陕西加快建设丝绸之路经济带新起点	30.5	49.5	16.0	4.0	30.7	4
推进城乡发展一体化	32.3	43.7	23.0	1.5	30.6	5
召开丝绸之路国际旅游博览会	25.0	49.3	21.8	4.0	29.5	6
全省开展"三严三实"专题教育活动	17.8	52.5	23.0	6.8	28.1	7

调查结果显示，"习总书记视察陕西"被受访者排在首位，九成多的（90.6%）受访者认为，习近平总书记来陕西省考察体现了他对陕西发展的真切关怀和对家乡人民的深情厚谊，特别是提出的"五个扎实"要求，为新常态下进一步做好陕西省各项工作指明了方向，增添了强大动力。"实施'治污降霾·保卫蓝天'行动"作为2015年建设美丽陕西的重要举措被公众排在第二位，逾八成（83.4%）的受访者认为，陕西省委、省政府出台的相关治理举措对陕西经济社会发展"影响很大"（45.6%）或"较有影响"（37.8%）。此外，公众认为2015年对陕西社会经济发展具有较大影响的社会事件/活动还包括："关中城际铁路开建"、"陕西加快建设丝绸之路经济带新起点"、"推进城乡发展一体化"和"召开丝绸之路国际旅游博览会"。其中，近八成（79.3%）受访者认为"关中城际铁路开建"建设对陕西发展"影响很大"（35.0%）或"影响较大"（44.3%）。人们相信在不远的将来，以西安为中心的关中"城际铁路"将极大地推动关中城市群的互联互通，承载起丝绸之路经济带桥头堡的作用，进而成为亚欧大陆桥经济带的心脏。建设丝绸之路经济带战略，构建了全方位对外开放新格局，为陕西加快开放与发展带来了难得机遇。因此，80.0%的受访者认为"陕西加快建设丝绸之路经济带新起点"对陕西"走出去"战略"影响很大"（30.5%）和"影响较大"（49.5%）。受访者认为，陕西作为古丝绸之路的起点，应继承和弘扬"丝路"精神，搭建平台，健全机制，在推动务实合

作上下大功夫。认为要把对外扩大开放与对内全面深化改革、建设"新起点"与"三个陕西"建设有机结合,积极适应经济"新常态",优化发展环境,激发陕西经济社会发展的新活力。

2015年是具有特殊意义的一年,是全面完成"十二五"规划的收官之年。随着"十三五"规划编制的完成,2016年,中国将迈入一个崭新的五年发展征程。陕西作为西部重要省份,面对经济发展新常态和"一带一路"战略实施大背景,将在"四个全面"战略布局和全面推进"五个扎实"的引领下,实践陕西经济社会更好更稳健的发展,向建设富裕、和谐、美丽新陕西的目标迈进。

B.7 陕西公众对"一带一路"战略的认知调查报告

陕西省社会科学院课题组*

摘　要： 本报告描述了陕西公众对"一带一路"战略意义的理解、对"一带一路"战略的知晓度。调查结果显示，多数公众对"一带一路"战略了解程度较高。公众认为，提出"一带一路"是为了打造新的"利益共同体"和"命运共同体"，实施"一带一路"战略对陕西经济社会的发展将产生积极影响，同时，还揭示出陕西在实施"一带一路"战略中具备的优势和面临的主要挑战。报告指出，"一带一路"战略的实施对陕西自觉融入"一带一路"大格局，促进陕西省经济社会的发展，创造了难得的机遇，搭建了有效的平台，提供了有力的保障。

关键词： 一带一路　认知　优势与挑战

"一带一路"战略构想一经提出，即刻引发国内外的广泛关注和持续热议。陕西是丝绸之路经济带建设的重要支撑点，国家赋予陕西的使命就是打造内陆改革开放新高地和西部大开发新引擎。作为"一带一路"新起点的

---

* 课题组成员：江波，陕西省社会科学院社会学研究所研究员；吴南，陕西省社会科学院社会学研究所，副研究员；谢雨锋，陕西社会科学院社会学研究所副研究员；张影舒，陕西省社会科学院社会学研究所助理研究员。

陕西公众对"一带一路"战略的知晓度如何？如何看待"一带一路"战略的实践意义？"一带一路"战略对陕西经济社会发展的影响怎样？陕西在实施"一带一路"战略中具备哪些优势又面临怎样的挑战？抓住"一带一路"战略机遇陕西又该重点关注哪些工作？为了解上述民意，我们以"公众对'一带一路'战略认知状况"为专题进行了问卷调查。本调查报告即依据此次调查数据分析完成。

一 公众对"一带一路"战略重要意义的理解

"一带一路"是以习近平同志为总书记的党中央统揽全局、顺应大势作出的重大战略决策。这一宏伟构想给古丝绸之路赋予了新的、更重要的时代内涵，为泛亚和亚欧区域合作注入了新的活力，同时，也为中国西部和陕西的发展带来了难得的机会。

调查结果显示，当问及"在您看来，提出'一带一路'战略构想的重要意义"这一问题时，逾五成（53.0%）受访者认为，提出"一带一路"是为了"建立新的欧亚经济发展带"，与沿线相关各国共同打造互利共赢的"利益共同体"和共同发展繁荣的"命运共同体"。43.5%的受访者认为，这一战略的实施有利于"带动中西部加快改革开放"。同样，有近四成（38.0%）的受访者认为，发展"一带一路"对"扩大中国的影响力"具有重要意义，它给21世纪的国际合作带来新的理念，对建立亚洲甚至世界新格局具有重要影响。此外，"增进各国文化交流与互鉴"和"促进东部转型升级和对外投资"也被部分受访者提及，比例分别为16.5%和16.3%。至于提出"一带一路"战略构想的目的是"履行大国责任"和"应对美国经济合作协议（TPP）"，受访者的认同度并不太高，提及率仅分别占9.5%和3.8%，具体如表1所示。

表1 公众对提出"一带一路"战略构想重要意义的认定

单位：人次，%

意　义	样本量	百分比	排序
建立新的欧亚经济发展带	212	53.0	1
带动中西部加快改革开放	174	43.5	2
扩大中国的影响力	152	38.0	3
增进各国文化交流与互鉴	66	16.5	4
促进东部转型升级和对外投资	65	16.3	5
巩固中国同中亚和东南亚的合作基础	40	10.0	6
履行大国责任	38	9.5	7
应对美国经济合作协议（TPP）	15	3.8	8
其他	6	1.5	9
合　计	768	192.1	

注：由于本题为多项选择设置，故百分比之和大于100%。

二　公众对"一带一路"战略的知晓度及了解渠道

提出"一带一路"战略，旨在把中国的机遇转变为世界的机遇，让中国的发展融入世界的发展。"一带一路"战略不仅对陕西省，对西部、对我国的发展也具有重要意义，更为中国与世界的持续发展注入了巨大能量，搭建了共赢的平台。那么，陕西公众对"一带一路"战略的了解程度如何？他们又是通过哪些渠道了解这一战略构想的？

（一）对"一带一路"战略构想的知晓度

调查数据表明，对"一带一路"战略表示"很了解"（2.0%）、"比较了解"（24.5%）和"一般"（40.8%）的公众，合计比例达67.3%。这一结果显示出，多数公众对"一带一路"战略了解度较高，这在一定程度上折射出人们对"一带一路"战略及其实施的关注度、认同度和期待感。相比之下，只有不到一成的受访者明确表示"不了解"（9.0%）。需要指出的是,作为一项同陕西经济社会发展有密切关联的国家战略,还有近 1/4 的受访者表示"不太了解"(23.7%),这反映出有关部门在宣传"一带一路"方面仍存在一定的脆弱性(见图 1)。进一步分析显示,男性和女性受访者对"一带一路"战略的了解程度存在显著差异。在男性受访者中,表示"非常了解"(3.0%)或"比较了解"(31.0%)的比例为 34.0%,女性受访者的合计比例仅为 19.0%,二者相差 15 个百分点。同样,在女性受访者中,有近四成(38.5%)的受访者表示"不太了解"(29.0%)或"不了解"(9.5%),其比例高出男性受访者(27.0%)11.5 个百分点(见图 2)。

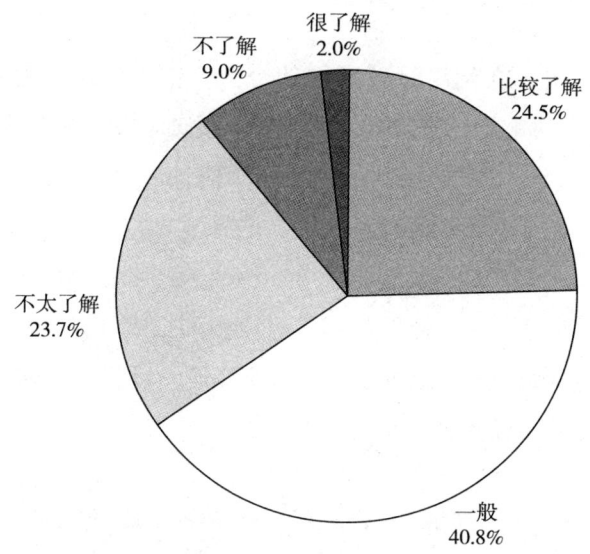

图 1　公众对"一带一路"战略构想的了解程度

(二)了解"一带一路"战略的主要渠道

调查显示,当问及"您了解'一带一路'战略的渠道主要有哪些"时,逾六成(63.4%)受访者表示,他们是通过"电视/广播"获得相关信息。"电脑网络"以 41.4% 的提及率成为公众获取"一带一路"战略信息的第二大渠道。"报纸"(28.6%)的选择比例尽管排在第三位,但提及率大大低于

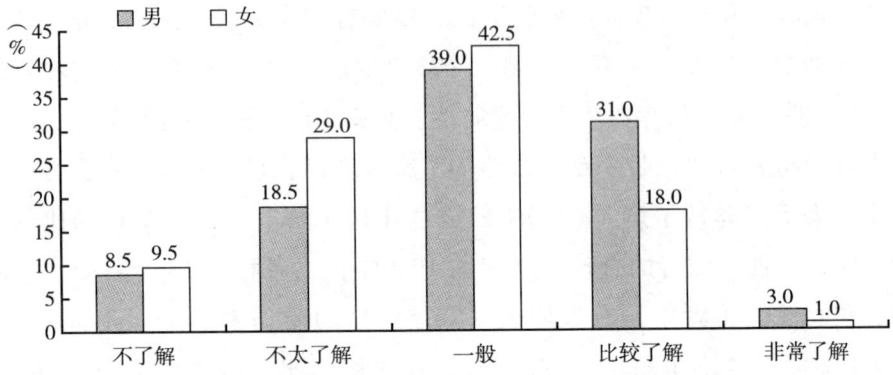

图2 不同性别公众对"一带一路"战略构想的了解程度

卡方检验：卡方值=13.952；P=0.007。

前两类渠道。可见，在网络日益发展的今天，作为传统信息传播主渠道的"电视/广播"，其影响力依然强劲，但作为平面媒体报纸的地位和影响力却正在减弱。"微信"（15.8%）在"一带一路"信息传播中的作用有所显现，位居第四。此外，也有少数受访者表示主要是通过"相关文件"（9.0%）、"家人朋友"（6.0%）和"讲座报告会"（3.5%）等形式了解的相关信息。这一结果表明，在宣传"一带一路"战略等时政新闻报道和宣传专题中，电视/广播仍持续扮演重要角色，报纸的影响力有所降低，以"电脑网络"和"微信"为代表的新媒体开始发挥重要作用（见表2）。

表2 公众了解"一带一路"战略的主要渠道描述统计

单位：人次，%

信息渠道	样本量	百分比	排序
电视/广播	253	63.4	1
电脑网络	165	41.4	2
报纸	114	28.6	3
微信	63	15.8	4
相关文件	36	9.0	5
家人朋友	24	6.0	6
讲座报告会	14	3.5	7
合　计	669	167.7	

注：由于本题为多项选择设置，故百分比之和大于100%。

三 公众对"一带一路"战略实施对陕西经济社会发展影响的判断

陕西地理位置特殊,既是西部大开发的前沿,又是"一带一路"的重要交会点,与沿线国家有着深厚的历史渊源和广泛的经贸合作。"一带一路"战略的提出和实施无疑将给陕西经济社会的发展带来重大影响。那么,陕西公众又是如何看待"一带一路"战略对陕西经济社会发展影响的?为此,我们列出了具有代表性的8项经济社会发展方面的目标内容,分别以"影响很大"、"影响较大"、"影响不大"和"没有影响"四类评价进行测量。在数据分析中,我们将公众评价"一带一路"战略对陕西经济社会发展的影响力进行加权平均,设定"影响很大"的加权数为"0.4"、"影响较大"的为"0.3"、"影响不大"的为"0.2"、"没有影响"的为"0.1",从而得到综合加权比例,并据此对各项目标内容进行排序(见表3)。

表3 公众认为"一带一路"战略对陕西诸方面发展的影响力

目标内容	影响很大	影响较大	影响不大	没有影响	加权比例	排序
拉动经济增长	35.9	48.5	11.8	3.8	31.7	1
扩大对外文化交流与合作	32.3	45.4	18.8	3.5	30.7	2
扩大陕西影响力	33.6	42.4	19.3	4.8	30.5	3
促进改革,扩大开放	29.8	46.4	19.3	4.5	30.2	4
密切与沿线国家关系	31.0	42.0	22.0	5.0	29.9	5
促进投资和消费	28.5	46.3	19.8	5.5	29.8	6
创造需求和就业	30.1	44.1	19.5	6.3	29.8	7
改善陕西的基础设施	22.3	47.9	24.1	5.8	28.7	8

调查结果显示,在所列出的8项涉及陕西经济、社会、文化和对外开放等方面的目标内容中,"一带一路"战略影响加权比例位居首位的是"拉动经济增长",认为"影响很大"(35.9%)或"影响较大"(48.5%)的受访者比例高达84.4%,只有3.8%的人明确表示"没有影响"。在受访公众看来,"一带一路"战略是后金融危机时代,作为世界经济增长火车头的中

国，将自身的产能优势、技术与资金优势、经验与模式优势转化为国际市场与合作优势，实行全方位开放的一大创新，是中国做负责任大国、谋求世界共同发展理念的显现。被受访者排在第二位的是"扩大对外文化交流与合作"。对此，近八成（77.7%）的受访者认为提出"一带一路"对"扩大对外文化交流与合作""影响很大"（32.3%）或"影响较大"（45.4%）。对此，仅有3.5%的人明确表示"没有影响"。一些受访者认为，丝绸之路是不同民族、不同文明的交会地区，丝绸之路经济带建设当然要文化先行，让沿线的人们在对话沟通中拥有更多的认同，从而带动经济带的开放和全球的发展。被公众排在第三位的是"扩大陕西影响力"，76.0%的受访者认为实施"一带一路"战略对"扩大陕西影响力""影响很大"（33.6%）或"影响较大"（42.4%），对此，仅有4.8%的人认为"没有影响"，另有近两成（19.3%）的人认为"影响不大"。可见，有利的区位条件、完善的基础设施、雄厚的科教实力、良好的工业基础、高质量的人力资源都将为陕西建设丝绸之路经济带新起点的同时扩大陕西的影响力。

加权比例排在第四位的是"促进改革，扩大开放"，有76.2%的受访者认为提出"一带一路"对"促进改革，扩大开放""影响很大"（29.8%）或"影响较大"（46.4%）。的确，实施"一带一路"战略，陕西在国家发展布局中的地位将更加凸显，围绕打造丝绸之路经济带和建设内陆改革开放新高地，陕西省的对外开放水平也将进一步提升，大开放、大包容、大合作、大交流、大融合心态也会在这一过程中形成。此外，不少受访者认为，"一带一路"对"密切与沿线国家关系"（73.0%）、"促进投资和消费"（74.8%）、"创造需求和就业"（74.2%）和"改善陕西的基础设施"（70.2%）也有一定的影响和作用。

四 公众对陕西在实施"一带一路"战略中表现的评价

陕西在"一带一路"战略实施中具有重要位置。如何践行"一带一路"

战略,充分发挥区位优、科教强、资源富集、文化厚重和产业基础好等优势,用改革破解难题,用创新驱动发展,这是推进"一带一路"战略的重要内容。围绕陕西在实施"一带一路"中的表现,我们选取了四项关键指标让公众进行评价,结果如下。

调查结果显示,针对"发展机遇",有近七成(68.8%)受访者认为,陕西相对于其他省份发展机遇"非常多"(32.3%)或"比较多"(36.5%),认为发展机遇"比较少"(4.3%)或"非常少"(3.8%)的比例只占8.1%。打造"丝绸之路经济带"是一种复合、共赢、开放的合作与交流方式,它为促进相关地区充分发挥自身优势,开辟合作交流,共享发展成果提供了有效的空间。公众对陕西省在实施"一带一路"战略中抓住发展机遇的充分认定,在一定程度上体现出人们更大更多的期待。

在这样的背景下,我们选择了三项值得关注的重要方面进行调查。结果显示,对"参与程度"的表现,有近七成受访者认为是"非常积极"(29.8%)或"比较积极"(38.5%)。相反,对陕西参与"一带一路"建设持"比较消极"(5.5%)或"非常消极"(3.5%)评价的受访者比例还不到一成。可见,人们对陕西省采取四大战略举措主动融入"一带一路"大格局、组建大西安、发展大关中城市群、面向丝绸之路经济带调结构、加快建设国际化大都市等给予了积极评价。

在"发展定位"方面,近六成(58.8%)受访者认为陕西制定的发展定位"非常准确"(23.5%)或"比较准确"(35.3%)。这一结果反映出公众对陕西省围绕"一带一路"制定的发展目标体现了新起点上的新定位持积极的评价。受访者认为,陕西能源资源丰富,科技实力雄厚,铁路、公路、航空四通八达,又是西部互联网的汇聚点,这些将为发展奠定良好的基础。值得注意的是,也有近三成(29.8%)受访者对发展定位持"一般"评价。这一结果反映出人们对陕西省在"一带一路"发展中扮演角色持有更高的期待。

对于"规划设计",有超过五成(56%)的受访者认为陕西的规划设计"非常合理"(18.5%)或"比较合理"(37.5%)。受访者对设立丝绸之路经济带自由贸易区、围绕能源推动金融中心建设、设立中亚国家产业园和设立浐灞生态区中亚使馆区表示出较高的认同。认为，要在国家统一规划的前提下，进一步明确功能定位，发挥比较优势，深化产业投资合作，提高资源配置效率，形成实施中的整体合力。但也有超过30%（31.8%）的受访者认为规划设计"一般"。对此，也需要保持一定的敏感（见表4）。

表4 公众对陕西在利用"一带一路"战略中表现的评价

单位：%

指标	5	4	3	2	1
参与程度	29.8	38.5	22.8	5.5	3.5
发展定位	23.5	35.3	29.8	8.0	3.5
规划设计	18.5	37.5	31.8	8.8	3.5
发展机遇	32.3	36.5	23.3	4.3	3.8

五 公众对陕西在"一带一路"战略中优势及面临挑战的认定

（一）对比较优势的判断

调查结果显示，对于陕西在"一带一路"战略中的比较优势，超过2/3（67.3%）的受访者认为优势"很强"（28.8%）或"比较强"（38.5%），只有不到一成的受访者（9.3%）表示比较优势"比较弱"（6.3%）或"很弱"（3.0%）（见图3）。用5级量表赋值方法测量并求取平均值显示，公众给予陕西在"一带一路"战略中比较优势的平均分值为3.84分，处于"一般"和"比较强"偏向"比较强"之列。这一结果既表明大多数公众对陕西在"一带一路"战略中的比较优势非常自信，也表现出公众对陕西未来借助"一带一路"战略推动经济社会又快又好发展充满期待。

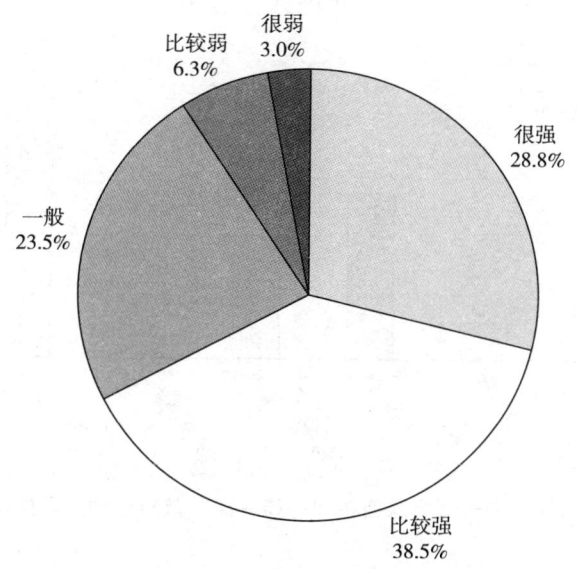

图3　公众对陕西在"一带一路"战略中
比较优势的整体评价

进一步调查发现，当问及"您认为陕西在'一带一路'战略中的优势主要体现在哪些地方"时，整体上看，受访者的选择比例略显分散。"文化资源多样"和"旅游资源丰富"分别以25.3%和24.5%的比例位居前两位。陕西是文化、旅游资源最富集的省份之一，丰厚多彩的地域文化是陕西文化的最大优势。对此，受访者表示，"了解中国要从陕西开始"，作为丝绸之路新起点一定要用好这块金字招牌，充分利用文化旅游资源，打造具有世界影响力的陕西品牌。与此相应，15.8%的受访者认为，陕西的优势体现在"历史发展脉络"，认为陕西是古丝绸之路的起点，今天将再一次站在"丝绸之路经济带"的新起点上，这正是陕西得天独厚的优势。同样，14.8%的受访者认为陕西的优势应是"地理位置"，陕西应充分发挥在"一带一路"战略中的龙头作用。此外，还有部分受访者认为，陕西的比较优势主要体现在"科研院校集中"、"工业基础雄厚"和"矿产资源丰富"上，其比例分别为9.8%、6.8%和3.3%（见图4）。

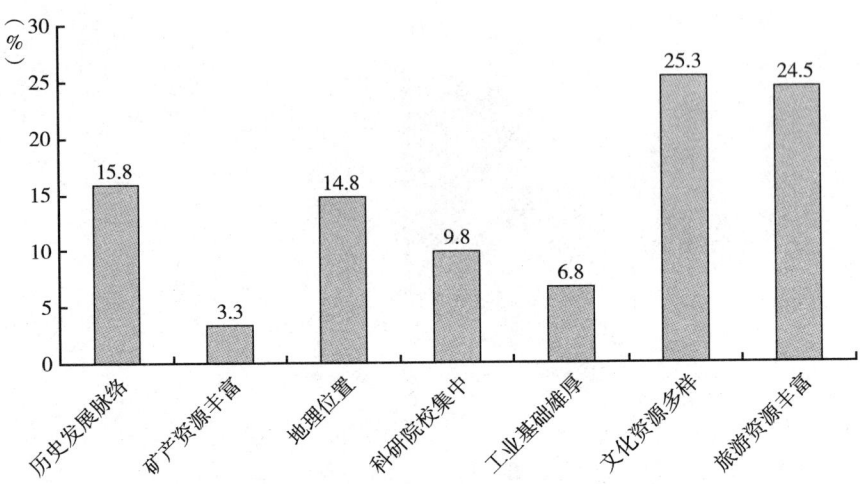

图4 公众认为陕西在"一带一路"战略中的主要优势

(二)面临的主要挑战

调查结果表明,当受访者被问及"陕西在融入'一带一路'大格局中面临的主要问题和挑战"这一问题时,43.0%的受访者选择了"相关政策不配套",提及率在所有选项中位居第一。部分受访者认为,如何协调中央与地方、政府和市场的关系,完善相关政策和法律法规,以及区域协同、战略对接和举措沟通是面临的重大考验。"可持续发展"被受访者认为是面临的第二大挑战,所占比例为38.7%。从一定意义上讲,"一带一路"战略既是一项国家战略,也是政府培育市场、培育企业发展能力和国际竞争能力的重要举措,因此,对相关企业来说如何因势利导、找准定位,用好平台、持续推进也是重要的挑战。居第三、第四位的分别是"经济发展水平"(32.7%)和"解放思想"(30.9%)。对此,受访者认为,要在新丝路"排位赛"中进一步解放思想,找准痛点,在机制建设上有所突破,才能不断提升经济发展的质量。此外,部分受访公众认为陕西在融入"一带一路"大格局中面临的问题和挑战还有:"文化差异"(22.9%)、"做表面文章"(22.4%)、"急于求成"(18.6%)、"开放度弱"(18.6%)和"贪大求全"(17.6%)。这些也是今后工作中需要关注的问题(见表5)。

表5 公众认为陕西在融入"一带一路"大格局中面临的主要问题和挑战

单位：人次，%

面临的问题和挑战	样本量	百分比	排序
相关政策不配套	171	43.0	1
可持续发展	154	38.7	2
经济发展水平	130	32.7	3
解放思想	123	30.9	4
文化差异	91	22.9	5
做表面文章	89	22.4	6
急于求成	74	18.6	7
开放度弱	74	18.6	7
贪大求全	70	17.6	9
其他	8	2.0	10
合计	984	247.4	—

注：由于本题为多项选择设置，故百分比之和大于100%。

六 公众对"一带一路"战略实施中陕西应加强工作的判断

调查结果显示，当问及"您认为陕西在实施'一带一路'战略中应重点关注哪些方面/领域的工作"时，"加强民间文化交流与合作"被受访者排在首位，提及率高达48.0%。受访者认为，面对复杂的国际形势，在国家层面要坚持"共商、共建、共享"原则，在承认不同国家、不同民族、不同宗教之间保持多样文明共存，谋求共同发展。在省级层面可以透过民间文化交流与合作，增进相互了解，扩大交往空间，并转化为刺激经济共同发展的动力和活力。接下来，"推介本地企业走出去"、"扩大沿线国家文化教育交流"和"促进与中亚国家的经贸合作"等三项工作被受访者认为是应加强和完善的工作领域/方面，三者的提及率分别为41.3%、41.3%和40.0%。"丝绸之路经济带"的建立与发展是实现陕西省跨越式发展的难得机遇。公众认为，要将企业硬实力"走出去"与文化软实力"走出去"有效结合，通过经贸合作带动人文交流,透过人文交流带动经贸合作,实现共赢发展。

此外,"深度开发旅游资源"(33.8%)和"合理完善的规划"(29.3%)的提及率也在三成左右。受访者认为,随着"一带一路"战略的深入实施,将给丝路沿线省市的旅游市场带来更多的利好消息。地处丝绸之路黄金通道上的陕西,其多样的自然景观和丰富的人文资源一定会使陕西的旅游变得越来越有吸引力。同时,"丝绸之路经济带"包含经贸、政治、人文等诸多领域,要做好顶层设计,先易后难,照顾不同利益,促进良好态势。相比之下,公众对"设立丝绸之路经济带自由贸易区"的重要性认同度则比较低,提及率不到两成(18.3%)(见表6)。

表6 公众认为陕西在实施"一带一路"战略中应重点关注的工作领域

单位:人次,%

工作重点	样本量	百分比	排序
加强民间文化交流与合作	192	48.0	1
推介本地企业走出去	165	41.3	2
扩大沿线国家文化教育交流	165	41.3	2
促进与中亚国家的经贸合作	160	40.0	4
深度开发旅游资源	135	33.8	5
合理完善的规划	117	29.3	6
设立丝绸之路经济带自由贸易区	73	18.3	7
其他	6	1.6	8
合计	1013	253.3	—

注:由于本题为多项选择设置,故百分比之和大于100%。

建设丝绸之路经济带,是打造中国经济升级版的新引擎。通过实施"一带一路"战略,能够加快扩大向西开放,提升内陆开放型经济水平,完善全方位主动开放格局,促进陕西经济社会的高层次发展。"一带一路"战略的实施,将为陕西区位优势和自然、文化资源优势的转化提供新的机会,为加快陕西省经济社会发展带来新的动力,为提升陕西省人民群众的生活质量搭建稳健的平台。目前,陕西正在为全面贯彻推进"五个扎实"而努力,使丝绸之路经济带新起点建设不断迈上新台阶,使全省人民在"一带一路"战略的实践中拥有更多的获得感。

B.8 陕西公众"获得感"状况调查分析报告

陕西省社会科学院课题组*

摘　要： 本报告显示了陕西公众对"获得感"的认知、对提升"获得感"意义的理解，以及对自身"获得感"状态的评价等。调查结果表明，以社会公正公平为前提的"收入稳定"是公众判断"获得感"的重要标准。提升"获得感"对促进社会和谐、稳定与发展，更好地保障人民群众的根本利益意义重大。公众对个人"获得感"状况的整体评价，因年龄分组不同差异显著，"贫富差距大"是提升"获得感"面临的主要挑战。同时，公众对未来提升"获得感"具有较强信心。提高不同社会群体的实际收入水平，完善公共服务体系建设，加大反腐倡廉建设力度，弘扬社会主义核心价值观，优化公众"获得感"的文化心理基础等是提升公众"获得感"的重要途径。

关键词： 获得感　收入水平　制度保障　陕西

2015年初，习总书记提出，要把改革方案的含金量充分展示出来，让人民群众有更多"获得感"，引起社会强烈反响。陕西省围绕提升人

---

* 课题组成员：谢雨锋，陕西社会科学院社会学研究所副研究员；吴南，陕西社会科学院社会学研究所副研究员；江波，陕西社会科学院社会学研究所研究员。

民群众"获得感",聚焦"四个全面",落实"五个扎实",着力推进重点领域和关键环节改革,把改革转化为老百姓看得见、摸得着、感受得到的红利,取得良好效果。为了解陕西公众对"获得感"的认知、对提升"获得感"意义的理解、对自身"获得感"状况的评价,以及影响"获得感"的因素和对未来提升"获得感"的信心,我们于2015年7月在西安、延安和汉中三市进行了专题问卷调查。调查受访者为年龄在20~70岁的普通公众,其中年龄在20~30岁的比例为25.0%,31~40岁的比例为26.5%,41~50岁的比例为20.4%,51~60岁的比例为15.7%,60岁以上的比例为12.4%,受访者文化程度、职业各异,他们的回答基本代表了普通公众对"获得感"的真实态度。本次调查共发放问卷1000份,获取成功样本884个,有效率为88.4%。经数据分析,获得如下结果。

一 公众对"获得感"的认知

"获得感"是一种对个体生活和所处社会环境的感受,即强调自我感知、自我印象和自我评价,也是社会评价的反映。调查结果显示,当问及"您理解中的'获得感'是什么样的"这一问题时,"收入稳定"的提及率最高,达到58.5%,显示出事关人民群众切身利益的收入状况及由此延伸出的收入分配制度改革,是公众判断"获得感"的重要标准。其他提及率较高的还包括:"生活环境舒适"(45.0%)、"上学、看病不再难"(42.1%)、"社会公平公正"(41.4%)和"家人和睦"(39.0%)。上述数据表明,在公众心目中,"获得感"的主要诉求就是拥有更好的教育、更稳定的工作、更满意的收入、更可靠的社会保障、更高水平的医疗卫生服务、更舒适的居住条件、更优美的环境。而这些基于个体生活描述与期盼的实际"获得感",又是以社会公正公平为前提的(见表1)。

表1 公众心目中"获得感"的统计描述

单位：人次，%

选项名称	样本量	样本百分比	排序
收入稳定	536	58.5	1
生活环境舒适	413	45.0	2
上学、看病不再难	386	42.1	3
社会公平公正	380	41.4	4
家人和睦	358	39.0	5
社会和谐稳定	283	30.9	6
社会保障体系健全	276	30.1	7
生活质量高	272	29.7	8
经济持续发展	252	27.5	9
有安全感	224	24.4	10
人际关系良好	206	22.5	11
有成就感	199	21.7	12
文化生活丰富	197	21.5	13
精神状态良好	171	18.6	14
社会有活力	134	14.6	15
依法治理	118	12.9	16
被他人尊重	112	12.2	17
参与社会事务	66	7.2	18
其他	2	0.2	19
合　计	4585	500.0	

注：本题为多项选择，故百分比之和大于100%。

二　公众对提升"获得感"意义的理解

"获得感"这一充满生活气息的新概念，其背后是治国理政新理念的反映。那么，作为改革发展主体及受益者的社会公众又是如何理解提升"获得感"的价值和意义的？

(一)普遍认同"获得感"与人民利益的关系:提升"获得感"的目的在于,促进社会的和谐、稳定与发展,更好地保障人民群众的根本利益,让人民群众有更多的拥有感和成就感

调查结果显示,当问及"您如何理解提升'获得感'的意义"时,"实现社会和谐、稳定、发展"的提及率最高,达52.6%。认为提升"获得感"的目标或者说价值意义在于"体现社会公平、正义"、"保障人民群众的愿望和利益"和"让人们拥有更多拥有感和成就感"的受访者比例均超过四成,提及率分别为43.9%、43.0%和41.2%。在其他认知和理解中,提及率在三成左右的分别为"让人民群众有更多的发展机会"(33.4%)和"依靠人民,造福人民"(29.7%)。另有少数受访者认可其他一些看法,分别是:"改革要以人民的'获得感'为出发点"(16.9%)、"让人民相信获得是可持续的"(15.0%)、"提升'获得感'是改革的目的"(13.7%)和"'获得感'是改革的试金石"(10.5%)(见表2)。

表2 公众对"让人民群众有更多获得感"的理解

单位:人次,%

选项名称	样本量	样本百分比
让人们拥有更多拥有感和成就感	378	41.2
实现社会和谐、稳定、发展	482	52.6
改革要以人民的"获得感"为出发点	155	16.9
提升"获得感"是改革的目的	126	13.7
让人民群众有更多的发展机会	306	33.4
依靠人民,造福人民	272	29.7
体现社会公平、正义	403	43.9
"获得感"是改革的试金石	96	10.5
保障人民群众的愿望和利益	394	43.0
让人民相信获得是可持续的	138	15.0
合 计	2750	299.9

注:本题为多项选择,故百分比之和大于100%。

(二）积极评价提升"获得感"对深化改革与发展的影响：提升"获得感"对维护社会稳定、增强社会信心、增强社会凝聚力，为实现改革与发展提供强大的社会正能量

调查结果显示，如果用5级量表的赋值方法求取结果，即5分表示"影响很大"，依次递减，1分表示"影响很小"，排除回答"说不清"及"拒答"者之后求取均值，当问及"提升'获得感'对实现改革与发展目标的影响"时，受访者认为，提升"获得感"对"维护社会和谐稳定"的影响最大，影响力平均得分为4.06分，逾七成的受访者认为"影响很大"（43.3%）或"影响较大"（28.1%）。紧随其后的分别是"促进社会公平正义"和"增强社会信心"，平均分值分别为3.95分和3.91分，处于"影响较大"和"影响一般"偏于"影响较大"的区间。其中，66.6%的受访者认为，提升"获得感"对"促进社会公平正义""影响很大"（41.4%）或"影响较大"（25.2%）；66.0%的受访者认为，提升"获得感"对"增强社会信心""影响很大"（38.8%）或"影响较大"（27.2%）（见表3）。

表3 提升"获得感"对实现相关目标影响程度的统计描述

单位：%

选项名称	影响很大	影响较大	影响一般	影响较小	影响很小
增强对改革的认同度	28.1	33.8	28.6	5.2	4.3
激发社会参与活力	24.9	30.8	33.4	7.1	3.9
实现"中国梦"	34.0	27.0	26.5	8.0	4.5
促进社会公平正义	41.4	25.2	23.4	6.9	3.1
增强社会凝聚力	33.0	31.4	25.0	7.3	3.3
维护社会和谐稳定	43.3	28.1	21.9	5.0	1.6
创新社会治理体系	28.9	29.6	28.8	9.2	3.6
提升社会治理能力	32.2	30.3	26.5	8.4	2.6
增强社会信心	38.8	27.2	23.7	7.3	3.1

三 公众对自身"获得感"状态的评价

(一)整体评价:"获得感"居于中位

对于自己目前"获得感"状况的整体评价,受访者的看法比较分散。具体来看,1/4左右(25.4%)的受访者对自己当前的"获得感"状况持"很满意"(1.9%)或"比较满意"(23.5%)评价,持"不太满意"(21.0%)或"不满意"(9.0%)的受访者比例占30.0%,另有44.5%的受访者持"一般"模糊态度。如果用5级量表的赋值方法求取结果,即5分表示"很满意",依次递减,1分表示"不满意",则公众对自己"获得感"的总体满意度分值为2.88分,具体如图1所示。

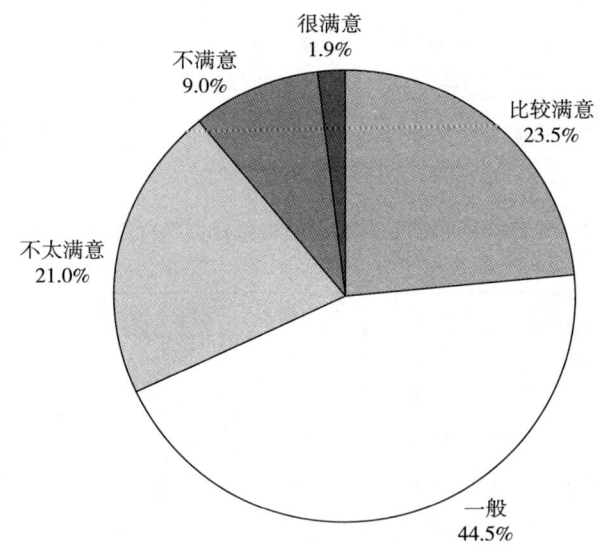

图1 公众对目前"获得感"状况的整体评价

进一步分析发现,受访者因年龄分组不同对自身"获得感"的评价呈现显著差异。其中,从年龄分组来看,年龄越大的受访者对自身"获得感"

的总体满意度越高,其中,45.6% 的 60 岁以上受访者对自己"获得感"表示"很满意"(5.4%)或"比较满意"(40.2%);相比之下,20~30 岁受访者对自己"获得感"持"不太满意"(31.2%)或"不满意"(10.0%)的比例达 41.2%。

(二)具体评价:积极评价由家庭关系、人际关系向医疗卫生、工作就业、收入水平等递减

为了解公众对自身"获得感"状况的具体评价,我们设计了 13 项与公众个人切身利益最直接、最密切的微观环境指标及公众最关心、最直接、最现实的利益问题作为分指标,请受访者回答,调查结果如表 4、表 5 所示。

表 4 公众对当前"获得感"状况的具体评价(均值)

评价指标	样本数	最小值	最大值	均值	标准差
收入水平	917	1	5	2.99	1.050
教育	917	1	5	3.02	1.033
工作就业	917	1	5	2.99	1.037
居住环境	917	1	5	3.14	1.001
精神/心理状况	917	1	5	3.37	0.976
个人成就	917	1	5	3.11	1.021
家庭关系	917	1	5	3.80	1.002
住房状况	917	1	5	3.22	1.059
人际关系	917	1	5	3.52	0.940
社会保障	917	1	5	3.00	1.061
医疗卫生	917	1	5	2.94	1.075
文化休闲生活	917	1	5	3.11	0.986
社会地位/尊严	917	1	5	3.14	0.971

表5 公众对当前"获得感"状况的具体评价

单位：%

评价指标	很满意	较满意	一般	不太满意	不满意
收入水平	6.3	24.4	41.9	16.4	11.0
教育	5.1	28.8	39.6	16.2	10.3
工作就业	6.2	24.4	42.2	16.8	10.4
居住环境	8.1	26.8	43.1	15.0	7.0
精神/心理状况	12.1	32.8	39.1	12.0	3.9
个人成就	8.5	24.3	44.7	14.3	8.2
家庭关系	26.8	38.6	24.8	7.1	2.7
住房状况	10.6	30.4	36.5	15.3	7.2
人际关系	13.8	39.5	34.6	9.3	2.8
社会保障	7.0	25.5	38.2	19.4	9.9
医疗卫生	6.4	24.9	36.3	21.5	10.9
文化休闲生活	6.0	28.9	42.9	14.5	7.7
社会地位/尊严	7.3	26.4	46.7	12.6	7.0

如表4和表5所示，"家庭关系"的总体评价得分最高，为3.80分（用5级量表赋分方法求取均值），六成多（65.4%）的受访者对当前的家庭关系表示"很满意"（26.8%）或"比较满意"（38.6%）。此外，总体评价得分较高的还包括："人际关系"、"精神/心理状况"和"住房状况"，平均分值分别为3.52分、3.37分和3.22分。与此形成鲜明对照的是，公众对"医疗卫生"、"收入水平"和"工作就业"方面的评价明显偏低，有32.4%的受访者表示对"医疗卫生""不太满意"（21.5%）或"不满意"（10.9%）；对"收入水平"和"工作就业"表示满意的受访者比例分别只占30.7%和30.6%。其他被受访者排在中间或中间略偏上位的分别是"社会地位/尊严"、"文化休闲生活"、"个人成就"、"教育"和"社会保障"。总体来看，受访者对当前"获得感"状况的评价分化比较明显，低满意度选项多于高满意度选项，自我评价平均分值都在4分以下，尤以3分左右区间居多。

四 公众对影响"获得感"主要因素的判断

（一）微观层面：更加关注"收入水平"、"居住环境"和"工作就业"

公众对生活事项诸方面表现的满意度评价是否会影响其对"获得感"的评价？通过相关分析，得出了公众对生活事项各方面表现满意度评价与"获得感"评价之间的相关系数，并按照它们影响力的强弱进行了排序。分析结果显示，在受访者看来，"收入水平"、"居住环境"、"工作就业"和"社会地位/尊严"等与百姓生活具有直接利益关系的领域/方面是影响陕西公众"获得感"最为重要的四项指标，具体如表6所示。

表6 公众对生活事项的满意度评价与"获得感"的相关分析

生活选项	相关系数	显著性水平	样本数
收入水平	0.461**	0.000	884
教育	0.307**	0.000	884
工作就业	0.367**	0.000	884
居住环境	0.396**	0.000	884
精神/心理状况	0.343**	0.000	884
个人成就	0.310**	0.000	884
家庭关系	0.218**	0.000	884
住房状况	0.276**	0.000	884
人际关系	0.253**	0.000	884
社会保障	0.342**	0.000	884
医疗卫生	0.285**	0.000	884
文化休闲生活	0.261**	0.000	884
社会地位/尊严	0.354**	0.000	884

** $P \leq 0.01$。

（二）宏观层面：更加关注"社会保障体系"完善程度、"精准扶贫"效果、"区域协调发展"平衡度和"公共文化服务"质量

公众对陕西社会经济发展诸方面表现的评价是否会影响其对"获得感"的评价？通过相关分析，得出了公众对社会经济发展各方面表现评价与"获得感"评价之间的相关系数，并按照它们影响力的强弱进行排序。分析结果显示，在受访者看来，"社会保障体系"完善程度、"文化建设"满意度、"精准扶贫"社会效果、"区域协调发展"平衡度，以及"公共文化服务"的覆盖面等与百姓生活具有直接利益关系的领域/方面是影响公众"获得感"最为重要的五项指标，具体如表7所示。

表7 公众对陕西经济社会发展的满意度评价与"获得感"的相关分析

评价指标	相关系数	显著性水平	样本数
发展速度	0.207**	0.000	886
发展方式	0.209**	0.000	886
区域协调发展	0.262**	0.000	886
农业现代化水平	0.222**	0.000	886
改革开放水平	0.130**	0.000	886
新型城镇化建设	0.204**	0.000	886
创新意识	0.208**	0.000	886
农民收入	0.149**	0.000	886
精准扶贫	0.273**	0.000	886
创新社会治理	0.225**	0.000	886
生态文明建设	0.245**	0.000	886
社会保障体系	0.310**	0.000	886
就业机会	0.249**	0.000	886
公共文化服务	0.260**	0.000	886
文化建设	0.283**	0.000	886
教育改革	0.187**	0.000	886
社会治安	0.215**	0.000	886
工作作风	0.133**	0.000	886
反腐倡廉	0.182**	0.000	886
依法治理	0.192**	0.000	885

**$P \leq 0.01$。

五 公众对提升"获得感"面临主要挑战的认定

对于"提升公众'获得感'将会面临哪些挑战",调查结果显示,在所列出的18项各类问题和挑战中,居首位的是"贫富差距大",选择比例为56.7%;其次是"环境污染严重",选择比例为55.1%。这表明,缩小贫富差距、加强环境保护是陕西省经济社会协调发展仍需要重点关注的问题。再次是"城市交通拥堵",近半数(47.1%)的受访者提及这一问题;被受访者排在第四位的是"食品安全",有41.5%的受访者选择;认为主要问题和挑战是"基层干群冲突"、"方针政策的落实"、"对外开放水平低"、"三农问题"、"区域竞争力弱"和"制度改革创新滞后"的受访者均不足20.0%,分别为17.6%、16.4%、14.7%、13.0%、12.6%和9.9%。可见,"贫富差距"依然存在,它同"环境污染严重"以较高比例被认定为面临的主要问题和挑战;"缺乏公平公正的环境"和"公众收入水平较低"也是重要的影响因素。"民生"议题依然持续升温,经济民生、生态民生和社会民生建设成为关键领域,具体结果如表8所示。

表8 公众对提升"获得感"面临挑战的认定

困难和挑战	样本量	样本百分比	排序
贫富差距大	520	56.7	1
环境污染严重	505	55.1	2
城市交通拥堵	432	47.1	3
食品安全	381	41.5	4
缺乏公平公正的环境	336	36.6	5
公众收入水平较低	309	33.7	6
经济发展缓慢	238	26.0	7
政府职能转变不到位	234	25.5	8
法制不健全	234	25.5	8
思想不解放	214	23.3	10
公众参与不足	209	22.8	11

续表

困难和挑战	样本量	样本百分比	排序
社会治理能力低	197	21.5	12
基层干群冲突	161	17.6	13
方针政策的落实	150	16.4	14
对外开放水平低	135	14.7	15
三农问题	119	13.0	16
区域竞争力弱	116	12.6	17
制度改革创新滞后	91	9.9	18
其他	4	0.4	19
合计	4585	500.0	

注：本题为多项选择，故百分比之和大于100%。

六 公众对未来提升"获得感"的信心

在全面推进"五个扎实"、建设"三个陕西"过程中，公众对陕西未来发展和提升"获得感"持有怎样的预期？调查结果显示，逾3/4（76.5%）的受访者表示"充满信心"（24.0%）或"比较有信心"（52.5%），相信省委、省政府一定能保持定力，主动作为，切实做到调速不减势、量增质更优，在经济发展新常态下开创"三个陕西"建设新局面（见图2）。

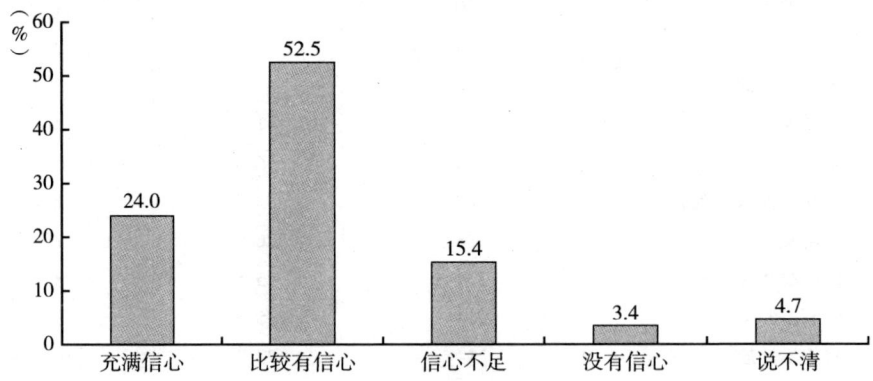

图2 公众对陕西未来发展的信心

七 提升陕西省公众"获得感"的对策建议

第一，切实提高不同社会阶层的实际收入水平，为有效回应公众对"获得感"实际需求奠定坚实的物质基础。调研结果显示，体现经济取向的"收入"问题是公众衡量"获得感"高低的重要标准。陕西公众"获得感"评价大都以经济为基础，它与收入水平、全省经济发展状况、就业机会、发展机会等经济发展指标有直接关系。因此，保证经济增长目标继续运行在上升通道合理区间的背景下，政府需加大财政面向社会民生领域的倾斜力度，增加投入数量，加快实施城乡公众收入倍增计划，从而使公众拥有更多、切实的"获得感"。

第二，进一步完善与经济发展水平相适应的综合社会保障体系，尤其关注公共服务体系建设，为提升公众"获得感"夯实高品质的制度基础。调查结果显示，上学难、看病难、收入差距过大、环境污染严重、社会保障覆盖面仍然狭窄和公平公正等问题依然是陕西公众最为关注的社会问题。上述问题的治理程度，直接影响着公众对"获得感"的评价。因此，各级管理部门应进一步完善包括就业、公共服务和社会保障三个方面在内的系统社会政策，建设与经济发展水平相适应的综合保障体系，实现基本公共服务均等化，体现社会治理创新的制度优势和社会效应，不断提升公众"获得感"。

第三，推进和深化医疗、教育体制改革，深度体现社会政策设计及其实践的公正公平性和公众可及性，构筑公众"获得感"稳固的社会支持系统。医疗、教育作为老百姓最关心、最直接、最现实的民生问题，也是目前陕西省社会改革面临的突出社会问题。它们既是公众"获得感"的基础，也是考量社会和谐状况的晴雨表。调查结果显示，教育和医疗这两个与老百姓切身利益关系密切的民生问题依然是制约公众"获得感"的关键因素。因此，陕西省应在这两个领域实现突破，彻底解决择校问题、教育资源优化问题、实施城乡公众大病保险制度等问题，提升公众"获得感"。

第四,细化"民生"建设,抑制物价过快上涨,关注公众日常生活和微观社区系统建设,破解影响"获得感"的结构性阻力和障碍,为提升公众"获得感"建构稳定的民意基础。物价问题不仅是经济问题,更是事关社会稳定和公众"获得感"的社会问题、民生问题。调查结果显示,对陕西公众来说,本来经济收入水平不高,自身抵御市场风险的能力较弱,加之宏观环境严峻,经济下行压力大,所以,物价涨速过快、涨幅过大,不仅给其带来较大的生活压力,也成为制约他们"获得感"提升的重要因素。因此,应将"稳定价格水平"继续置于重要位置,将"调结构"和"防通胀"作为工作的两大任务,从而增加公众的实际"获得感"。

第五,加大反腐败廉政建设力度和弘扬社会主义核心价值观并举,调适社会心态,提升和巩固社会信心,优化公众"获得感"的文化心理基础。近年来,陕西省虽然在思想上一再要求各级领导干部"要树立和发扬好的作风,既严以修身、严以用权、严于律己,又谋事要实、创业要实、做人要实",立党为公,执政为民,全心全意为人民服务;在具体措施方面也制定了一系列监督、监察领导干部腐败的制度和法律法规,也查处了一批大案要案,惩处了一批腐败分子。但是,腐败现象并未得到完全遏制,腐败问题依然是公众重点关注的社会问题,也是影响公众"获得感"提升的重要因素。因此,提升公众"获得感",应加大依法治理力度,严厉打击腐败,同时,加大社会主义核心价值观宣传和实践教育力度,为提升公众"获得感"提供文化和心理保障。

B.9
2015年陕西省网络舆情地图*

张春华**

摘　要： 随着陕西省经济社会的不断发展，尤其是全面深化改革进程的不断推进、战略地位的不断提升和强化，境内外舆论对陕西省的关注度越来越高，这给舆情信息工作以及网络社会治理带来巨大的挑战。本报告通过对上半年网络舆情热点进行分析和研判，不仅反映了陕西省网络舆情总体上积极健康向上的发展态势，而且勾勒出一幅反映省内不同地域舆情特点的舆情地图。

关键词： 网络舆情地图　网络习惯　舆情治理

本报告数据来源主要有两部分：一是人民网舆情监测与统计数据；二是"陕西省网络公众行为与习惯"问卷调查数据。

一　网络热点舆情总体概况

根据人民网舆情监测统计数据，2015年上半年全国网络热点舆情事件共738起，其中陕西省为26起，在全国各省份排名中居第5位，仅仅位于广

---

* 本报告为国家社科基金项目"网络舆情的发生模式及介入机制研究"（10XSH007）的阶段性成果。
** 张春华，陕西省社会科学院社会学研究所副研究员，主要研究方向为网络舆情。

东、河南、北京和云南之后。从网络舆情的预警级别来看，陕西省处于青色级别①（相关排序情况详见表1）。

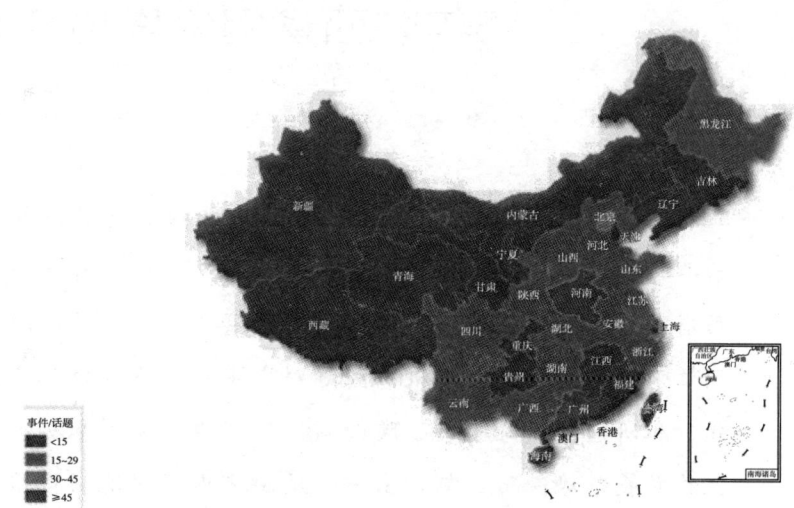

图1　2015年上半年全国舆情预警

另外，从7月份和8月份的舆情监测结果来看，陕西省网络舆情热点有增多趋势，在全国排序均上升至第二位。其中，7月份发生热点舆情事件9起，8月份发生7起。也就是说，截至8月底，共发生热点舆情事件42起，远远超过2014年全年舆情数量（34起）。可见，陕西省已经成为网络舆论关注的重点区域之一。

表1　2015年上半年全国各省区舆情热点排序

省（区、市）	事件/话题	预警级别	省（区、市）	事件/话题	预警级别
广　东	55	红	陕　西	26	青
河　南	55	红	安　徽	24	青
北　京	35	橙	湖　北	24	青
云　南	27	青	山　东	24	青

---

① 人民网将舆情预警的区间赋值标准分为：蓝［0，15）、青［15，30）、橙［30，45）、红［45，+∞）四个级别；人民网舆情监测室，http://yuqing.people.com.cn/n/2015/0710/c386240-27285398.html。

续表

省(区、市)	事件/话题	预警级别	省(区、市)	事件/话题	预警级别
河 北	23	青	辽 宁	9	蓝
湖 南	20	青	内蒙古	8	蓝
江 苏	19	青	重 庆	6	蓝
浙 江	19	青	海 南	6	蓝
四 川	18	青	吉 林	6	蓝
广 西	16	青	天 津	6	蓝
黑龙江	15	青	甘 肃	5	蓝
山 西	15	青	新 疆	4	蓝
福 建	14	蓝	青 海	4	蓝
上 海	13	蓝	西 藏	2	蓝
贵 州	11	蓝	宁 夏	1	蓝
江 西	10	蓝			

资料来源：人民网舆情监测室，http：//yuqing.people.com.cn/n/2015/0710/c386240 - 27285398.html。

注：区间赋值标准：蓝 [0，15)、青 [15，30)、橙 [30，45)、红 [45，+∞)。

（一）月度热点情况

从月度热点舆情监测结果来看，5月份为舆情高发月份，总计为6起，其次为1月（5起）。从舆情具体事件来看，1月、2月舆情主要集中在交通舆情，这与传统节日文化息息相关，元旦和传统春节给交通出行带来了极大的压力，也成为人们关注的重要话题之一（见图2）。

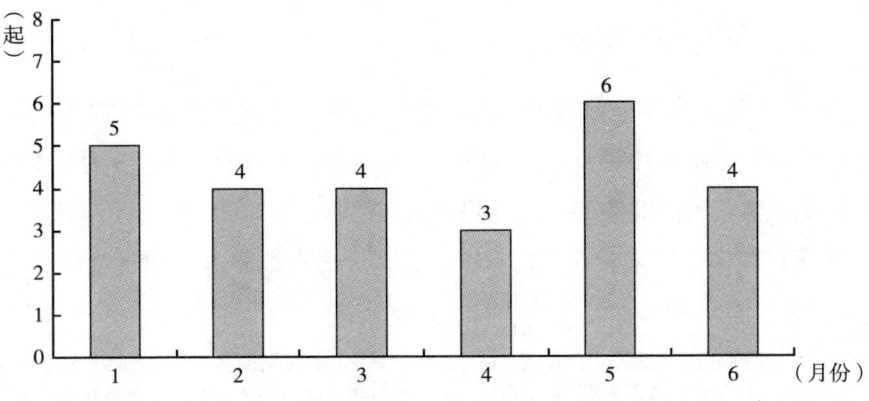

图2　陕西省2015年上半年每月舆情热点数量

（二）区域热点分布情况

从省内各地市来看，上半年省内舆情热点数量排前三位的是西安（9起）、渭南（4起）、榆林和安康（均为3起），其余为延安市、咸阳市和宝鸡市，均为2起，商洛市1起。

但是从行政层级来看，舆情热点多发生在区县及以下，26起舆情热点事件中，有18起发生在区县及以下。其中榆林、咸阳、宝鸡、商洛均是发生舆情热点的区县（见图3）。

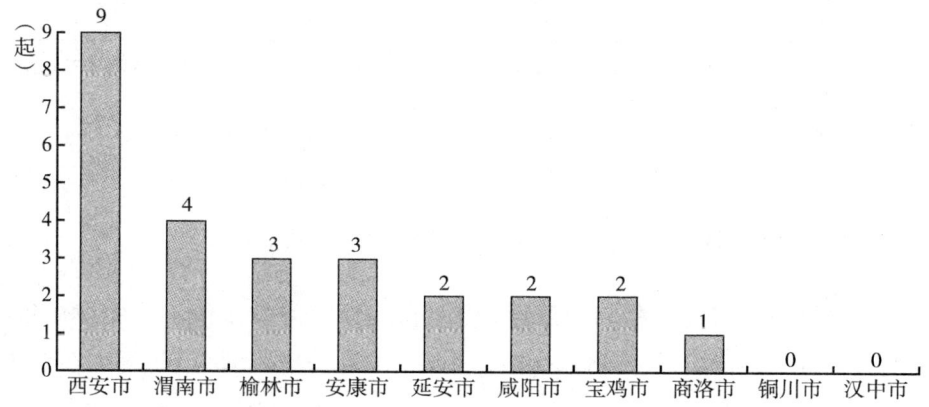

图3　省会城市及地级市上半年舆情热点事件/话题数量

（三）舆情热度情况

在2015年上半年陕西省的网络舆情事件中，热度①在2000以上的共有5起，主要集中在2月和5月，其中2月有3起，5月有2起。3月、4月和6月共发生热点舆情事件11起，但其舆情热度均在2000以下。

从热点舆情个案来看，"58岁环卫工雪天烤火被辞退"引发社会各界对

---

① 人民网舆情监测室通过人民在线舆情综合管理系统、百度新闻热搜词和微博热词三个主要途径，对网络舆情热点进行初步统计后，按照发生时间排序，针对每个舆情热点，统计其网络新闻和微博的信息量，通过7:3的比例加权累计，对其进行热度排行。

"烤火该不该辞退"的广泛热议和反思。《华商报》、《北京青年报》、《京华时报》，西陆网、搜狐网、凤凰网等各媒体纷纷进行了报道和转载，产生了一定的社会影响。另外，"网爆男子暴打扫地男童，多位路人漠视"事件被网友称为是"佛山小悦悦事件的翻版"，冲破人们社会道德底线的行为引发社会的广泛关注。这一视频出现并由"新京报微博"报道后，央视新闻随后跟进，财经网、华商网、《温州都市报》、《京华时报》等媒体相继在微博上进行跟踪报道，这一事件迅速发酵（见表2）。

表2　陕西省上半年网络舆情热度排行

排序	事件/话题	热度
1	58岁环卫工雪天烤火被辞退	5032.4
2	网爆男子暴打扫地男童，多位路人漠视	3919.7
3	陕西大巴车坠沟致35死，乘客系参加公司组织旅游	3359.5
4	周正龙向最高法喊冤　称再次拍到华南虎痕迹	2432.3
5	网爆西安城墙体内被掏建"办公楼"，官方回应报道失实	2412.5

（四）舆情类型情况

从网络舆情的热点话题来看，陕西省舆情热点话题主要涉及10个领域。居前五位的分别是干部作风（5起）、司法舆情（5起）、反腐倡廉（4起）、交通舆情（4起）、旅游舆情（3起）。另外，文物保护、突发事件、社会道德、劳动维权、教育舆情等均有涉及（见图4）。

近年来，陕西省紧跟中央战略部署，严格执行中央八项规定，严禁公车私用、公款消费等一切腐败行为，反腐倡廉力度不断加大，干部作风明显好转。省委、省政府展现的反腐倡廉，持续推进干部作风转变的坚定态度和决心，以及一系列强有力的举措，引发公众的广泛关注，相关话题一直是舆情的关注热点。从舆论关注点来看，随着"依法治国"战略不断推进，司法体制改革进程加快，法治精神已经深入人心。司法领域也成为人们关注的重要领域。

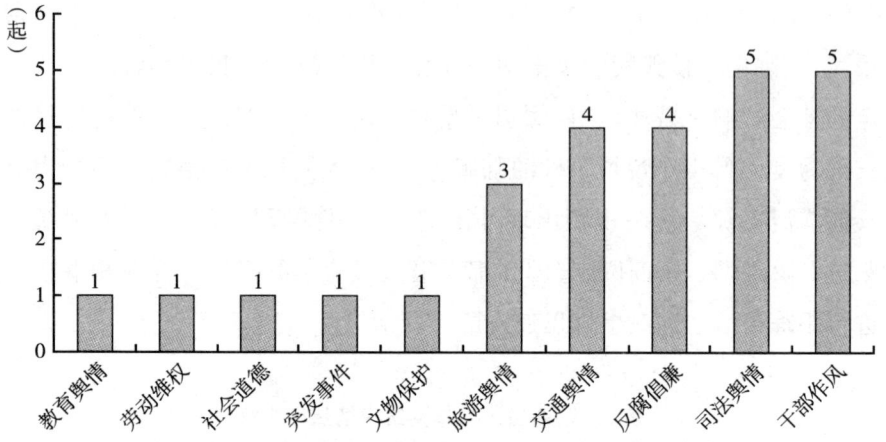

图 4　舆情热点话题分布

值得关注的是，陕西省作为旅游大省，旅游领域成为舆论关注的热点。但与其他省份不同，陕西省的旅游舆情大多发生在非旅游季节，而且主要集中在红色旅游，上半年发生的三起旅游舆情事件中，有两起与红色革命基地有关。

二　网络舆情的发展趋势及挑战

（一）手机成为陕西省网民上网的最主要终端，移动互联网趋势明显

《2014年陕西省互联网发展报告》显示，截至2014年12月底，陕西省网民规模达到1745万人，其中手机网民规模达到1485万人，陕西省互联网进入迅猛发展阶段，移动互联网趋势越来越明显。对陕西省网民上网的主要设备调查数据显示，有15.3%的网民利用台式电脑上网，25.4%的网民用笔记本电脑上网，59.3%的网民利用手机上网。从上网的时长来看，平均每天上网时间在1~4小时的网民大约占70.5%，上网时长在5小时以上的网民占18.2%，其中手机上网时长每天大约2.25小时。可见，手机已经成为陕西省网民上网的最主要终端（见图5）。

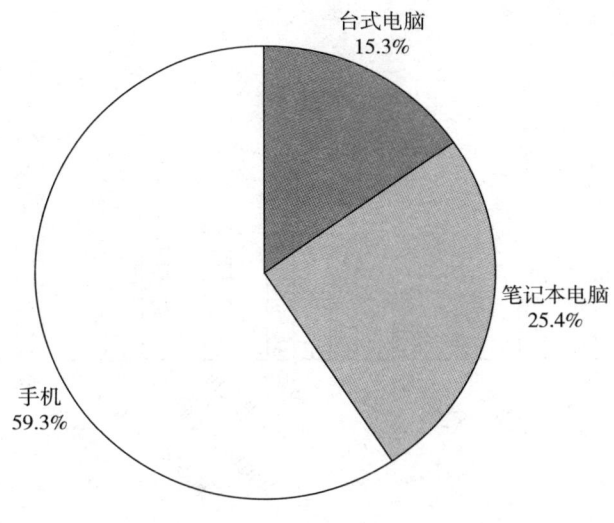

图5 上网的主要设备

（二）电视的传统地位并没有改变，微信的新闻信息功能逐渐凸显

调查数据显示，电视仍然是人们获取新闻信息的主要渠道，占56.7%。与此同时，微信以及手机客户端等网络应用十分便捷，也成为陕西省网民获取新闻信息的重要途径。与往年相比，人们看微博新闻的比例有所减少，仅占17.5%（见图6）。这就提醒我们，网络舆论场所已经悄悄发生变化，需要引起注意。

（三）"精英阶层"仍是网络舆论关注的重要群体，媒体人士责任重大

媒体人士、专家学者和政府官员等传统意义上的"精英阶层"依然是网民上网关注的主要群体。与往年不同的是，人们对媒体人士的关注度（60.4%）超过了对专家学者的关注度（53.0%），首次位于第一。也就是说，媒体从业人员在网上的一言一行都有可能对网民形成影响（见图7）。在此次的调查中，有34.7%的网民认为强化媒体责任非常重要。

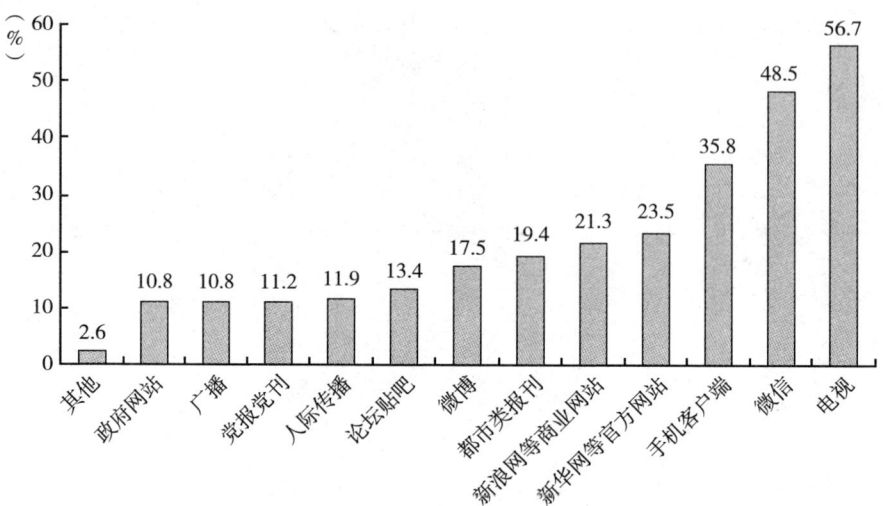

图6 获取新闻信息的渠道

注：本题为多项选择，故百分比之和大于100%。

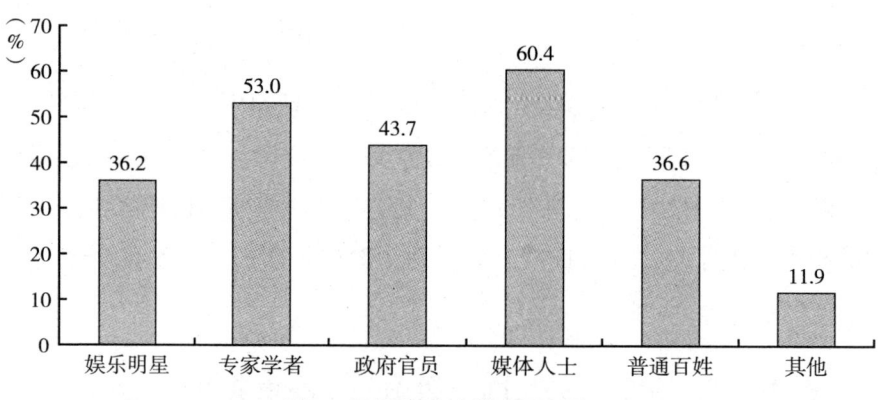

图7 网民关注度的主要群体

注：本题为多项选择，故百分比之和大于100%。

（四）舆情热点话题相对集中，网民参与意识并不强烈

网民关注的热点话题主要集中在反腐倡廉（57.8%）、公共政策（40.3%）、教育舆情（29.5%）、司法案件（24.3%）与干部作风（23.9%）等领域，这与人民网监测的陕西省上半年舆情事件热点基本一致

(见图8)。但是在问及"对您感兴趣的新闻/话题,您是否会参与并发表意见"时,有53.2%的网民表示会参与,但大多数只是表示"偶尔参与",仍有46.8%的网民表示"基本不参与"甚至"从不参与"。

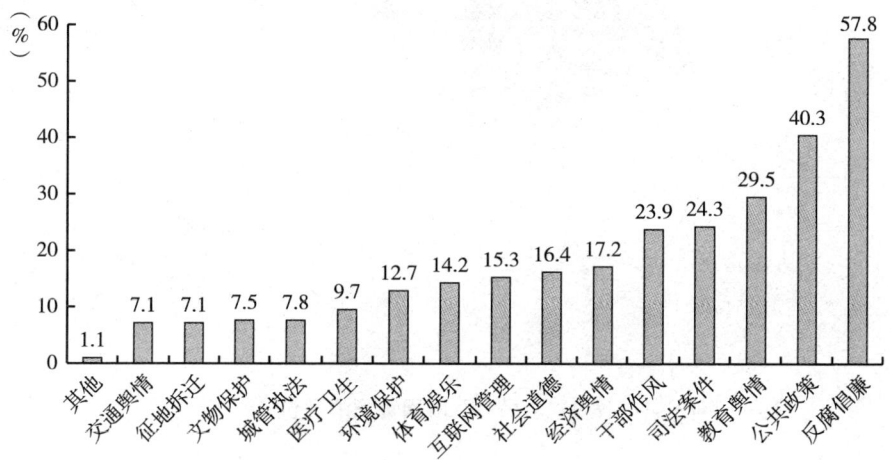

图8 网民关注的热点话题

注:本题为多项选择,故百分比之和大于100%。

(五)互联网管理获得网民肯定,网络谣言治理任重道远

大多数网民对互联网管理工作以及管理效果给予了肯定,其中,认为"管理得很好,应继续坚持"的占11.9%,"管理得较好,应进一步加强"的占67.2%。只有少部分网民认为目前的"管理过严,应放宽尺度",甚至认为应该任其自由发展(见图9)。

网络谣言治理取得较大成效,但是随着微信等用户规模的不断增加,一些新的制谣传谣方式开始出现。调查数据显示,有14.6%的网民认为2015年的谣言"明显增多",28.7%的网民认为"有所增多",认为"没有变化"的占32.8%(见图10)。网络谣言问题已经成为非常严重的社会问题,不仅干扰人们的社会认知,而且会破坏社会正常秩序,影响社会和谐与稳定。网络谣言治理将是一项长期而艰巨的工作,任重道远。

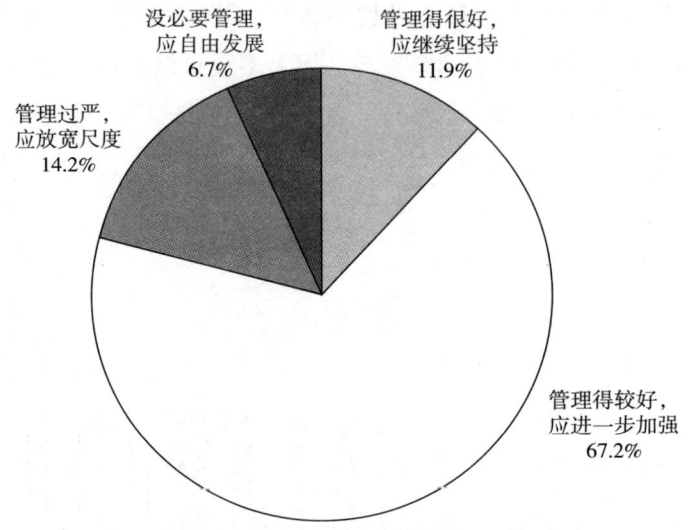

图9 网民对互联网管理的评价

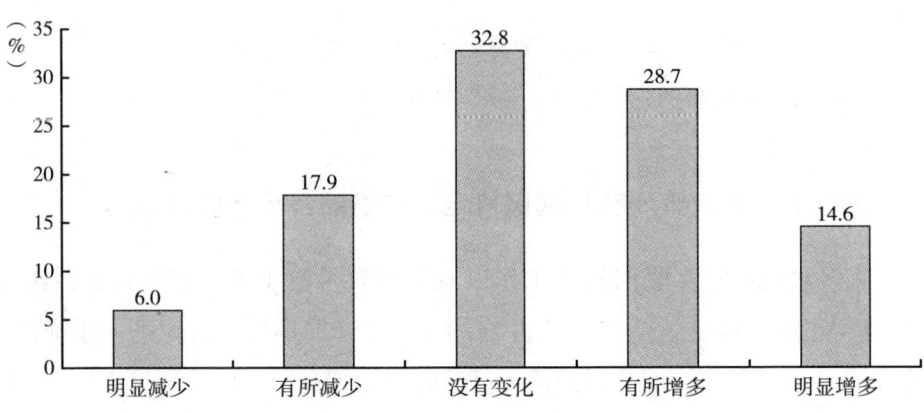

图10 网络谣言变化情况

当前，网络谣言出现两个新特点：一是谣言的隐蔽性和"专业化"更强，二是传播平台从微博延伸到微信。一是从成因来看，成本较低。造谣和传谣几乎零成本，网络违法成本也较低。虽然一些网络欺诈等行为也受到了法律制裁，但从整体上看，网络立法还比较滞后，解释力不足，这都给网络违法行为的认定和执行带来许多操作上的困难。这种情况助长了造谣和传谣行为的迅速蔓延。二是从社会心理上看，网络造谣者往往抓住当前社会普遍存在不满情绪的特点，炮制社会负面新闻和信息，一旦炮制的新闻和信息与自身的认知相吻合，或者与其期望一致，就很容易产生共鸣，点燃网民的消极不满情绪。三是从手段来看，网络谣言往往打着"社会公益"等貌似具有一定合法性和正义性的借口，比较具有迷惑性。

（六）网络舆情总体积极健康向上，人们对舆情应对效果仍有较高期待

从总体上看，大多数网民（76.5%）认为当前网络舆情的总体状况还是积极健康向上的，有78.4%的网民认为当前网络舆论比较自由，33.2%的网民认为人们参与舆论的态度比较理性（见图11）。相比之下，网民对网络舆情的应对效果满意度相对较低，其中，比较满意和非常满意的占25.3%，认为"一般"的占57.8%，表示"不太满意"的占10.4%，还有6.3%的网民"说不清"。

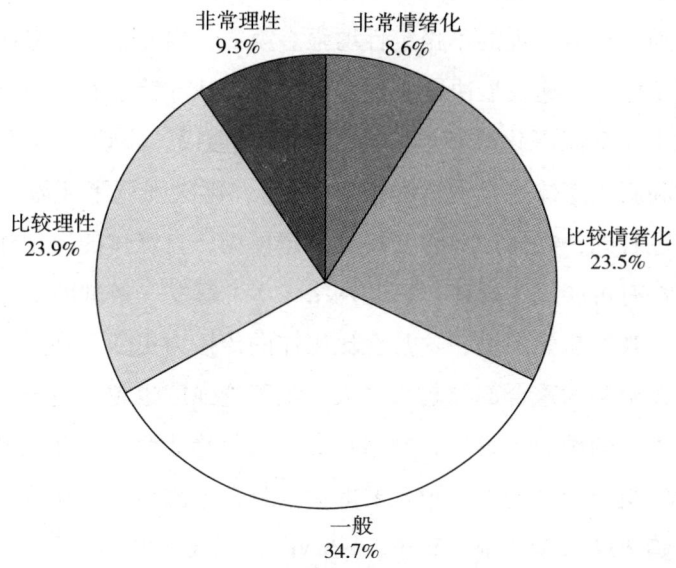

图11 网民参与舆论态度状况

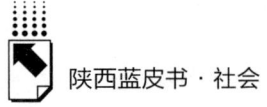

三 相关对策建议

随着陕西省经济发展水平的提高、战略地位的提升，舆论关注度将越来越高，这意味着舆情工作的难度越来越大。面对舆情出现的多元多变和错综复杂的新情况，相关部门应准确把握舆情整体发展态势，采取更加有力、有效和灵活多样的应对策略，引导舆论服务于"三个陕西"建设目标的全面实现。

（一）全面认识网络舆论生态的复杂环境要素

随着新媒体、新业态的不断发展，网络舆论生态将面临更加复杂的环境。第一，移动化趋势锐不可当。近年来，互联网进入新的快速发展阶段，手机作为第一大上网终端设备的地位更加巩固，智能媒体不断发展，尤其是智能穿戴设备爆炸性增长，其在网络舆论中的终端作用越来越明显。移动互联网时代，个人隐私问题的挑战难度越来越大，网络带来的不安全感与社会不安全感叠加，社会心理的不稳定性增强。第二，媒介融合大势所趋。从技术上看，新媒体的快速发展决定了这个大方向。从政策上看，习近平总书记主持召开的中央全面深化改革领导小组第四次会议，审议通过了《关于推动传统媒体和新兴媒体融合发展的指导意见》，再次强调了要着力推进媒介融合。我们也看到，媒体边界将变得越来越模糊，自媒体的出现让人人都可以是记者，都有可能成为媒体。一些网络大V，每发一条微博，就能在瞬间传播到数量可观的粉丝那里，这甚至比媒体的传播力更强。在媒介融合的趋势下，两个舆论场的重合部分越来越大，其舆论强度也越来越强。这给舆论治理带来了更大的挑战。第三，网络社交私密化趋势明显。互联网之所以具有这么强大的组织动员能力，很重要的原因就在于网络社交功能。当前网络社交私密化趋势越来越明显，Path、Whisper、无秘、吐司等用户不断增多。这种私密社交使网络舆情的私密化、隐蔽性、复杂性越来越强，给网络舆论生态治理带来新的挑战。因此，网络舆论生态治理必须在政府主导的前提下，强调社会力量的共同参与，促使自上而下的舆论引导模式扁平化转向，实现多元治理。

（二）准确把握网络舆情的深层原因和背景

随着社会经济的不断发展，尤其是全面深化改革的不断推进，陕西省战略地位的不断提升，一些社会问题和矛盾逐渐凸显，人们对社会发展的关切和诉求不断增多。与此同时，境内外舆论的关注度越来越高。从深层原因看，当前的网络舆情有着复杂的背景因素。①从经济发展看：在全国经济面临下行压力的情况下，陕西省2015年上半年经济呈现"总体平稳、稳中有升、结构趋优"的良好态势，在全国的战略地位明显提升，已经成为省内外舆论关注的热点区域。②从社会思想看：当前国内多种思潮相互激荡，社会思想多元性、多样性、多变性增强。受到国内思潮的影响，陕西省思想领域日益活跃，各种观点主张相互碰撞，网络舆情的复杂程度越来越高。③从网络发展看：互联网新技术、新业态不断发展，各种新闻客户端不断增多，线上线下互动频繁，互联网组织动员能力不断增强，这些给网络舆论引导带来巨大的挑战。

（三）扎实推进"依法治网"进程

网络社会同样是一个法治社会，需要以法律为底线，逾越底线的任何行为都应该受到法律的严惩。党的十八届四中全会提出全面推进依法治国的战略目标，作为全球网民规模最大的国家，网络社会已经成为我国社会治理的重要领域，而法治途径则是根本。网络舆情治理的基础和关键也在于"依法管网、依法办网、依法上网"。当前，"依法治网"首先在于加强和完善立法。虽然我国关于互联网治理已经有一些法律法规，近几年也出台了《即时通信工具公众信息服务发展管理暂行规定》等关于微博、微信等一些相关的规定，在不同时期，针对不同应用起到了非常重要的作用，但是从总体上看，相关法律还比较滞后，一些法律还需要出台相关细则。网络社会可以说是日新月异的，网络技术的发展也是突飞猛进的，因此，相关法律法规必须适应当前社会治理的总思维，遵循网络社会的发展规律。面对当前网络舆情领域的诸多问题和挑战，必须明确，网络不是法外之地，要依法对网络谣言、网络犯罪等行为进行惩处，在充分保证言论自由的同时，依法加强网络日常运行和监管。

（四）继续加大信息公开力度

舆论事件发生后，公众的诉求不单单是事件或问题的解决，政府及相关方的应对态度也成为舆情的一部分，成为影响舆论的重要因素。因此，相关部门要勇于面对公共事件，主动、及时、果断地发布权威信息，最大限度强化正面信息的影响力。政府部门要真正做到重大问题不缺位，主流媒体关键时刻不失语，将两种力量结合起来，引导社会舆论的发展方向。同样，加大政府信息公开力度，及时公开政府信息，及时回应公众关切，才能最大限度地压缩谣言产生的空间。在这里强调的是，要进一步完善政府网站建设，提供政府与公众互动和公众信息查询的渠道，从而增加社会透明度。公开一切可公开的、公开一切能公开的、公开一切应公开的。

（五）善用政务微博、政务微信

微博、微信不仅是重要的舆论场，同时也是党政机构与广大百姓交流沟通的重要渠道。陕西省网络问政由来已久，取得了明显的效果，行政效率和水平进一步提升。近年来，陕西省政务微博不断发展，覆盖面不断扩大，影响力也不断增强。从整体来看，公安部门、团委、旅游部门微博覆盖率较高。从《人民日报》发布一季度陕西省政务指数微博影响力排行榜来看，西安发布、汉唐网、陕西发布、西安公安、陕西省教育厅、西安市旅游局、三秦青年－陕西共青团、陕西公安、陕西气象、陕西高院等官方微博被评为前十强。[①] 但调查数据显示，陕西省的政务微博、政务微信，政府网站、公务人员微博等网站应用，有53.4%的网民"都没有关注"，而且从全国范围

---

① 陕西传媒网，http://www.sxdaily.com.cn/n/2015/0428/c145-5672884.html。

来看，具有一定话语权和影响力的政务微博、政务微信的账号依然较少，服务意识和服务能力还需要进一步强化。在舆情引导和治理过程中，我们要充分利用政务微博、政务微信等网络手段，提升舆情回应的速度，及时回应民众关切。因此，必须进一步加强陕西省政务网站、政务微博、政务微信建设，提升回复率，积极树立政府形象。

（六）加强舆情"智库"建设

舆情决策咨询研究应该被融入高端舆情智库服务，将其作为省委、省政府"智库"建设的一部分，切实从体制和机制上提供保障。从目前情况来看，首先需要从两方面进行切入和完善，一是组建专家团队，构建"大舆情"格局。"大舆情"格局不仅仅指的是地域上的全覆盖，而且强调的是各部门、各单位的协同与合作，各领域的交叉与融合。当前网络舆情的多元复杂性、脆弱性和不确定性越来越明显，往往涉及多方面、多领域，这就需要整合多方面的力量，充分发挥高校社科在人才智力、理论研究和社会调研方面的优势，组建由各领域专家学者组成的舆情分析团队，提升舆情分析研判的准确性和专业性。同时，还要建立"会商机制"，针对经济社会热点或重大舆情，及时召开"舆情研判会"，对舆情进行分析研判。二是实施重大舆情立项制度，以项目化管理推动舆情分析研判工作。充分考虑社科高校的智库优势和特点，将舆情工作与学术研究相结合。通过项目式推进、课题式运作，推动高校社科单位介入舆情工作。每年，围绕省委省政府的中心工作和重点工作，确定一批领导关注、群众关心的重大舆情课题，提高舆情信息服务的精度、高度和深度。这些课题既可以是重大理论问题，也可以是短平快的对策应用型项目；既可以是相对固定的"舆情跟踪研判项目"，也可以是临时的社会热点舆情监测项目。三是加强队伍建设，提升舆情意识。舆情智库团队必须具有舆情意识，只有这样，才能具有对社会舆情、社会现象的敏感性，才能敏锐把握群众心理，发现苗头性、倾向性问题，才能掌握社会心态，引导社会预期，提出有针对性的对策建议。

专题报告

Particular Reports

B.10
陕西省民办高校毕业生就业问题研究

张 辉 孙晓辉*

摘 要: 近几年,受到经济下行压力的巨大影响,我国的大学生就业问题出现了结构性矛盾,一方面,大学生毕业就可能面临失业,另一方面,企业却无人可雇用。陕西作为教育大省,每年有众多民办高校毕业生面临就业,需要大量的就业岗位,而陕西经济发展水平不高、产业结构不够合理、政府职能没有充分发挥、教育输出和市场需求存在结构性矛盾等问题的存在及其对就业的重要影响,为本文提供了研究的理论意义和实践价值。本文以陕西6所民办本科高校2014年就业状况数据为依据,并进行深入分析,进一步探究陕西民办高校毕业生就业现状及就业过程中存在的问题及路径选择。

关键词: 陕西 民办高校 毕业生就业 人才需求

---

* 张辉,陕西省委党校研究生部主任、教授;孙晓辉,西安翻译学院实习研究员、硕士研究生。

党的十八届三中全会以来，以习近平同志为总书记的新一届领导集体提出了"劳动者自主就业、市场调节就业、政府促进就业和鼓励创业"的就业方针。陕西作为教育大省，每年有众多民办高校毕业生面临就业，需要大量的就业岗位，而陕西经济发展水平不高、产业结构不够合理、政府职能没有充分发挥、教育输出和市场需求存在结构性矛盾等问题的存在及其对就业产生了重要影响。本文以陕西6所民办本科高校2014年就业状况数据为依据，对陕西民办高校毕业生就业现状及就业过程进行研究，提出促进陕西民办高校毕业生就业的路径选择，对解决陕西大学生就业问题，建设"三个陕西"具有重要意义。

一 陕西民办高校毕业生就业的现状

（一）毕业生基本情况

1. 毕业生总体规模

对收集到的数据进行分析后，结果显示，样本中的6所民办高校2014年毕业生总数为30068人，其中本科学生共计15055人，占毕业生总人数的比例为50.07%，高职学生共计15013人，占毕业生总人数的比例为49.93%（见表1）。

表1 6所民办高校毕业生各学历层次人数

单位：人，%

院校名称	本科	高职	人数
西安培华学院	3812	2113	5925
西安翻译学院	2067	2399	4466
西安外事学院	2975	2523	5498
西安欧亚学院	2409	2567	4976
西京学院	2463	3181	5644
西安思源学院	1329	2230	3559
合　计	15055	15013	30068
占　比	50.07	49.93	100

2.毕业生性别结构

对收集到的数据分析后,结果显示,样本中的6所民办高校毕业生中,共有男生12173人,占毕业总人数的40.49%;共有女生17895人,占毕业总人数的59.51%,男女生比例为1:1.47。可见,6所民办高校毕业生中,女生人数略多于男生(见表2)。

表2 6所民办高校毕业生男女生人数

单位:人,%

院校名称	男生	女生	比例	人数
西安培华学院	1813	4112	1:2.27	5925
西安翻译学院	1169	3297	1:2.82	4466
西安外事学院	1875	3623	1:1.93	5498
西安欧亚学院	2376	2600	1:1.09	4976
西京学院	2872	2772	1:0.97	5644
西安思源学院	2068	1491	1:0.72	3559
合计	12173	17895	1:1.47	30068
占比	40.48	59.52		100

(二)毕业生就业情况

1.总体就业率

对收集到的数据分析后,结果显示,截至2014年12月,样本中6所民办高校的总体就业率均超过了90%(其中西安外事学院和西安欧亚学院的统计数据截止年月分别为2014年7月和2014年8月),参见表3。

表3 6所民办高校毕业生总体就业率

单位:%

院校名称	本科就业率	专科就业率	总体就业率	截止时间
西安培华学院	92.68	96.07	93.89	2014年12月
西安翻译学院	95.74	94.50	95.05	2014年12月
西安外事学院	92.87	94.33	93.54	2014年7月

续表

院校名称	本科就业率	专科就业率	总体就业率	截止时间
西安欧亚学院	91.12	90.07	90.57	2014年8月
西京学院	90.91	93.21	92.20	2014年12月
西安思源学院	95.26	95.08	95.17	2014年12月
总体就业率	93.10	93.88	93.40	—

2. 升学及出国、出境情况比例较低

对收集到的数据分析后，结果显示，样本中的6所民办高校毕业生中，升学及出国、出境总人数为1226人，占6所高校毕业生总人数的4.08%（见表4）。

表4　6所民办高校毕业生升学及出国、出境情况

单位：%，人

院校名称	升学及出国、出境情况数量占比		毕业生总数
西安培华学院	144	2.43	5925
西安翻译学院	495	11.08	4466
西安外事学院	209	3.80	5498
西安欧亚学院	117	2.35	4976
西京学院	133	2.36	5644
西安思源学院	128	3.60	3559
合　计	1226	4.08	30068

由此可见，陕西民办高校毕业生升学及出国、出境情况比例较低，继续学习的动机不强，更多的毕业生选择了就业。而6所民办高校毕业生中选择升学及出国、出境的学生又分两种情况：①成绩较好，继续教育愿望强烈的学生。这部分学生学习目的较明确，学习目标较实际，学习动机较强，学习能力较强，学习成绩较好。②成绩一般，定位不准，逃避就业的学生。这部分学生由于定位不准，无法找到自己合适的就业岗位，故选择继续接受教育。

3. 就业单位性质单一

对收集到的数据分析后，结果显示，样本中的6所民办高校毕业生中，到民营企业就业的人数为21471人，占6所民办高校毕业生总人数的71.41%（见表5）。

表5 6所民办高校毕业生到民营企业就业情况

单位：%，人

院校名称	民营企业就业学生数量、占比		毕业生总数
西安培华学院	4425	74.68	5925
西安翻译学院	2316	51.86	4466
西安外事学院	3163	57.53	5498
西安欧亚学院	4110	82.60	4976
西京学院	4464	79.09	5644
西安思源学院	2993	84.10	3559
合 计	21471	71.41	30068

由此可见，陕西民办高校毕业生就业的单位性质比较单一，大多是小型、微型及民营企业，有21471人在此类单位就业，占毕业生总数的71.41%，其原因在于这些企业就业机制灵活，注重能力展现，就业岗位轮换较快，有较丰富的实践机会，可以在较短的时间内积累相当多的工作经验，只要薪酬待遇较合理，毕业生大都愿意签约。分析中还发现，建筑业、批发零售业和教育业对陕西民办高校毕业生需求量相比其他行业来说要大。

4. 就业地区分布不广

对收集到的数据分析后，结果显示，样本中的6所民办高校毕业生中，在陕西就业的人数为17677人，占6所民办高校毕业生总人数的58.79%，在非陕西地区就业的人数为12391人，占6所民办高校毕业生总人数的41.21%（见表6）。

表6　6所民办高校毕业生就业地区情况

单位：人，%

院校名称	陕西数量	占比	非陕西数量	占比	总人数
西安培华学院	4114	69.43	1811	30.57	5925
西安翻译学院	2830	63.37	1636	36.63	4466
西安外事学院	2927	53.24	2571	46.76	5498
西安欧亚学院	2711	54.48	2265	45.52	4976
西京学院	3311	58.66	2333	41.34	5644
西安思源学院	1784	50.13	1775	49.87	3559
合　计	17677	58.79	12391	41.21	30068

由此可见，陕西民办高校毕业生就业地区分布单一，一半左右在陕西省内就业，这一结果说明了两点：①陕西民办高校由于在本省的知名度较高，声誉较好，故招生的主要地域为陕西省内；②政府划拨给这些学校的招生人数指标主要集中在陕西地区；③陕西生源地毕业生到外地就业的想法和意向不是很强烈。结合上述三点，陕西生源地学生毕业之后，大多不愿到外地就业，选择了就近就业，形成了民办高校毕业生在陕西就业的人数最多、比例最大的局面。在非陕西地区就业的有12391人，占6所民办高校毕业学生总人数的41.21%，就业地域分布有两个特点：一是部分民办高校毕业生到长江三角洲、珠江三角洲和京津唐工业区等沿海地区或周边新兴工业城市就业，这些地区经济较发达，企业密集度较高，企业种类和数量较多，工资待遇相对较好，就业机会相对较多。二是部分学生返回生源地就业。这些学生中一些是家境较好，已经有可选的工作，另外一些是在其他地方确实无法找到较满意的工作，只好返回生源地，另谋出路。

5. 主要就业行业比例不高

对收集到的数据分析后，结果显示，样本中的6所民办高校中，有三所高校毕业生就业排名第一的行业为建筑业，有两所高校毕业生就业排名第一的行业为批发零售业，有一所高校毕业生就业排名第一的行业为教育事业（见表7）。

表7 6所民办高校毕业生就业排名第一的行业

单位：人，%

院校名称	学生就业排名第一的行业数量、占比			毕业生总数
西安培华学院	批发和零售	531	8.96	5925
西安翻译学院	教育	495	11.08	4466
西安外事学院	批发和零售	536	9.75	5498
西安欧亚学院	建筑业	806	16.20	4976
西京学院	建筑业	1004	17.79	5644
西安思源学院	建筑业	832	23.38	3559
合　　计		4204	13.98	30068

二 影响陕西民办高校毕业生就业的主要因素

（一）政府职能因素

政府在民办高校发展中扮演着重要的角色，既是指路人，又是管理者，所以政府职能发挥的充分与否，将会决定民办高校的发展水平，进而决定民办高校毕业生的就业水平。政府对陕西民办高校毕业生就业的政策体制机制还存在不够完善等情况，主要表现在劳动就业政策体系、校企合作政策体系、就业公共服务体系、教育改革政策体系、教育公平政策体系等方面。

（二）中小微企业因素

改革开放以来，我国的经济飞速发展，GDP总量已跃居世界第二。近年来，受全球经济危机的影响，我国经济发展速度逐渐放缓，经济下行的压力巨大，造成了实体经济面临一定的风险，特别是中小型企业和小微型企业陷入了企业经济效益下降、企业濒临倒闭、企业工资待遇下降、企业用工人员减少，损失较大等不利局面，造成就业压力成倍增加。除此之外，中小微型企业普遍面临融资难、用地难、用工难，以及缺技术、缺管理、缺人才的不利局面，从而缺乏发展的动力，而中小微型企业相对于大型企业来说，创业、就业门槛较低，具有十分强劲的能力来吸纳就业，是保障民生和提高居民收入的重要力量，更是陕西民办高校毕业生在陕西以外实现就业的主要流向，但目前这些企业所面临的不利情况，对陕西民办高校毕业生的就业无疑是雪上加霜。

（三）社会及用人单位因素

首先是社会舆论方面，社会媒体、舆论在当今社会扮演着重要的角色，对民办高校的发展在舆论方面有着巨大的导向作用，而陕西民办高校的发展同样也离不开社会媒体、舆论的支持，但当前社会媒体、舆论对民办高校及其毕业生的认可度不高、肯定度不够等问题，在很大程度上阻碍了民办高校毕业生就业。其次是用人单位方面，通过与参加校园招聘的一些单位进行访谈后发现，影响民办高校毕业生就业的企业因素有以下五个方面，即"出身"歧视、文凭歧视、性别歧视、地域歧视、经验歧视，这些因素的长期存在，无形中使陕西民办高校毕业生的就业形势更加严峻、就业问题更加突出。

（四）民办高校因素

1.学校目标定位问题

近几年，教育主管部门下发通知，准备引导一批新建本科院校实施试点转型计划，得知这一消息的陕西民办高校也拭目以待、摩拳擦掌，积极响应教育主管部门这一转型号召，准备转型。但如果在没有解决好转什么、怎么转的问题，没有切实结合各自的办学实际，没有经过深入细致的反复调研，没有进行科学合理充分论证的情况下，就盲目转型，那么转型的效果也一定不会好，适得其反，可能又打破评估后刚刚建立的较为实际、合理、稳定的良好局面，从而影响学校的长远发展。

2.生源数量及质量问题

首先是生源数量整体减少。近几年，随着接受教育人口的逐年下降，全国的生源呈现整体下降的趋势，陕西民办高校也就陷入了生源危机中，再加上依托公办本科院校而新建的独立学院，对民办高校的生源市场造成了一定的冲击。其次是生源质量参差不齐。由于优质教育资源十分有限，不同地区的同一届学生学习水平差异较大，甚至同一个地区的不同学校学生质量也有较大差异；由于各省的招生考试所采用的评价标准存在差异，考试所使用的试题难易程度不同，学生水平存在较大差异；由于大部分民办高校均在第三批本科进行招生，所以学生的整体质量明显存在差异。

3. 资金不足问题

陕西民办高校的资金紧张，是长期困扰其发展的重要原因。虽然民办高校实行的是自负盈亏的模式，但它依然承担着向社会建设输送人才的重任，为国家在提高国民素质、提高就业人员素质、拉动经济增长等方面做出了不可磨灭的贡献。资金不足表现在资金来源单一、必要支出较大、财政支持力度不够等方面，由此成为民办高校发展过程中的瓶颈。教育投入的相对减少，使教育质量无法保证。

4. 教师资源问题

主要表现在：①师资结构不合理。首先年龄结构方面，陕西民办高校在教师年龄结构上呈现两头大、中间小的哑铃状，具体表现为35岁及以下的年轻教师和55岁及以上的老教师居多，比例占到师资总量的一半以上，而中年骨干教师数量严重不足，比例极少；其次是职称结构方面，受年龄结构影响，陕西民办高校在教师职称结构上表现为中级职称比例不占主导、高级职称比例不足、初级职称比例较大的状况；再次是背景结构方面，陕西民办高校中具有相应行业背景的教师人数极少，大部分教师均专门从事教育事业，不具备相应的行业背景，即便是新聘的副高级及以上职称人员也均专门从事教育事业。②教授"传"、"帮"、"带"作用没有很好地发挥。一是陕西民办高校的"传"、"帮"、"带"政策机制体制还不完善，甚至是空白，存在政策上的指导体系不完善、待遇上的激励机制不明确、管理上的监督体制不到位等问题；二是陕西民办高校在"传"、"帮"、"带"的执行过程中效果不明显，呈现有名有实、有名无实、无名无实三个特点。③教师科研教改成果数量偏少，质量不高。一是陕西民办高校关于教师科研教改的制度建设不够完善，没有从制度上明确规定教师进行科研教改的工作量，并且缺乏与之相配套的激励机制,从制度上造成了教师科研教改积极性的不高。二是教师能力问题,陕西民办高校教师自身不是特别注重学习提高,缺乏搞研究、做学问的恒心和毅力,导致了学校教学质量的提升速度不快,影响毕业生的就业。

(五)学生自身因素

第一,责任感、使命感不强。现在的大学生均是"90后",从小到大,生长环境较为舒适,特别强调"自我中心",造成价值观的错位,正确的、主流的理想信念不坚定,非主流观念却趋之若鹜,十分推崇;再加上当今社会,拜金主义、享乐主义的错误思潮在大学生群体中肆意泛滥,无形中助长了相对错位的价值观,甚至造成大学生价值观的迷失,使当代大学生不具备应有的能够主动承担建设社会主义、建设祖国的强烈责任感和使命感。第二,实践活动不够积极。主要表现在:①社团活动参与度不高,有的学生甚至四年时间,从未参加过一个社团,更不必说参与活动;②专业课实践参与度不高,有的学生在专业课的理论学习方面,勤奋刻苦,理论考试名列前茅,但相应的实践环节却严重缺乏,如缺少信心、能力不足、方法不得当等,导致自己出现短板,形成理论知识强而实践能力弱的显著差异,以上各种不利因素使这些大学生在毕业的时候,与他人沟通、团队合作、组织协调等方面的经验不足,很可能与自己倾心的工作失之交臂。第三,个人综合素质不适应企业需求。个人综合素质高低是衡量毕业生优秀与否的重要标准之一,也是用人单位比较看中的聘用条件之一,然而陕西民办高校毕业生综合素质不高,不能很好地适应市场需求的问题,已变得不可回避。主要表现在专业能力不足、实践能力不强、创新能力薄弱和应聘能力不突出等方面。

三 促进陕西民办高校毕业生就业的路径选择

(一)切实优化政府职能,加快完善就业体系建设

为了缓解陕西民办高校毕业生就业问题,政府应努力完善并切实做好劳

动就业政策体系、校企合作政策体系、就业公共服务体系、教育改革政策体系、教育公平政策体系、对民办高校的财政支持体系等几个方面的工作。

（二）不断加快经济转型，有效扩大人力资源需求

一是要引导好实体经济发展，推动实体企业转变发展方式和产业转型升级，政府应制定鼓励中小微型企业创业的行业目录，强化中小微型企业创业分类指导与重点扶持。二是希望实施积极的财税激励政策，在财政预算中安排扶持中小微型企业创业专项资金，通过贴息、政策担保、风险补偿、奖励资助等方式，重点支持中小微型企业自主创新和转型升级项目。三是疏通融资渠道，扩大对中小微型企业贷款的规模和比重，加大各地创业投资机构对中小微型企业的投资力度，积极发展小额贷款公司，打通小额贷款公司与银行之间的资金通道，壮大小额贷款公司资金实力，为中小微型企业提供小额贷款服务。同时，支持金融机构加快金融服务创新，建立和完善有别于大企业的信贷审核制度，提高审批效率。通过以上政策，不断加快中小微型企业的发展，从而推动陕西民办高校大学生就业工作的顺利进行。

（三）坚持正确社会导向，大力提倡能力优先原则

1. 社会舆论方面

面对不正确的媒体导向及社会舆论，媒体需要自省，社会更需要自省，要积极转变对待民办高校的观念，摘掉看待民办高校的"有色眼镜"，正确引导社会大众对民办高校的办学模式及其毕业生的认可度。媒体及社会需要多点容忍的态度和理解的眼光，毕竟陕西民办高校在教育发展的大海中还仅仅是一条小溪，并且正处在小溪的上游，还需要经历更长路程的能量蓄积，才可逐渐迸发出滔滔浪花与声声巨响，才可汇入教育的长河，才可融入教育的海洋。

2. 用人单位方面

用人单位要充分发挥其吸纳就业的强大功能，在招聘用工人员时，本着公平、公正、公开的原则，根据应聘人员的综合实力进行招录，改变往日对民办高校毕业生的歧视。

（四）积极探索教育转型，稳步推进民办高校改革

当前，民办高校培养的毕业生，即教育输出和市场需求之间的结构性矛盾倒逼着社会对教育的重新思考，倒逼着学校对人才培养的重新思考与调整。笔者认为首先要确定办学定位，然后着重从人才培养模式、资金运作模式、招生就业模式、教师资源保障、教学环节创新、教学质量监督、后勤服务保障等方面下足功夫，花大力气，从而培养出符合社会需要的、利于就业的人才。

1. 人才培养模式

学校应根据市场需求，实施全方位、深层次的校企合作，积极探索人才培养新模式，在制定人才培养方案方面：应首先研究应用型人才培养模式，采用让用人单位参与的方式，进行科学合理的市场需求趋势预测，注重开设课程的特色体现，最后由第三方进行评价，然后方可实施。合作内容方面：包括让企业参与到学校的人才培养方案制订工作中来；可由企业选派员工到高校参与教学过程，特别是实践环节，由学校选派优秀教师到企业挂职锻炼，增强其行业背景知识；学校和企业也可达成协议，采用订单式培养模式，学生到企业进行实习实践，实现学生毕业后直接就业；也可由企业注资，直接参与学校办学。在执行人才培养方案方面：首先要严格执行人才培养方案，任何人不得无故变更，因特殊情况确实需要变更的，务必履行相关手续，经学校学术委员会同意后，由主管院长审批，方可执行。

2. 资金运作模式

要解决陕西民办高校资金短缺的问题，笔者认为主要从以下几个方面入手。第一，改变资金来源单一的模式。民办高校应解放思想、开拓创新，在政府政策规定的合理框架下，不断加大融资力度，充分吸纳一些社会闲散资金，参与到学校的办学过程中来，使学校的办学资金来源更广、渠道更宽，有效缓解资金不足的困难局面。第二，实行预决算制度，科学合理规划收支，有效配置资金资源。民办高校应严格执行预算制度，合理审批各部门预算，将预算执行力保持在较高的水平，充分发挥资金在关键领域的突出作

用,保证好钢用在刀刃上。民办高校应将资金优先保证在教育教学的正常运转上,进一步有效合理配置资金。第三,不断完善科研、教改等相关项目的资金管理与报销制度。科研、教改经费一直是民办高校支出中比较关键的部分,民办高校务必要加大科研、教改经费管理力度,同时,进一步调整、完善管理办法,特别是严格审批项目所需资金的规模及数量,严格审核并规范报销范围。第四,积极向政府争取更大力度的财政支持。面对政府财政支持力度的不足,陕西民办高校不能坐以待毙,要积极向政府建言献策,寻求更加合理的路径,争取政府财政支持。政府要不断完善民办高校促进法的相关法律规定,不断加大政府对民办高校发展的财政支持力度。

3. 招生就业模式

如果把陕西民办高校比作工厂的话,那么招生就业工作就好比工厂中的原料采购和产品输出,二者相辅相成。如果缺乏原料,则无法产出产品,更不用说是否合格,如果产出的产品没有销路,则影响原料的购置及扩大再生产,所以陕西民办高校务必要做好招生就业工作,控制入口关,严把出口关,从而形成优进优出的良性循环模式。要做好招生就业工作,应从以下三个方面入手。第一,加强队伍建设。建立一支思想素质较好、业务素质过硬、服务意识较高的招生就业队伍是招生就业工作成功的重要基础。第二,注重宣传工作。让社会了解陕西民办高校的最佳之路便是进行广泛而卓有成效的宣传,这样才能使学生、家长、社会、用人单位对学校形成客观而全面的了解,对于做好招生就业工作具有重要的推动作用。第三,保证经费投入。陕西民办高校在资金不足的情况下,务必要划拨专门数额的招生就业工作经费,为招生就业工作提供有力的保障,切实解决招生就业工作的后顾之忧。

4. 全面推进就业服务工作

(1) 开展形式多样的校园招聘工作。根据民办高校培养应用型人才、服务地方经济的特点,高校应特别加强与陕西省人才交流服务中心、西安人才交流服务中心、西安高新区人才市场等机构的互通。适时地加强与周边人才市场的沟通交流,特别是用工需求量较大地区的人才市场的合作,试图开拓除本地市场以外的就业市场,结合各校专业特点,与各个人才市场合作举办校园招聘会。建立体制完善的校友会机构,充分加强与各地校友会的联络,通过召开各种类型的校友座谈会,关心、关怀校友生活及工作状况,加强校友会网络建设,完善校友信息库建设等方式,建立比较健全的校友会体制机制,并保持与校友的良好来往,适时通过校友的力量,不断拓宽招聘渠道,丰富招聘企业的类型,努力加强招聘合作,从而实现招聘单位多元化、招聘形式多样化。

(2) 落实对就业困难学生的帮扶工作。民办高校要全面落实对就业困难学生的帮扶工作,特别要重视对家庭经济困难、自身条件差、零就业家庭、心理素质较差等困难学生群体的就业帮扶工作,摸清困难及少数民族毕业生底数,及时掌握求职动态,创造条件为其提供就业指导、岗位推荐等服务工作,充分发动那些了解就业困难学生状况的,包含就业指导老师、辅导员、专业课教师等在内的就业指导人员,对就业困难学生尽可能实施"一对一"的就业服务,要热情、细致、耐心地帮助他们解决求职过程中遇到的实际问题,有效地做好心理方面的指导,使其感受到母校的温暖和关怀。

(3) 鼓励毕业生赴基层建功立业。民办高校应特别重视学生在校学习期间的思想政治教育和信念教育工作,不断鼓励毕业生赴基层建功立业。第一,加强就业形势的宣传和教育。通过加强正面宣传和舆论引导,大力宣传党和国家对毕业生就业工作的重视和关心,发动高校教职员工和广大校友关注就业,关爱毕业生,帮助毕业生树立就业信心。第二,深入开展就业观和择业观教育。通过对毕业生进行求职动员、就业形势分析及政策解读,在大学生择业理念培养过程中,教会他们客观分析形势的能力,帮助学生认清当前就业形势的严峻性,引导学生客观、理性、辩证地认识就业形势,倡导毕业生发扬独立自主的精神,不等不靠、不挑不拣,合理调整就业期望值,并结合毕业生就业特点和规律,引导学生到基层、到中小企业、到祖国最需要的地方建功立业。

(4) 建立功能完善的就业服务综合网络平台。当前,信息化已席卷全球,民办高校要紧紧抓住这个机遇,建设科学合理且功能完善,包括就业政策、企业招聘、就业指导、职业测试、创业资讯、资料下载、大学生就业一体化系统等栏目在内，集信息发布、查询、统计、打印等功能于一体的就业服务综合网络平台。不仅如此，还要通过学校的官方微信、微博、QQ群等信息平台，及时发布招聘信息，切实在毕业生与用人单位之间架起信息互通的关键桥梁。同时，将此平台与教育主管部门、人才招聘网站建立链接，充分实现信息共享、政策发布、网上招聘、远程面试、指导咨询等多维一体的立体化综合网络平台，有效缓解毕业生与用人单位之间信息不对称的矛盾。

5. 教师资源保障

（1）优化师资结构。在优化师资结构方面，陕西民办高校要充分运用政策留人、待遇留人、感情留人的策略，进一步完善师资结构。首先是在年龄结构方面，陕西民办高校要努力扭转教师年龄结构两头大、中间小的哑铃状不利局面，积极加快中青年骨干教师的招录和吸收速度，逐步减少青年教师的招聘数量，适当放缓60岁左右的教师招聘节奏，有效保证较为合理的师资年龄结构。其次是职称结构方面，陕西民办高校要积极引进具有中级职称的中青年骨干教师，彻底改变中级职称比例不占主导、高级职称比例不足、初级职称比例较高的状况。再次是背景结构方面，为了适应陕西民办高校定位于培养应用型人才的需要，积极进行校企合作，邀请企业人员到学校参与授课，鼓励教师到企业去挂职锻炼，切实增强教师的行业背景。适当引进具有行业背景的中高级职称教师，缓解陕西民办高校师资中行业背景人数较少的局面。通过一系列举措，不断优化陕西民办高校的师资结构，为进一步提高毕业生的质量，奠定良好的基础。

（2）充分发挥教授"传"、"帮"、"带"的作用。陕西民办高校应进一步完善"传"、"帮"、"带"的政策机制体制，通过制定明确的政策、优厚的激励措施和科学的监督管理政策，合理安排阅历广博、经验丰富并且职称为副高级及以上的教授，来加强对青年教师的培养，切实做到有名有实、落实到位的目标，学校要根据规章制度，成立专门的监督队伍，进行抽查，并实施考核，不断加快青年教师的成长速度，使陕西民办高校的师资队伍更加合理。

(3) 激励教师踊跃进行科研教改工作。陕西民办高校应加强教师科研教改的制度建设，明确教师进行科研教改的工作量，制定与之相适应的激励措施，从制度上促进教师进行科研教改的积极性。教师自己应不断加强学习，注重自身的提高，充分发扬"耐得住寂寞，经得起诱惑"的艰苦奋斗的精神，安心、静心、精心地进行科研教改工作，从而不断提高教师水平，稳步推进学校教学质量，进一步促进毕业生质量的提高。

6. 教学环节创新

（1）加强教学环节的连贯性。一是修订人才培养方案中理论教学部分与实践教学部分的学时比例。要清楚以就业为导向的人才培养，必须加强学生的实践教学比例，从而不断提高学生的实际动手能力，以满足企业"乐于招之，来之能战，战之能胜"的应用、实用性需求。二是不断完善实践教学各个环节的连贯性与系统性。要让学生明确实践教学的教学大纲、内容、目的、任务、操作步骤、重点难点、实践效果、实践总结等各个环节。努力做到实践环节有合理的计划、详细的安排、明确的目标、充实的内容、完备的过程、明显的效果和全面的总结。

（2）加强大学生创新创业教育。一方面积极进行创业研究和市场调查，并将有关情况和信息反馈给教学部门；另一方面对大学生积极进行创业培训，通过邀请有关知名创业培训师和创业指导专家举办大学生创业主题报告会、走访创业学生、带部分大学生参观创业孵化基地、宣传创业政策和创业典型毕业生、举办创业培训班等方式，帮助有创业意向的毕业生掌握有关创业的基本知识和程序，从政策、制度、引导、激励、帮助等方面大力鼓励陕西民办高校毕业生进行创新创业，不断提高毕业生就业质量。

（3）强化内涵丰富的职业生涯教育。陕西民办高校应成立"职业发展指导教研室"，专门负责学生职业生涯教育。应由具有国家职业指导师资格、专业的、稳定的教师队伍从事学生职业生涯教育授课，进行职业生涯咨询工作，通过专业化师资团队的建设，为就业指导工作的顺利开展提供坚实的基础和有力的支持。民办高校应结合实际情况，为学生开设贯穿四年学习的《大学生职业发展》、《就业指导》、《大学生创业基础》、《大学生职业生涯发展规划》等课程。除讲授理论知识外，学校应进行相应的实践学习，如参观企业，模拟校园招聘会，进行职前培训，组织学生收看职业发展与规划报告会、企业宣讲会和学生亲手制作电子求职简历等。

（4）加强技能培训和实习实训，提高毕业生就业竞争力。一是加强技能培训，要按照市场需求，结合各专业实际，为学生增加相应的技能课程，明确每个专业学生的技能培训任务，并要求学生在毕业前尽量获取相应的职业资格、技能证书（如英语等级证书、计算机等级证书、程序员等级证书、教师资格证、会计上岗证、秘书证、普通话证、导游证等）。二是加强实习工作，民办高校应根据不同专业学生总体情况和专业特点，广泛联系各相关实习单位，按照有计划、明目的、重过程、严管理、求实效、善总结的原则，组织学生到企业的生产、管理一线进行实习，切实提高学生实操能力，为学生就业积累相对丰富的实际经验。

（五）充分进行自我完善，不断提高学生综合素质

1. 树立为社会主义建设做贡献的就业观

习近平总书记在天津调研当地的促就业工作时，在与大学生的座谈会中鼓励学生到基层去。可以看出，大学生在社会主义建设中承担着十分重要的作用，既是后备军，也是未来社会主义建设的中流砥柱，所以，要解决大学生就业问题，首先，要解决他们思想意识形态的问题，大学生务必要自觉加强个人的思想道德素质培养。其次，要千方百计地让他们树立正确的就业观。最后，努力践行大学生不怕苦、不怕累的精神，积极响应国家号召，到农村、到西部、到祖国最需要的地方去，特别要积极参与"到村任职"、"三支一扶"、"教师特岗"、"西部计划"等国家基层就业项目，要乐于并勇于承担为社会主义建设做贡献的责任和使命。

2. 积极参与实践活动

一是社团活动。社团活动可以说是伴随大学生四年学业的良师益友，学生应该充分利用课余时间，积极参与各类感兴趣的社团活动，通过参加社团活动，不仅能将自己的聪明才智充分展现出来，而且能从活动中收获与他人

的交往能力、团队协作意识、组织协调能力等素质。二是课程实践活动。课程实践活动是对理论学习的最好补充与最佳验证，学生只有树立自信、积极准备、广泛参与、抓住机遇、勇于展现自我，不断提高自己的实践能力，才能有效弥补自己的短板，形成两条腿走路的稳定局面，不断提高自己的就业能力。

3. 全面提高应用型综合能力

当前就业市场，招聘单位在招录民办高校毕业生时，不仅仅看中他们的专业能力、学识水平，更看中他们的应用型综合能力，所以，民办高校大学生在大学四年期间，不仅要学好专业知识（就业时才能与公办高校的学生相媲美），更要有意识培养自己的应用型综合能力（就业时才能掌握主动，更加自信）。这些应用型综合能力包括专业能力、实践能力、思维能力、自我意识发展能力、适应能力和应聘能力等六个方面。民办高校大学生只有充分抓住大学四年的宝贵时光，不断完善自我、突破自我，才能在就业的过程中展现自我，从而实现自我的人生价值。

B.11
陕西省劳动就业形势分析与预测报告*

刘 源**

摘 要: 劳动就业既直接关系着劳动者的生存状况,也是衡量一国和地方经济社会发展水平的重要指标,历来受到各级政府的高度重视。多年来,陕西省委省政府始终关注就业这一民生工程,出台相关政策重点落实高校毕业生、退役军人、城镇困难人员及农村转移人口的就业,不断提升就业服务质量。新时期,省委省政府认真贯彻中央有关"大众创业、万众创新"的文件精神,坚持创业和就业相结合,在经济新常态的形势下努力做好就业保障工作。

关键词: 劳动就业 高校毕生生 农民工

劳动就业是劳动力与生产资料结合生产社会物质财富并进行社会分配的过程。这一过程对劳动者而言,是寻求生存与发展的谋生过程;对国家社会而言,是促使劳动力与生产资料有机结合和合理利用,从而促进经济发展与社会和谐的过程。作为一项基础社会民生工程,就业状况的好坏是一国和地方经济社会发展水平的重要衡量指标之一,历来受到国家和地方政府高度重视,2015年初,习近平总书记来陕西视察工作,在谈到扎实做好保障和改善

---

* 本文系国家社会科学基金项目(项目编号:13XFX020)的阶段性成果。
** 刘源,陕西省社会科学院中国马克思主义研究所副研究员。

民生工作方面时强调:"突出教育和就业两个重点,发展好社会事业。……以高校毕业生、退役军人、城镇困难人员为重点搞好就业创业服务,不断提升群众技能素质,增强自我创业、自我发展能力。要支持和鼓励大学生到基层一线和艰苦地区锻炼,把人生的'第一粒扣子'扣准扣好。"国务院发布《关于发展众创空间推进大众创新创业的指导意见》和《关于进一步做好新形势下就业创业工作的意见》,部署推进"大众创业、万众创新"工作。陕西省人民政府专门发布以《关于进一步做好新形势下就业创业工作的实施意见》(陕政发〔2015〕26号)为核心的一系列促进就业与创业的政策,推动经济新常态下劳动就业工作向前迈进。

一 陕西劳动就业现状

多年来,陕西省委、省政府高度重视就业保障工作,在中央的统一领导下,认真落实中央有关就业文件精神,切实保障高校大学生、农民工、城镇困难群体及退役军人的就业,全省就业基本稳定,有效促进经济社会的平稳发展。

(一)高校毕业生就业基本情况

2015年,陕西省普通高校共有332899名毕业生,比上年增加26876名,增幅为8.78%。截至7月15日,全省高校毕业生已就业294698名,初次就业率为88.52%,就业人数比上年增加23937名。从2011年起,连续5年陕西省高校毕业生初次就业率均保持在88%以上。

从生源分布看,陕西省生源毕业生最多,有230603名,占毕业生总数的69.27%,就业人数也最多,有205487名,占已就业毕业生总数的69.73%。从就业地域分布看,有197914名毕业生在西部就业,占已就业毕业生总数的67.16%。其中,在省内就业的有174747名,占59.30%。从就业行业分布看,在制造业就业的毕业生最多,有39817名,占已就业毕业生总数的13.51%。

从就业单位看,企业是吸纳毕业生就业的主渠道,占已就业毕业生总数的76.12%。其中,到中小微企业和民营企业就业的有179259名,占

60.83%；到国有企业就业的有45048名，占15.29%。从就业岗位分布看，在"工程技术"岗位上工作的毕业生最多，有51511名，占已就业毕业生总数的17.48%。从学科结构看，在研究生和本科生中，工学类毕业生有74071名，就业率为92.54%；管理学类毕业生有37732名，就业率为90.71%；理学类毕业生有17007名，就业率为89.97%。

总体来看，2015年陕西省高校毕业生就业呈现以下几个特点：一是西部地区仍然是陕西省毕业生就业的主阵地，企业是吸纳毕业生的主渠道；二是工学类毕业生普遍受到用人单位青睐，学工程技术类专业的毕业生更受欢迎，文史艺等专业社会需求有限；三是毕业生到基层就业的积极性不强，陕西籍毕业生到省外就业意愿不高，有3/4的毕业生在省内就业。[①]

陕西省人社厅对离校未就业大学生实行托底安置，建立高校毕业生就业援助制度。2014年，新增管理类公益性岗位，主要用于安置就业困难的离校未就业高校毕业生。全省公益性岗位就业的高校毕业生达2.42万人。组织召开毕业生专场招聘会675场，服务高校毕业生7.83万人次。设立高校校园招聘补贴，17所高校享受校园招聘补贴335.6万元。实施农村基层队伍振兴计划，引导1796名大学生到基层就业。强化国有企业履行责任，接纳高校毕业生见习人数一般不得低于单位在岗职工总数的1%，全年安排毕业生就业见习2.6万人，见习留用率39.14%，离校未就业高校毕业生登记就业率达到92.38%，高于上年水平。[②]

（二）农村富余劳动力转移就业基本情况

农村富余劳动力逐步转变为二、三产业工人和城镇市民，是我国工业化、城镇化、农业现代化发展进程中的客观规律。改革开放以来，随着陕西省工业化、城镇化的快速发展，大量农村富余劳动力转移到二、三产业和城

---

① 《省政府召开新闻发布会介绍2015年高校毕业生就业创业情况》，陕西省教育厅新闻办公室，http：//www.snedu.gov.cn/jynews/rdjj/201508/27/51571.html。
② 《陕西省去年城镇新增就业43.7万人》，陕西传媒网—三秦都市报，http：//www.sxdaily.com.cn/n/2015/0117/c324-5604381.html。

镇就业成为农民工，并逐步成为陕西省产业工人的主体，是推动陕西省城镇化建设的重要力量，为陕西省经济发展做出了巨大贡献。陕西省委、省政府高度重视农民工工作，陕政发〔2006〕70号文件实施以来，出台了一系列政策措施，农民工工作取得显著成效。农民工就业规模持续扩大，2014年陕西省农村剩余劳动力转移就业696.3万人，其中省外就业301.7万人，省内就业394.6万人。同时，陕西省人社厅在2014年内先后开展了农民工工资支付专项调查、劳务派遣专项检查等系列工作，劳动保障检查"两网化"管理地级市覆盖率达到90%。全省各级劳动监察机构共办结案件4580件，追发劳动者工资待遇8.5亿元。总体来说，农民工职业技能不断提高，工资收入大幅增加，参加社会保险人数较快增长，劳动保障权益维护明显加强，享受基本公共服务范围逐步扩大，关心关爱农民工的社会氛围正在形成。但目前农民工就业稳定性不强，劳动保障权益受侵害的现象还时有发生，享受基本公共服务的项目范围和人数比例仍然较小，大量长期在城镇就业的农民工还未落户，与广大农民工尤其是新生代农民工期望融入城镇、共享经济社会发展成果、实现自身全面发展的诉求不相适应。

（三）城镇困难群体就业情况

在解决城镇困难群体就业方面，陕西省、委省政府积极贯彻中央决定，认真落实中央有关下岗失业群体、残疾人、"零就业"家庭和乙肝表面抗原携带者的就业政策，切实保护其合法权益，主要体现在以下几个方面。

第一，认真落实《国务院关于做好当前经济形势下就业工作的通知》（国发〔2009〕4号）精神，并就延长下岗失业人员再就业有关税收出台政策，进一步促进下岗失业人员再就业。

第二，认真落实人力资源和社会保障部及中国残疾人联合会《关于做好技师学院、特殊教育院校部分毕业生同等享受高校毕业生就业政策工作的通知》（人社部发〔2015〕73号）文件精神，要求各地要将辖区内技师学院高级工班、预备技师班中，毕业年度内享受城乡居民最低生活保障家庭的毕业生和残疾的毕业生纳入求职创业补贴对象范围，并按照高校毕业生的标准向其发放求职创业补贴，切实加强残疾人群体就业保障。

第三，按照《陕西省人民政府关于进一步加强就业再就业工作的若干意见》（陕政发〔2006〕1号）和《关于贯彻落实省政府〈关于进一步加强就业再就业工作的若干意见〉的通知》（陕劳社发〔2006〕32号）精神，2006年以来，在全省开展"零就业"家庭就业再就业援助活动，在2~3年内基本解决"零就业"家庭问题，并将以后新出现的"零就业"家庭纳入就业援助的长效机制中。

第四，认真落实人力资源和社会保障部、卫生部《关于维护乙肝表面抗原携带者就业权利的意见》（劳社部发〔2007〕16号）文件精神，要求各级劳动保障行政和卫生行政管理部门，要严格执行两部的意见精神，加强对劳动力市场和各类医疗机构的管理，指导用人单位树立公平就业的观念，消除就业歧视，确保乙肝表面抗原携带者就业平等权利的实现。

（四）退役军人就业情况

为保障退役军人的就业权，陕西省人民政府于2012年11月9日颁布施行《陕西省实施〈退役士兵安置条例〉办法》，从2012年冬季退役士兵开始，陕西省退役士兵安置不再以户籍性质区分待遇，城乡退役士兵将享有同等安置权利。农村退役士兵像城镇退役士兵一样领取自主就业补助，享受免费技能培训、从事个体经营等优惠政策待遇。另外，为切实维护军转干部利益，推进军转安置工作在阳光下运行，2015年，省军转办深入开展调研工作，在广泛征求各厅局人事部门、各部队政治部门以及部分军转干部意见建议的基础上，对陕西省2014年开始实施的排名选岗办法进行了修订完善，下发了《关于陕西省省直接收军转干部功绩制考试考核排名选岗安置意见的补充通知》。重新修订的考核项目共八项，包括军龄、职务（专业技术）等级、军衔等级、任领导职务时间、学历、艰苦地区（飞行、舰艇、涉核）服役年限、立功受奖及适应性培训考核考勤。全面反映军转干部在部队服役期间德才表现和贡献，客观准确地考核评价，并体现在具体安置工作中。新的计分标准，将军龄、职务、任职时间等作为赋分主体，对艰苦地区、飞行、舰艇、涉核等特殊岗位作为附加项目，给予政策倾斜，使服役时间长、德才表现好、牺牲贡献大的转业干部在排名上取得相对优势。

二 新时期陕西劳动就业面临的形势分析

从长远来看，陕西省的就业形势依然严峻，影响就业形势的各种因素交织在一起，需要我们综合考虑研判。

（一）促进就业的新政策

1. 中央有关就业的政策

（1）国务院为部署推进"大众创业、万众创新"工作，专门印发《关于发展众创空间推进大众创新创业的指导意见》，要求推进大众创新创业要坚持市场导向、加强政策集成、强化开放共享、创新服务模式。重点抓好八个方面的任务：一是构建一批低成本、便利化、全要素、开放式的众创空间；二是降低创新创业门槛；三是鼓励科技人员和大学生创业；四是支持创新创业公共服务；五是加强财政资金引导；六是完善创业投融资机制；七是丰富创新创业活动；八是营造创新创业文化氛围。

（2）国务院部署进一步促进就业鼓励创业，以稳就业、惠民生、助发展，专门印发《关于进一步做好新形势下就业创业工作的意见》，指出：随着我国经济发展进入新常态，就业总量压力依然存在，结构性矛盾更加凸显。必须着力培育"大众创业、万众创新"的新引擎，实施更加积极的就业政策，把创业和就业结合起来，以创业创新带动就业。《意见》提出了四个方面的政策措施：一是深入实施就业优先战略；二是积极推进创业带动就业；三是统筹推进高校毕业生等重点群体就业；四是加强就业创业服务和职业培训。同时，国家设立"职业教育活动周"，于每年5月第二周举行，以加快发展现代职业教育，促进"大众创业、万众创新"。首届主题是"支撑中国制造 成就出彩人生"。

（3）为进一步做好新形势下为农民工服务工作，国务院专门印发《关于进一步做好农民工服务工作的意见》和《关于支持农民工等人员返乡创业的意见》，要求全面贯彻落实党的十八大、十八届三中全会、中央城镇化工作会议精神和国务院的决策部署，按照工业化、信息化、新型城镇化、农业现代化同步发展的要求，积极探索中国特色农业劳动力转移道路，着力稳定和扩大农民工就业创业，着力维护农民工的劳动保障权益，着力推动农民工逐步实现平等享受城镇基本公共服务和在城镇落户，着力促进农民工社会融合，有序推进、逐步实现有条件、有意愿的农民工市民化。

（4）党中央、国务院高度重视高校毕业生就业问题，人社部专门出台《做好2015年全国高校毕业生就业创业工作的通知》，对做好高校毕业生就业创业工作提出了明确要求。人社部于2015年7月3日出台《关于加强离校未就业高校毕业生实名制就业服务工作的通知》和《关于进一步完善就业失业登记管理办法的通知》（人社部发〔2014〕97号），为高校毕业生提供持续高效的精准服务。

2. 陕西省促进就业的政策

（1）为贯彻落实国发〔2015〕23号文件精神，结合陕西省实际，陕西省人民政府出台《关于进一步做好新形势下就业创业工作的实施意见》，大力实施就业优先战略，鼓励创业带动就业。明确六个方面的任务：一是扎实推进就业优先战略；二是积极推动创业创新，以创业带动就业；三是统筹推进高校毕业生等重点群体就业；四是加强职业和创业培训，提升就业创业能力；五是创新机制和手段，进一步提升公共就业创业服务质量；六是强化组织领导。

（2）为深入贯彻国发〔2014〕40号文件精神，切实做好新形势下为农民工服务工作，结合陕西省实际，陕西省人民政府出台《关于做好为农民工服务工作的实施意见》，要求坚持"以人为本、统筹兼顾、城乡一体、分类推进"的原则，努力建设"富裕陕西、和谐陕西、美丽陕西"，着力稳定和扩大农民工就业创业，着力维护农民工的劳动保障权益，着力推动农民工逐步实现平等享受城镇基本公共服务，着力促进农民工社会融合，有序推进农民工市民化。到2020年，转移农业劳动力总量继续增加，每年开展农民工职业技能培训60万人次，农民工劳动条件明显改善、工资基本无拖欠并稳定增长、参加社会保险全覆盖,农民工平等享受城镇基本公共服务并逐步融入城镇,基本实现有条件、有意愿的农民工市民化。同时,陕西省成立省农民工工作领导小组,依托这一议事协调机构,将进一步加大为农民工服务工作的力度。同时,为落实国办发〔2015〕47号文件精神,陕西省人民政府办公厅印发了《关于支持农民工等人员返乡创业的实施意见》(陕政办发〔2015〕88号),就陕西省支持农民工、大学生和退役士兵等人员返乡创业提出具体实施意见。

(3) 陕西省人社厅2015年2月13日专门印发《陕西省就业基本公共服务规范化指导意见(试行)》,对服务制度和服务流程都作了细化规定。

(4) 为进一步保障劳动者合法权益,省政府2015年第11次常务会议通过《陕西省劳动人事争议调解仲裁办法》,自2015年9月1日起施行。

(5) 为更好地发挥失业保险预防失业、促进就业的作用,省人社厅、省财政厅、省发改委、省工信厅联合出台《关于失业保险支持企业稳定岗位的实施意见》,对采取有效措施不裁员、少裁员,稳定就业岗位的企业,每年可按照不超过该企业及其职工上年度实际缴纳失业保险费总额的50%给予稳岗补贴,所需资金从失业保险基金中列支。

(6) 省人社厅于4月3日,在西安召开全省创业孵化工作现场会,交流创业孵化工作经验,全面推进陕西省创业孵化基地建设。

(7) 2015年省政府实施更加积极的就业政策。以高校毕业生、退役军人、城镇困难人员为重点,进一步完善就业创业政策体系。在政府机关、国有企事业单位全面推行大学生见习制度,积极增加公益性岗位,向困难群众提供免费职业教育,适度放宽创业促就业个人小额贷款额度和贴息年限。新增城镇就业36万人,大学毕业生初次就业率超过80%,转移农村劳动力590万人。

(二)影响就业的经济形势

当前,我国经济发展进入新常态,保持中高速增长,迈向中高端水平。在这种形势下,经济增速相对放缓,以高杠杆和泡沫化为主要特征的各类风险影响经济增速,在一定意义上会影响就业。但同时,国家实施"一带一路"、创新驱动和优先推进西部大开发战略,中央赋予陕西西部科学发展新引擎、内陆改革开放新高地和中国特色新型城镇化范例等重大使命,将会给陕西经济注入新的活力;省委、省政府按"存量调结构腾空间、增量优结构扩空间"的原则调整产业结构,战略性新兴产业多元带动的发展格局正在形成,为经济发展形成新的增长极,促进本省就业。

(三)就业的结构性矛盾依然突出

这种结构性矛盾一是表现为用工荒、就业难并存,技工短缺现象突出。技能劳动者总量严重不足,技工短缺的现象非常突出。人力资源和社会保障部的数据显示,目前技能劳动者数量只占全国就业人员总量的19%左右,高技能人才的数量更是仅占5%。二是表现为大学专业设置与大学生就业出现"倒挂",专业趋同造成结构性失业。根据全国高等学校学生信息咨询与就业指导中心的统计数据,2013年国际经济与贸易、法学、汉语言文学等10个普通高校本科专业的毕业生规模最大,其中英语、计算机科学与技术、会计学和艺术设计专业的毕业生都超过10万人。目前,陕西在高技能人才上的需求仍很大,高校在专业设置上呈现趋同性,且培养模式和方向并未适应市场的需求,职业教育也有待进一步发展。

(四)农民工就地就近就业和返乡创业已成趋势

随着承接产业转移和当地经济发展速度加快,陕西本地企业用工需求趋旺,工资待遇也与沿海发达地区差距缩小。农民工外出务工半径呈收缩之势,更多人从成本考虑,更愿意选择在离家近的地区就业。陕西省人社厅相关统计表明,2013年,陕西全省外出务工人员中在省内就业的占到总数的56%,达到389.3万人,本地就业人数首次超过外出就业人数。同时,农民工返乡创业人数也在增加。同年,陕西新增农民工回乡创业人数4.8万人,创办企业或经济实体2.9万个。[①]

[①] 《调查显示:陕西农民工更愿在"家门口"就业》,新华网,http://news.xinhuanet.com/local/2014-02/16/c_119355446.htm。

（五）用工成本增加对就业的影响

为提高陕西省企业低收入职工的工资水平，2015年3月19日，省人社厅根据《陕西省最低工资规定》（陕西省人民政府令第109号），结合陕西省实际，经省政府同意，决定对陕西省最低工资标准进行调整。调整后的最低工资标准为：一类工资区：全日制最低工资标准为1480元/月，非全日制小时最低工资标准为14.8元/小时；二类工资区：全日制最低工资标准为1370元/月，非全日制小时最低工资标准为13.7元/小时；三类工资区：全日制最低工资标准为1260元/月，非全日制小时最低工资标准为12.6元/小时；四类工资区：全日制最低工资标准为1190元/月，非全日制小时最低工资标准为11.9元/小时。调整后的最低工资标准从2015年5月1日起执行。从一个方面讲维护了低收入劳动者的合法权益，从另一个方面讲增加了企业的用工成本，在短期内会对就业产生一定的影响。

（六）高端人才就业竞争激烈

智联招聘发布《2015年中国雇主需求与白领人才供给报告》，在线数据显示，从各城市竞争指数来看，成都以42.5的竞争指数高居榜首，其次是西安，竞争指数为41.4；报告显示，从不同性质企业的竞争指数情况来看，春季求职期外商独资企业竞争指数最高，为34.7，竞争最为激烈，其次是事业单位（29.4），再次是国企（27.5）。

（七）第三产业吸纳就业增加，就业结构从第一产业为主力向第三产业占大头的现代就业结构转变

伴随经济结构的调整，第三产业吸纳就业数量不断增加，第一产业吸纳就业数量则稳步下降。这说明我国就业结构正从传统的一产为主力向三产占大头的现代就业结构转变。2014年末，全国就业人员中，第一产业就业人员占29.5%，第二产业就业人员占29.9%，第三产业就业人员占40.6%，这是第三产业吸纳就业人员首次超过四成，成为绝对主力。相比全球高收入

国家，我国第一产业就业比重仍然较高，第三产业就业还有很大发展空间。从陕西实际情况来看，未来第三产业在促进大学生就业和农村转移人口就业上空间很大。

三 陕西促进劳动就业的对策建议

促进就业是陕西经济社会发展的一项长期民生工程，根据国情、社情和省情的变化，积极调适就业政策，加强劳动保护，协调劳动关系，一直是陕西社会政策的重要内容。从长远来看，陕西省在促进就业工作中，应当充分用好政策机遇，保持经济稳定增长，重点扶持第三产业和小微企业发展，大力发展职业教育，鼓励创业和就业相结合，尽快消除大众创业的制度障碍，重点保障高校大学生、农民工、城镇困难群体及退役军人的就业。

（一）保持经济稳定增长，充分发挥经济对就业的基础带动作用

尽管各国经济增长率和失业率之间的数量变动关系不尽相同，但经济增长与就业同向变动、与失业反向变动的关系，已为许多国家的经济实践所证实。[①] 经济新常态下，陕西应当抓住中央的政策机遇，在调整经济结构迈向中高端水平的关键时期，保持经济的增长态势，创造新的就业岗位，满足高校毕业生和农村转移劳动力的就业需求。同时，为适应经济迈向中高端发展水平的需求，应加强对劳动力的新兴技能培训，为经济转型提供充足的高技能劳动资源。

（二）继续加强教育体制改革，大力发展职业教育，使人才培养模式更符合市场的需求

进一步深化教育体制改革，根据未来经济发展的走向、市场对不同人才需求的质与量以及不同高校的特长与定位，使高校专业设置更加适应市场对

---

① 姜巍、刘石成：《奥肯模型与中国证实》，《统计与决策》2005年第12期。

不同领域和层次的人才需求，尽量避免不同高校在同一领域和层次人才上的重复专业设置，从而导致高教资源的浪费和就业形势的紧张。同时，逐渐改变轻视职业教育的认识，加强对职业教育的政策支持，使职业教育为企业发展提供高素质的技能人才，适应经济转型发展对高技能人才的需求，缓解就业压力。

（三）加强对农民工的职业技能培训和劳动保护，充分实现农村剩余劳动力的转移就业

在城镇化的进程中，陕西仍有大量的农村剩余劳动力向城市转移，同时，伴随着经济形势的变化和省上对农民工返乡创业的政策支持，农民工省内创业就业的比例增高，这一群体就业稳定性关系着社会的稳定。一方面，要加大对农民工的技能培训，使他们在不同的就业形势和需求下，能够不断获取和更新技能，满足城镇化进程中的市场需求；另一方面，加强对这一群体的劳动保护，逐渐消除附加在这一身份上的不合理政策，使他们在一个公平的就业环境中生存发展。

（四）加大对第三产业和小微企业的支持力度，培育新型就业增长极

产业部门是就业的载体，产业结构的变动必然反映到就业结构的变动上来，在经济增长过程中，由于技术进步和分工深化、需求结构变化和产业政策的调整，产业结构处在不断变化的过程中，也导致了就业结构的变化。[①]目前，陕西省第一产业和第二产业带动就业的速度逐渐趋缓，而第三产业在带动就业中的拉动作用越来越明显。同时，小微企业在促进就业中作用明显。国家统计陕西调查总队对2014年全省248户交通运输、仓储和邮政业小微企业运行情况进行抽样调查。调查显示，截至2014年末，248户小微服务业企业从业人员同比增长4.8%，在被调查的248户企业中，与上年同

---

① 陈桢：《经济增长与就业增长关系的实证研究》，《经济学家》2008年第2期。

期相比，对劳动力需求增加的企业占21.4%、持平的占58.9%、减少的占19.8%左右。2014年在我国经济下行压力持续加大的情况下，全省小微服务业企业就业仍然保持稳定增长。① 因此，从中长期刺激就业来看，各级政府要认真贯彻落实国家和陕西省政府出台的一系列扶持第三产业和小微服务业企业发展的政策，为第三产业和小微服务业企业发展营造良好的发展环境。

（五）认真落实"大众创业、万众创新"政策，尽快消除大众创业的制度体制障碍

2015年6月4日，国务院总理李克强主持召开国务院常务会议，会议确定大力推进"大众创业、万众创新"的政策措施，陕西省政府也出台了做好新形势下就业创业工作的实施意见，其根本要求就是，将全面实施新一轮就业创业政策作为当前第一位的工作，要充分调动劳动者创业的积极性，把创业和就业充分结合，政府要取消妨碍人才自由流动的户籍、学历等限制，营造创业创新便利条件。为新技术、新业态、新模式成长留出空间，不得随意设卡，使就业问题的解决模式适应新的经济发展模式。

（六）不断提高政府的就业服务水平

政府对经济的宏观调控政策对就业起着重大影响，在促进就业中，政府要变就业管理为就业服务，通过完善各类劳动力市场、创新信息化服务、及时汇总发布就业信息、购买工作岗位、减少相关审批和收费等多种方式，加强服务的法治化建设，提高劳动就业的公共服务能力和水平。

---

① 来源于国家统计局陕西调查总队网站，http://www.nbs-sosn.cn/index.aspx?infoid=1684&language=cn&lanmuid=18&menuid=4&type=articleinfo。

B.12
陕西省县级政府门户网站信息公开运行现状分析报告[*]

李德旺[**]

摘　要： 为考察陕西省政府信息公开制度运行实际状况，根据《信息公开条例》以及若干相关政府信息公开评测指标体系，结合县级政府实际情况的基本特征，制定测评指标体系，并运用该指标体系对全省107个县级政府门户网站的政府信息公开状况进行测评研究。研究发现：全省县级政府信息公开整体水平不高，各地级市政府信息公开落实差异较大，信息公开数量、整合度、更新速度、重要信息公开等方面均存在问题。应当从推动各县政府门户网站问政的建设和维护、加强政府工作人员专职队伍建设、"透明政府"建设下的信息公开工作常态培育、建立健全政府信息公开的激励问责"双轨并行制"、推动建设注重多方效应的政府信息公开评估制度等方面，完善目前县级政府信息公开制度。

关键词： 陕西省　县级政府　政府信息公开　门户网站　实证研究

---

[*] 西北政法大学行政法学院"陕西省县级政府信息公开制度运行现状分析报告"课题组成员：李德旺（主持人并执笔）、杨欣雅、邓文平、张梦琪、王文华、常郁。调研和报告撰写受到姬亚平、褚宸舸、常安、李大勇等老师指导，并得到雁塔区政府郭航及户县政府办公室人员的帮助，特此致谢。

[**] 李德旺，西北政法大学地方政府法治建设研究中心、西北政法大学禁毒法律与政策研究所研究人员。

一　实证研究概况

（一）调研对象

此次调研选定陕西全省 107 个县级政府的门户网站作为样本进行研究分析。

政府通过门户网站进行政府信息公开是政府管理现代化的一个重要体现。作为政府信息公开的一个重要渠道，其政府信息公开程度和质量，不仅成为作为信息需求者的社会公众的关注对象，也是政府工作绩效考核的一个重要组成部分。故此次调研选定陕西全省 107 个县级政府的门户网站作为样本进行研究分析。

（二）测评指标体系的设计

基于《政府信息公开条例》和《陕西省政府信息公开规定》对县级政府信息公开的要求（包括一般要求和特别要求），综合学界关于政府信息公开测评指标体系制定、相关学者业已开展的县（区）政府信息公开的评估指标拟定以及他们所贡献的测评思路，结合县级政府实际工作的特点，制定出用于对陕西省政府信息公开制度运行状况进行测评的较为全面的"陕西省政府门户网站信息公开运行状况测评指标体系"。

首先，该指标体系注重指标配备的全面性，基本涵盖了《政府信息公开条例》和《陕西省政府信息公开规定》以及一般网站绩效评估中对县级政府信息公开内容和专栏建设的要求。其次，该指标体系还考虑到依不同信息种类在当下的重要性分配不同比重分值、政府信息公开的服务性和实效性等问题。在指标的设置上不仅突出对一些传统政府信息公开指标的考察，如政府信息公开指南、目录、规定、依申请公开等内容，而且有一些过去通常不为人们所重视的指标，如政策法规文件的解读、重点领域、应急管理、监督检查等。另外，在指标分值的设置中，突出本级政府信息公开中对信息时效性和实效性的考察,以社会公众寻求政府信息公开的目的以及从政府所公开信息的真正理解的需求出发,对政府信息公开目录、规定、依申请公开、规划与计划、重点领域、应急管理等内容分配分值相对较多。

该指标体系采用百分制,共设置一级指标 2 个、二级指标 23 个、三级指标 71 个,又对其中的 8 个三级指标共下设四级指标 24 个。同时,对每项指标的分值测评均有相应的评分说明。

二 测评结果的分析

(一)测评总体得分情况

基于前述指标测评体系,我们对陕西省 107 个县级政府的门户网站进行了具体测评。本次测评中得分列前十名的县级城市依次是户县、南郑县、汉台区、富平县、西乡县、城固县、阎良区、扶风县、金台区、岐山县,其中得分最高的是户县政府和南郑县政府,均为 83 分;得分列后十名的依次是:神木县、白水县、平利县、山阳县、定边县、丹凤县、横山县、镇安县、王益区、留坝县,其中得分最低的是留坝县,分数为 11 分。各县政府具体的得分情况如表 1 所示。

表 1 陕西省县级政府门户网站信息公开制度运行状况测评结果及排名(前 50 名)

得分排名	县区名称	所属市(地级)	政府信息公开专栏情况得分	政务信息公开得分	总分
1	户 县	西安市	30	53	83
1	南郑县	汉中市	30	53	83
3	汉台区	汉中市	31	51.5	82.5
4	富平县	渭南市	27	53.5	80.5
4	西乡县	汉中市	30	50.5	80.5
6	城固县	汉中市	30	49.5	79.5
7	阎良区	西安市	26.5	52.5	79
8	扶风县	宝鸡市	27.5	49.5	77

续表

得分排名	县区名称	所属市(地级)	政府信息公开专栏情况得分	政务信息公开得分	总分
9	金台区	宝鸡市	26	50	76
10	岐山县	宝鸡市	29.5	45.5	75
10	兴平市	咸阳市	23.5	51.5	75
12	旬邑县	咸阳市	23	51	74
13	眉 县	宝鸡市	23	50.5	73.5
14	长武县	咸阳市	27	46	73
15	宁强县	汉中市	29	43.5	72.5
15	佛坪县	汉中市	25	47.5	72.5
17	临潼区	西安市	24.5	47	71.5
17	礼泉县	咸阳市	26.5	45	71.5
17	绥德县	榆林市	26	45.5	71.5
20	雁塔区	西安市	29.5	41.5	71
20	彬 县	咸阳市	31	40	71
20	清涧县	榆林市	28	43	71
23	长安区	西安市	25.5	44.5	70
23	韩城市	渭南市	25.5	44.5	70
23	吴起县	延安市	21.5	48.5	70
23	洛南县	商洛市	29	41	70
27	蓝田县	西安市	29.5	40	69.5
27	勉 县	汉中市	24.5	45	69.5
27	镇巴县	汉中市	22	47.5	69.5
30	未央区	西安市	27	42	69
30	永寿县	咸阳市	28	41	69
30	澄城县	渭南市	25	44	69
33	新城区	西安市	28.5	40	68.5
33	陇 县	宝鸡市	20	48.5	68.5
35	志丹县	延安市	22.5	45.5	68
35	略阳县	汉中市	27	41	68
35	宁陕县	安康市	27	41	68
38	洛川县	延安市	18	49.5	67.5
39	府谷县	榆林市	29	38	67
40	秦都区	咸阳市	26.5	40	66.5
40	武功县	咸阳市	23	43.5	66.5
40	黄陵县	延安市	28	38.5	66.5

续表

得分排名	县区名称	所属市（地级）	政府信息公开专栏情况得分	政务信息公开得分	总分
40	汉滨区	安康市	22.5	44	66.5
44	莲湖区	西安市	28.5	37.5	66
44	周至县	西安市	25.5	40.5	66
46	三原县	咸阳市	24.5	41	65.5
46	华阴市	渭南市	23.5	42	65.5
48	碑林区	西安市	26	38.5	64.5
48	麟游县	宝鸡市	21.5	43	64.5
48	大荔县	渭南市	23	41.5	64.5

（二）总体得分情况的分析

1. 政府信息公开整体水平不高

首先，低于平均分的城市数量占全省权重较大。本次测评的结果中，所有城市得分的平均分为60.96分，平均得分率仅为57%，全省只有61个城市高于平均分，另外还有46个城市在平均分以下水平，高于平均分的城市数量与低于平均分的城市数量相比，并不占优势。

其次，各个城市测评得分差别较大。在本次测评得分中列前五名的城市分别是户县、南郑县、汉台区、富平县、西乡县。其中最高的户县和南郑县得83分，而得分最低的是留坝县，仅得11分，相差72分。在测评排名中，得分后5名的城市中，得分最高的丹凤县仅为32.5分，与全省平均分相差28.46分，与全省最高分相差50.5分，十分严重地拉低了全省的整体政府信息公开水平。

2. 县级政府信息公开水平层次差异明显

按照优（80~100分）、良（70~79.5分）、中（50~69.5分）、差（0~49.5分）的得分等级对全省各县的情况进行统计可以发现：测评得分在80~100分的有5个城市，占总数的4.67%；得分在70~79.5分的有21个城市，占总数的19.63%；得分在50~69.5分的有65个城市，占总数的

60.75%；得分在 0～49.5 分的有 16 个城市，占总数的 14.95%。从全省县级政府信息公开测评得分情况层级分布可见：①达到"优"的城市数量仅仅占总数的极小一部分，优势尚不明显。②在"良"一级水平的政府数量共 21 个，这些城市的得分距离"优"一级水平差距最小，也是最有可能将政府信息公开进一步做好、达到全省水平前列的一个层级。③达到"中"一级水平的共 65 个城市，占据全省县级政府总数的 60.75%，证明全省一半多的城市仍然处于中等水平，在这个层次上，也有将近一半的城市处于全省平均分以下。④而得分在 49.5 分以下的城市数量比 80 分以上城市数量多 11 个，说明在全省范围内，基层政府信息公开工作仍然存在相当严重的"收尾性"，需要进一步对政府信息公开工作做得相对较差的县级政府进行必要的督促和监督。

"优"一层级的政府所得的平均分为 81.9 分，"良"一层级的政府所得的平均分为 73.07 分，"中"一层级的政府所得的平均分为 61.22 分，"差"一层级的政府所得的平均分为 37.5 分。可以看出，陕西省各县政府信息公开水平和信息公开能力参差不齐，县级网站政府信息公开水平存在着十分明显的层次差异。

3. 各地级市政府信息公开制度落实水平差异较大

西安市在此次测评中入围前 50 名的城市数量最多，共计 11 个县级城市，占入围城市总数的 22%，占该市县级城市总数的 85%，入围城市的平均分达到 70.73 分。这表明西安市的整体县级政府信息公开水平较高，也充分反映出西安市下级区政府在全省推进政府信息公开过程中，信息公开主动意识较强，将政府信息公开制度落在了实处。

汉中市是此次测评入围前 50 名城市中平均分最高的城市，达到 75.28 分。入围前 50 名的共计 9 个县级城市，占入围城市总数的 18%，占该市县级城市总数的 82%。这表明汉中市的政府信息公开在全省属于较高水平，该市下辖县级政府的信息公开工作质量较高，政府信息公开工作开展较好，能够达到政府信息公开工作的要求。

咸阳市在此次测评中入围前 50 名的共计 9 个县级城市，占入围城市总数的18%，占该市城市总数的69%，入围城市的平均分达到70.22分。这表明咸阳市下辖的县级政府虽然在全省前50名中的入围城市数量较为可观，但是该市入围城市总数占该市县级政府总数并不多，该市的政府信息公开工作尚有31%的县级政府没有达到信息公开的工作要求。

宝鸡市在此次测评中入围前50名的共计个6县级城市，占入围城市总数的12%，占该市城市总数的12%，入围城市的平均分达到72.42分。通过分析可以看出宝鸡市入围城市的平均分虽然较高，但是该市取得高分的政府数量并不多，政府信息公开的工作需要进一步加强主动意识，提高该市信息公开总体水平。

渭南市在此次测评中入围前50名的共计5个县级城市，占入围城市总数的10%，占该市城市总数的45%，入围城市的平均分达到69.9分。这表明渭南市下辖县级政府信息公开工作存在较大不足。入围全省前50名的县级政府得分仅有69.9分，仅略高于此次测评全省平均分。另外，入围城市数量仅为该市县级政府总数的45%，可见该市政府信息公开工作在全市并未得到全面、良好的落实。

延安市在此次测评中入围前50名的共计4个县级城市，占入围城市总数的8%，占该市城市总数的31%。榆林市在此次测评中入围前50名的共计3个县级城市，占入围城市总数的6%，占该市城市总数的25%。安康市在此次测评中入围前50名的共计2个县级城市，占入围城市总数的4%，占该市城市总数的20%。商洛市在此次测评中入围前50名的共计1个县级城市，占入围城市总数的2%，占该市城市总数的14%。综上可见，延安市、榆林市、安康市、商洛市在县级政府门户网站信息公开工作中存在严重的不足。四市入围城市的平均分仅稍高于此次测评的全省平均分，在分值上并不占优势。另外，四市入围全省前50名的城市数量仅占其市县级政府总数的极小比例，说明四市在县级政府信息公开工作中并未取得较好的绩效。四市县级政府信息公开整体水平较差。

铜川市政府没有县级政府入围测评结果的前50名，该市得分最高的县级政府宜君县仅得分56.5分，距全省平均分4.46分，居全省第76名。表明该市在县级政府信息公开工作中存在严重不足，门户网站整体信息公开水平较低，还存在很大的努力空间。

（三）详细调查情况的分析

1. 政府信息公开专栏的信息细化整合和更新速度亟待改善

通过测评发现，全省县级政府绝大部分通过网站提供了政府信息公开指南、政府信息公开目录、政府信息公开年报以及依申请公开功能，在政府信息公开首页均设置链接，方便群众查找，政府信息公开的专栏基本建立。

（1）政府信息公开指南指标项中，全省仅有灞桥区、乾县、留坝县、横山县、镇安县因为指南中未包含政府信息的分类、编排体系、获取方式和信息公开工作机构相关信息而得了0分。

（2）政府信息公开目录指标项中，有部分政府并未对政府信息进行分类整合，制作政府信息公开目录，如千阳县、留坝县、横山县、镇安县。有的仅仅制作了本级政府信息公开目录，而没有制作本级政府各部门信息公开目录，如宝塔区政府，其网站下级政府信息公开目录界面显示"对不起该部门暂无公开目录或者公开信息"。还有的将本级政府各部门信息公开放置于本级政府信息中进行公开。有的虽然设置了本级政府信息公开目录，但并未对下辖政府信息公开进行目录设置。本级政府各部门信息公开目录和下辖政府信息公开目录的缺失表明该县政府信息分类整合尚有不足，而其目录的缺失也严重影响着本级政府信息公开工作的细化。

（3）政府信息公开规定指标项中，部分政府仅仅公开了上级政府信息公开规定，有的仅仅公开了《政府信息公开条例》或者《陕西省政府信息公开规定》，也存在部分政府缺失政府信息公开规定，如王益区、淳化县、大荔县、白水县、富平县、留坝县、横山县、定边县、吴堡县、子洲县、镇安县。全省仅有16个县级政府同时公开了上级政府信息公开规定和本级政府信息公开规定，占全省县级政府总数的15%。

（4）政府信息公开年报指标中，一部分政府存在没有及时、完整地公开年报的情况，其中王益区、千阳县、秦都区、大荔县、澄城县、白水县、华阴市、留坝县、榆阳区、神木县、横山县、定边县、吴堡县、子洲县、岚皋县、镇坪县、镇安县17个县级政府因年报缺失或者没有及时公开年报且公开年报信息不完整而得了0分。

（5）依申请公开指标测评中，绝大多数的政府均设置了公开渠道栏目，提供了在线受理服务，仅有凤县、留坝县、横山县、商州区、镇安县未提供该服务。但是还有不少政府对依申请公开的程序规定、收费标准、办理时限没有进行公开。此项指标测评中共有7个政府获得满分，分别是彬县、汉台区、蓝田县、新城区、长武县、子洲县、渭滨区。

2. 政务信息公开测评指标得分情况分析

（1）政策、法规文件及解读欠缺。通过测评发现，共有106个县级政府建立专栏发布政策、法规文件，占全省县级政府总数的99%，说明全省各县在有关政府信息公开内容的相关政策、法规文件上均保持积极姿态，取得了较好的绩效。全省共有56个县级政府对其所公开的政策法规文件进行了分类整合，通过对政策、法规文件的分类整合，所公开的政策和法规文件更具有条理性，而不是政策、法规简单堆砌。事实上从106到56出现的巨大落差，其中就是由于部分政府没有对相关政策、法规进行分类整理，而只是简单列出。对政策、法规文件进行解读的政府仅有34个，占全省的32%，可见大部分政府都没有对其所公开的政策法规进行解读。建立专栏发布政策法规文件，对相关政策法规文件进行整合且同时对政策、法规文件进行解读的政府共有28个，仅占全省县级政府总数的26%。可见还有部分政府十分重视对政策法规的解读，但就全省整体而言，对相关政策、法规文件解读仍存在着较大的缺失。

（2）重大项目建设与重点领域信息方面专栏建设、信息发布情况较差，信息更新慢，信息数量少。在重大项目建设方面，有8个县级政府未建立专栏发布重大建设信息，分别是王益区、麟游县、潼关县、华阴市、富县、洋县、紫阳县、丹凤县。虽然有99个县级政府建立了重大项目建设信息专栏，但是通过专栏对重大项目批准信息进行公布、对重大项目进展信息进行公布的仅有43个县级政府，仅仅占全省县级政府总数的40%，重大项目建设专栏内的信息并未充实,该专栏的功能并未实际发挥。在测评中发现,不少县级政府虽然建立了重大项目建设信息专栏,但是专栏内没有信息,有的专栏内仅有数条信息,且更新慢,最近的一条信息的更新时间为2010年。

重点领域信息专栏建设方面,建立专栏完整发布扶贫政策、措施和实施情况信息的只有18个县级政府,占总数的17%,还有83%的县级政府没有建立专栏或者对扶贫政策、措施和实施情况信息发布不完整。建立专栏完整发布教育政策、措施和实施情况信息的有35个县级政府,占总数的33%,剩有67%的县级政府往往集中于没有完整发布教育政策、措施和实施情况信息,大部分的政府往往只公布了其中两项信息。建立专栏完整发布医疗政策、措施和实施情况信息的只有29个县级政府,占总数的27%,还有78个县级政府没有建立专栏或者对医疗政策、措施和实施情况信息发布不完整。建立专栏完整发布社会保障政策、措施和实施情况信息的只有40个县级政府,占总数的37%,还有67个县级的政府没有建立专栏或者对社会保障政策、措施和实施情况信息发布不完整。建立专栏完整发布就业政策、措施和实施情况信息的只有27个县级政府,占总数的25%,还有75%的县级政府没有建立专栏或者对就业政策、措施和实施情况信息发布不完整。重点领域信息全部完整公开的仅有9个县级政府,占总数的8%。

(3)应急管理信息公开程度不高,实用性较差。测评发现,全省共有101个县级政府门户网站建立了应急管理信息公开专栏,专栏内公布突发公共事件应急预案的有96个县级政府网站,但是对公共事件预警信息公开的仅有49个县级政府网站,占全省县级政府总数的45.8%,还不到半数。另外,52个县级政府网站在应急管理信息公开专栏对突发公共事件的应对信息进行了公开,仅占全省政府总数的48.6%,同样不到半数。在应急管理信息公开专栏对应急常识信息进行公开的共有63个县级政府网站,占总数的59%。

透过统计数据分析可以看出,全省不少县级政府门户网站都没有通过专栏对公共事件预警信息、公共突发事件应对信息、应急常识信息进行公开,其中很多政府网站的专栏内没有发布相关信息,有的尽管发布了,但是要么更新慢,信息停留在建站时期;要么数量少,寥寥无几。目前,陕西省半数

权威·前沿·原创

社会科学文献出版社

皮书系列

2016年

盘点年度资讯　预测时代前程

社长致辞

我们是图书出版者，更是人文社会科学内容资源供应商；

我们背靠中国社会科学院，面向中国与世界人文社会科学界，坚持为人文社会科学的繁荣与发展服务；

我们精心打造权威信息资源整合平台，坚持为中国经济与社会的繁荣与发展提供决策咨询服务；

我们以读者定位自身，立志让爱书人读到好书，让求知者获得知识；

我们精心编辑、设计每一本好书以形成品牌张力，以优秀的品牌形象服务读者，开拓市场；

我们始终坚持"创社科经典，出传世文献"的经营理念，坚持"权威、前沿、原创"的产品特色；

我们"以人为本"，提倡阳光下创业，员工与企业共享发展之成果；

我们立足于现实，认真对待我们的优势、劣势，我们更着眼于未来，以不断的学习与创新适应不断变化的世界，以不断的努力提升自己的实力；

我们愿与社会各界友好合作，共享人文社会科学发展之成果，共同推动中国学术出版乃至内容产业的繁荣与发展。

社会科学文献出版社社长
中国社会学会秘书长

2016 年 1 月

社会科学文献出版社
SOCIAL SCIENCES ACADEMIC PRESS (CHINA)

社会科学文献出版社成立于1985年，是直属于中国社会科学院的人文社会科学专业学术出版机构。

成立以来，特别是1998年实施第二次创业以来，依托于中国社会科学院丰厚的学术出版和专家学者两大资源，坚持"创社科经典，出传世文献"的出版理念和"权威、前沿、原创"的产品定位，社科文献立足内涵式发展道路，从战略层面推动学术出版五大能力建设，逐步走上了智库产品与专业学术成果系列化、规模化、数字化、国际化、市场化发展的经营道路。

先后策划出版了著名的图书品牌和学术品牌"皮书"系列、"列国志"、"社科文献精品译库"、"全球化译丛"、"全面深化改革研究书系"、"近世中国"、"甲骨文"、"中国史话"等一大批既有学术影响又有市场价值的系列图书，形成了较强的学术出版能力和资源整合能力。2015年社科文献出版社发稿5.5亿字，出版图书约2000种，承印发行中国社科院院属期刊74种，在多项指标上都实现了较大幅度的增长。

凭借着雄厚的出版资源整合能力，社科文献出版社长期以来一直致力于从内容资源和数字平台两个方面实现传统出版的再造，并先后推出了皮书数据库、列国志数据库、"一带一路"数据库、中国田野调查数据库、台湾大陆同乡会数据库等一系列数字产品。数字出版已经初步形成了产品设计、内容开发、编辑标引、产品运营、技术支持、营销推广等全流程体系。

在国内原创著作、国外名家经典著作大量出版，数字出版突飞猛进的同时，社科文献出版社从构建国际话语体系的角度推动学术出版国际化。先后与斯普林格、博睿、牛津、剑桥等十余家国际出版机构合作面向海外推出了"皮书系列""改革开放30年研究书系""中国梦与中国发展道路研究丛书""全面深化改革研究书系"等一系列在世界范围内引起强烈反响的作品；并持续致力于中国学术出版走出去，组织学者和编辑参加国际书展，筹办国际性学术研讨会，向世界展示中国学者的学术水平和研究成果。

此外，社科文献出版社充分利用网络媒体平台，积极与中央和地方各类媒体合作，并联合大型书店、学术书店、机场书店、网络书店、图书馆，逐步构建起了强大的学术图书内容传播平台。学术图书的媒体曝光率居全国之首，图书馆藏率居于全国出版机构前十位。

上述诸多成绩的取得，有赖于一支以年轻的博士、硕士为主体，一批从中国社科院刚退出科研一线的各学科专家为支撑的300多位高素质的编辑、出版和营销队伍，为我们实现学术立社，以学术品位、学术价值来实现经济效益和社会效益这样一个目标的共同努力。

作为已经开启第三次创业梦想的人文社会科学学术出版机构，我们将以改革发展为动力，以学术资源建设为中心，以构建智慧型出版社为主线，以"整合、专业、分类、协同、持续"为各项工作指导原则，全力推进出版社数字化转型，坚定不移地走专业化、数字化、国际化发展道路，全面提升出版社核心竞争力，为实现"社科文献梦"奠定坚实基础。

经济类

皮书系列 重点推荐

经 济 类

经济类皮书涵盖宏观经济、城市经济、大区域经济，
提供权威、前沿的分析与预测

经济蓝皮书
2016年中国经济形势分析与预测

李 扬 / 主编　　2015年12月出版　　定价:79.00元

◆ 本书为总理基金项目，由著名经济学家李扬领衔，联合中国社会科学院等数十家科研机构、国家部委和高等院校的专家共同撰写，系统分析了2015年的中国经济形势并预测2016年我国经济运行情况。

世界经济黄皮书
2016年世界经济形势分析与预测

王洛林　张宇燕 / 主编　　2015年12月出版　　定价:79.00元

◆ 本书由中国社会科学院世界经济与政治研究所的研究团队撰写，2015年世界经济增长继续放缓，增长格局也继续分化，发达经济体与新兴经济体之间的增长差距进一步收窄。2016年世界经济增长形势不容乐观。

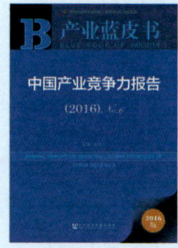

产业蓝皮书
中国产业竞争力报告（2016）NO.6

张其仔 / 主编　　2016年12月出版　　估价:98.00元

◆ 本书由中国社会科学院工业经济研究所研究团队在深入实际、调查研究的基础上完成。通过运用丰富的数据资料和最新的测评指标，从学术性、系统性、预测性上分析了2015年中国产业竞争力，并对未来发展趋势进行了预测。

皮书系列 重点推荐 经济类

G20国家创新竞争力黄皮书

二十国集团（G20）国家创新竞争力发展报告（2016）

李建平　李闽榕　赵新力 / 主编　　2016年11月出版　　估价:138.00元

◆ 本报告在充分借鉴国内外研究者的相关研究成果的基础上，紧密跟踪技术经济学、竞争力经济学、计量经济学等学科的最新研究动态，深入分析G20国家创新竞争力的发展水平、变化特征、内在动因及未来趋势，同时构建了G20国家创新竞争力指标体系及数学模型。

国际城市蓝皮书

国际城市发展报告（2016）

屠启宇 / 主编　　2016年1月出版　　估价:79.00元

◆ 本书作者以上海社会科学院从事国际城市研究的学者团队为核心，汇集同济大学、华东师范大学、复旦大学、上海交通大学、南京大学、浙江大学相关城市研究专业学者。立足动态跟踪介绍国际城市发展实践中，最新出现的重大战略、重大理念、重大项目、重大报告和最佳案例。

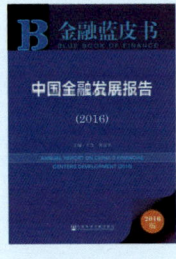

金融蓝皮书

中国金融发展报告（2016）

李扬　王国刚 / 主编　　2015年12月出版　　定价:79.00元

◆ 本书由中国社会科学院金融研究所组织编写，概括和分析了2015年中国金融发展和运行中的各方面情况，研讨和评论了2015年发生的主要金融事件。本书由业内专家和青年精英联合编著，有利于读者了解掌握2015年中国的金融状况，把握2016年中国金融的走势。

农村绿皮书

中国农村经济形势分析与预测（2015~2016）

中国社会科学院农村发展研究所　国家统计局农村社会经济调查司 / 著
2016年4月出版　　估价:69.00元

◆ 本书描述了2015年中国农业农村经济发展的一些主要指标和变化，以及对2016年中国农业农村经济形势的一些展望和预测。

经济类　皮书系列 重点推荐

西部蓝皮书
中国西部发展报告（2016）

姚慧琴　徐璋勇/主编　　2016年7月出版　　估价：89.00元

◆ 本书由西北大学中国西部经济发展研究中心主编，汇集了源自西部本土以及国内研究西部问题的权威专家的第一手资料，对国家实施西部大开发战略进行年度动态跟踪，并对2016年西部经济、社会发展态势进行预测和展望。

民营经济蓝皮书
中国民营经济发展报告 No.12（2015~2016）

王钦敏/主编　　2016年1月出版　　估价：75.00元

◆ 改革开放以来，民营经济从无到有、从小到大，是最具活力的增长极。本书是中国工商联课题组的研究成果，对2015年度中国民营经济的发展现状、趋势进行了详细的论述，并提出了合理的建议。是广大民营企业进行政策咨询、科学决策和理论创新的重要参考资料，也是理论工作者进行理论研究的重要参考资料。

经济蓝皮书夏季号
中国经济增长报告（2015~2016）

李扬/主编　　2016年8月出版　　估价：69.00元

◆ 中国经济增长报告主要探讨2015~2016年中国经济增长问题，以专业视角解读中国经济增长，力求将其打造成一个研究中国经济增长、服务宏微观各级决策的周期性、权威性读物。

中三角蓝皮书
长江中游城市群发展报告（2016）

秦尊文/主编　　2016年10月出版　　估价：69.00元

◆ 本书是湘鄂赣皖四省专家学者共同研究的成果，从不同角度、不同方位记录和研究长江中游城市群一体化，提出对策措施，以期为将"中三角"打造成为继珠三角、长三角、京津冀之后中国经济增长第四极奉献学术界的聪明才智。

皮书系列 重点推荐　社会政法类

社会政法类

社会政法类皮书聚焦社会发展领域的热点、难点问题，提供权威、原创的资讯与视点

社会蓝皮书

2016年中国社会形势分析与预测

李培林　陈光金　张翼/主编　2015年12月出版　定价:79.00元

◆ 本书由中国社会科学院社会学研究所组织研究机构专家、高校学者和政府研究人员撰写，聚焦当下社会热点，对2015年中国社会发展的各个方面内容进行了权威解读，同时对2016年社会形势发展趋势进行了预测。

法治蓝皮书

中国法治发展报告 No.14（2016）

李　林　田　禾/主编　2016年3月出版　估价:105.00元

◆ 本年度法治蓝皮书回顾总结了2015年度中国法治发展取得的成就和存在的不足，并对2016年中国法治发展形势进行了预测和展望。

反腐倡廉蓝皮书

中国反腐倡廉建设报告 No.6

李秋芳　张英伟/主编　2017年1月出版　估价:79.00元

◆ 本书抓住了若干社会热点和焦点问题，全面反映了新时期新阶段中国反腐倡廉面对的严峻局面，以及中国共产党反腐倡廉建设的新实践新成果。根据实地调研、问卷调查和舆情分析，梳理了当下社会普遍关注的与反腐败密切相关的热点问题。

社会政法类　　皮书系列 重点推荐

生态城市绿皮书
中国生态城市建设发展报告（2016）

刘举科　孙伟平　胡文臻 / 主编　2016年6月出版　估价：98.00元

◆ 报告以绿色发展、循环经济、低碳生活、民生宜居为理念，以更新民众观念、提供决策咨询、指导工程实践、引领绿色发展为宗旨，试图探索一条具有中国特色的城市生态文明建设新路。

公共服务蓝皮书
中国城市基本公共服务力评价（2016）

钟　君　吴正杲 / 主编　2016年12月出版　估价：79.00元

◆ 中国社会科学院经济与社会建设研究室与华图政信调查组成联合课题组，从2010年开始对基本公共服务力进行研究，研创了基本公共服务力评价指标体系，为政府考核公共服务与社会管理工作提供了理论工具。

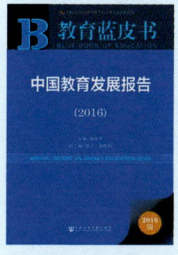

教育蓝皮书
中国教育发展报告（2016）

杨东平 / 主编　2016年5月出版　估价：79.00元

◆ 本书由国内的中青年教育专家合作研究撰写。深度剖析2015年中国教育的热点话题，并对当下中国教育中出现的问题提出对策建议。

生态文明绿皮书
中国省域生态文明建设评价报告（ECI 2016）

严耕 / 主编　2016年12月出版　估价：85.00元

◆ 本书基于国家最新发布的权威数据，对我国的生态文明建设状况进行科学评价，并开展相应的深度分析，结合中央的政策方针和各省的具体情况，为生态文明建设推进，提出针对性的政策建议。

行业报告类

行业报告类皮书立足重点行业、新兴行业领域，
提供及时、前瞻的数据与信息

房地产蓝皮书
中国房地产发展报告 No.13（2016）

魏后凯　李景国 / 主编　　2016 年 5 月出版　　估价：79.00 元

◆ 蓝皮书秉承客观公正、科学中立的宗旨和原则，追踪 2015 年我国房地产市场最新资讯，深度分析，剖析因果，谋划对策，并对 2016 年房地产发展趋势进行了展望。

旅游绿皮书
2015～2016 年中国旅游发展分析与预测

宋　瑞 / 主编　　2016 年 1 出版　　估价：98.00 元

◆ 本书中国社会科学院旅游研究中心组织相关专家编写的年度研究报告，对 2015 年旅游行业的热点问题进行了全面的综述并提出专业性建议，并对 2016 年中国旅游的发展趋势进行展望。

互联网金融蓝皮书
中国互联网金融发展报告（2016）

李东荣 / 主编　　2016 年 8 月出版　　估价：79.00 元

◆ 近年来，许多基于互联网的金融服务模式应运而生并对传统金融业产生了深刻的影响和巨大的冲击，"互联网金融"成为社会各界关注的焦点。本书探析了 2015 年互联网金融的特点和 2016 年互联网金融的发展方向和亮点。

行业报告类　　皮书系列 重点推荐

资产管理蓝皮书
中国资产管理行业发展报告（2016）

智信资产管理研究院 / 编著　　2016 年 6 月出版　　估价 :89.00 元

◆ 中国资产管理行业刚刚兴起，未来将中国金融市场最有看点的行业，也会成为快速发展壮大的行业。本书主要分析了 2015 年度资产管理行业的发展情况，同时对资产管理行业的未来发展做出科学的预测。

老龄蓝皮书
中国老龄产业发展报告（2016）

吴玉韶　党俊武 / 编著
2016 年 9 月出版　　估价 :79.00 元

◆ 本书着眼于对中国老龄产业的发展给予系统介绍，深入解析，并对未来发展趋势进行预测和展望，力求从不同视角、不同层面全面剖析中国老龄产业发展的现状、取得的成绩、存在的问题以及重点、难点等。

金融蓝皮书
中国金融中心发展报告（2016）

王　力　黄育华 / 编著　　2017 年 11 月出版　　估价 :75.00 元

◆ 本报告将提升中国金融中心城市的金融竞争力作为研究主线，全面、系统、连续地反映和研究中国金融中心城市发展和改革的最新进展，展示金融中心理论研究的最新成果。

流通蓝皮书
中国商业发展报告（2016）

荆林波 / 编著　　2016 年 5 月出版　　估价 :89.00 元

◆ 本书是中国社会科学院财经院与利丰研究中心合作的成果，从关注中国宏观经济出发，突出了中国流通业的宏观背景，详细分析了批发业、零售业、物流业、餐饮产业与电子商务等产业发展状况。

国别与地区类

国别与地区类皮书关注全球重点国家与地区，提供全面、独特的解读与研究

美国蓝皮书
美国研究报告（2016）

黄平　郑秉文/主编　2016年7月出版　估价:89.00元

◆ 本书是由中国社会科学院美国所主持完成的研究成果，它回顾了美国2015年的经济、政治形势与外交战略，对2016年以来美国内政外交发生的重大事件以及重要政策进行了较为全面的回顾和梳理。

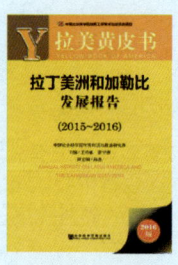

拉美黄皮书
拉丁美洲和加勒比发展报告（2015~2016）

吴白乙/主编　2016年5月出版　估价:89.00元

◆ 本书对2015年拉丁美洲和加勒比地区诸国的政治、经济、社会、外交等方面的发展情况做了系统介绍，对该地区相关国家的热点及焦点问题进行了总结和分析，并在此基础上对该地区各国2016年的发展前景做出预测。

日本经济蓝皮书
日本经济与中日经贸关系研究报告（2016）

王洛林　张季风/编著　2016年5月出版　估价:79.00元

◆ 本书系统、详细地介绍了2015年日本经济以及中日经贸关系发展情况，在进行了大量数据分析的基础上，对2016年日本经济以及中日经贸关系的大致发展趋势进行了分析与预测。

国别与地区类

皮书系列
重点推荐

俄罗斯黄皮书
俄罗斯发展报告（2016）
李永全 / 编著　2016 年 7 月出版　估价：79.00 元

◆ 本书系统介绍了 2015 年俄罗斯经济政治情况，并对 2015 年该地区发生的焦点、热点问题进行了分析与回顾；在此基础上，对该地区 2016 年的发展前景进行了预测。

国际形势黄皮书
全球政治与安全报告（2016）
李慎明　张宇燕 / 主编　2015 年 12 月出版　定价：69.00 元

◆ 本书旨在对本年度全球政治及安全形势的总体情况、热点问题及变化趋势进行回顾与分析，并提出一定的预测及对策建议。作者通过事实梳理、数据分析、政策分析等途径，阐释了本年度国际关系及全球安全形势的基本特点，并在此基础上提出了具有启示意义的前瞻性结论。

德国蓝皮书
德国发展报告（2016）
郑春荣　伍慧萍 / 主编　2016 年 6 月出版　估价：69.00 元

◆ 本报告由同济大学德国研究所组织编撰，由该领域的专家学者对德国的政治、经济、社会文化、外交等方面的形势发展情况，进行全面的阐述与分析。

中欧关系蓝皮书
中欧关系研究报告（2016）
周弘 / 编著　2016 年 12 月出版　估价：98.00 元

◆ 本书由欧洲所暨欧洲学会推出，旨在分析、评估和预测年度中欧关系发展态势。本报告的作者均为欧洲方面的专家，他们对欧洲与中国在各个领域的发展情况进行了深入地分析和研究，对读者了解和把握中欧关系是非常有益的参考。

地方发展类

地方发展类

地方发展类皮书关注中国各省份、经济区域，提供科学、多元的预判与资政信息

北京蓝皮书

北京公共服务发展报告（2015~2016）

施昌奎/主编　2016年1月出版　估价：69.00元

◆ 本书是由北京市政府职能部门的领导、首都著名高校的教授、知名研究机构的专家共同完成的关于北京市公共服务发展与创新的研究成果。

河南蓝皮书

河南经济发展报告（2016）

河南省社会科学院/编著　2016年12月出版　估价:79.00元

◆ 本书以国内外经济发展环境和走向为背景，主要分析当前河南经济形势，预测未来发展趋势，全面反映河南经济发展的最新动态、热点和问题，为地方经济发展和领导决策提供参考。

京津冀蓝皮书

京津冀发展报告（2016）

文　魁　祝尔娟/编著　2016年4月出版　估价:89.00元

◆ 京津冀协同发展作为重大的国家战略，已进入顶层设计、制度创新和全面推进的新阶段。本书以问题为导向，围绕京津冀发展中的重要领域和重大问题，研究如何推进京津冀协同发展。

 文化传媒类 皮书系列 重点推荐

文 化 传 媒 类

文化传媒类皮书透视文化领域、文化产业，
探索文化大繁荣、大发展的路径

新媒体蓝皮书

中国新媒体发展报告 No.7（2016）

唐绪军 / 主编　　2016 年 6 月出版　　估价：79.00 元

◆ 本书是由中国社会科学院新闻与传播研究所组织编写的关于新媒体发展的最新年度报告，旨在全面分析中国新媒体的发展现状，解读新媒体的发展趋势，探析新媒体的深刻影响。

移动互联网蓝皮书

中国移动互联网发展报告（2016）

官建文 / 编著　　2016 年 6 月出版　　估价：79.00 元

◆ 本书着眼于对中国移动互联网 2015 年度的发展情况做深入解析，对未来发展趋势进行预测，力求从不同视角、不同层面全面剖析中国移动互联网发展的现状、年度突破以及热点趋势等。

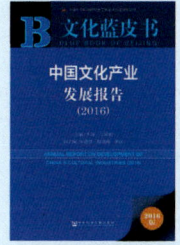

文化蓝皮书

中国文化产业发展报告（2016）

张晓明　王家新　章建刚 / 主编　　2016 年 4 月出版　　估价：79.00 元

◆ 本书由中国社会科学院文化研究中心编写。从 2012 年开始，中国社会科学院文化研究中心设立了国内首个文化产业的研究类专项资金——"文化产业重大课题研究计划"，开始在全国范围内组织多学科专家学者对我国文化产业发展重大战略问题进行联合攻关研究。本书集中反映了该计划的研究成果。

经济类

G20国家创新竞争力黄皮书
二十国集团（G20）国家创新竞争力发展报告（2016）
著(编)者：李建平 李闽榕 赵新力
2016年11月出版 / 估价：138.00元

产业蓝皮书
中国产业竞争力报告（2016）NO.6
著(编)者：张其仔 2016年12月出版 / 估价：98.00元

城市创新蓝皮书
中国城市创新报告（2016）
著(编)者：周天勇 旷建伟 2016年8月出版 / 估价：69.00元

城市蓝皮书
中国城市发展报告 NO.9
著(编)者：潘家华 魏后凯 2016年9月出版 / 估价：69.00元

城市群蓝皮书
中国城市群发展指数报告（2016）
著(编)者：刘士林 刘新静 2016年10月出版 / 估价：69.00元

城乡一体化蓝皮书
中国城乡一体化发展报告（2015~2016）
著(编)者：汝信 付崇兰 2016年7月出版 / 估价：85.00元

城镇化蓝皮书
中国新型城镇化健康发展报告（2016）
著(编)者：张占斌 2016年5月出版 / 估价：79.00元

创新蓝皮书
创新型国家建设报告（2015~2016）
著(编)者：詹正茂 2016年11月出版 / 估价：69.00元

低碳发展蓝皮书
中国低碳发展报告（2016）
著(编)者：齐晔 2016年3月出版 / 估价：89.00元

低碳经济蓝皮书
中国低碳经济发展报告（2016）
著(编)者：薛进军 赵忠秀 2016年6月出版 / 估价：85.00元

东北蓝皮书
中国东北地区发展报告（2016）
著(编)者：马克 黄文艺 2016年8月出版 / 估价：79.00元

工业化蓝皮书
中国工业化进程报告（2016）
著(编)者：黄群慧 吕铁 李晓华 等
2016年11月出版 / 估价：89.00元

管理蓝皮书
中国管理发展报告（2016）
著(编)者：张晓东 2016年9月出版 / 估价：98.00元

国际城市蓝皮书
国际城市发展报告（2016）
著(编)者：屠启宇 2016年1月出版 / 估价：79.00元

国家创新蓝皮书
中国创新发展报告（2016）
著(编)者：陈劲 2016年9月出版 / 估价：69.00元

金融蓝皮书
中国金融发展报告（2016）
著(编)者：李扬 王国刚 2015年12月出版 / 定价：79.00元

京津冀产业蓝皮书
京津冀产业协同发展报告（2016）
著(编)者：中智科博（北京）产业经济发展研究院
2016年6月出版 / 估价：69.00元

京津冀蓝皮书
京津冀发展报告（2016）
著(编)者：文魁 祝尔娟 2016年4月出版 / 估价：89.00元

经济蓝皮书
2016年中国经济形势分析与预测
著(编)者：李扬 2015年12月出版 / 定价：79.00元

经济蓝皮书·春季号
2016年中国经济前景分析
著(编)者：李扬 2016年5月出版 / 估价：79.00元

经济蓝皮书·夏季号
中国经济增长报告（2015~2016）
著(编)者：李扬 2016年8月出版 / 估价：99.00元

经济信息绿皮书
中国与世界经济发展报告（2016）
著(编)者：杜平 2015年12月出版 / 定价：89.00元

就业蓝皮书
2016年中国本科生就业报告
著(编)者：麦可思研究院 2016年6月出版 / 估价：98.00元

就业蓝皮书
2016年中国高职高专生就业报告
著(编)者：麦可思研究院 2016年6月出版 / 估价：98.00元

临空经济蓝皮书
中国临空经济发展报告（2016）
著(编)者：连玉明 2016年11月出版 / 估价：79.00元

民营经济蓝皮书
中国民营经济发展报告 NO.12（2015~2016）
著(编)者：王钦敏 2016年1月出版 / 估价：75.00元

农村绿皮书
中国农村经济形势分析与预测（2015~2016）
著(编)者：中国社会科学院农村发展研究所
国家统计局农村社会经济调查司
2016年4月出版 / 估价：69.00元

农业应对气候变化蓝皮书
气候变化对中国农业影响评估报告 No.2
著(编)者：矫梅燕 2016年8月出版 / 估价：98.00元

企业公民蓝皮书
中国企业公民报告 NO.4
著(编)者:邹东涛　2016年1月出版 / 估价:79.00元

气候变化绿皮书
应对气候变化报告（2016）
著(编)者:王伟光　郑国光　2016年11月出版 / 估价:98.00元

区域蓝皮书
中国区域经济发展报告（2015～2016）
著(编)者:梁昊光　2016年5月出版 / 估价:79.00元

全球环境竞争力绿皮书
全球环境竞争力报告（2016）
著(编)者:李建平　李闽榕　王金南
2016年12月出版 / 估价:198.00元

人口与劳动绿皮书
中国人口与劳动问题报告 NO.17
著(编)者:蔡昉　张车伟　2016年11月出版 / 估价:69.00元

商务中心区蓝皮书
中国商务中心区发展报告 NO.2（2016）
著(编)者:魏后凯　李国红　2016年1月出版 / 估价:89.00元

世界经济黄皮书
2016年世界经济形势分析与预测
著(编)者:王洛林　张宇燕　2015年12月出版 / 定价:79.00元

世界旅游城市绿皮书
世界旅游城市发展报告（2016）
著(编)者:鲁勇　周正宇　宋宇　2016年6月出版 / 估价:88.00元

西北蓝皮书
中国西北发展报告（2016）
著(编)者:孙发平　苏海红　鲁顺元
2015年12月出版 / 估价:79.00元

西部蓝皮书
中国西部发展报告（2016）
著(编)者:姚慧琴　徐璋勇　2016年7月出版 / 估价:89.00元

县域发展蓝皮书
中国县域经济增长能力评估报告（2016）
著(编)者:王力　2016年10月出版 / 估价:69.00元

新型城镇化蓝皮书
新型城镇化发展报告（2016）
著(编)者:李伟　宋敏　沈体雁　2016年11月出版 / 估价:98.00元

新兴经济体蓝皮书
金砖国家发展报告（2016）
著(编)者:林跃勤　周文　2016年7月出版 / 估价:79.00元

长三角蓝皮书
2016年全面深化改革中的长三角
著(编)者:张伟斌　2016年10月出版 / 估价:69.00元

中部竞争力蓝皮书
中国中部经济社会竞争力报告（2016）
著(编)者:教育部人文社会科学重点研究基地
　　　　南昌大学中国中部经济社会发展研究中心
2016年10月出版 / 估价:79.00元

中部蓝皮书
中国中部地区发展报告（2016）
著(编)者:宋亚平　2016年12月出版 / 估价:78.00元

中国省域竞争力蓝皮书
中国省域经济综合竞争力发展报告（2015～2016）
著(编)者:李建平　李闽榕　高燕京
2016年2月出版 / 估价:198.00元

中三角蓝皮书
长江中游城市群发展报告（2016）
著(编)者:秦尊文　2016年10月出版 / 估价:69.00元

中小城市绿皮书
中国中小城市发展报告（2016）
著(编)者:中国城市经济学会中小城市经济发展委员会
　　　　中国城镇化促进会中小城市发展委员会
　　　　《中国中小城市发展报告》编纂委员会
　　　　中小城市发展战略研究院
2016年10月出版 / 估价:98.00元

中原蓝皮书
中原经济区发展报告（2016）
著(编)者:李英杰　2016年6月出版 / 估价:88.00元

自贸区蓝皮书
中国自贸区发展报告（2016）
著(编)者:王力　王吉培　2016年10月出版 / 估价:69.00元

社会政法类

北京蓝皮书
中国社区发展报告（2016）
著(编)者:于燕燕　2017年2月出版 / 估价:79.00元

殡葬绿皮书
中国殡葬事业发展报告（2016）
著(编)者:李伯森　2016年4月出版 / 估价:158.00元

城市管理蓝皮书
中国城市管理报告（2016）
著(编)者:谭维克　刘林　2017年2月出版 / 估价:118.00元

城市生活质量蓝皮书
中国城市生活质量报告（2016）
著(编)者:张连城　张平　杨春学　郎丽华
2016年7月出版 / 估价:89.00元

皮书系列 2016全品种 — 社会政法类

城市政府能力蓝皮书
中国城市政府公共服务能力评估报告（2016）
著(编)者：何艳玲　2016年7月出版 / 估价：69.00元

创新蓝皮书
中国创业环境发展报告（2016）
著(编)者：姚凯　曹祎遐　2016年1月出版 / 估价：69.00元

慈善蓝皮书
中国慈善发展报告（2016）
著(编)者：杨团　2016年6月出版 / 估价：79.00元

地方法治蓝皮书
中国地方法治发展报告 NO.2（2016）
著(编)者：李林　田禾　2016年1月出版 / 估价：98.00元

法治蓝皮书
中国法治发展报告 NO.14（2016）
著(编)者：李林　田禾　2016年3月出版 / 估价：105.00元

反腐倡廉蓝皮书
中国反腐倡廉建设报告 NO.6
著(编)者：李秋芳　张英伟　2017年1月出版 / 估价：79.00元

非传统安全蓝皮书
中国非传统安全研究报告（2015～2016）
著(编)者：余潇枫　魏志江　2016年5月出版 / 估价：79.00元

妇女发展蓝皮书
中国妇女发展报告 NO.6
著(编)者：王金玲　2016年9月出版 / 估价：148.00元

妇女教育蓝皮书
中国妇女教育发展报告 NO.3
著(编)者：张李玺　2016年10月出版 / 估价：78.00元

妇女绿皮书
中国性别平等与妇女发展报告（2016）
著(编)者：谭琳　2016年12月出版 / 估价：99.00元

公共服务蓝皮书
中国城市基本公共服务力评价（2016）
著(编)者：钟君　吴正杲　2016年12月出版 / 估价：79.00元

公共管理蓝皮书
中国公共管理发展报告（2016）
著(编)者：贡森　李国强　杨维富
2016年4月出版 / 估价：69.00元

公共外交蓝皮书
中国公共外交发展报告（2016）
著(编)者：赵启正　雷蔚真　2016年4月出版 / 估价：89.00元

公民科学素质蓝皮书
中国公民科学素质报告（2016）
著(编)者：李群　许佳军　2016年3月出版 / 估价：79.00元

公益蓝皮书
中国公益发展报告（2016）
著(编)者：朱健刚　2016年5月出版 / 估价：78.00元

国际人才蓝皮书
海外华侨华人专业人士报告（2016）
著(编)者：王辉耀　苗绿　2016年8月出版 / 估价：69.00元

国际人才蓝皮书
中国国际移民报告（2016）
著(编)者：王辉耀　2016年2月出版 / 估价：79.00元

国际人才蓝皮书
中国海归发展报告（2016）NO.3
著(编)者：王辉耀　苗绿　2016年10月出版 / 估价：69.00元

国际人才蓝皮书
中国留学发展报告（2016）NO.5
著(编)者：王辉耀　苗绿　2016年10月出版 / 估价：79.00元

国家公园蓝皮书
中国国家公园体制建设报告（2016）
著(编)者：苏杨　张玉钧　石金莲　刘锋　等
2016年10月出版 / 估价：69.00元

海洋社会蓝皮书
中国海洋社会发展报告（2016）
著(编)者：崔凤　宋宁而　2016年7月出版 / 估价：89.00元

行政改革蓝皮书
中国行政体制改革报告（2016）NO.5
著(编)者：魏礼群　2016年4月出版 / 估价：98.00元

华侨华人蓝皮书
华侨华人研究报告（2016）
著(编)者：贾益民　2016年12月出版 / 估价：98.00元

环境竞争力绿皮书
中国省域环境竞争力发展报告（2016）
著(编)者：李建平　李闽榕　王金南
2016年11月出版 / 估价：198.00元

环境绿皮书
中国环境发展报告（2016）
著(编)者：刘鉴强　2016年5月出版 / 估价：79.00元

基金会蓝皮书
中国基金会发展报告（2016）
著(编)者：刘忠祥　2016年4月出版 / 估价：69.00元

基金会绿皮书
中国基金会发展独立研究报告（2016）
著(编)者：基金会中心网　中央民族大学基金会研究中心
2016年6月出版 / 估价：88.00元

基金会透明度蓝皮书
中国基金会透明度发展研究报告（2016）
著(编)者：基金会中心网　清华大学廉政与治理研究中心
2016年9月出版 / 估价：85.00元

教师蓝皮书
中国中小学教师发展报告（2016）
著(编)者：曾晓东　鱼霞　2016年6月出版 / 估价：69.00元

社会政法类 | 皮书系列 2016全品种

教育蓝皮书
中国教育发展报告（2016）
著(编)者：杨东平　2016年5月出版 / 估价：79.00元

科普蓝皮书
中国科普基础设施发展报告（2016）
著(编)者：任福君　2016年6月出版 / 估价：69.00元

科学教育蓝皮书
中国科学教育发展报告（2016）
著(编)者：罗晖　王康友　2016年10月出版 / 估价：79.00元

劳动保障蓝皮书
中国劳动保障发展报告（2016）
著(编)者：刘燕斌　2016年8月出版 / 估价：158.00元

连片特困区蓝皮书
中国连片特困区发展报告（2016）
著(编)者：游俊　冷志明　丁建军
2016年3月出版 / 估价：98.00元

民间组织蓝皮书
中国民间组织报告（2016）
著(编)者：黄晓勇　2016年12月出版 / 估价：79.00元

民调蓝皮书
中国民生调查报告（2016）
著(编)者：谢耘耕　2016年5月出版 / 估价：128.00元

民族发展蓝皮书
中国民族发展报告（2016）
著(编)者：郝时远　王延中　王希恩
2016年4月出版 / 估价：98.00元

女性生活蓝皮书
中国女性生活状况报告 NO.10（2016）
著(编)者：韩湘景　2016年4月出版 / 估价：79.00元

汽车社会蓝皮书
中国汽车社会发展报告（2016）
著(编)者：王俊秀　2016年1月出版 / 估价：69.00元

青年蓝皮书
中国青年发展报告（2016）NO.4
著(编)者：廉思　等　2016年4月出版 / 估价：69.00元

青少年蓝皮书
中国未成年人互联网运用报告（2016）
著(编)者：李文革　沈杰　季为民
2016年11月出版 / 估价：89.00元

青少年体育蓝皮书
中国青少年体育发展报告（2016）
著(编)者：郭建军　杨桦　2016年9月出版 / 估价：69.00元

区域人才蓝皮书
中国区域人才竞争力报告 NO.2
著(编)者：桂昭明　王辉耀
2016年6月出版 / 估价：69.00元

群众体育蓝皮书
中国群众体育发展报告（2016）
著(编)者：刘国永　杨桦　2016年10月出版 / 估价：69.00元

人才蓝皮书
中国人才发展报告（2016）
著(编)者：潘晨光　2016年9月出版 / 估价：85.00元

人权蓝皮书
中国人权事业发展报告 NO.6（2016）
著(编)者：李君如　2016年9月出版 / 估价：128.00元

社会保障绿皮书
中国社会保障发展报告（2016）NO.8
著(编)者：王延中　2016年4月出版 / 估价：99.00元

社会工作蓝皮书
中国社会工作发展报告（2016）
著(编)者：民政部社会工作研究中心
2016年8月出版 / 估价：79.00元

社会管理蓝皮书
中国社会管理创新报告 NO.4
著(编)者：连玉明　2016年11月出版 / 估价：89.00元

社会蓝皮书
2016年中国社会形势分析与预测
著(编)者：李培林　陈光金　张翼
2015年12月出版 / 定价：79.00元

社会体制蓝皮书
中国社会体制改革报告（2016）NO.4
著(编)者：龚维斌　2016年4月出版 / 估价：79.00元

社会心态蓝皮书
中国社会心态研究报告（2016）
著(编)者：王俊秀　杨宜音　2016年10月出版 / 估价：69.00元

社会组织蓝皮书
中国社会组织评估发展报告（2016）
著(编)者：徐家良　廖鸿　2016年12月出版 / 估价：69.00元

生态城市绿皮书
中国生态城市建设发展报告（2016）
著(编)者：刘举科　孙伟平　胡文臻
2016年9月出版 / 估价：148.00元

生态文明绿皮书
中国省域生态文明建设评价报告（ECI 2016）
著(编)者：严耕　2016年12月出版 / 估价：85.00元

世界社会主义黄皮书
世界社会主义跟踪研究报告（2015~2016）
著(编)者：李慎明　2016年4月出版 / 估价：258.00元

水与发展蓝皮书
中国水风险评估报告（2016）
著(编)者：王浩　2016年9月出版 / 估价：69.00元

17

社会政法类·行业报告类

体育蓝皮书
长三角地区体育产业发展报告（2016）
著（编）者：张林　2016年4月出版　估价：79.00元

体育蓝皮书
中国公共体育服务发展报告（2016）
著（编）者：戴健　2016年12月出版　估价：79.00元

土地整治蓝皮书
中国土地整治发展研究报告 NO.3
著（编）者：国土资源部土地整治中心
2016年5月出版　估价：89.00元

土地政策蓝皮书
中国土地政策发展报告（2016）
著（编）者：高延利　李宪文　唐健
2016年12月出版　估价：69.00元

危机管理蓝皮书
中国危机管理报告（2016）
著（编）者：文学国　范正青　2016年8月出版　估价：89.00元

形象危机应对蓝皮书
形象危机应对研究报告（2016）
著（编）者：唐钧　2016年6月出版　估价：149.00元

医改蓝皮书
中国医药卫生体制改革报告（2016）
著（编）者：文学国　房志武　2016年11月出版　估价：98.00元

医疗卫生绿皮书
中国医疗卫生发展报告 NO.7（2016）
著（编）者：申宝忠　韩玉珍　2016年4月出版　估价：75.00元

政治参与蓝皮书
中国政治参与报告（2016）
著（编）者：房宁　2016年7月出版　估价：108.00元

政治发展蓝皮书
中国政治发展报告（2016）
著（编）者：房宁　杨海蛟　2016年5月出版　估价：88.00元

智慧社区蓝皮书
中国智慧社区发展报告（2016）
著（编）者：罗昌智　张辉德　2016年7月出版　估价：69.00元

中国农村妇女发展蓝皮书
农村流动女性城市生活发展报告（2016）
著（编）者：谢丽华　2016年12月出版　估价：79.00元

宗教蓝皮书
中国宗教报告（2016）
著（编）者：邱永辉　2016年5月出版　估价：79.00元

行业报告类

保健蓝皮书
中国保健服务产业发展报告 NO.2
著（编）者：中国保健协会　中共中央党校
2016年7月出版　估价：198.00元

保健蓝皮书
中国保健食品产业发展报告 NO.2
著（编）者：中国保健协会
　　　　　中国社会科学院食品药品产业发展与监管研究中心
2016年7月出版　估价：198.00元

保健蓝皮书
中国保健用品产业发展报告 NO.2
著（编）者：中国保健协会
　　　　　国务院国有资产监督管理委员会研究中心
2016年2月出版　估价：198.00元

保险蓝皮书
中国保险业创新发展报告（2016）
著（编）者：项俊波　2016年12月出版　估价：69.00元

保险蓝皮书
中国保险业竞争力报告（2016）
著（编）者：项俊波　2015年12月出版　估价：99.00元

采供血蓝皮书
中国采供血管理报告（2016）
著（编）者：朱永明　耿鸿武　2016年8月出版　估价：69.00元

彩票蓝皮书
中国彩票发展报告（2016）
著（编）者：益彩基金　2016年4月出版　估价：98.00元

餐饮产业蓝皮书
中国餐饮产业发展报告（2016）
著（编）者：邢颖　2016年4月出版　估价：69.00元

测绘地理信息蓝皮书
测绘地理信息转型升级研究报告（2016）
著（编）者：库热西·买合苏提　2016年12月出版　估价：98.00元

茶业蓝皮书
中国茶产业发展报告（2016）
著（编）者：杨江帆　李闽榕　2016年10月出版　估价：78.00元

产权市场蓝皮书
中国产权市场发展报告（2015~2016）
著（编）者：曹和平　2016年5月出版　估价：89.00元

产业安全蓝皮书
中国出版传媒产业安全报告（2016）
著（编）者：北京印刷学院文化产业安全研究院
2016年4月出版　估价：69.00元

产业安全蓝皮书
中国文化产业安全报告（2016）
著（编）者：北京印刷学院文化产业安全研究院
2016年4月出版　估价：89.00元

> 行业报告类 皮书系列 2016全品种

产业安全蓝皮书
中国新媒体产业安全报告（2016）
著（编）者：北京印刷学院文化产业安全研究院
2016年5月出版 / 估价：69.00元

大数据蓝皮书
网络空间和大数据发展报告（2016）
著（编）者：杜平 2016年2月出版 / 估价：69.00元

电子商务蓝皮书
中国电子商务服务业发展报告 NO.3
著（编）者：荆林波 梁春晓 2016年5月出版 / 估价：69.00元

电子政务蓝皮书
中国电子政务发展报告（2016）
著（编）者：洪毅 杜平 2016年11月出版 / 估价：79.00元

杜仲产业绿皮书
中国杜仲橡胶资源与产业发展报告（2016）
著（编）者：杜红岩 胡文臻 俞锐
2016年1月出版 / 估价：85.00元

房地产蓝皮书
中国房地产发展报告 NO.13（2016）
著（编）者：魏后凯 李景国 2016年5月出版 / 估价：79.00元

服务外包蓝皮书
中国服务外包产业发展报告（2016）
著（编）者：王晓红 刘德军
2016年6月出版 / 估价：89.00元

服务外包蓝皮书
中国服务外包竞争力报告（2016）
著（编）者：王力 刘春生 黄育华
2016年11月出版 / 估价：85.00元

工业和信息化蓝皮书
世界网络安全发展报告（2016）
著（编）者：洪京一 2016年4月出版 / 估价：69.00元

工业和信息化蓝皮书
世界信息化发展报告（2016）
著（编）者：洪京一 2016年4月出版 / 估价：69.00元

工业和信息化蓝皮书
世界信息技术产业发展报告（2016）
著（编）者：洪京一 2016年4月出版 / 估价：79.00元

工业和信息化蓝皮书
世界制造业发展报告（2016）
著（编）者：洪京一 2016年4月出版 / 估价：69.00元

工业和信息化蓝皮书
移动互联网产业发展报告（2016）
著（编）者：洪京一 2016年4月出版 / 估价：79.00元

工业设计蓝皮书
中国工业设计发展报告（2016）
著（编）者：王晓红 于炜 张立群
2016年9月出版 / 估价：138.00元

互联网金融蓝皮书
中国互联网金融发展报告（2016）
著（编）者：李东荣 2016年8月出版 / 估价：79.00元

会展蓝皮书
中外会展业动态评估年度报告（2016）
著（编）者：张敏 2016年1月出版 / 估价：78.00元

节能汽车蓝皮书
中国节能汽车产业发展报告（2016）
著（编）者：中国汽车工程研究院股份有限公司
2016年12月出版 / 估价：69.00元

金融监管蓝皮书
中国金融监管报告（2016）
著（编）者：胡滨 2016年4月出版 / 估价：89.00元

金融蓝皮书
中国金融中心发展报告（2016）
著（编）者：王力 黄育华 2017年11月出版 / 估价：75.00元

金融蓝皮书
中国商业银行竞争力报告（2016）
著（编）者：王松奇 2016年5月出版 / 估价：69.00元

经济林产业绿皮书
中国经济林产业发展报告（2016）
著（编）者：李芳东 胡文臻 乌云塔娜 杜红岩
2016年12月出版 / 估价：69.00元

客车蓝皮书
中国客车产业发展报告（2016）
著（编）者：姚蔚 2016年2月出版 / 估价：85.00元

老龄蓝皮书
中国老龄产业发展报告（2016）
著（编）者：吴玉韶 党俊武 2016年9月出版 / 估价：79.00元

流通蓝皮书
中国商业发展报告（2016）
著（编）者：荆林波 2016年5月出版 / 估价：89.00元

旅游安全蓝皮书
中国旅游安全报告（2016）
著（编）者：郑向敏 谢朝武 2016年5月出版 / 估价：128.00元

旅游绿皮书
2015～2016年中国旅游发展分析与预测
著（编）者：宋瑞 2016年1月出版 / 估价：98.00元

煤炭蓝皮书
中国煤炭工业发展报告（2016）
著（编）者：岳福斌 2016年12月出版 / 估价：79.00元

民营企业社会责任蓝皮书
中国民营企业社会责任年度报告（2016）
著（编）者：中华全国工商业联合会
2016年7月出版 / 估价：69.00元

皮书系列 2016全品种
行业报告类

民营医院蓝皮书
中国民营医院发展报告（2016）
著(编)者：庄一强　2016年10月出版 / 估价：75.00元

能源蓝皮书
中国能源发展报告（2016）
著(编)者：崔民选 王军生 陈义和
2016年8月出版 / 估价：79.00元

农产品流通蓝皮书
中国农产品流通产业发展报告（2016）
著(编)者：贾敬敦 张东科 张玉玺 张鹏毅 周伟
2016年1月出版 / 估价：89.00元

期货蓝皮书
中国期货市场发展报告(2016)
著(编)者：李异 王在荣　2016年11月出版 / 估价：69.00元

企业公益蓝皮书
中国企业公益研究报告（2016）
著(编)者：钟宏武 汪杰 顾一 黄晓娟 等
2016年12月出版 / 估价：60.00元

企业公众透明度蓝皮书
中国企业公众透明度报告（2016）NO.2
著(编)者：黄速建 王晓光 肖红军
2016年1月出版 / 估价：98.00元

企业国际化蓝皮书
中国企业国际化报告（2016）
著(编)者：王辉耀　2016年11月出版 / 估价：98.00元

企业蓝皮书
中国企业绿色发展报告 NO.2（2016）
著(编)者：李红玉 朱光辉　2016年8月出版 / 估价：79.00元

企业社会责任蓝皮书
中国企业社会责任研究报告（2016）
著(编)者：黄群慧 钟宏武 张蒽 等
2016年11月出版 / 估价：79.00元

企业社会责任能力蓝皮书
中国上市公司社会责任能力成熟度报告（2016）
著(编)者：肖红军 王晓光 李伟阳
2016年11月出版 / 估价：69.00元

汽车安全蓝皮书
中国汽车安全发展报告（2016）
著(编)者：中国汽车技术研究中心
2016年7月出版 / 估价：89.00元

汽车电子商务蓝皮书
中国汽车电子商务发展报告（2016）
著(编)者：中华全国工商业联合会汽车经销商商会
　　　　　北京易观智库网络科技有限公司
2016年5月出版 / 估价：128.00元

汽车工业蓝皮书
中国汽车工业发展年度报告（2016）
著(编)者：中国汽车工业协会 中国汽车技术研究中心
　　　　　丰田汽车（中国）投资有限公司
2016年4月出版 / 估价：128.00元

汽车蓝皮书
中国汽车产业发展报告（2016）
著(编)者：国务院发展研究中心产业经济研究部
　　　　　中国汽车工程学会 大众汽车集团（中国）
2016年8月出版 / 估价：158.00元

清洁能源蓝皮书
国际清洁能源发展报告（2016）
著(编)者：苏树辉 袁国林 李玉崙
2016年11月出版 / 估价：99.00元

人力资源蓝皮书
中国人力资源发展报告（2016）
著(编)者：余兴安　2016年12月出版 / 估价：79.00元

融资租赁蓝皮书
中国融资租赁业发展报告（2015～2016）
著(编)者：李光荣 王力　2016年1月出版 / 估价：89.00元

软件和信息服务业蓝皮书
中国软件和信息服务业发展报告（2016）
著(编)者：洪京一　2016年12月出版 / 估价：198.00元

商会蓝皮书
中国商会发展报告NO.5（2016）
著(编)者：王钦敏　2016年7月出版 / 估价：89.00元

上市公司蓝皮书
中国上市公司社会责任信息披露报告（2016）
著(编)者：张旺 张杨　2016年11月出版 / 估价：69.00元

上市公司蓝皮书
中国上市公司质量评价报告（2015～2016）
著(编)者：张跃文 王力　2016年11月出版 / 估价：118.00元

设计产业蓝皮书
中国设计产业发展报告（2016）
著(编)者：陈冬亮 梁昊光　2016年3月出版 / 估价：89.00元

食品药品蓝皮书
食品药品安全与监管政策研究报告（2016）
著(编)者：唐民皓　2016年7月出版 / 估价：69.00元

世界能源蓝皮书
世界能源发展报告（2016）
著(编)者：黄晓勇　2016年6月出版 / 估价：99.00元

水利风景区蓝皮书
中国水利风景区发展报告（2016）
著(编)者：兰思仁　2016年8月出版 / 估价：69.00元

私募市场蓝皮书
中国私募股权市场发展报告（2016）
著(编)者：曹和平　2016年12月出版 / 估价：79.00元

碳市场蓝皮书
中国碳市场报告（2016）
著(编)者：宁金彪　2016年11月出版 / 估价：69.00元

行业报告类 — 皮书系列 2016全品种

体育蓝皮书
中国体育产业发展报告（2016）
著(编)者：阮伟 钟秉枢　2016年7月出版 / 估价：69.00元

投资蓝皮书
中国投资发展报告（2016）
著(编)者：谢平　2016年4月出版 / 估价：128.00元

土地市场蓝皮书
中国农村土地市场发展报告（2016）
著(编)者：李光荣 高传捷　2016年1月出版 / 估价：69.00元

网络空间安全蓝皮书
中国网络空间安全发展报告（2016）
著(编)者：惠志斌 唐涛　2016年4月出版 / 估价：79.00元

物联网蓝皮书
中国物联网发展报告（2016）
著(编)者：黄桂田 龚六堂 张全升
2016年1月出版 / 估价：69.00元

西部工业蓝皮书
中国西部工业发展报告（2016）
著(编)者：方行明 甘犁 刘方健 姜凌 等
2016年9月出版 / 估价：79.00元

西部金融蓝皮书
中国西部金融发展报告（2016）
著(编)者：李忠民　2016年8月出版 / 估价：75.00元

协会商会蓝皮书
中国行业协会商会发展报告（2016）
著(编)者：景朝阳 李勇　2016年4月出版 / 估价：99.00元

新能源汽车蓝皮书
中国新能源汽车产业发展报告（2016）
著(编)者：中国汽车技术研究中心
　　　　　日产（中国）投资有限公司 东风汽车有限公司
2016年8月出版 / 估价：89.00元

新三板蓝皮书
中国新三板市场发展报告（2016）
著(编)者：王力　2016年6月出版 / 估价：69.00元

信托市场蓝皮书
中国信托业市场报告（2015～2016）
著(编)者：用益信托工作室
2016年2月出版 / 估价：198.00元

信息安全蓝皮书
中国信息安全发展报告（2016）
著(编)者：张晓东　2016年2月出版 / 估价：69.00元

信息化蓝皮书
中国信息化形势分析与预测（2016）
著(编)者：周宏仁　2016年8月出版 / 估价：98.00元

信用蓝皮书
中国信用发展报告（2016）
著(编)者：章政 田侃　2016年4月出版 / 估价：99.00元

休闲绿皮书
2016年中国休闲发展报告
著(编)者：宋瑞
2016年10月出版 / 估价：79.00元

药品流通蓝皮书
中国药品流通行业发展报告（2016）
著(编)者：佘鲁林 温再兴
2016年8月出版 / 估价：158.00元

医药蓝皮书
中国中医药产业园战略发展报告（2016）
著(编)者：裴长洪 房书亭 吴滌心
2016年3月出版 / 估价：89.00元

邮轮绿皮书
中国邮轮产业发展报告（2016）
著(编)者：汪泓　2016年10月出版 / 估价：79.00元

智能养老蓝皮书
中国智能养老产业发展报告（2016）
著(编)者：朱勇　2016年10月出版 / 估价：89.00元

中国SUV蓝皮书
中国SUV产业发展报告（2016）
著(编)者：靳军　2016年12月出版 / 估价：69.00元

中国金融行业蓝皮书
中国债券市场发展报告（2016）
著(编)者：谢多　2016年7月出版 / 估价：69.00元

中国上市公司蓝皮书
中国上市公司发展报告（2016）
著(编)者：中国社会科学院上市公司研究中心
2016年9月出版 / 估价：98.00元

中国游戏蓝皮书
中国游戏产业发展报告（2016）
著(编)者：孙立军 刘跃军 牛兴侦
2016年4月出版 / 估价：69.00元

中国总部经济蓝皮书
中国总部经济发展报告（2015～2016）
著(编)者：赵弘　2016年9月出版 / 估价：79.00元

资本市场蓝皮书
中国场外交易市场发展报告（2016）
著(编)者：高峦　2016年8月出版 / 估价：79.00元

资产管理蓝皮书
中国资产管理行业发展报告（2016）
著(编)者：智信资产管理研究院
2016年6月出版 / 估价：89.00元

皮书系列 2016全品种　文化传媒类

文化传媒类

传媒竞争力蓝皮书
中国传媒国际竞争力研究报告（2016）
著（编）者：李本乾 刘强
2016年11月出版 / 估价:148.00元

传媒蓝皮书
中国传媒产业发展报告（2016）
著（编）者：崔保国　2016年5月出版 / 估价:98.00元

传媒投资蓝皮书
中国传媒投资发展报告（2016）
著（编）者：张向东 谭云明
2016年6月出版 / 估价:128.00元

动漫蓝皮书
中国动漫产业发展报告（2016）
著（编）者：卢斌 郑玉明 牛兴侦
2016年7月出版 / 估价:79.00元

非物质文化遗产蓝皮书
中国非物质文化遗产发展报告（2016）
著（编）者：陈平　2016年5月出版 / 估价:98.00元

广电蓝皮书
中国广播电影电视发展报告（2016）
著（编）者：国家新闻出版广电总局发展研究中心
2016年7月出版 / 估价:98.00元

广告主蓝皮书
中国广告主营销传播趋势报告 NO.9
著（编）者：黄升民 杜国清 邵华冬 等
2016年10月出版 / 估价:148.00元

国际传播蓝皮书
中国国际传播发展报告（2016）
著（编）者：胡正荣 李继东 姬德强
2016年11月出版 / 估价:89.00元

纪录片蓝皮书
中国纪录片发展报告（2016）
著（编）者：何苏六　2016年10月出版 / 估价:79.00元

科学传播蓝皮书
中国科学传播报告（2016）
著（编）者：詹正茂　2016年7月出版 / 估价:69.00元

两岸创意经济蓝皮书
两岸创意经济研究报告（2016）
著（编）者：罗昌智 董泽平　2016年12月出版 / 估价:98.00元

两岸文化蓝皮书
两岸文化产业合作发展报告（2016）
著（编）者：胡惠林 李保宗　2016年7月出版 / 估价:79.00元

媒介与女性蓝皮书
中国媒介与女性发展报告（2015~2016）
著（编）者：刘利群　2016年8月出版 / 估价:118.00元

媒体融合蓝皮书
中国媒体融合发展报告（2016）
著（编）者：梅宁华 宋建武　2016年7月出版 / 估价:79.00元

全球传媒蓝皮书
全球传媒发展报告（2016）
著（编）者：胡正荣 李继东 唐晓芬
2016年12月出版 / 估价:79.00元

少数民族非遗蓝皮书
中国少数民族非物质文化遗产发展报告（2016）
著（编）者：肖远平（彝） 柴立（满）
2016年6月出版 / 估价:128.00元

视听新媒体蓝皮书
中国视听新媒体发展报告（2016）
著（编）者：国家新闻出版广电总局发展研究中心
2016年7月出版 / 估价:98.00元

文化创新蓝皮书
中国文化创新报告（2016）NO.7
著（编）者：于平 傅才武　2016年7月出版 / 估价:98.00元

文化建设蓝皮书
中国文化发展报告（2016）
著（编）者：江畅 孙伟平 戴茂堂
2016年4月出版 / 估价:108.00元

文化科技蓝皮书
文化科技创新发展报告（2016）
著（编）者：于平 李凤亮　2016年10月出版 / 估价:89.00元

文化蓝皮书
中国公共文化服务发展报告（2016）
著（编）者：刘新成 张永新 张旭　2016年10月出版 / 估价:98.00元

文化蓝皮书
中国公共文化投入增长测评报告（2016）
著（编）者：王亚南　2016年12月出版 / 估价:79.00元

文化蓝皮书
中国少数民族文化发展报告（2016）
著（编）者：武翠英 张晓明 任乌晶
2016年9月出版 / 估价:69.00元

文化蓝皮书
中国文化产业发展报告（2016）
著（编）者：张晓明 王家新 章建刚
2016年4月出版 / 估价:79.00元

文化蓝皮书
中国文化产业供需协调检测报告（2016）
著（编）者：王亚南　2016年2月出版 / 估价:79.00元

文化蓝皮书
中国文化消费需求景气评价报告（2016）
著（编）者：王亚南　2016年2月出版 / 估价:79.00元

文化传媒类·地方发展类

文化品牌蓝皮书
中国文化品牌发展报告（2016）
著(编)者：欧阳友权　2016年4月出版／估价：89.00元

文化遗产蓝皮书
中国文化遗产事业发展报告（2016）
著(编)者：刘世锦　2016年3月出版／估价：89.00元

文学蓝皮书
中国文情报告（2015～2016）
著(编)者：白烨　2016年5月出版／估价：69.00元

新媒体蓝皮书
中国新媒体发展报告NO.7（2016）
著(编)者：唐绪军　2016年7月出版／估价：79.00元

新媒体社会责任蓝皮书
中国新媒体社会责任研究报告（2016）
著(编)者：钟瑛　2016年10月出版／估价：79.00元

移动互联网蓝皮书
中国移动互联网发展报告（2016）
著(编)者：官建文　2016年6月出版／估价：79.00元

舆情蓝皮书
中国社会舆情与危机管理报告（2016）
著(编)者：谢耘耕　2016年8月出版／估价：98.00元

地方发展类

安徽经济蓝皮书
芜湖创新型城市发展报告（2016）
著(编)者：张志宏　2016年4月出版／估价：69.00元

安徽蓝皮书
安徽社会发展报告（2016）
著(编)者：程桦　2016年4月出版／估价：89.00元

安徽社会建设蓝皮书
安徽社会建设分析报告（2015～2016）
著(编)者：黄家海　王开玉　蔡宪
2016年4月出版／估价：89.00元

澳门蓝皮书
澳门经济社会发展报告（2015～2016）
著(编)者：吴志良　郝雨凡　2016年5月出版／估价：79.00元

北京蓝皮书
北京公共服务发展报告（2015～2016）
著(编)者：施昌奎　2016年1月出版／估价：69.00元

北京蓝皮书
北京经济发展报告（2015～2016）
著(编)者：杨松　2016年6月出版／估价：79.00元

北京蓝皮书
北京社会发展报告（2015～2016）
著(编)者：李伟东　2016年7月出版／估价：79.00元

北京蓝皮书
北京社会治理发展报告（2015～2016）
著(编)者：殷星辰　2016年6月出版／估价：79.00元

北京蓝皮书
北京文化发展报告（2015～2016）
著(编)者：李建盛　2016年5月出版／估价：79.00元

北京旅游绿皮书
北京旅游发展报告（2016）
著(编)者：北京旅游学会　2016年7月出版／估价：88.00元

北京人才蓝皮书
北京人才发展报告（2016）
著(编)者：于淼　2016年12月出版／估价：128.00元

北京社会心态蓝皮书
北京社会心态分析报告（2015～2016）
著(编)者：北京社会心理研究所
2016年8月出版／估价：79.00元

北京社会组织管理蓝皮书
北京社会组织发展与管理（2015～2016）
著(编)者：黄江松　2016年4月出版／估价：78.00元

北京体育蓝皮书
北京体育产业发展报告（2016）
著(编)者：钟秉枢　陈杰　杨铁黎
2016年10月出版／估价：79.00元

北京养老产业蓝皮书
北京养老产业发展报告（2016）
著(编)者：周明明　冯喜良　2016年4月出版／估价：69.00元

滨海金融蓝皮书
滨海新区金融发展报告（2016）
著(编)者：王爱俭　张锐钢　2016年9月出版／估价：79.00元

城乡一体化蓝皮书
中国城乡一体化发展报告·北京卷（2015～2016）
著(编)者：张宝秀　黄序　2016年5月出版／估价：79.00元

创意城市蓝皮书
北京文化创意产业发展报告（2016）
著(编)者：张京成　王国华　2016年12月出版／估价：69.00元

创意城市蓝皮书
青岛文化创意产业发展报告（2016）
著(编)者：马达　张丹妮　2016年6月出版／估价：79.00元

皮书系列 2016全品种 — 地方发展类

创意城市蓝皮书
台北文化创意产业发展报告（2016）
著（编）者：陈耀竹 邱琪瑄　2016年11月出版 / 估价：89.00元

创意城市蓝皮书
无锡文化创意产业发展报告（2016）
著（编）者：谭军 张鸣年　2016年10月出版 / 估价：79.00元

创意城市蓝皮书
武汉文化创意产业发展报告（2016）
著（编）者：黄永林 陈汉桥　2016年12月出版 / 估价：89.00元

创意城市蓝皮书
重庆创意产业发展报告（2016）
著（编）者：程宇宁　2016年4月出版 / 估价：89.00元

地方法治蓝皮书
南宁法治发展报告（2016）
著（编）者：杨维超　2016年12月出版 / 估价：69.00元

福建妇女发展蓝皮书
福建省妇女发展报告（2016）
著（编）者：刘群英　2016年11月出版 / 估价：88.00元

甘肃蓝皮书
甘肃经济发展分析与预测（2016）
著（编）者：朱智文 罗哲　2016年1月出版 / 估价：79.00元

甘肃蓝皮书
甘肃社会发展分析与预测（2016）
著（编）者：安文华 包晓霞　2016年1月出版 / 估价：79.00元

甘肃蓝皮书
甘肃文化发展分析与预测（2016）
著（编）者：安文华 周小华　2016年1月出版 / 估价：79.00元

甘肃蓝皮书
甘肃县域社会发展评价报告（2016）
著（编）者：刘进军 柳民 王建兵
2016年1月出版 / 估价：79.00元

甘肃蓝皮书
甘肃舆情分析与预测（2016）
著（编）者：陈双梅 郝树声　2016年1月出版 / 估价：79.00元

甘肃蓝皮书
甘肃商务发展报告（2016）
著（编）者：杨志武 王福生 王晓芳
2016年1月出版 / 估价：69.00元

广东蓝皮书
广东全面深化改革发展报告（2016）
著（编）者：周林生 涂成林　2016年11月出版 / 估价：69.00元

广东蓝皮书
广东社会工作发展报告（2016）
著（编）者：罗观翠　2016年6月出版 / 估价：89.00元

广东蓝皮书
广东省电子商务发展报告（2016）
著（编）者：程晓 邓顺国　2016年7月出版 / 估价：79.00元

广东社会建设蓝皮书
广东省社会建设发展报告（2016）
著（编）者：广东省社会工作委员会
2016年12月出版 / 估价：99.00元

广东外经贸蓝皮书
广东对外经济贸易发展研究报告（2015~2016）
著（编）者：陈万灵　2016年5月出版 / 估价：89.00元

广西北部湾经济区蓝皮书
广西北部湾经济区开放开发报告（2016）
著（编）者：广西北部湾经济区规划建设管理委员会办公室
广西社会科学院广西北部湾发展研究院
2016年10月出版 / 估价：79.00元

广州蓝皮书
2016年中国广州经济形势分析与预测
著（编）者：庾建设 沈奎 谢博能　2016年6月出版 / 估价：79.00元

广州蓝皮书
2016年中国广州社会形势分析与预测
著（编）者：张强 陈怡霓 杨秦　2016年6月出版 / 估价：79.00元

广州蓝皮书
广州城市国际化发展报告（2016）
著（编）者：朱名宏　2016年11月出版 / 估价：69.00元

广州蓝皮书
广州创新型城市发展报告（2016）
著（编）者：尹涛　2016年10月出版 / 估价：69.00元

广州蓝皮书
广州经济发展报告（2016）
著（编）者：朱名宏　2016年7月出版 / 估价：69.00元

广州蓝皮书
广州农村发展报告（2016）
著（编）者：朱名宏　2016年8月出版 / 估价：69.00元

广州蓝皮书
广州汽车产业发展报告（2016）
著（编）者：杨再高 冯兴亚　2016年9月出版 / 估价：69.00元

广州蓝皮书
广州青年发展报告（2015～2016）
著（编）者：魏国华 张强　2016年7月出版 / 估价：69.00元

广州蓝皮书
广州商贸业发展报告（2016）
著（编）者：李江涛 肖振宇 荀振英
2016年7月出版 / 估价：69.00元

广州蓝皮书
广州社会保障发展报告（2016）
著（编）者：蔡国萱　2016年10月出版 / 估价：65.00元

广州蓝皮书
广州文化创意产业发展报告（2016）
著（编）者：甘新　2016年8月出版 / 估价：79.00元

广州蓝皮书
中国广州城市建设与管理发展报告（2016）
著（编）者：董皞 陈小钢 李江涛　2016年7月出版 / 估价：69.00元

地方发展类

皮书系列 2016全品种

广州蓝皮书
中国广州科技和信息化发展报告（2016）
著(编)者:邹采荣 马正勇 冯元　2016年8月出版 / 估价:79.00元

广州蓝皮书
中国广州文化发展报告（2016）
著(编)者:徐俊忠 陆志强 顾涧清　2016年7月出版 / 估价:69.00元

贵阳蓝皮书
贵阳城市创新发展报告·白云篇（2016）
著(编)者:连玉明　2016年10月出版 / 估价:89.00元

贵阳蓝皮书
贵阳城市创新发展报告·观山湖篇（2016）
著(编)者:连玉明　2016年10月出版 / 估价:89.00元

贵阳蓝皮书
贵阳城市创新发展报告·花溪篇（2016）
著(编)者:连玉明　2016年10月出版 / 估价:89.00元

贵阳蓝皮书
贵阳城市创新发展报告·开阳篇（2016）
著(编)者:连玉明　2016年10月出版 / 估价:89.00元

贵阳蓝皮书
贵阳城市创新发展报告·南明篇（2016）
著(编)者:连玉明　2016年10月出版 / 估价:89.00元

贵阳蓝皮书
贵阳城市创新发展报告·清镇篇（2016）
著(编)者:连玉明　2016年10月出版 / 估价:89.00元

贵阳蓝皮书
贵阳城市创新发展报告·乌当篇（2016）
著(编)者:连玉明　2016年10月出版 / 估价:89.00元

贵阳蓝皮书
贵阳城市创新发展报告·息烽篇（2016）
著(编)者:连玉明　2016年10月出版 / 估价:89.00元

贵阳蓝皮书
贵阳城市创新发展报告·修文篇（2016）
著(编)者:连玉明　2016年10月出版 / 估价:89.00元

贵阳蓝皮书
贵阳城市创新发展报告·云岩篇（2016）
著(编)者:连玉明　2016年10月出版 / 估价:89.00元

贵州房地产蓝皮书
贵州房地产发展报告NO.3（2016）
著(编)者:武延方　2016年6月出版 / 估价:89.00元

贵州蓝皮书
册亨经济社会发展报告(2016)
著(编)者:黄德林　2016年1月出版 / 估价:69.00元

贵州蓝皮书
贵安新区发展报告（2016）
著(编)者:马长青 吴大华　2016年4月出版 / 估价:69.00元

贵州蓝皮书
贵州法治发展报告（2016）
著(编)者:吴大华　2016年5月出版 / 估价:79.00元

贵州蓝皮书
贵州民航业发展报告（2016）
著(编)者:申振东 吴大华　2016年10月出版 / 估价:69.00元

贵州蓝皮书
贵州人才发展报告（2016）
著(编)者:于杰 吴大华　2016年9月出版 / 估价:69.00元

贵州蓝皮书
贵州社会发展报告（2016）
著(编)者:王兴骥　2016年5月出版 / 估价:79.00元

海淀蓝皮书
海淀区文化和科技融合发展报告（2016）
著(编)者:陈名杰 孟景伟　2016年5月出版 / 估价:75.00元

海峡西岸蓝皮书
海峡西岸经济区发展报告（2016）
著(编)者:福建省人民政府发展研究中心
　　　　福建省人民政府发展研究中心咨询服务中心
2016年9月出版 / 估价:65.00元

杭州都市圈蓝皮书
杭州都市圈发展报告（2016）
著(编)者:董祖德 沈翔　2016年5月出版 / 估价:89.00元

杭州蓝皮书
杭州妇女发展报告（2016）
著(编)者:魏颖　2016年4月出版 / 估价:79.00元

河北经济蓝皮书
河北省经济发展报告（2016）
著(编)者:马树强 金浩 刘兵 张贵
2016年3月出版 / 估价:89.00元

河北蓝皮书
河北经济社会发展报告（2016）
著(编)者:周文夫　2016年1月出版 / 估价:79.00元

河北食品药品安全蓝皮书
河北食品药品安全研究报告（2016）
著(编)者:丁锦霞　2016年6月出版 / 估价:79.00元

河南经济蓝皮书
2016年河南经济形势分析与预测
著(编)者:胡五岳　2016年2月出版 / 估价:69.00元

河南蓝皮书
2016年河南社会形势分析与预测
著(编)者:刘道兴 牛苏林　2016年4月出版 / 估价:69.00元

河南蓝皮书
河南城市发展报告（2016）
著(编)者:谷建全 王建国　2016年3月出版 / 估价:79.00元

河南蓝皮书
河南法治发展报告（2016）
著(编)者:丁同民 闫德民　2016年6月出版 / 估价:79.00元

河南蓝皮书
河南工业发展报告（2016）
著(编)者:龚绍东 赵西三　2016年1月出版 / 估价:79.00元

河南蓝皮书
河南金融发展报告（2016）
著(编)者：河南省社会科学院
2016年6月出版 / 估价：69.00元

河南蓝皮书
河南经济发展报告（2016）
著(编)者：河南省社会科学院
2016年12月出版 / 估价：79.00元

河南蓝皮书
河南农业农村发展报告（2016）
著(编)者：吴海峰　2016年4月出版 / 估价：69.00元

河南蓝皮书
河南文化发展报告（2016）
著(编)者：卫绍生　2016年3月出版 / 估价：79.00元

河南商务蓝皮书
河南商务发展报告（2016）
著(编)者：焦锦淼　穆荣国　2016年4月出版 / 估价：88.00元

黑龙江产业蓝皮书
黑龙江产业发展报告（2016）
著(编)者：于渤　2016年10月出版 / 估价：79.00元

黑龙江蓝皮书
黑龙江经济发展报告（2016）
著(编)者：曲伟　2016年1月出版 / 估价：79.00元

黑龙江蓝皮书
黑龙江社会发展报告（2016）
著(编)者：张新颖　2016年1月出版 / 估价：79.00元

湖南城市蓝皮书
区域城市群整合（主题待定）
著(编)者：童中贤　韩未名　2016年12月出版 / 估价：79.00元

湖南蓝皮书
2016年湖南产业发展报告
著(编)者：梁志峰　2016年5月出版 / 估价：98.00元

湖南蓝皮书
2016年湖南电子政务发展报告
著(编)者：梁志峰　2016年5月出版 / 估价：98.00元

湖南蓝皮书
2016年湖南经济展望
著(编)者：梁志峰　2016年5月出版 / 估价：128.00元

湖南蓝皮书
2016年湖南两型社会与生态文明发展报告
著(编)者：梁志峰　2016年5月出版 / 估价：98.00元

湖南蓝皮书
2016年湖南社会发展报告
著(编)者：梁志峰　2016年5月出版 / 估价：88.00元

湖南蓝皮书
2016年湖南县域经济社会发展报告
著(编)者：梁志峰　2016年5月出版 / 估价：98.00元

湖南蓝皮书
湖南城乡一体化发展报告（2016）
著(编)者：陈文胜　刘祚祥　邝奕轩　等
2016年7月出版 / 估价：89.00元

湖南县域绿皮书
湖南县域发展报告NO.3
著(编)者：袁准　周小毛　2016年9月出版 / 估价：69.00元

沪港蓝皮书
沪港发展报告（2015~2016）
著(编)者：尤安山　2016年4月出版 / 估价：89.00元

吉林蓝皮书
2016年吉林经济社会形势分析与预测
著(编)者：马克　2016年2月出版 / 估价：89.00元

济源蓝皮书
济源经济社会发展报告（2016）
著(编)者：喻新安　2016年4月出版 / 估价：69.00元

健康城市蓝皮书
北京健康城市建设研究报告（2016）
著(编)者：王鸿春　2016年4月出版 / 估价：79.00元

江苏法治蓝皮书
江苏法治发展报告NO.5（2016）
著(编)者：李力　龚廷泰　2016年9月出版 / 估价：98.00元

江西蓝皮书
江西经济社会发展报告（2016）
著(编)者：张勇　姜玮　梁勇　2016年10月出版 / 估价：79.00元

江西文化产业蓝皮书
江西文化产业发展报告（2016）
著(编)者：张圣才　汪春翔　2016年10月出版 / 估价：128.00元

经济特区蓝皮书
中国经济特区发展报告（2016）
著(编)者：陶一桃　2016年12月出版 / 估价：89.00元

辽宁蓝皮书
2016年辽宁经济社会形势分析与预测
著(编)者：曹晓峰　张晶　梁启东
2016年12月出版 / 估价：79.00元

拉萨蓝皮书
拉萨法治发展报告（2016）
著(编)者：车明怀　2016年7月出版 / 估价：79.00元

洛阳蓝皮书
洛阳文化发展报告（2016）
著(编)者：刘福兴　陈启明　2016年7月出版 / 估价：79.00元

南京蓝皮书
南京文化发展报告（2016）
著(编)者：徐宁　2016年12月出版 / 估价：79.00元

内蒙古蓝皮书
内蒙古反腐倡廉建设报告NO.2
著(编)者：张志华　无极　2016年12月出版 / 估价：69.00元

皮书系列 2016全品种

地方发展类

浦东新区蓝皮书
上海浦东经济发展报告（2016）
著(编)者：沈开艳 陆沪根　　2016年1月出版 / 估价：69.00元

青海蓝皮书
2016年青海经济社会形势分析与预测
著(编)者：赵宗福　　2015年12月出版 / 估价：69.00元

人口与健康蓝皮书
深圳人口与健康发展报告（2016）
著(编)者：陆杰华 罗乐宣 苏杨
2016年11月出版 / 估价：89.00元

山东蓝皮书
山东经济形势分析与预测（2016）
著(编)者：李广杰　　2016年11月出版 / 估价：89.00元

山东蓝皮书
山东社会形势分析与预测（2016）
著(编)者：涂可国　　2016年6月出版 / 估价：89.00元

山东蓝皮书
山东文化发展报告（2016）
著(编)者：张华 唐洲雁　　2016年6月出版 / 估价：98.00元

山西蓝皮书
山西资源型经济转型发展报告（2016）
著(编)者：李志强　　2016年5月出版 / 估价：89.00元

陕西蓝皮书
陕西经济发展报告（2016）
著(编)者：任宗哲 白宽犁 裴成荣
2016年1月出版 / 估价：69.00元

陕西蓝皮书
陕西社会发展报告（2016）
著(编)者：任宗哲 白宽犁 牛昉
2016年1月出版 / 估价：69.00元

陕西蓝皮书
陕西文化发展报告（2016）
著(编)者：任宗哲 白宽犁 王长寿
2016年1月出版 / 估价：65.00元

陕西蓝皮书
丝绸之路经济带发展报告（2016）
著(编)者：任宗哲 石英 白宽犁
2016年8月出版 / 估价：79.00元

上海蓝皮书
上海传媒发展报告（2016）
著(编)者：强荧 焦雨虹　　2016年1月出版 / 估价：69.00元

上海蓝皮书
上海法治发展报告（2016）
著(编)者：叶青　　2016年5月出版 / 估价：69.00元

上海蓝皮书
上海经济发展报告（2016）
著(编)者：沈开艳　　2016年1月出版 / 估价：69.00元

上海蓝皮书
上海社会发展报告（2016）
著(编)者：杨雄 周海旺　　2016年1月出版 / 估价：69.00元

上海蓝皮书
上海文化发展报告（2016）
著(编)者：荣跃明　　2016年1月出版 / 估价：74.00元

上海蓝皮书
上海文学发展报告（2016）
著(编)者：陈圣来　　2016年1月出版 / 估价：69.00元

上海蓝皮书
上海资源环境发展报告（2016）
著(编)者：周冯琦 汤庆合 任文伟
2016年1月出版 / 估价：69.00元

上饶蓝皮书
上饶发展报告（2015～2016）
著(编)者：朱寅健　　2016年3月出版 / 估价：128.00元

社会建设蓝皮书
2016年北京社会建设分析报告
著(编)者：宋贵伦 冯虹　　2016年7月出版 / 估价：79.00元

深圳蓝皮书
深圳法治发展报告（2016）
著(编)者：张晓儒　　2016年5月出版 / 估价：69.00元

深圳蓝皮书
深圳经济发展报告（2016）
著(编)者：张晓儒　　2016年6月出版 / 估价：89.00元

深圳蓝皮书
深圳劳动关系发展报告（2016）
著(编)者：汤庭芬　　2016年6月出版 / 估价：79.00元

深圳蓝皮书
深圳社会建设与发展报告（2016）
著(编)者：张晓儒 陈东平　　2016年6月出版 / 估价：79.00元

深圳蓝皮书
深圳文化发展报告(2016)
著(编)者：张晓儒　　2016年1月出版 / 估价：69.00元

四川法治蓝皮书
四川依法治省年度报告NO.2（2016）
著(编)者：李林 杨天宗 田禾
2016年3月出版 / 估价：108.00元

四川蓝皮书
2016年四川经济形势分析与预测
著(编)者：杨钢　　2016年1月出版 / 估价：89.00元

四川蓝皮书
四川城镇化发展报告（2016）
著(编)者：侯水平 范秋美　　2016年4月出版 / 估价：79.00元

四川蓝皮书
四川法治发展报告（2016）
著(编)者：郑泰安　　2016年1月出版 / 估价：69.00元

皮书系列 2016全品种
地方发展类·国家国别类

四川蓝皮书
四川企业社会责任研究报告（2015～2016）
著(编)者：侯水平 盛毅　　2016年4月出版／估价：79.00元

四川蓝皮书
四川社会发展报告（2016）
著(编)者：郭晓鸣　　2016年4月出版／估价：79.00元

四川蓝皮书
四川生态建设报告（2016）
著(编)者：李晟之　　2016年4月出版／估价：79.00元

四川蓝皮书
四川文化产业发展报告（2016）
著(编)者：侯水平　　2016年4月出版／估价：79.00元

体育蓝皮书
上海体育产业发展报告（2015～2016）
著(编)者：张林 黄海燕　　2016年10月出版／估价：79.00元

体育蓝皮书
长三角地区体育产业发展报告（2015～2016）
著(编)者：张林　　2016年4月出版／估价：79.00元

天津金融蓝皮书
天津金融发展报告（2016）
著(编)者：王爱俭 孔德昌　　2016年9月出版／估价：89.00元

图们江区域合作蓝皮书
图们江区域合作发展报告（2016）
著(编)者：李铁　　2016年4月出版／估价：98.00元

温州蓝皮书
2016年温州经济社会形势分析与预测
著(编)者：潘忠强 王春光 金浩　　2016年4月出版／估价：69.00元

扬州蓝皮书
扬州经济社会发展报告（2016）
著(编)者：丁纯　　2016年12月出版／估价：89.00元

长株潭城市群蓝皮书
长株潭城市群发展报告（2016）
著(编)者：张萍　　2016年10月出版／估价：69.00元

郑州蓝皮书
2016年郑州文化发展报告
著(编)者：王哲　　2016年9月出版／估价：65.00元

中医文化蓝皮书
北京中医药文化传播发展报告（2016）
著(编)者：毛嘉陵　　2016年5月出版／估价：79.00元

珠三角流通蓝皮书
珠三角商圈发展研究报告（2016）
著(编)者：王先庆 林至颖　　2016年7月出版／估价：98.00元

遵义蓝皮书
遵义发展报告（2016）
著(编)者：曾征 龚永育　　2016年12月出版／估价：69.00元

国别与地区类

阿拉伯黄皮书
阿拉伯发展报告（2015～2016）
著(编)者：罗林　　2016年11月出版／估价：79.00元

北部湾蓝皮书
泛北部湾合作发展报告（2016）
著(编)者：吕余生　　2016年10月出版／估价：69.00元

大湄公河次区域蓝皮书
大湄公河次区域合作发展报告（2016）
著(编)者：刘稚　　2016年9月出版／估价：79.00元

大洋洲蓝皮书
大洋洲发展报告（2015～2016）
著(编)者：喻常森　　2016年10月出版／估价：89.00元

德国蓝皮书
德国发展报告（2016）
著(编)者：郑春荣 伍慧萍
2016年5月出版／估价：69.00元

东北亚黄皮书
东北亚地区政治与安全（2016）
著(编)者：黄凤志 刘清才 张慧智 等
2016年5月出版／估价：69.00元

东盟黄皮书
东盟发展报告（2016）
著(编)者：杨晓强 庄国土　　2016年12月出版／估价：75.00元

东南亚蓝皮书
东南亚地区发展报告（2015～2016）
著(编)者：厦门大学东南亚研究中心 王勤
2016年4月出版／估价：79.00元

俄罗斯黄皮书
俄罗斯发展报告（2016）
著(编)者：李永全　　2016年7月出版／估价：79.00元

非洲黄皮书
非洲发展报告 NO.18（2015～2016）
著(编)者：张宏明　　2016年9月出版／估价：79.00元

国家国别类 皮书系列 重点推荐

国际形势黄皮书
全球政治与安全报告（2016）
著(编)者：李慎明 张宇燕
2015年12月出版 / 定价:69.00元

韩国蓝皮书
韩国发展报告（2016）
著(编)者：牛林杰 刘宝全
2016年12月出版 / 估价:89.00元

加拿大蓝皮书
加拿大发展报告（2016）
著(编)者：仲伟合 2016年4月出版 / 估价:89.00元

拉美黄皮书
拉丁美洲和加勒比发展报告（2015～2016）
著(编)者：吴白乙 2016年5月出版 / 估价:89.00元

美国蓝皮书
美国研究报告（2016）
著(编)者：郑秉文 黄平
2016年6月出版 / 估价:89.00元

缅甸蓝皮书
缅甸国情报告（2016）
著(编)者：李晨阳 2016年8月出版 / 估价:79.00元

欧洲蓝皮书
欧洲发展报告（2015～2016）
著(编)者：周弘 黄平 江时学
2016年7月出版 / 估价:89.00元

日本经济蓝皮书
日本经济与中日经贸关系研究报告（2016）
著(编)者：王洛林 张季风
2016年5月出版 / 估价:79.00元

日本蓝皮书
日本研究报告（2016）
著(编)者：李薇 2016年4月出版 / 估价:69.00元

上海合作组织黄皮书
上海合作组织发展报告（2016）
著(编)者：李进峰 吴宏伟 李伟
2016年7月出版 / 估价:98.00元

世界创新竞争力黄皮书
世界创新竞争力发展报告（2016）
著(编)者：李闽榕 李建平 赵新力
2016年1月出版 / 估价:148.00元

土耳其蓝皮书
土耳其发展报告（2016）
著(编)者：郭长刚 刘义 2016年7月出版 / 估价:69.00元

亚太蓝皮书
亚太地区发展报告（2016）
著(编)者：李向阳 2016年1月出版 / 估价:69.00元

印度蓝皮书
印度国情报告（2016）
著(编)者：吕昭义 2016年5月出版 / 估价:89.00元

印度洋地区蓝皮书
印度洋地区发展报告（2016）
著(编)者：汪戎 2016年5月出版 / 估价:89.00元

英国蓝皮书
英国发展报告（2015～2016）
著(编)者：王展鹏 2016年10月出版 / 估价:89.00元

越南蓝皮书
越南国情报告（2016）
著(编)者：广西社会科学院 罗梅 李碧华
2016年8月出版 / 估价:69.00元

越南蓝皮书
越南经济发展报告（2016）
著(编)者：黄志勇 2016年10月出版 / 估价:69.00元

以色列蓝皮书
以色列发展报告（2016）
著(编)者：张倩红 2016年9月出版 / 估价:89.00元

中东黄皮书
中东发展报告 No.18（2015～2016）
著(编)者：杨光 2016年10月出版 / 估价:89.00元

中欧关系蓝皮书
中欧关系研究报告（2016）
著(编)者：周弘 2016年12月出版 / 估价:98.00元

中亚黄皮书
中亚国家发展报告（2016）
著(编)者：孙力 吴宏伟 2016年8月出版 / 估价:89.00元

社会科学文献出版社　皮书系列

❖ 皮书起源 ❖

"皮书"起源于十七、十八世纪的英国,主要指官方或社会组织正式发表的重要文件或报告,多以"白皮书"命名。在中国,"皮书"这一概念被社会广泛接受,并被成功运作、发展成为一种全新的出版形态,则源于中国社会科学院社会科学文献出版社。

❖ 皮书定义 ❖

皮书是对中国与世界发展状况和热点问题进行年度监测,以专业的角度、专家的视野和实证研究方法,针对某一领域或区域现状与发展态势展开分析和预测,具备原创性、实证性、专业性、连续性、前沿性、时效性等特点的公开出版物,由一系列权威研究报告组成。

❖ 皮书作者 ❖

皮书系列的作者以中国社会科学院、著名高校、地方社会科学院的研究人员为主,多为国内一流研究机构的权威专家学者,他们的看法和观点代表了学界对中国与世界的现实和未来最高水平的解读与分析。

❖ 皮书荣誉 ❖

皮书系列已成为社会科学文献出版社的著名图书品牌和中国社会科学院的知名学术品牌。2011年,皮书系列正式列入"十二五"国家重点出版规划项目;2012~2015年,重点皮书列入中国社会科学院承担的国家哲学社会科学创新工程项目;2016年,46种院外皮书使用"中国社会科学院创新工程学术出版项目"标识。

中国皮书网
www.pishu.cn

发布皮书研创资讯，传播皮书精彩内容
引领皮书出版潮流，打造皮书服务平台

栏目设置：

- □ 资讯：皮书动态、皮书观点、皮书数据、皮书报道、皮书发布、电子期刊
- □ 标准：皮书评价、皮书研究、皮书规范
- □ 服务：最新皮书、皮书书目、重点推荐、在线购书
- □ 链接：皮书数据库、皮书博客、皮书微博、在线书城
- □ 搜索：资讯、图书、研究动态、皮书专家、研创团队

中国皮书网依托皮书系列"权威、前沿、原创"的优质内容资源，通过文字、图片、音频、视频等多种元素，在皮书研创者、使用者之间搭建了一个成果展示、资源共享的互动平台。

自2005年12月正式上线以来，中国皮书网的IP访问量、PV浏览量与日俱增，受到海内外研究者、公务人员、商务人士以及专业读者的广泛关注。

2008年、2011年，中国皮书网均在全国新闻出版业网站荣誉评选中获得"最具商业价值网站"称号；2012年，获得"出版业网站百强"称号。

2014年，中国皮书网与皮书数据库实现资源共享，端口合一，将提供更丰富的内容，更全面的服务。

皮书数据库

权威报告　热点资讯　海量资源

当代中国与世界发展的高端智库平台

皮书数据库 www.pishu.com.cn

皮书数据库是专业的人文社会科学综合学术资源总库,以大型连续性图书——皮书系列为基础,整合国内外相关资讯构建而成。包含六大子库,涵盖两百多个主题,囊括了近十几年间中国与世界经济社会发展报告,覆盖经济、社会、政治、文化、教育、国际问题等多个领域。

皮书数据库以篇章为基本单位,方便用户对皮书内容的阅读需求。用户可进行全文检索,也可对文献题目、内容提要、作者名称、作者单位、关键字等基本信息进行检索,还可对检索到的篇章再做二次筛选,进行在线阅读或下载阅读。智能多维度导航,可使用户根据自己熟知的分类标准进行分类导航筛选,使查找和检索更高效、便捷。

权威的研究报告,独特的调研数据,前沿的热点资讯,皮书数据库已发展成为国内最具影响力的关于中国与世界现实问题研究的成果库和资讯库。

皮书俱乐部会员服务指南

1. 谁能成为皮书俱乐部成员?
- 皮书作者自动成为俱乐部会员
- 购买了皮书产品(纸质书/电子书)的个人用户

2. 会员可以享受的增值服务
- 免费获赠皮书数据库100元充值卡
- 加入皮书俱乐部,免费获赠该纸质图书的电子书
- 免费定期获赠皮书电子期刊
- 优先参与各类皮书学术活动
- 优先享受皮书产品的最新优惠

3. 如何享受增值服务?

(1) 免费获赠100元皮书数据库体验卡

第1步 刮开皮书附赠充值的涂层(右下);

第2步 登录皮书数据库网站(www.pishu.com.cn),注册账号;

第3步 登录并进入"会员中心"—"在线充值"—"充值卡充值",充值成功后即可使用。

(2) 加入皮书俱乐部,凭数据库体验卡获赠该书的电子书

第1步 登录社会科学文献出版社官网(www.ssap.com.cn),注册账号;

第2步 登录并进入"会员中心"—"皮书俱乐部",提交加入皮书俱乐部申请;

第3步 审核通过后,再次进入皮书俱乐部,填写页面所需图书、体验卡信息即可自动兑换相应电子书。

4. 声明

解释权归社会科学文献出版社所有

皮书俱乐部会员可享受社会科学文献出版社其他相关免费增值服务,有任何疑问,均可与我们联系。

图书销售热线:010-59367070/7028　图书服务QQ:800045692　图书服务邮箱:duzhe@ssap.cn

数据库服务热线:400-008-6395　数据库服务QQ:2475522410　数据库服务邮箱:database@ssap.cn

欢迎登录社会科学文献出版社官网(www.ssap.com.cn)和中国皮书网(www.pishu.com.cn)了解更多信息

皮书大事记
（2015）

☆ 2015年11月9日，社会科学文献出版社2015年皮书编辑出版工作会议召开，会议就皮书装帧设计、生产营销、皮书评价以及质检工作中的常见问题等进行交流和讨论，为2016年出版社的融合发展指明了方向。

☆ 2015年11月，中国社会科学院2015年度纳入创新工程后期资助名单正式公布，《社会蓝皮书：2015年中国社会形势分析与预测》等41种皮书纳入2015年度"中国社会科学院创新工程学术出版资助项目"。

☆ 2015年8月7~8日，由中国社会科学院主办，社会科学文献出版社和湖北大学共同承办的"第十六次全国皮书年会（2015）：皮书研创与中国话语体系建设"在湖北省恩施市召开。中国社会科学院副院长李培林、国家新闻出版广电总局原副总局长、中国出版协会常务副理事长邬书林，湖北省委宣传部副部长喻立平，中国社会科学院科研局局长马援，国家新闻出版广电总局出版管理司副司长许正明，中共恩施州委书记王海涛，社会科学文献出版社社长谢寿光，湖北大学党委书记刘建凡等相关领导出席开幕式。来自中国社会科学院、地方社会科学院及高校、政府研究机构的领导及近200个皮书课题组的380多人出席了会议，会议规模又创新高。会议宣布了2016年授权使用"中国社会科学院创新工程学术出版项目"标识的院外皮书名单，并颁发了第六届优秀皮书奖。

☆ 2015年4月28日，"第三届皮书学术评审委员会第二次会议暨第六届优秀皮书奖评审会"在京召开。中国社会科学院副院长李培林、蔡昉出席会议并讲话，国家新闻出版广电总局原副局长、中国出版协会常务副理事长邬书林也出席本次会议。会议分别由中国社会科学院科研局局长马援和社会科学文献出版社社长谢寿光主持。经分学科评审和大会汇评，最终匿名投票评选出第六届"优秀皮书奖"和"优秀皮书报告奖"书目。此外，该委员会还根据《中国社会科学院皮书管理办法》，审议并投票评选出2015年纳入中国社会科学院创新工程项目的皮书和2016年使用"中国社会科学院创新工程学术出版项目"标识的院外皮书。

☆ 2015年1月30~31日，由社会科学文献出版社皮书研究院组织的2014年版皮书评价复评会议在京召开。皮书学术评审委员会部分委员、相关学科专家、学术期刊编辑、资深媒体人等近50位评委参加本次会议。中国社会科学院科研局局长马援、社会科学文献出版社社长谢寿光出席开幕式并发表讲话，中国社会科学院科研成果处处长薛增朝出席闭幕式并做发言。

皮书数据库
www.pishu.com.cn

皮书数据库三期

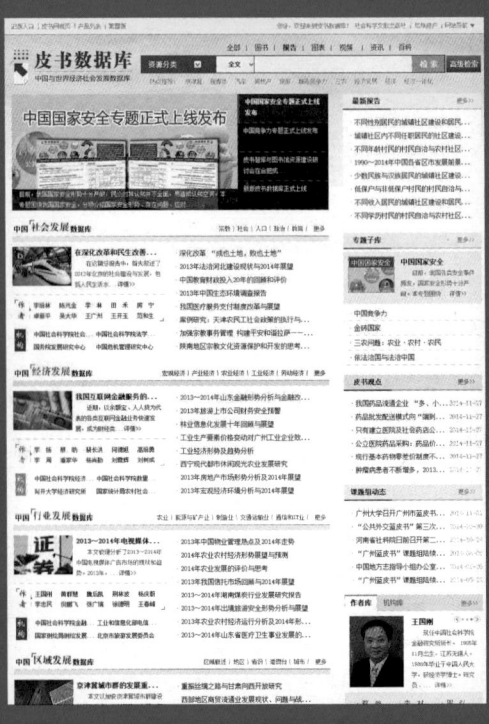

- 皮书数据库（SSDB）是社会科学文献出版社整合现有皮书资源开发的在线数字产品，全面收录"皮书系列"的内容资源，并以此为基础整合大量相关资讯构建而成。

- 皮书数据库现有中国经济发展数据库、中国社会发展数据库、世界经济与国际政治数据库等子库，覆盖经济、社会、文化等多个行业、领域，现有报告30000多篇，总字数超过5亿字，并以每年4000多篇的速度不断更新累积。

- 新版皮书数据库主要围绕存量+增量资源整合、资源编辑标引体系建设、产品架构设置优化、技术平台功能研发等方面开展工作，并将中国皮书网与皮书数据库合二为一联体建设，旨在以"皮书研创出版、信息发布与知识服务平台"为基本功能定位，打造一个全新的皮书品牌综合门户平台，为您提供更优质更到位的服务。

更多信息请登录

中国皮书网
http://www.pishu.cn

皮书微博
http://weibo.com/pishu

皮书博客
http://blog.sina.com.cn/pishu

皮书微信
皮书说

请到各地书店皮书专架／专柜购买，也可办理邮购

咨询／邮购电话：010-59367028　59367070　　　邮　　　箱：duzhe@ssap.cn
邮购地址：北京市西城区北三环中路甲29号院3号楼华龙大厦13层读者服务中心
邮　　编：100029
银行户名：社会科学文献出版社
开户银行：中国工商银行北京北太平庄支行
账　　号：0200010019200365434
网上书店：010-59367070　　qq：1265056568
网　　址：www.ssap.com.cn　　　www.pishu.com.cn

的县级政府网站在应急管理信息公开方面都没有做好跟进工作，信息公开程度太低，有的政府网站发布的应急预案表述笼统、不具体，内容简单，流于形式，实用性差。

（4）监督检查信息专栏建设率低，信息散乱、整合度差，信息更新慢。通过测评发现，全省范围内仅有26个县级政府网站全面建立了监督检查信息专栏，下设信息分栏包括环境保护信息、公共卫生信息、安全生产信息、食品安全信息、产品质量监督检查信息，仅占全省县级政府总数的24％，反映全省县级政府门户网站监督检查信息专栏建设率比较低。另外，在浏览部分政府部门网站的时候还发现不少建设监督检查信息专栏的网站并没有对环境保护信息、公共卫生信息、安全生产信息、食品安全信息、产品质量监督检查信息进行分类整合，散乱分布没有规律，查找起来十分不易。另外，不少政府网站的监督检查信息发布不及时，更新速度慢。

三 对县级政府门户网站信息公开执行状况的综合分析

（一）各县级政府门户网站信息公开制度已全面建立，但网站还需要进一步加强更新维护

通过此次调查发现，陕西全省107个县级政府门户网站都已经在门户网站首页的显目位置开设了信息公开专栏。全省县级政府门户网站基本都按照《政府信息公开条例》和《陕西省政府信息公开规定》规定的信息公开的范围在政府信息公开专栏下设置分栏。县级政府门户网站信息公开制度在全省已经基本全面建立。

但是同时还有不少网站更新、维护差，查阅相关网页的时候相关信息专栏没有开设，或者信息集中发布于某两天，搞"速战速决"，以为政府信息公布一些就算"万事大吉"，没有真正做到政府信息公开的"常态化"。还有的政府网站暴露出该政府对信息公开所抱的戏谑态度，造成不良社会影响，严重降低了政府信息公开工作的公信力，如白水县政府门户网站出现了

试运行的时候在相关部门信息公开专栏内发布"啊啊啊啊啊..."、"本机构成立于～～～"等消息却不及时消除的滑稽现象。还有政府网站较长时期内处于更新维护时期，导致政府门户网站的大量信息不能查阅、相关服务功能关闭，严重影响了政府信息公开工作的长效进行，阻碍了政府信息公开工作的进一步开展。面对社会的快速发展，社会公众对相关政府信息的需求和其信息知情权意识都在不断提高，政府门户网站信息公开亟须提升工作能力和工作效率，加大县级政府门户网站政府的更新、维护力度。

（二）全省门户网站信息公开总体形势向好，但信息整合度不高，信息更新速度慢

调查发现，全省县级政府信息公开方面的信息量基本达标，总体形势向好，为下一步政府信息公开工作的开展打下了较好的基础。全省县级政府门户网站对政府信息公开的重视程度较高，都将政府信息公开的专栏置于门户网站的显目位置，并且设置相关链接，速度快，内容全面。

很多政府网站在政府信息公开主页都采用了美观的页面设置，在政府信息公开专栏下设置了具体的信息分栏。但是不少政府网站的信息分栏仅仅是空白栏，有的在信息分栏内设置了链接，但是链接打不开或者直接转至空白页。不少政府网站在信息分栏下没有对信息进行再次细化分类，造成信息虽然进行了公开，但是查找起来十分费力，致使政府信息公开的整合度太低，方便群众的信息公开目的没有达到。另外，不少政府网站的更新速度太慢，有的最近更新时间甚至停留在建站时期，这种信息更新的滞后程度令人难以置信。

（三）政府信息公开工作责任制度的明确程度和政府信息公开水平存在某种正相关联系

在对政府门户网站进行检索的时候发现有很多的县级政府门户网站没有公布本级政府信息公开的相关规定，有的政府虽然制定并公布了本级政府信息公开的规定，但是规定中有关政府信息公开工作的责任制度的描述过于笼统、不具体，形式化严重，没有具体的追责问责和工作考核制度。

通过对测评结果分析，笔者发现政府信息公开工作责任制度的明确程度和政府信息公开水平存在某种正相关联系。可以说这种政府信息公开责任制度的缺位，一定程度上造成政府信息公开工作部门对政府信息公开的服务性、准确性和重要性认识的降低，也造成了信息公开公信力的降低，助长了群众在本应及时发布的相关信息而没有及时发布时对政府的怀疑，降低了群众同政府部门互动的可能。

四　提升政府信息公开工作水平的对策与建议

（一）推动各县政府门户网站问政的建设和维护

鉴于政府门户网站在当下信息时代的发展中具有便捷性、效率高、成本低廉等不可替代的优势，基层政府需要进一步提高对门户网站信息公开和网络问政的重视程度，积极推动各县政府门户网站问政的建设和维护，通过网络问政的方式，提高社会公众对政府信息公开制度运行的参与程度，保持群众关于政府信息公开意见的反馈渠道畅通。

（二）加强政府信息公开工作人员专职队伍建设

在调研中又发现一些政府部门并未建立政府信息公开专职队伍，而是由政府部分办公室的人员兼任，这种工作职位的兼任，容易造成工作重心的偏离，也会并发政府信息公开工作出现错误时的追责问责问题。推动政府信息公开，需要加强政府信息公开工作人员的专职队伍建设，加大培训力度，打造出一批专职化、负责任、技术水平高、服务态度好的政府信息公开队伍。

（三）"透明政府"建设下的信息公开工作常态培育

县级政府需要通过不断制定切实可行的、科学的政府信息公开工作制度，积极推动政府信息公开工作人员的专职化建设，以促进"透明政府"、"法治政府"建设下的政府信息公开工作常态培育。"法治政府"是一项系统工程，政府信息公开是否透明、及时、准确是"法治政府"建设中的关键一环。四中全会的决定中强调要"坚持用制度管权管事管人"，县级政府必须牢牢通过法治建设，促使政府信息公开工作运转处于常态，让信息在阳光下"晒晒"，政府信息公开工作人员要对政府信息公开的透明、及时、准确切实负责，建立起完备的信息公开工作的生态环境。

（四）建立健全政府信息公开的激励问责"双轨并行制"

县级政府信息公开的激励问责制度一方面要通过县级政府和上级人民政府对政府门户网站信息公开制度运行状况进行定期的评估，通过不同的因地制宜、因时制宜的测评指标体系对各政府门户网站信息公开状况进行测评和绩效评估，对评估结果进行分析，制作调研报告和测评得分排名，并将该测评结果写入年度政府报告。县级政府和上级政府需要不仅针对测评结果中表现好的政府进行激励，也需要对测评中表现较差的政府进行追责问责。

另一方面，还需要专家学者和社会公众组织按照学界政府建设理论的最新发展，根据县级政府工作的实际特点，制作政府网站政府信息公开测评指标体系或者绩效评估体系，对政府门户网站进行测评，并将测评结果制作成调研报告。一是送给政府负责部门以作决策参考和政策建议，二是通过学界媒体或者社会媒体进行公开，以社会舆论反响对政府部门进行问责，促进政府部门发现自身问题，积极改正。建立健全政府信息公开的激励问责"双轨并行制"，积极利用政府自身和社会公众力量共同促进政府信息公开工作取得实际成效。

（五）推动建设注重多方效应的政府信息公开评估制度

政府信息公开工作的评估制度需要注重多方观点。首先，政府部门可定期在政府内部进行政府信息公开运行状况的自我评估。其次，政府部门可以在年终对辖区内的居民进行抽样调研，寻求社会反馈，将反馈结果作为对上一年度政府信息公开工作评估和新一年度政府信息公开工作计划的重要参考依据。另外，政府还需要积极参考专家学者对政府信息公开制度运行状况的实证评估，了解专家学者从学理角度对政府信息公开工作运行的分析，积极纳入决策参考范围。政府信息公开的开展需要运用社会合力，建立起注重多方效应的政府信息公开评估制度。

B.13
陕西省老年人现状与需求调查报告

陕西省老龄办、陕西省老年学学会、陕西省社会科学院*

摘 要: 老龄化加速发展和家庭养老功能的弱化,使得养老问题成为陕西省经济社会发展的重要议题。为摸清陕西省老人养老现状,课题组在全省调查分析发现,半数老年人对当前生活感到基本满意。大多数老人可以从家庭获取,部分老人特别是城镇老人可以从社会上获取养老补助和服务支持,但仍有部分老人如高龄空巢老人、农村老人特别是失能老人的养老存在较大问题与困难。全省范围内,社区化、社会化养老服务远远满足不了多数老年人养老服务需求。陕西加速的老龄化以及高龄老人、失能老人等的大量增多,使适合不同状况老年人的更加细化和更高质量的养老服务在未来5~8年将会成为社会现实的需求,陕西社会养老服务体系面临诸多挑战。结合老年人的期望和陕西老龄事业发展现状和未来形势,课题组认为"十三五"时期应着力完善制度,发展养老社会服务和养老产业,同时加强家庭养老能力建设,优化老人生活的经济社会环境。

关键词: 老龄化 养老困难 养老服务 体系建设 陕西

老龄化加速发展和家庭养老功能的弱化,使得养老问题成为陕西省经济社会发展的重要议题。"十二五"时期,陕西老龄化进入快速发展阶段。为

---

* 课题主持人:刘春秀、米烈汉;报告执笔人:杨红娟、聂翔;报告审核人:王克群、高建强。

回应人口老龄化发展和养老差异化需求,陕西逐渐探索并形成了老年社会保障制度体系和多元社会化养老服务模式,并取得一定成效,老年人的生活环境得到了改善。但由于经济社会发展变迁,老年人的状况和需求也随之发生着变化,陕西老年人的现状怎样,老年人在养老方面还有什么问题与困难?"十三五"时期是陕西人口老龄化加速发展时期,也是老龄人口从轻度老龄化到中度老龄化的关键转折期,同时也是陕西经济社会发展的重要转型期,老年人口在总人口中比重持续升高,将成为未来十年陕西人口结构的常态。在"充分发挥市场在资源配置中的决定性作用,逐步使社会力量成为发展养老服务业的主体"原则下,"十三五"时期,陕西的老龄事业发展和社会养老体系建设如何着力,有哪些关键点和重点?陕西省老龄办、陕西省老年学学会和陕西省社科院组成课题组,2015年第二、三季度,对陕西省老年人的现状在全省范围内进行了实地调查,并运用社会统计软件SPSS对陕西老年人养老现状进行分析,清晰梳理陕西老年人的养老困难和问题,为陕西"十三五"时期积极应对老龄化、进一步加强养老服务体系建设提供参考借鉴。

调查以配额抽样方法,根据城市地理区位、城市规模、城乡区别、人均经济收入四个指标确定了调查样本,其中城乡样本比例对半。本次调查回收问卷2140份,有效问卷1810份,其中男性占总体比例的62.2%,女性占37.8%;年龄60~69岁的占比46.9%,年龄70~79岁的占比41.2%,80岁以上的高龄老人占比11.9%。

一 陕西老年人基本状况分析

"十二五"时期是陕西自有人口普查以来老年人口数量年均增长最快的阶段。陕西省统计局发布的《2014年陕西人口发展报告》认为,2014年老年人口增速加快,60岁及以上老年人口占常住人口比重的15.48%,较2013年提高了0.83个百分点,较2010年第六次全国人口普查提高了2.63个百分点。老年人口年均增速高于总人口,统计显示,2014年陕西人口总量低速增加,与2010年第六次全国人口普查时相比,净增加42.38万人,

60岁及以上人口增加了104.62万人。老年人口的增长速度远远高于总人口增长速度。老年人口占总人口的比例不断上升。同时，高龄老人、空巢老人、失能老人比重较大。失独老人也不断增多，2013年陕西有60岁以上失独老人达5090人。2015年的调查显示，老年人基本状况如下（见表1）。

表1 调查老人基本状况

单位：%

基本状况		百分比	备注
居住状况	与子女同住家庭	48.6	
	老人家庭	48.5	
	敬老院/养老院	0.4	
	其他	2.5	
子女数量	无子女家庭	0.9	
	独子女家庭	9.7	
	双子女家庭	28.2	
	多子女家庭	61.2	
身体状况	健康	10.9	
	基本健康	42.4	
	有疾病但能自理	42.7	
	生活不能自理	4.0	
经济状况	比较宽裕	8.0	
	基本够用	71.1	
	比较紧张	18.2	
	入不敷出	2.7	
经济来源	自己劳动收入	19.9	本题为多选题，总计超过100
	离退休养老金	36.9	
	房租/财产性收入	4.1	
	最低生活保障金	18.0	
	配偶提供	5.6	
	家庭储蓄	6.1	
	子女接济	38.5	
	其他	14.3	
日常消费	日常吃穿	42.7	
	医疗花费	37.7	
	营养保健	7.2	
	娱乐保健	1.6	
	养老服务	1.3	
	补贴儿女	3.9	
	旅游	0.8	
	其他	4.9	

续表

基本状况		百分比	备注
闲暇安排	读书看报	27.3	本题为多选题，总计超过100
	打牌下棋	19.6	
	看电视听广播	70.9	
	锻炼身体	36.0	
	旅游	5.0	
	逛街	14.1	
	社区组织的活动	13.8	
	养花种草	16.5	
	串门聊天	36.5	
	其他	12.0	
养老选择	家庭养老	83.3	
	社区养老机构(托老所等)	8.6	
	养老院养老(敬老院等)	6.7	
	其他	1.4	

1. 近半数老人与子女同住

调查显示，老人的居住状况是：与子女同住家庭有48.6%，老人家庭有48.5%，养老院老人占比0.4%，还有2.5%的老人是与亲戚、朋友居住等情况。

2. 大部分老人有两个以上的子女，老人子女数量及其性别与年龄相关

调查显示，多子女的老人依然占到最多数，达到61.2%，有两个子女的老人占比为28.2%，独生子女为9.7%，还有0.9%的无子女老人。调查也显示，老人子女数量及其性别与年龄相关。受访老人大多数都有两个以上子女。

3. 半数以上老人身体基本健康

调查显示，有10.9%的老人认为自己身体"健康"，42.4%的老人自我评价"基本健康"，有疾病但能自理的老人有42.7%，生活不能自理的老人占比4.0%。

4. 将近80%的老年人收入"基本够用"

调查显示，8.0%的受访老人认为自己生活"比较宽裕"，71.1%的老人认为收入"基本够用"，也有18.2%的老人感到"经济紧张"，还有2.7%的老人认为自己"入不敷出"。

5. 退休养老金和子女供养是城乡大部分老年人的主要经济来源，城乡老人在收入来源和消费支出中存在较为显著差别

调查显示，有38.5%的老人需要接受子女接济，36.9%的老人收入来源是自己的离退休金，同时将近20%的老人自己的劳动收入也成为其收入的重要组成部分。调查也显示，城乡老人收入来源的最大区别在于养老金和子女接济，大部分城镇老人（64.2%）依靠离退休养老金，农村老人56.9%需要子女接济。

老年人消费支出主要用于日常生活，其中日常衣食占比为42.7%，医疗花费为37.7%，营养保健为7.2%，少部分老人还要补贴儿女。对消费支出状况的分析发现，城镇老人在营养保健、娱乐休闲、补贴儿女方面显著高于农村老年人。

调查也显示，老人消费类型与经济状况显著相关。经济状况差的老人更多支出用于医疗花费，经济宽裕的老人更多消费支出在营养保健和旅游上。

6. 看电视、听广播是大多数老年人的休闲娱乐活动，老年人休闲娱乐活动存在性别差异和城乡差异

调查显示，大部分老人（70.9%）主要以看电视、听广播这种被动活动为主，1/3多的老人会经常锻炼身体（36.0%）、串门聊天（36.5%），也有部分老人（27.3%）会读书看报、打牌下棋（19.6%），有些老人也会养花种草（16.5%）、逛街（14.1%）等，还有5%的老人会将旅游作为休闲活动；仅有13.8%的老人选择参加社区组织的活动。调查也显示，老年人休闲娱乐方面存在性别差异，男性更多的是读书看报、打牌下棋，女性更多的是串门聊天。城镇老人的社会化活动较多，主要是旅游、社区活动参与等较多，农村老人更多的休闲活动在串门聊天、走亲戚看朋友等邻里朋友人际交往上。

7.家庭养老依然是大多数老人的选择,老人养老选择与经济收入显著相关

调查显示,83.3%的老人依然选择家庭养老,有8.6%的老人选择在社区养老机构,也有6.7%的老人愿意到专门的养老机构进行养老。调查也显示,老人养老选择与经济收入显著相关,与受访者年龄、性别无关。虽然家庭养老是大部分老人的选择,但进一步分析发现,在对养老机构的选择中,收入高的老人更愿意选择社区养老机构,低保、五保老人更多选择养老院养老。

二 陕西老年人养老现状调查分析

"十二五"时期,陕西老龄化进入快速发展阶段。为回应人口老龄化发展和养老差异化需求,陕西大力促进老龄事业发展,建立健全社会保障制度,为老人养老提供基本经济支持,并初步形成了以社会、社区、家庭三级服务网络为基础,相互结合、相互补充的多样化社会养老服务体系。为构建"三个陕西",促进陕西经济社会协调发展,发挥了积极作用。实地调查反映,大部分老人对陕西社会养老建设的成效持肯定态度。

(一)老年人养老现状评价

1.大部分老人对自己目前的生活基本满意

生活满意度是生活质量的主观测量指标,并受客观状况影响。总体来说,大多数老人对自己的状况比较满意,其中,12.2%的老人非常满意自己的生活,比较满意者占到48.2%,感觉自己生活满意度"一般"的老人占到31.1%,同时也有8.4%的老人对自己生活不够满意(见图1)。

2.绝大部分老人都参加了基本的社会养老、医疗保险等;老年人对社会保障制度满意度普遍较高

调查显示,95%的被访老人参加了基本社会养老和医疗保险;还有2.7%的老人参加了养老和医疗的商业保险;收入来源的调查也显示,老人

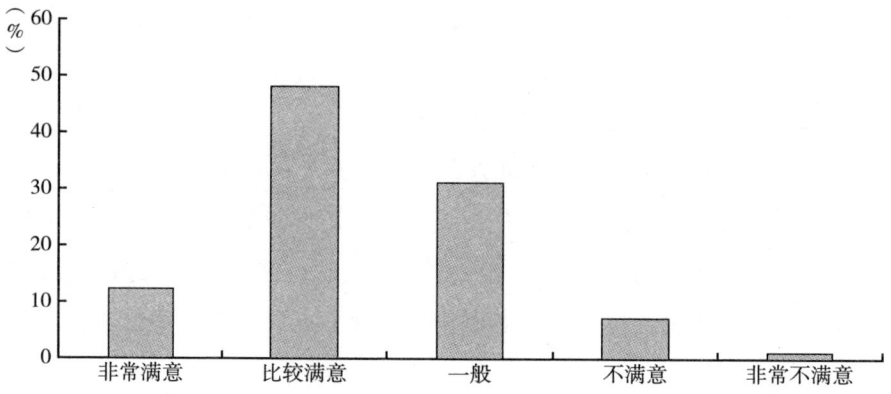

图1 老人生活满意度

特别是城镇老人的收入来源主要依靠养老退休金,还有18%的城乡老人收入来源包含社会救助金。

调查也显示,老年人对社会养老保障制度满意度普遍较高,其中满意度最高者为社会养老保险制度,满意率达到95.2%,其次为高龄老人补贴等福利政策,为93.7%,再次为基本医疗保险制度,达到93%,而满意度较低的为失独家庭补助制度和对老年人实施分类施保制度,也分别达到84.8%和88.9%(见图2)。

3. 部分老年人可以获得社会养老服务等非经济支持,老年人对养老服务业评价总体较低

1/3的社区建成了设施较为齐全的社区养老服务机构,其中少部分可以为老年人提供比较完善的养老服务支持。按照生活照料、医疗护理、精神慰藉、紧急救援等养老服务覆盖所有居家老年人的要求,陕西的社区居家养老服务网络也不同程度地为老龄人口提供多元化服务。调查显示,30.8%的被访老人明确表示"有"社区养老中心,但只有15.5%的老人经常去,经常去的老人中2/3(67.6%)比较满意其服务。在服务设施上,较多社区配置了身体锻炼场所(53.1%)、社区医疗服务中心(39.6%)、休闲娱乐场所(38.0%),仅不到10%的社区有日间照料中心,7.4%有紧急救援服务,7%有老年餐桌,有社区托老所仅为3.8%。有25.6%的社区基本上没有任何社区养老服务设施(见图3)。

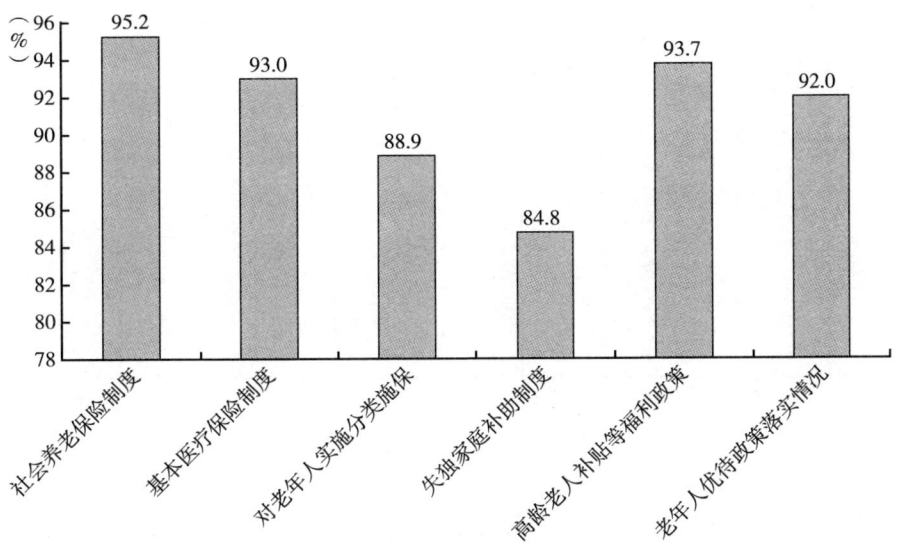

图 2　老年人社会保障制度满意率

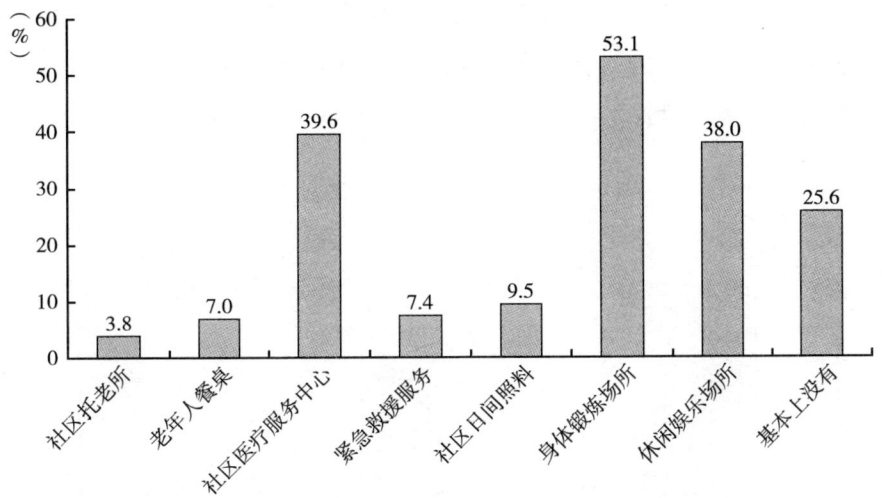

图 3　老人所在社区养老服务设施状况

同时被访老人对社区服务需求比较迫切的前三项依次为做饭、家庭保洁、日常护理，分别有 56.9%、50.5%、49.2% 的老人需要这些服务，将近 40% 的老人还需要陪伴服务，也有 1/5 的老人（20.2%）需要代购服务（见图4）。

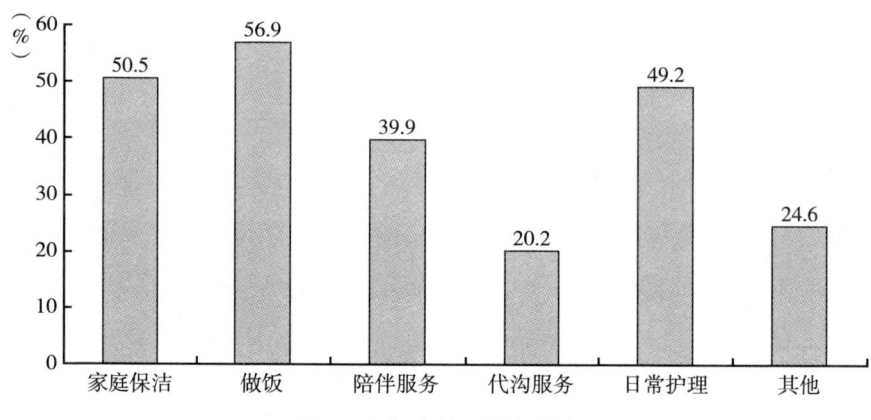

图4 老年人社区服务需求

"十二五"时期,陕西养老机构建设发展迅速,各类收养性养老机构涵盖福利院、养护院、敬老院、老年公寓等多种类型,统计数据显示,2013年末,全省累计建成各类养老机构2526个,拥有养老床位15.04万张,2014年,又增加2.4万张,每千名老人拥有的床位数达到29.7张,但这远远不能满足老年人对养老机构的实际需求。2015年的调查显示,只有1/3不到的老人认为可以找到适合自己需求的养老机构(见图5)。

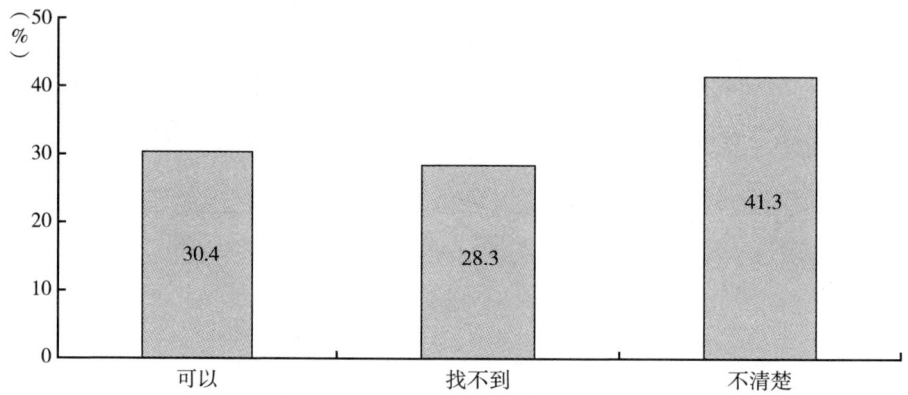

图5 老人选择养老机构可能性

调查也显示,价格高和距离太远是老年人难以找到适合的养老机构的主要原因(见图6)。

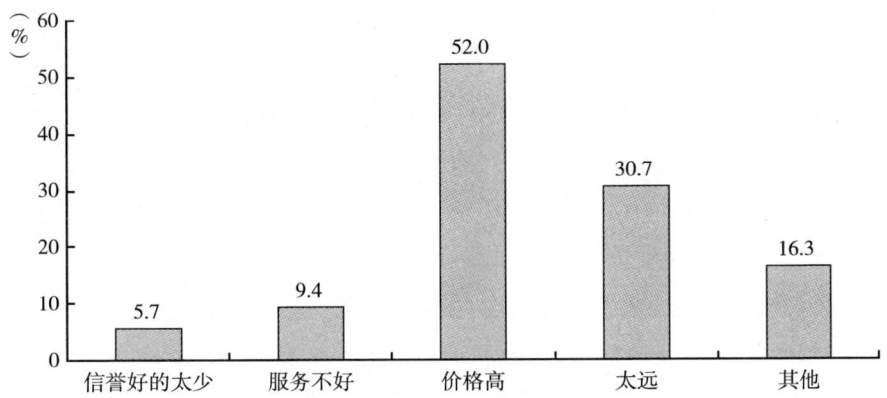

图6 老人选择养老院困难原因

养老服务业以老年生活照料、老年产品用品、老年健康服务、老年体育健身、老年文化娱乐、老年金融服务、休闲老年旅游等为主,调查显示,老年人对养老服务业总体满意度较低。其中,老年人满意度最高的为老年人食品、服装等日常生活用品服务,满意率为86.2%,有些老人满意买到自己需要的食品、服装等;其次为老年人医疗与营养保健服务,为82.4%,其他依次为老年人休闲旅游和文化娱乐服务、老年教育服务等,分别为78.80%、77.30%,满足程度较低的其他服务为老人健康、婚姻及心理精神咨询服务(71%)、老年人保险及金融保险理财服务(69.6%),以及老年公寓、养老院、托老所等老年居住服务(69.6%),最低的为老年人送餐、护理等生活照料服务,满意率仅为68.60%(见图7)。

4. 2/3以上的社区有老年性社会组织,但经常性组织活动的较少,老人参与较少

社区老年社会组织是老年人自我管理、自我教育、自我服务的主要依托,可反映老年群体的合理诉求,帮助老年人解决实际困难,是老年人社会支持的重要力量。陕西省民政厅的统计显示,截至2014年7月,全省共建成基层老年协会19404个,覆盖率达70%,但也存在区域发展不平衡、经费设施不足、作用发挥不够充分等问题。2015年的调查显示,有68.5%的被访者社区有老年性社会组织,但仅有1/3的老年社会组织会经常进行活动(见图8)。

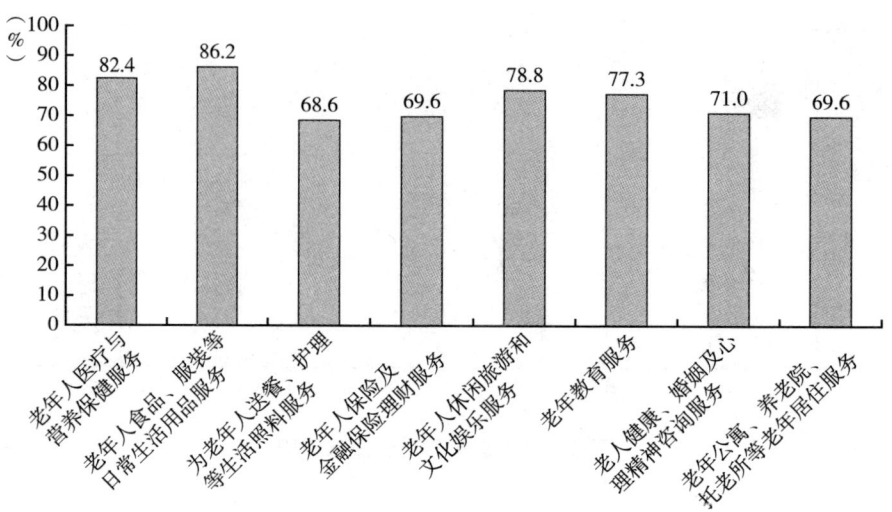

图 7　老年人养老服务满意度

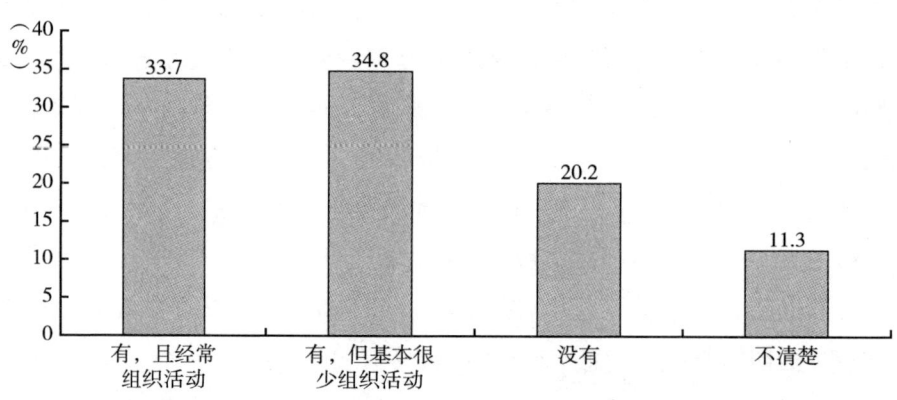

图 8　社区老年社会组织及其活动情况

（二）老年人养老问题与困难分析

1. 疾病多、经济困难、心理慰藉缺少是老年人养老面临的主要困难

分析发现，老年人生活最为困难的前三项依次为疾病多/健康差、经济困难、寂寞孤独。还有很多老人被文化娱乐少、家务繁重等困扰，居住条件差、子女很少回家、生活无人照料等也是困扰部分老年人的主要问题（见

图9)。

经济困难、健康较差的老人对家庭关系评价较低。调查显示,身体状况、经济状况、子女数量等是影响老年人代际关系评价的主要因素。分析发现,老年人身体健康情况、子女数量、经济状况,与代际关系评价显著相关。身体状况好的老人,对代际关系评价比较积极,不能自理老人评价最低;子女数量越多,经济状况越好,代际关系评价更为积极。

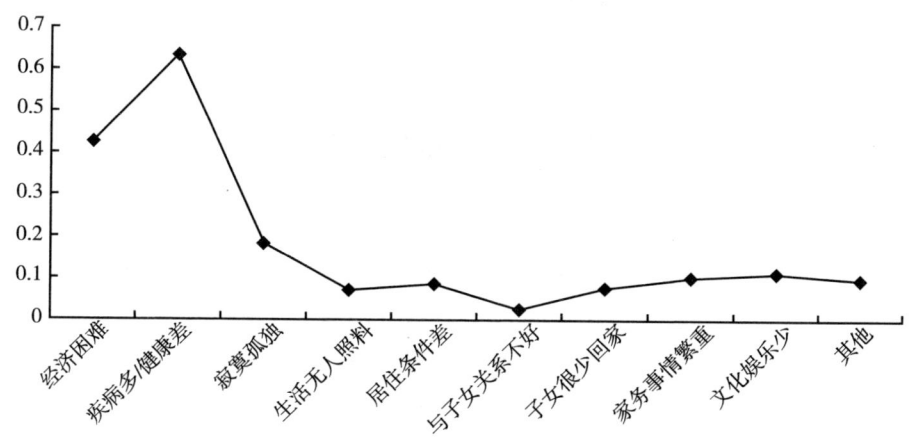

图9 老年人面临的主要困难

2. 高龄空巢老人日常生活困难更大

老人年龄与养老困难之间的回归分析显示,受访者随着年龄的增大会呈现显著性变化。老人年龄越大,养老困难越多,特别是在寂寞孤独、生活无人照料方面的困难就更大,老人年龄越大,对改善养老社会环境、重视精神养老、加强社区紧急救援设施建设的需求越高。而能够从社区获取的养老服务却十分有限,高龄空巢老人群体是当前养老最为困难的群体。

3. 很多老年人担心自己的权益受损

调查显示,2/3 的老年人担忧自己的权益受损。被访老人认为权益容易受损的主要为赡养权、财产权和人身权益,分别占到了69.4%、48.1%、32.1%,其他依次为社会参与权、继承权、婚姻自由权等权益(见图10)。

老人权益受损,半数老人(52.2%)认为主要原因在于老年人维权意

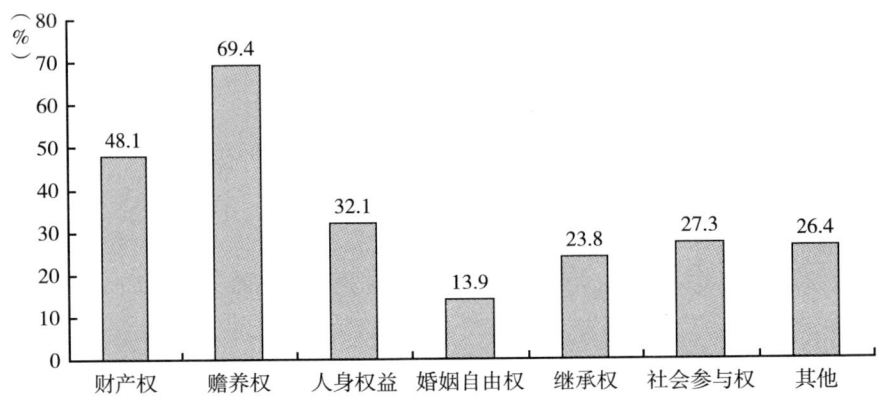

图 10　老人权益受损担忧

识不强，还有 42.8% 的老人不了解法律，也有 37.1% 的老人认为孝道观念薄弱也是老人权益受损最主要的原因（见图 11）。

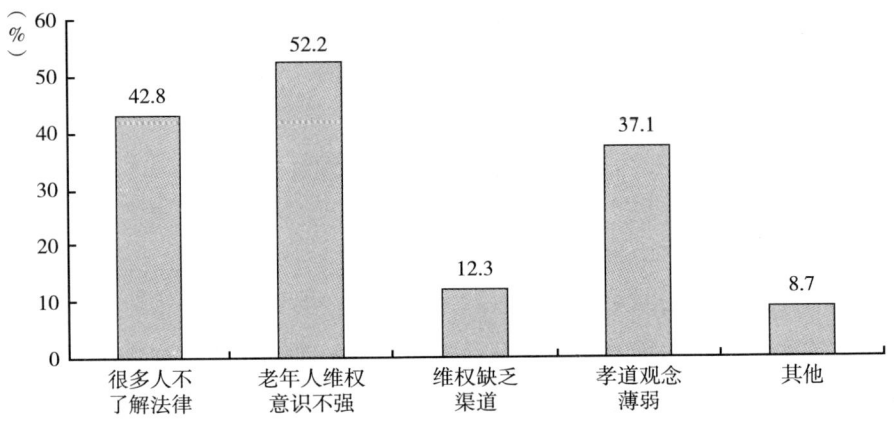

图 11　老年人对社会养老的期望

4. 农村老年人养老更加困难

调查显示，农村老人在经济支持、基本生活等方面更加困难。第一，农村老人养老经济支持更加不足。研究显示，农村老人对家庭和社会的依赖程度较高，经济帮助依然是农村大多数老人最重要的养老需求。调查显示，56.9% 的农村老人的经济来源是子女接济，子女接济的不稳定性使其在经济上容易产生困难；调查也显示，农村老年人认为经济困难是他们最为困扰的问题。因而消费也主要用于日常生活的支出，很少有经济能力用于营养保健、娱乐休闲等方面。数据也显示，陕西城乡居民养老保险金因各地市不同月均在60~100元，低保救助标准为每月168元，而农村居民年均消费支出则达到5724元，城乡社会养老保险金和低保救助金是农村老年人比较稳定而重要的经济来源，但其保障水平又明显不足，这两者的矛盾使农村养老陷入困境。

第二，农村青壮年劳动力的大量外流，造成了大量的农村留守老人。农村留守老人要承担农活和家务双重劳动，一般处于自养状态，同时，部分留守老人还要承担照料下一代的重任，随着年龄的增大，自养能力逐渐弱化，而外出打工子女的赡养处于缺位状态，使老年人特别是高龄老人的生活照料问题凸显。

第三，农村社会养老体系建设管理与服务不足，难以满足老人的实际需要。调查分析发现，在社区养老设施的所有方面，城镇均高于农村，其中在休闲娱乐、身体锻炼场地、社区日间照料、老年餐桌等方面更为显著。实地调查也发现，当前在农村普遍推进的农村幸福院工程，主要是利用村委会或其他闲置场所改造而成的活动中心，活动中心设置较为简单，只能为老人提供简单的娱乐活动，对老人真正的生活需求起不到实质性作用；农村互助幸福院的建设主要通过行政推动，基层对农村互助幸福院的建设认识不够，对互助自助的社区养老形势缺乏深刻理解，因而缺乏主动性；在运行过程中还存在一些管理不善、服务对象少、运行模式单一等现象，有些幸福院工作只是流于表面形式，上面来人检查时才召集老年人开展活动，平时老年人活动少或没有老年人活动。除少数农村社区养老服务体系建设比较健全、成效较好外，大部分农村互助幸福院与实现为农村老人尤其是留守、独居老人创造相互帮助、相互关照、消除孤独的生活环境的目标，还存在较大的差距。

5. 农村失能老人的生存现状更为严峻

农村经济发展水平有限，弱势老年人口数量更多（五保老人、贫困老人和失能半失能老人）。以失能老人的生存现状为例，调查显示，农村失能老人多处于维持基本生存状态，大多住不起养老院而主要由家庭成员照顾，很多家庭成员因为照顾失能老人而无法外出打工，家庭经济状况普遍欠佳，失能老人的药品支出又增加了家庭负担，家庭矛盾增多。有10%的失能老人因为种种困境，存在厌世和心理健康问题。失能老人普遍希望政府能够提供特殊政策支持，而陕西省只有西安市2013年出台了《西安市特困失能老人生活护理补贴管理办法》，为"五类失能老人"提供100~300元不等的补贴外，省级层面没有相关政策，缺乏相应支持。

（三）调查结论

对老人的调查显示，在目前情况下，大多数老人可以从家庭和社会中获得一定的养老支持，但仍有部分老人在经济、健康以及养老方面存在较大问题与困难。

1. 大部分老人可以从家庭获得养老支持

全省老年人多子女、与子女共同居住的传统家庭仍占主流，老年人的基本生活照料、精神慰藉、部分经济来源等主要由子女提供。家庭养老仍是大多数老年人主要的养老选择方式。但随着计划生育政策的调整，低龄老年人独生子女现象特别是在城镇较为普遍，加之社会流动与工作生活方式的变化，导致独居、空巢、留守等老年人家庭越来越多。半数以上老年人身体基本健康，但随着年龄增长，老年人身体状况越来越差，同时高龄老人不断增多，失能或半失能的老年人也明显增多，社会养老服务需求将不断增大。

2. 部分老人特别是城镇老人可以从社会上获取养老金和服务支持

绝大多数老年人参加了基本的养老保险和医疗保险，经济困难老人得到低保支持，少部分城市社区已经具有养老服务设施并具备了养老服务能力，而且能够经常性开展老年人社会组织活动，但是全省范围内，社区化、社会化的养老服务供给十分有限，社会化养老服务远远满足不了多数老年人养老服务需求，陕西加速老龄化以及高龄老人、失能老人等的大量增多，适合不同状况老年人的更加细化和更高质量的养老服务在未来5~8年将会成为社会现实的需求。

3. 半数老年人对当前生活感到满意

半数以上的陕西老人基本满意当前生活,其中对社会保障制度满意度较高,而对养老服务需求满意度较低。

4. 老人养老存在诸多困难

一是疾病多(健康差)、经济困难、寂寞孤独是老年人面临的主要困难;二是高龄空巢老人日常生活更为困难;三是老年人较为担忧权益受损;四是农村老人特别是农村失能老人养老更为困难。

三 陕西社会养老服务的问题与挑战

对比调查陕西养老社会服务体系建设的现状,分析认为,陕西社会养老保障与服务存在以下问题与挑战。

1. 社会保障制度、保障水平城乡差异较大,保障农村养老金困难更大

陕西形成了覆盖全民的社会保障体系,但城乡居民养老保险、低保、社会救助与医疗保障水平之间存在较大差距。2013年陕西城乡居民基本养老保险的发放标准为月均60~100元,而城镇退休人员养老金则为月均2046元,城乡养老保险保障水平相差较大。2013年陕西城市低保月均为355元,农村则仅为168元;农村"五保"和城市"三无人员"的保障标准相差1.42~1.8倍;在医疗保障上,农村居民报销比例与城市退休职工的医疗保险报销比例相差30%以上。同时,农村老年人仍然普遍存在"小病拖,大病扛,扛不过去吃点止痛药"的现象。

陕西城乡老年人养老能力不同,但却实施统一的普惠政策。如全省70周岁老龄补贴政策、城乡补贴标准因为各地市情况不同在50~300元。50元对城市领取退休工资的老年人与农村老年人的意义大为不同。在农村50元勉强可以支撑部分老年人每月的零用开支,300元可以维持基本生活,而50元和300元则分别仅相当于城镇职工平均养老金的2.4%和14.6%,对城市老人生活影响较小。

城乡老年人对养老社会服务的需求弹性不同，老年人亟待解决的养老问题也有所不同。城镇老年人对娱乐服务、精神慰藉的需求更强烈，而农村老年人最迫切需要解决的确是安全问题、生活照顾问题和生存保障问题。农村社会养老服务应着眼于这些实际，组建和推动老年协会有效运转，定期查访老人，为他们提供关怀和帮助，而当前陕西对城乡养老服务体系的要求中，未能体现差异化以适应城乡老人需求的差异性。

2. 社会养老服务体系发展不足，养老服务与老人需求匹配度低

第一，养老服务体系设施覆盖不足。民政部门的统计数据显示，目前陕西机构养老床位总量供给不足，全省养老床位有总计15.04万张，每千名老人拥有养老床位数仅约26.4张，居家养老城乡覆盖率分别仅为32.43%和9.06%。与《陕西省社会养老服务体系建设规划（2011－2015年）》中"老年人床位拥有率达到国家规定的30‰以上的要求，居家养老和社区养老服务网络基本健全"，还存在较大距离。

第二，在服务内容上，老年人因健康、年龄、经济状况等的不同，对养老服务类型存在不同需求和要求。但现有大部分养老机构是面向所有老年人的或者主要服务于健康老人，以高龄、失能、半失能老人为重点应提供专业化的养老服务严重不足。社区养老服务方面，调查显示，陕西已建成的社区居家养老服务中心（站点）能为老人提供的主要是文体娱乐和医疗保健服务，这类服务更多的是契合身体健康老人的需要，而日托、购物、配餐、送餐、家政服务和康复保健等满足不同老人需求的居家个性化服务提供较少，70%以上居家养老服务中心（站点）难以为老人提供这类服务。总体来看，陕西养老服务存在针对性不足、需求层次划分有限、缺乏精细的专业分类等问题。

3. 养老产业有效供给严重缺乏

养老产业的发展有助于增加商品种类，扩展服务领域，促进市场繁荣，增加社会财富，扩大就业渠道，推动经济增长。通过发展老龄产业所产生的关联效应和连锁效应，也可促进其他产业的发展，乃至对整个国民经济的发展产生积极的促进作用。伴随城乡养老体系的完善、养老保障水平的

提升,陕西城镇职工养老金近11年连续增长,城乡居民养老保险金、高龄补贴从无到有,极大地提升了老年人的支付能力。而且随着经济的快速发展,很多老人拥有了财产性收入,尤其是城市政府机关、企事业单位退休的老人一般都有储蓄,有的老人进行投资理财,很多老人拥有房产,成为老人养老的可靠保障。同时,老年消费观念的转变、老年人的消费需求将日益增长,使老年人消费市场蕴藏着巨大的潜力。但陕西在老年产业发展中还未有系统的规划与政策支持,养老产业缺乏市场标准和规范,养老产业尚未形成规模。

4. 老年人安全和权益保护成为社会关注的热点问题

经济社会的发展,使更多的老人活跃在更大的社会空间里,老年人安全和权益保护也日益成为社会的关注热点。因为老年人自身防御与自救能力较为脆弱,老年人更容易在日常生活和重大灾难中受到伤害;商业驱使的老年消费伤害也大量发生,大量老人因为质量问题、虚假宣传、价格欺诈和退换货难等方面消费权益曾遭受不同程度的损害;空巢或独居也容易导致抑郁和焦虑。同时,老年人赡养、婚姻、财产等纠纷案件呈现增长趋势,老年维权工作面临严峻形势,使更多老人对自己的权益受损更加关注与担忧。

四 "十三五"时期陕西社会养老事业发展的政策建议

调查显示,老年人"最希望政府工作改善"的前三位依次为提高养老保险待遇水平、营造全社会尊老敬老氛围、完善社区医疗卫生服务,其次为有更多的健身活动场所、重视精神养老、多建些社区养老机构和养老院,其他依次为多组织老年文化活动、加强社区紧急救援设施建设、为老人提供法律援助服务等方面(见图12)。

"十三五"时期,是陕西从"老龄化"社会进入"老龄"社会的转折期,也是充实社会养老的关键期。根据预测,2015年以后,老年人口的增加趋势将更加明显,2020年老年人口总量将超过500万,占总人口比重将

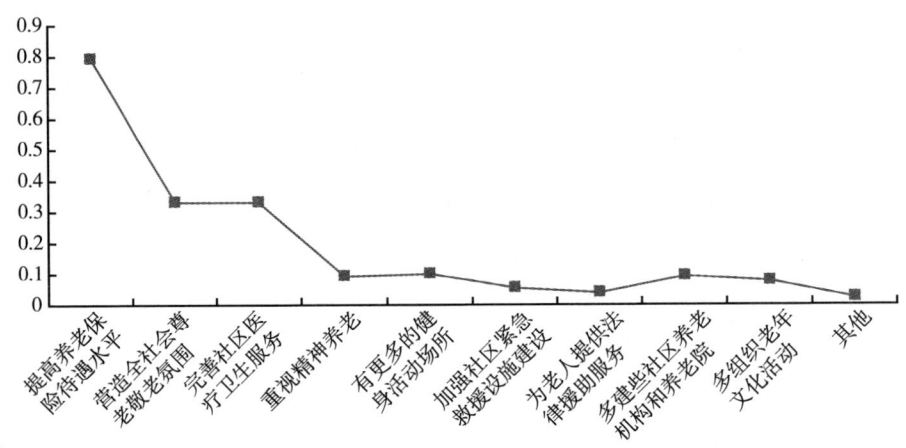

图 12 老年人对社会养老的期望

达到13.3%①。同时高龄化趋势增强，到2020年陕西80岁以上老年人口将达到94.2万人，增长速度远大于同期其他年龄段人口的增长幅度；随着人口高龄化和人口寿命的延长，失能老年人增加成为必然的趋势；人口流动的增强使城乡空巢家庭继续大量存在并呈上升趋势。家庭养老功能将继续弱化，养老社会需求更加多元多样，社会养老服务业和养老产业发展十分迫切。因此，应以积极应对老龄化的理念，加强社会养老制度和服务建设，同时提升老年人自我养老能力，积极应对老龄问题和压力。结合老年人的期望和陕西老龄事业发展现状与未来形势，课题组认为"十三五"时期坚持"充分发挥市场在资源配置中的决定性作用，逐步使社会力量成为发展养老服务业的主体"的原则，着力完善制度，发展养老社会服务和养老产业，同时加强家庭养老能力建设，优化老人生活的经济社会环境，促进高质量全面覆盖的"以居家为基础、社区为依托、机构为支撑的，功能完善、规模适度、覆盖城乡的养老服务体系"。

---

① 陕西省统计局：《陕西人口老龄化趋势及其对社会经济发展的影响》。本文所用的预测数据均为65岁老年人口，其他数据采用统计局发布的人口数据，均为60岁以上人口。

（一）完善城乡统筹的社会保障制度

一是坚持社会保障的兜底原则。建立健全社会救助工作人员和救助对象的征信系统，解决低保对象收入核查等难题；完善临时救助制度，适当提高救助标准。二是加快建立城乡居民养老金待遇调整机制。在城镇企业职工养老金连年调整的同时，努力使城乡居民基础养老金每人每月能够达到120元的标准。三是"十三五"时期，提高各类社会保险制度的统筹层次，将目前市县级统筹的城乡居民养老保险、基本医疗保险、失业保险、工伤保险、生育保险等制度从县市级统筹向省级统筹过渡。四是建立城乡居民统一的医疗保险制度。建立统一的城乡居民基本医疗保险制度，并以此为契机，整合城乡基本药物目录、诊疗目录和医疗服务设施标准，为建立统一的医疗保险制度，提供政策框架基础。五是加大对农村老人的养老支持力度。财政投入继续向农村倾斜，适当提高农村老人如空巢老人、失能老人、贫困老人等的补贴标准。六是建立失能老人的社会保障制度。陕西应尽快出台《陕西省失能老人护理补贴办法》，并将失能老人康复治疗纳入城镇职工、城乡居民医保范围。七是在具备条件的市县探索建立老年护理保险制度。

（二）加强适应不同群体需求的社会养老服务体系建设

一是加强公共养老基本服务体系建设，在制定公共养老服务体系服务项目、服务对象、保障水平、责任主体，以及资金来源等方面，发挥政府主导作用，在服务资源有限的条件下，重点保障失能、半失能老年人的基本服务需求。二是统筹发展居家养老、机构养老和其他多种形式的养老服务。在养老机构建设中，要加强规划，建立适应不同群体需求的多层次养老机构。在居家养老服务网络建设中，各级政府将其列入政府工作议程和民生实事，加大投入力度，把城乡社区养老服务中心及县、乡、村（社）三级服务网络建设作为"十三五"时期财政支持养老机构发展的重点，并向农村倾斜，促进城乡居家养老基础设施建设同步发展；出台居家养老设施规划配建标准和服务的陕西标准，根据农村不同地区的特点，创新社区养老服务模式。三是探索多种形式的"医养融合"模式。建议出台陕西"促进医养融合发展"的政策性文件，鼓励探索多种形式的"医养融合"模式。四是因地制宜，推广陕西不同地域的养老服务模式。陕北地区要加大公共财政投入力度，发挥财政兜底作用，大力发展社区居家养老，推行邻里互助养老模式；引导民间资本、社会资本进入养老领域。同时，出台政策鼓励民间慈善资金支持养老事业发展。关中地区应发挥市场配置资源的优势，大力促进社区居家养老建设，加强多层次、多元化养老机构建设。陕南地区要加大各级财政投入和转移支付力度，发挥财政兜底作用，保障贫困老人的基本生活。

（三）积极促进市场主导的养老产业发展

一是将老龄产业发展提到政府重要议事日程。明确政府在老龄产业发展中的职能，从规划指导、政策扶持、政府采购等方面为老龄产业发展创造良好的社会环境。二是深入调查研究，完善相关配套措施。三是鼓励社会资本以独资、合资、合作、联营、参股等方式参与管理和运作。四是优先发展养老服务业支持性产业，如家政业、医养结合的养老机构、老年护理专业人员和管理人员培训产业、老年产品用具开发、老年养生保健服务业等。五是鼓励发展养老服务中小企业，在社会养老服务中，政府从"直接服务"模式中"后撤"，坚持政府购买养老社会服务原则，对某些企业因营利过少而不愿意生产的产品政府给予一定补贴，形成养老服务产业集群，引导和支持老龄产业健康发展。

（四）加快促进老年服务人才培育

一是加强社会养老服务专业的人才队伍培育。鼓励在各相关职业学校和高等院校设立养老服务管理和护理专业；在条件具备的情况下，在省内建设一所专门的社会福利专业教育机构，对高校养老护理专业给予一定补贴，建立实习培训孵化养老服务人才的专业基地。对养老护理员实行专业培训和职业技能鉴定补贴。二是要为社会养老服务专业人才发展提供保障。出台相关保障社会养老服务人才权益的相关法规文件。三是通过制定岗位专业标准和操作规范,推进养老护理员国家职业资格认证制度。

(五)强化家庭养老能力建设

家庭传统养老功能将继续弱化,但家庭养老依然是满足老年人日常生活需求的最重要机制。一是整合计生、妇女发展等部门有关家庭能力建设政策。扩大家庭能力建设覆盖范围,从原来只针对计生家庭扩大到所有家庭,并以家庭作为社会政策的对象。二是建立子女养老的激励制度。建立增加劳动者带薪休假的制度,鼓励劳动者和父母就近居住或共同居住;为随子女迁移父母提供同城医疗和社会服务支持。

(六)高度重视老年人权益保护工作

认真贯彻执行《陕西省实施〈中华人民共和国老年人权益保障法〉办法》,一要各级组织大力开展法律宣传教育,对老年人权益容易受损、影响严重的事件的维权过程进行宣传,使群众了解有关法律对老年人的特别规定;二要加强法律监督,加大执法力度,依法严厉处理和打击侵犯老年人合法权益的不法行为;三要加大对老年人法律援助的力度,在社区设立老年人法律服务、法律援助等站点,使老人能够方便及时地获取法律支持与服务;四要提高老年人自身的维权意识与能力。

(七)全面优化养老社会环境和文化环境

一是营造全社会尊老敬老氛围。弘扬传统孝文化精神,赋予其新内涵,并建立适应社会发展变迁的孝道规范;在家庭和学校培育少年儿童爱老、敬老习惯,在社区中加强志愿文化与邻里互助文化建设,在全社会树立敬老、养老、爱老和助老的良好社会氛围。二是大力培育老年自我服务、互助服务和为老人服务的社会组织。在农村,政府要重点支持基层老年协会的建设和发展。三是加强老年文化建设。加强老年文化服务配套设施建设,加大出版

老年读物的扶持力度,打造多样化老年旅游文化品牌,大力发展老年教育,普及老年体育健身运动。四是高度重视老人安全建设,加大公共设施无障碍建设力度,加强老年相关产品的安全监管,建立老人意外伤害保险。五是重视精神养老,对社区中特殊老人如残疾、失独等老年特殊群体进行有效的专业服务。

B.14
陕西统筹城乡最低生活保障制度研究报告

薛金慧*

摘　要： 最低生活保障制度是现代社会保障制度的核心体系。统筹城乡最低生活保障制度，对缩小城乡差距、维护社会公平具有重要意义。经过十几年的发展，陕西城乡低保的保障范围不断扩大，低保标准不断提高，保障资金不断增加，保障制度不断健全。但也存在城乡低保标准差距过大、低保对象核实困难、配套服务能力不足、实施监督缺乏等问题。陕西今后统筹城乡最低生活保障制度，需要逐步实现城乡低保标准的统一，规范低保资金的使用和管理，加大低保对象的核查力度，加强低保制度与其他社会救助制度的衔接，强化低保制度的监督管理。

关键词： 陕西　城乡统筹　最低生活保障制度

　　城乡居民最低保障制度是针对城乡家庭人均收入低于当地最低生活保障标准的贫困人口，以解决其家庭基本生活问题为主要功能的补差式救助制度。该制度是现代社会保障制度的核心体系，也是保障城乡居民基本生活的最后一道安全网，是我国社会保障体系的重要组成部分。统筹城乡最低生活保障制度从本质上讲，是指缩小城乡差距，使城乡社会保障从经济二元结构

---

* 薛金慧，陕西省社会科学院政治与法律研究所助理研究员，主要研究方向为党史、政治学和公共管理。

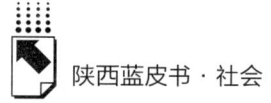

转向城乡在最低生活保障范围内统一筹划，实现城乡同步实施的最低生活保障制度。这种制度对我国社会保障制度的完善和城乡协调发展起到了积极作用，对缩小城乡差距、维护社会公正具有重要的意义。

一 陕西城乡最低生活保障制度实施现状分析

最低生活保障制度于1993年在上海首创，其后各地根据自身情况纷纷开始试点探索。在民政部和中央政府的推动下，1999年随着《城市居民最低生活保障条例》的正式发布和中央财政对绝大多数省份最低生活保障制度补助的下拨，最低生活保障制度普及到全国所有城镇，基本解决了"应保尽保"的问题，并进入了以中央为主导的发展阶段。之后这项制度不断发展，2007年底中央发布了《国务院关于在全国建立农村最低生活保障制度的通知》，标志着中央政府开始对农村低保制度进行资金投入和政策投入，表明该制度最终普及到了所有农村地区并向城乡一体的方向迈进。

1997年城市居民最低生活保障制度工作领导小组成立，标志着陕西最低生活保障制度开始试点。2001年《陕西省城市居民最低生活保障制度实施办法》颁布，标志着陕西城市最低生活保障制度全面建立。2005年6月陕西省民政厅和省政府分别下发《陕西省农村居民最低生活保障暂行办法》（陕民发〔2005〕18号）和《陕西省人民政府关于在全省逐步建立农村居民最低生活保障制度的通知》（陕政发〔2005〕19号）两份文件，决定从2005年7月1日起，在全省范围内逐步建立和实施农村低保制度，又标志着陕西农村最低生活保障制度建立。至此，较为全面系统的陕西城乡最低生活保障制度最终形成，它对城乡居民的社会救助和生活救助起到了很好的规范和推动作用。

（一）城乡低保人数呈下降趋势

最低生活保障制度是国家根据居民家庭人均收入水平确定最低生活保障标准，从而使低于该标准的家庭都能获得救助以维持最基本生活的制度。它体现的是对人生存权的保障。经过十几年的发展，陕西城乡低保建设达到了相当大的规模，低保范围也基本上包含了所有城镇和乡村的低收入贫困群体。

陕西最低生活保障制度自建立以来突出的特点就是发展迅速。截至 2014 年底，以低保保障人口数量占总人口的比例来计算，陕西城市低保人口占城镇人口的比例为 2.91%，农村低保人口占乡村人口的比例为 10.14%。城乡低保总人口为 239.4 万人，占全省常住人口的比例为 6.34%。[1]

但是，根据近五年来陕西省国民经济和社会发展统计公报数据，陕西城乡低保人数总体呈下降趋势。根据资料显示，2010 年城市低保 38.5 户、86.4 万人，到了 2014 年末纳入城市低保 28.20 万户，共计 57.80 万人。人数在五年内下降了 28.6 万。农村低保人数也在下降，2010 年末纳入农村低保 81.4 万户、212.7 万人，2014 年农村低保下降为 81.20 万户，共计 181.60 万人，比 2010 年下降了 31.1 万人[2]（见表 1）。

表 1　2010～2014 年陕西城乡低保人数统计

年份 \ 项目	城市低保		农村低保	
	万户	万人	万户	万人
2010	38.50	86.40	81.40	212.70
2011	37.69	83.12	89.90	214.00
2012	35.10	74.80	86.50	205.70
2013	31.90	66.60	85.40	198.50
2014	28.20	57.80	81.20	181.60

从表 1 可以看出，陕西城乡低保人数是逐年下降的，农村低保也在 2011 年达到顶峰之后开始不断下降。下降的原因主要有以下几个方面：一是，随着经济社会的不断发展，人们的生活水平随之提高。城市低保群体在各级部门的关心下，一部分实现了再就业，同时在子女入学、就医等方面得到了帮扶，最终使家庭脱贫而退出了低保。二是，农村随着新农村建设的全面实施，农民生活水平得到了大幅度提高，很多农民从贫困走向了富裕。三

---

[1] 根据 2014 年陕西省国民经济和社会发展统计公报计算。
[2] 资料来源：2010～2014 年陕西省国民经济和社会发展统计公报。

是，城乡低保制度更加规范，实行了对低保家庭的定期核查机制，对重点低保家庭进行动态管理，从而使得对低保家庭的审查更加规范和准确，不合格的低保对象逐渐被清理出去，保证了社会救助的公平公正。

（二）城乡低保的保障标准不断提高

城乡最低生活保障制度的关键是保障标准。陕西把户籍、家庭收入和财产作为低保的认定条件，在此基础上根据经济社会发展水平来确定城乡低保标准。从总体来看，陕西近年来经济快速发展，城乡低保标准也随之不断提高。

据统计，2010年城市人均保障标准305元；2011年城市人均保障标准335元；2012年城市平均保障标准355元；2013年城市平均保障标准355元，农村保障标准每人每年最低2020元。2014年城市人均月保障标准389元；农村保障标准为每人每年最低2250元。[1] 2015年，陕西省政府决定提高城乡低保保障标准和农村五保供养标准。2015年初，省财政就已经下拨了14.45亿元的补助资金，用于支持各地的城乡保障工作。

具体来看，根据各个地市当地经济发展水平，由各地自行制定低保标准。因此，各个地市因经济发展水平不同标准也略有差异。目前全省西安的保障标准最高，新城、碑林、莲湖等9区和沣东新城的城镇居民低保标准为510元/月，户县等4个县城镇居民为480元/月。宝鸡市金台区、渭滨区、陈仓区和高新区保障标准为每人每月407元，其余县区为387元；农村低保的保障标准为每人每年2260元。咸阳市城市低保标准为395元/人/月，农村低保保障标准2250元/人/年。延安市城市低保标准395元/月，农村低保标准2250元/年。榆林市城市保障标准435元/人/月，农村低保保障标准平均2320元/人/年，人均补差145元/人/月。安康市城市低保标准为355元/人/月，农村低保标准为2200元/人/年，城市低保金实行差额补助，农村低保实行分档救助。商洛市城市低保标准为340元/人/月，实行补差救助；农

---

[1] 资料来源：2010~2014年陕西省国民经济和社会发展统计公报。

村低保标准为2020元/人/年,实行分档救助,A档165元/人/月、B档130元/人/月、C档50元/人/月。①

(三)城乡低保的保障资金不断加大

最低生活保障作为一项社会救助制度,自然是各级财政承担了最主要的责任。这项制度建立之初,地方政府对低保制度建设承担主要责任,当然,国家也鼓励社会组织和个人提供捐赠与资助。但是,由于我国各种慈善公益组织发展缓慢、法制社会环境不完善、资源动员能力十分有限等原因,来自社会的低保资金极其有限,主要还是依靠政府税收,依靠中央拨款和地方财政两方面来完成,但它没有规定各级人民政府承担低保金的具体份额或比例,这必然导致实际工作中各地分担比例差别比较大。

陕西作为一个西部欠发达省份,城乡低保保障标准一直在西部省份中位居前列。为保证低保事业的顺利开展,根据陕西省民政厅的统计,2014年陕西省共下拨社会救助补助金69.8亿元。其中,城乡低保补助金49.2亿元、农村五保供养补助金2.9亿元、医疗救助补助金7.77亿元、临时救助补助金3.96亿元。在机构建设方面,共下拨资金4375万元,安排农村五保供养服务机构建设项目16个,争取民政部"霞光计划"资金759万元,资助农村五保供养服务机构设施建设项目16个;同时,安排资金1.2亿元,对各地农村五保供养服务机构设备购置、聘用人员薪酬待遇和运转维护经费进行了补助。

(四)城乡低保的保障制度不断健全

经过十几年的发展,陕西省城乡最低生活保障制度日益健全,体现在通过了一系列的规章、办法,规范和完善了城乡低保制度。近两年来,陕西省又出台了几项重要的管理办法,进一步推进了低保制度的有效运行。

《陕西省最低生活保障工作规程》严格规定了低保保障对象的认定条件

---

① 各地民政局发布城乡低保统计数据。

和审批程序等。2013年12月陕西省民政厅、陕西省财政厅联合下发《陕西省最低生活保障工作规程》（陕民发〔2013〕31号），其中对保障对象的认定条件，申请、审核和审批程序，保障对象的管理等都做了详细规定。《陕西省重点社会保障对象管理暂行办法》建立定期核查比对机制，加强对重点社会保障对象的动态管理。为进一步完善机制、堵塞漏洞、规范操作，陕西省于2014年12月1日起实施《陕西省重点社会保障对象管理暂行办法》，该办法规定，对收入来源不固定、成员有劳动能力和劳动条件的最低生活保障家庭，原则上城市按月、农村按季核查。同时，规范和统一资金发放形式，全面实现重点社会保障待遇社会化发放。另外，对于社会关注的低保家庭的核查方面，该办法明确规定，要建立定期核查机制，实行动态管理。及时掌握保障对象家庭人口、收入和财产变化情况，及时令不再符合领取条件的对象退出保障范围。《陕西省社会救助办法》规定最低保障标准可随物价进行调整。陕西还决定将于2015年11月1日起实施《陕西省社会救助办法》。《办法》明确了最低生活保障、特困、受灾人员的范围及其享有的医疗、教育、住房、就业等救助项目，同时鼓励社会力量参与社会救助。同时《办法》还规定，县级以上人民政府应当对家庭人均收入低于所在县（市、区）低保标准、家庭财产状况符合规定的家庭，给予最低生活保障。各设区的市人民政府在不低于省人民政府确定的最低生活保障限定标准的基础上，可以根据所辖县（市、区）居民生活必需的费用，确定所辖县（市、区）最低生活保障标准。最低生活保障标准应当根据经济社会发展水平和物价变动情况适时调整。

二 陕西统筹城乡最低生活保障制度存在的问题

统筹城乡是党中央在新世纪、新阶段做出的重大战略部署，是我国经济社会发展战略的重大调整，是实现城乡良性互动、解决"三农"问题的重大举措。十六届三中全会中央提出了"五个统筹"，把"统筹城乡"放在了最前面。十七大进一步提出深入贯彻科学发展观，指出科学发展观的根本方法是统筹兼顾,在"统筹各类重大关系"中,统筹城乡发展居于首位。十八大报告中又把城乡统筹体现在政治、经济、文化、社会和生态文明建设的方方面面。统筹城乡,就是要改变和摒弃重城市、轻农村的城乡二元结构,通过体制改革和政策调整,清除城乡之间的樊篱,把城乡作为一个整体,实现城乡统一筹划、协调发展。

统筹城乡最低生活保障制度,是统筹城乡的一项重要内容。主要是指将最低生活保障系统中的城市和农村两个部分融合起来,并以社会经济发展为基础建立起二者功能互补的、有机统一的最低生活保障制度。统筹城乡低保制度是发展我国农村经济社会的现实迫切需求,是实现城乡经济和社会发展一体化的重要条件,是促进经济发展、改善民生、维护社会公平的有效途径,也是落实科学发展观和构建社会主义和谐社会的必然要求。当前,实现统筹城乡低保的目标,从陕西的发展情况来看,还存在很多的问题和障碍。

(一)城乡低保标准差距过大

目前,全国各地城乡低保制度都是根据国家政策自行制定的地方性政策法规。从陕西来看,目前城市最低生活保障制度是根据国务院《城市居民最低生活保障条例》制定的陕西《城市居民最低生活保障条例》;农村最低生活保障制度是根据国务院颁布的《关于在全国建立农村最低生活保障制度的通知》,陕西省民政厅和省政府分别下发的《陕西省农村居民最低生活保障暂行办法》(陕民发〔2005〕18号)和《陕西省人民政府关于在全省逐步建立农村居民最低生活保障制度的通知》(陕政发〔2005〕19号)。上述几个文件是作为地方性规章,来规范陕西的最低生活保障制度的运行。

其中,陕西于2002年3月1日起实施的《城市居民最低生活保障条例》第十一条明确规定:城市居民最低生活保障标准,按照维持当地城市居民基本生活所必需的衣、食、住费用,适当考虑水电燃煤(燃气)费用以及未成年人的义务教育费用确定,并根据当地经济发展水平适时调整。但对于农村居民,在《陕西省农村居民最低生活保障暂行办法》和《陕西省人民政府关于在全省逐步建立农村居民最低生活保障制度的通知》中都没有明确规定最低生活保障标准。从具体实施的情况来看，2014年陕西城市最低生活保障标准人均为389元，而农村人均月补助仅仅为187元。可见，现行的农村居民生活保障标准只相当于城镇居民最低生活保障的48%。虽然城乡生活水平存在差异，必然会导致低保标准有差距，但二者之间差距过大已成为制约陕西统筹城乡最低生活保障的重要障碍。

（二）城乡低保对象核实困难

作为一种遵循选择性原则的社会救助制度，城乡低保的福利资源不可能让人人享受，必须通过一定的方式选择受助对象。因为低保以人均家庭收入为认定条件，所以核定低保对象需要进行家庭调查。但是，根据目前我国经济社会发展状况，仅凭现行的调查方式，有些收入根本无法核实。当前社会人与人之间的关系比较淡漠，通过入户调查、走访单位、邻里、社区居民等方式很难确定申请人的真实收入情况。

城乡低保对象的核查难度比较大，原因主要有以下几个方面：一是低保家庭的收入缺乏有效的审核。目前对低保对象的核定，因为收入的隐蔽性和多元化，通过家庭单位调查和邻里走访的方式，结果的真实性会大打折扣。目前审核主要还是根据低保对象的主观自述，所以它的科学性难免受到质疑。二是个别企业和个人的法律道德意识淡薄，骗取低保金的方式层出不穷。如有些企业为了照顾人情关系等，为职工申请低保金出具虚假证明，蒙蔽社区工作人员。再如，有的个人为拿到低保金，把自己的房屋和商铺出租后，在其他地方另行租住简陋住房，以达到低保资格的审查条件。三是农村居民的收入项目颇多，估算繁杂。在当下的农村，农民收入除了家庭农业生产经营收入以外，还包括家庭从事的非农经营收入、外出务工收入、集体经济收入以及其他各种收入（如财产投资性收入、政府财政或支农政策的转移性收入等等）。这就给收入的测算和评定带来很大的困难。

（三）城乡低保配套服务能力不足

最低生活保障制度只是满足贫困家庭的最基本的生活需要，但一个家庭的生存还有很多其他方面的需求，如教育、医疗等等。据调查发现，城乡居民无法维持基本生活的原因不仅包括无收入来源或者来源单一，还包括教育支出过大、重大疾病等等。因此，如果最低生活保障制度仅仅是生活扶持，缺乏与相关配套措施和优惠政策的衔接，那么低保对象即使暂时摆脱了贫困，基本生活有了保障，但还会因为其他原因再次返贫。陕西虽然规定了劳动保障、教育、卫生、工商、税务、农业、扶贫等部门在自己的职责范围内尽可能对最低生活保障对象给予照顾和帮助，但还是存在一定程度上的重复保障和救助盲点并存的局面。

目前，陕西省10个地级市由于发展水平不同，民政部门对保障对象的扶持力度也不尽相同。从总体上看，民政部门普遍存在城乡低保配套服务能力不足的问题。这必然影响统筹城乡低保制度的实施效果。我国城乡低保保障对象不仅包括老年、疾病、残疾、未成年人等没有劳动能力的人群，还包括一定数量有劳动能力的人。当前低保主要是给所有的人提供经济帮助，保障他们的基本生活需要，但有劳动能力的城市低保对象，更多地需要有针对性和个性化的就业服务，农村低保对象需要的则是长久稳定的农业生产性收入或非农业的经营性收入。只有这样，才会真正给贫困群体提供发展机会，提升他们的生活质量，使社会救助获得长远发展。很明显，目前民政部门还难以提供这些配套服务。

（四）城乡低保实施监督缺乏

为了保障低保资金使用效率的最大化，政府必须建立完善的监督机制，对最低生活保障制度的实施过程和结果进行监督。近年来，陕西在推进城乡低保制度的过程中虽然注重内部监督和外部监督相结合，但还存在一定的问题，从而降低了监督的实效性。

《陕西省人民政府关于进一步加强和改进最低生活保障工作的实施意见》中规定，各地要将最低生活保障政策落实情况作为督查督办的重点内容，定期组织开展专项检查。文件要求，财政、审计、监察部门要加强对最低生活保障资金使用管理情况的监督检查，防止挤占、挪用、套取等违纪违法现象发生。同时，明确规定，要建立最低生活保障经办人员和村（居）民委员会干部近亲属给予最低生活保障的备案制度，对备案的最低生活保障对象严格核查管理。要公布举报投诉电话，主动接受媒体和社会监督，对群众举报和媒体曝光的问题，要逐一核查，并及时反馈核查结果。鼓励社会组织参与、评估、监督最低生活保障工作。

即便如此，城乡低保的监督还是存在不足。一是基层负责低保工作的专职人员较少，导致低保动态监督较差。《陕西省最低生活保障工作规程》中要求县（区）民政部门从事最低生活保障工作的人员原则上不少于5人，50万人以上的县（区）每增加10万人相应增加1名工作人员。乡镇人民政府（街道办事处）民政工作机构从事最低生活保障的工作人员原则上按1万人1名工作人员配备，每增加1万人相应增加1名工作人员。实际工作中，专职的低保工作者人数根本没有达到要求，而且有限的人数要负责繁杂的事物，又要对低保制度的公正实施给予有效监督，这就成了考验基层民政工作者的难题。二是内部监督效果不理想。虽然《陕西省人民政府关于进一步加强和改进最低生活保障工作的实施意见》在低保实施的各个环节上都对监督做出了明确的规定，但还是存在难以有效实施和操作的问题，如关系人情现象还存在、低保对象家庭收入的核算无法有效监管，从而降低了内部监督的实效。

三 陕西统筹城乡低保制度的对策建议

（一）逐步实现城乡低保标准的统一

实现城乡低保标准并轨，是实现社会救助城乡统筹的具体体现，也是经济社会发展的趋势所在。当前，由于传统的城乡二元结构，我国的城乡经济社会发展水平存在差异，造成了城乡最低生活保障标准的不同。客观地说，城乡经济发展水平的差距造成城乡低保标准的差异是无法避免的，试图完全统一城乡低保标准也是不公平的。但是，城乡低保标准的差距过大又必然会拉大城乡差距，不利于社会稳定。

因此，过急过快地完全统一城乡低保标准，必然会给地方财政造成负担，不利于社会救助制度的健康发展。陕西在统筹城乡低保标准的过程中，可以根据各个地市的经济社会发展水平进行分类划分并确定其具体标准。首先，应该先行实现县（区）域以内低保标准的统一，不分城镇居民和农村居民，同类地区低保人群都可以享受一致的低保标准。因为同类地区城乡居民的消费水平基本相似，这样的做法，保障了农村低保对象的利益。其次，随着经济社会的发展，逐步实现全市范围内城乡低保标准的统一。最后，当经济发展到一定程度，在全省范围内实现低保标准的统一。最终消除城乡低保标准的差别。

（二）统筹城乡低保资金的使用和管理

城乡低保资金的使用和管理，是统筹城乡低保制度的核心内容。当前，缩小城乡差别，统筹城乡低保制度，最为关键的就是要规范低保资金的使用和管理，提高低保资金的使用效率。当前城乡低保资金筹集渠道的差异，导致城乡低保资金配置失衡。因此，首先要加大对农村低保资金的供给力度，建立城乡低保资金投入与经济总量和政府财力增长之间的内在联动机制。其次是地方政府应该设立统一的城乡低保专用账户，资金统一使用。做到财政筹集的资金没有城乡差别。

（三）加大城乡低保对象的核查力度

城乡低保对象的收入核查，一直是最低生活保障制度的重点和难点。在2015年11月起即将实施的《陕西省社会救助办法》中，规定乡（镇）人民政府、街道办事处应当自收到最低生活保障申请书十五个工作日内，通过信息核查、入户调查、邻里访问、信函索证、群众评议等方式，对申请人的家庭人口、收入和财产状况进行调查核实，提出审核意见，在申请人所在村、社区公示七日后，将相关材料报县级人民政府民政部门。也就是说，在低保对象的核查中运用的是入户调查、邻里访问、群众评议的方式来进行的。政策制定后，关键问题是执行正确、操作得当。首先，入户调查要落到实处，如有弄虚作假，需要追究相关人员责任。其次，邻里访问要做到客观公正。再次，评议要合理，在村委会或社区评议会上应该有各方面的代表，增加群众代表的比例，才能保证结果的公正。最后，乡镇政府或街办对入户调查结果要核实，民政局要对报上来的结果再进行复核，最终由专门的低保审批小组进行研究审批。

（四）加强城乡低保制度与其他社会救助制度的有效衔接

最低生活保障制度只是满足贫困家庭的基本生活需要，满足不了贫困家庭其他方面的需求。而且，"授人以鱼不如授人以渔"，因此，要让低保家庭彻底摆脱贫困，必须加强城乡低保制度与就业救助、医疗救助、教育救助、住房救助、法律救助等其他社会救助制度的有效衔接。

首先，完善城乡最低生活保障制度与就业救助的衔接。加大对有劳动能力的最低生活保障对象的就业扶持力度，鼓励他们积极就业。提供免费就业服务，实现服务联动。对有就业能力及愿望的低保人员进行有针对性的免费技能培训，提升其就业能力。对实现就业的低保人员，若家庭仍然困难，可以保留除低保金以外的其他待遇，保留其子女入学、医疗、廉租房等方面的帮扶。农村低保对象，可以享受相应的扶贫开发政策，优先落实免费就业创业培训、税费减免、小额担保贷款等相关就业创业扶持政策。其次，把陕西城乡低保对象纳入医疗救助的范围。资助其参加医疗保险、住院救助和门诊救助。再次，把低保制度与教育制度相衔接。把救助城乡普通高中低保家庭学生的学费作为救助的一部分，帮助城乡普通高中低保家庭学生解决学费困难。学费的资助资金由市、县财政和学校共同分担。最后，完善临时救助制度。陕西目前已经提出要解决支出型、急难型贫困和贫困新居民家庭的突发性、临时性基本生活困难。市、县（区）财政可在本级财政列支的最低生活保障资金中按照10%的比例安排临时救助资金。

（五）强化低保实施的监督管理

最低生活保障制度的监督机制是一个系统工程。从系统化的角度来看，最低生活保障制度系统的监督就是对各个子系统监督力量的整合。这种整合方式，不是对各子系统监督力量的简单相加，而是充分和有效发挥各个监督方式的功能，最终使其形成互补和合力的过程。当前陕西城乡低保制度运行的监督方式，主要是依靠财政、审计、监察部门对低保资金的使用管理进行的内部监督。这是最广泛的一种监督方式，虽然这种方式对规范低保工作的良性运行起到了很好的规范作用，但在具体实施过程中，还是存在一定问题，主要是这种监督是权力监督，是自上而下或平行的监督，监督效果取决于权力本身的纯洁和权力的级别。二者缺一，都会影响实际效果。而外部监督则能有效避开内部监督的缺点，它一般是自下而上的监督，是媒体、社会、群众等的监督。相比较而言，这种监督更加公正、可靠。只有让内部监督和外部监督形成互补，介入外部监督，其监督力量才会更强、更有效。

B.15
陕西省残疾人事业发展现状与对策研究^{*}

聂翔 王占军^{**}

摘 要： 残疾是人的动态化、常态化的生活生存方式，需要全社会共同打造无障碍、无歧视的"非残环境"。近些年，陕西省残疾人事业取得了较快发展，康复、就业、扶贫、社会保障等主要领域的"十二五"发展任务指标均超额完成，但是总体上残疾人事业发展水平仍比较滞后，残疾人生存生活状况、公共服务体系和组织发育程度远远不能满足残疾人日益增长的发展需求，迫切需要从理念观念、制度机制、技术策略三个层面创新残疾人事业治理体系，形成政府、市场、社会的"多元主体共治"的治理格局，加快推进残疾人小康进程和残疾人事业与经济社会协调发展。

关键词： 残疾 残疾人 非残环境 残疾治理体系

残疾是一个动态的、变化的人生状态，也是人的一种常态化表现，或因突发疾病导致残疾，或因交通意外导致残疾，或因自然灾害导致残疾，或生

---

* 基金项目：2015年国家社科基金西部项目资助课题"我国残疾人事业治理体系创新研究"（15XSH027）
** 聂翔，陕西省社会科学院社会学研究所助理研究员；王占军，陕西省残疾人联合会维权部主任。

理老化导致残疾等等,"残疾常态化"理论从根本上否认了"残疾人"与"正常人"的思维对立,因此全社会需要尊重和照顾残疾人,共同打造一个无障碍、无歧视的"非残环境",而且随着时代发展和文明进步,如何对待残疾人和解决残疾人问题也成为衡量社会文明的重要标志。我国残疾人事业虽然起步较晚,但通过出台《残疾人保障法》和《促进残疾人事业发展的意见》等法律法规,开展残疾人抽样调查和专项需求调查,批准实施六个残疾人事业发展规划纲要,建立残疾人工作委员会和残疾人联合会,弘扬人道主义思想和倡导现代新残疾人观,积极介入国际残疾人事务和国际交流合作等一系列决策部署,残疾人事业取得令人瞩目的伟大成就,并赢得了国际社会的高度赞誉。

在陕西省委、省政府和中残联指导下,近年来残疾人事业也得到较快发展,从有利于发展残疾人事业、有利于增强综合服务能力、有利于提高残疾人生存生活水平的"三个有利于"出发,按照"纳入、依托、整合、鼓励"的工作方针,将残疾人事业纳入经济社会发展大局,通过依托相关行业机构与技术,整合社会资源与项目资金,鼓励扶持残疾人民营服务机构等,借助残疾人就业、扶贫、托养、康复、文化基地等项目示范带动,把残疾人工作向基层延伸、向农村覆盖、向困难群体倾斜,着重改善特困残疾人的生存生活状况,提高重度残疾人的康复和保障水平,以及 0~6 岁低龄残疾儿童的康复和救助水平,使残疾人生活水平持续改善,基本公共服务日趋健全,残疾人小康实现程度稳步提高,从而缩小了残疾人整体发展水平与社会平均水平之间的差距。但是,与残疾人需求和实现小康的目标相比,陕西省残疾人事业发展还面临诸多困难与挑战,在政策制度、资金投入、组织建设、社会环境等诸多方面,需要创新残疾治理体系,需要党委政府和全社会关注残疾人群体,关心残疾人事业,加快推进残疾人小康进程步伐,与全面建成小康社会的"十三五"规划目标相适应。

一 陕西省残疾人事业发展的现状

第二次全国残疾人抽样调查结果显示,陕西省残疾人总数为 249 万,占全省总人口的6.69%，涉及了近750万家庭人口，农村残疾人比重为69.2%，2015年9月办证残疾人总量为131万。同全国相比陕西省残疾人群体特征基本类似，表现为残疾人总量较多、贫困发生率较高、与社会平均生活水平差距较大、特别是农村残疾人问题更为严重等特点。近些年，省委省政府专门颁布文件，安排专项财政资金继续实施"为残疾人办好十件实事"的政策，同时2015年又是《残疾人事业"十二五"发展纲要》（以下简称为《纲要》）的最后收官年，截至2015年6月底，陕西省残疾人事业"十二五"发展纲要任务目标基本完成，康复、就业、扶贫、社会保障等主要业务领域均超额完成任务指标。目前，陕西省残疾人事业各领域发展情况主要如下。

1. 残疾人社会保障

《纲要》中提到要以"提标扩面残疾人的社会福利"为目标，通过基本养老医疗保险制度等制度保障使残疾人能够获得基本稳定生活。近年来，陕西省残疾人社会保障制度和法律法规制度逐步完善，颁布了《陕西省〈中华人民共和国残疾人保障法〉办法》，在全国率先出台了《残疾人生活补贴实施意见》，2015年出台了《陕西省重度残疾人护理补贴实施意见》，使残疾人群在基本社会救助基础上拥有更多的社会福利。此外，对农村重度残疾人和"三无"残疾人新合疗缴费全额补助，对养老保险个人缴费给予适当补贴，白内障复明、肢体残疾儿童矫治、精神病患者住院医疗费等纳入新合疗及大病救助范围，截至9月份，全省共有7.8万城镇残疾人、38万农村残疾人纳入最低生活保障范围，约有30万名重度残疾人、35万名中轻度残疾人享受社会保险代缴补贴，98%的残疾人参加了城镇居民基本医疗保险和新型农村合作医疗保险，使残疾人温饱、看病、养老等基本社会福利需求得到有效保障。

2. 残疾人康复

《纲要》中提出通过健全康复服务网络和人才培养、开展社区康复服务、实施重点康复工程、辅助器具适配等，初步实现残疾人"人人享有康复服务"的目标。陕西省制定下发了《陕西省县级残疾人示范康复中心建设标准》、《陕西省县级残疾人示范康复中心考核办法》、《县级残疾人示范康复中心建设项目实施方案》，与卫生部门联合制定《关于进一步加快推进残疾人康复机构规范化建设的意见》，通过制度保障大力推进康复机构建设，截至9月份已经建成97个县（区）级残疾人康复中心，根据陕西省残疾人康复需求重点开展了视力残疾人康复、精神病防治康复、0～6岁残疾儿童抢救性康复等重点工程，使8万多名残疾人直接受益，同时积极开展辅助器具适配工程，组织供应辅助器具11万余件，初步实现了残疾人普遍享有康复服务的目标。

3. 残疾人教育

《纲要》中提出要完善残疾人普教与特教相结合的教育体系，通过让残疾儿童普遍接受义务教育和发展残疾儿童学前康复教育、残疾人职业教育、残疾人高中阶段教育、残疾人高等教育等多样化教育形式，提高残疾人群的整体受教育水平。按照《国家中长期教育改革和发展规划纲要（2010－2020年）》、《陕西省特殊教育工作"十二五"实施方案》、《陕西省特殊教育提升计划（2014－2016年）实施方案》等要求，计划实施将每年10%的残疾人就业保障金用于特殊教育学校发展职业教育，将残疾人特殊教育纳入当地义务教育计划，残疾儿童康复培训机构纳入学前教育体系，儿童福利机构和康复机构的特教班教师纳入职称评审规划，使残疾人教育的资金、机构和人员有了稳定的保障，推动残疾人教育工作向前稳步发展。截至9月份全省范围内特殊教育学校已有63所（包括10所在建和未启用的学校），6000余名未入学残疾少年儿童建档立卡，通过专项财政资金、公益基金和企业赞助资助贫困残疾学生、学前残疾儿童、非义务教育贫困残疾学生近万名。

4. 残疾人就业

《纲要》中提出完善残疾人就业促进和保护政策措施，规范残疾人就业服务体系，使有就业需求的残疾人普遍获得就业服务和职业技能培训。全省颁发了《关于加快推进残疾人就业工作的指导意见》、《关于促进残疾人按比例就业的意见》、《陕西省残疾人自主创业扶持项目申报指南》等一系列文件，为陕西省残疾人就业提供了制度保障并取得了新进展。截至2014年底，累计征收残疾人就业保障金约16.9亿元，新增按比例就业1.7万人；现有各级残疾人就业服务机构115个，新增安排残疾人集中就业1.8万人；实施残疾人自主创业扶持项目，引导个体灵活就业，新增灵活就业1.6万人。此外多措并举扩大残疾人就业面，通过企业助力残疾人项目、残疾人公益岗位补贴项目推动残疾人就业，通过举办残疾人计算机技能培训、盲人按摩技能培训扩大就业，通过开展残疾人就业服务系列活动、"促进残疾人就业再就业大型招聘洽谈会"活动、残疾人职业技能竞赛活动等方式促进更多残疾人就业。

5. 残疾人扶贫

《纲要》中提到要以农村为重点，通过改善农村贫困残疾人家庭居住条件，提供实用技术培训，加强农村残疾人扶贫开发等方式改善农村贫困残疾人生活状况，增加收入，提高发展能力。陕西省把贫困残疾人纳入扶贫开发工作当中，开展贫困人口建档立卡工作，建档立卡残疾人36.96万人；实施农村残疾人扶贫基地项目，建成扶贫基地318个，使近万名残疾人直接受益；实施"阳光增收扶贫项目"和农村基层党组织助残扶贫工程，落实康复扶贫贷款和每年5000万元农村残疾人专项扶贫资金，增强农村残疾人自身造血发展能力。"十二五"期间，全省扶贫工作取得新突破，近40万名农村贫困残疾人得到有效扶持，生活状况明显改善。

6. 残疾人托养

《纲要》中提到要继续实施"阳光家园计划"，初步建立残疾人托养服务体系为残疾人托养服务。目前，全省建成并投入使用的各类残疾人集中托养服务机构117个，其中依托民政系统敬老院建设的66个、依托社会力量建设的38个、政府或残联系统自建的13个，年度托养智力、精神和重度残疾人达5000多人次，累计2万多人次，为智力、精神和重度肢体残疾人提供日间照料服务5000人次。此外，按照城镇每人每年不低于1000元、农村每人每年不低于500元的资助标准，对10万人次智力、精神和重度肢体残疾人进行了居家托养资助。"十二五"以来，中省财政累计投入1.3亿元，残疾人托养工作稳步推进,基本建成了以残疾人托养服务机构为骨干,基层残疾人日间照料机构和残疾人居家托养服务同步发展的残疾人托养服务体系。

7. 残疾人文化体育

《纲要》中提到要通过丰富残疾人文化生活、促进残疾人康复健身,提高残疾人社会参与和社会融入的能力。出台《陕西省关于加强残疾人文化建设的实施意见》,通过将县级以上残疾人文化建设列入民生工程项目、举办残疾人文化周与读书月活动、培育和发展残疾人文化产业等措施,健全全省公共文化服务体系并惠及残疾人群,使残疾人群能够触摸公共文化产品,享受公共文化服务并向社会提供文化服务。把残疾人体育健身作为全民健身的重要组成部分,纳入全省基本公共体育服务体系建设和《全民健身计划(2011－2015)》考核评估体系,使残疾人群能够满足基本体育健身康复需要,同时积极发展残疾竞技体育,陕西省入选国家队的运动员,先后在伦敦残奥会、仁川亚残会上取得佳绩,为国争光。

此外,在残疾人事业的其他领域也不断加强或有新进展。残疾人机构队伍建设不断加强,社区和行政村全部健全了残疾人组织和残疾人专职委员制度,残疾人专门协会和民办残疾人服务机构也得到快速发展。残疾预防工作扎实有效,无障碍环境建设继续完善,法制建设和维权工作取得明显成绩,全省10个设区市和70个县(区)成立了多部门联合组成的残疾人法律救助工作站,妥善处理了一批涉及残疾人利益的信访案件。"非残环境"逐步改善,通过召开残疾人事业新闻发布会、组织残疾人事业好新闻评选及节目展播、紧扣助残日主题组织举办宣传活动等形式,为残疾人事业大发展营造了良好的舆论氛围,一些基金会和企业等社会力量通过捐资捐物、专设项目为陕西省残疾人事业发展增添动力。

二 陕西省残疾人事业面临的主要问题

"非残社会"的显著标志是残疾非贫困、负面的标签,只是人的一种生活状态虽然陕西省残疾人事业取得了较大发展，但当前残疾人群生存生活状况仍然困难较多、问题较大，贫困的标签固化较为严重，残疾人的"四低五难"的现象仍旧突出。正如省残联向省政协十一届三次会议第二次全体大会上报告指出，当前陕西省残疾人生存生活状况主要概括为"四低五难"，分别为社会地位低、家庭收入低、文化层次、保障标准低等"四低"，以及上学难、就业难、康复难、出行难、增收难等"五难"，主要表现为绝大多数残疾人没有参政议政的机会，残疾人家庭人均收入只占全省家庭人均收入的半数左右，残疾人接受高等教育的机会和针对残疾人的文化活动少，残疾儿童、少年未上学比例较高，残疾人就业渠道和就业方式仍然狭窄，医疗康复需求较大，无障碍环境建设改造进展缓慢，残疾扶贫的增收项目少等等。总体上，陕西省残疾人事业发展水平仍比较滞后，残疾人生存生活状况与全面建设小康社会的国家发展总目标仍有较大差距，对全面建成小康社会的任务要求还不完全适应，公共服务体系和组织发育程度远远不能满足残疾人日益增长的需求。为了论述的方便，按照残疾人工作"保基本、促发展"的基本原则，从夯实残疾人社会保障、康复等基础和发展残疾人就业增收、文化教育等入手，以及从保障残疾人工作运行出发，当前残疾人工作中面临的主要问题有以下几个方面。

1. 残疾人社会保障投入较为不足，提标扩面的任务艰巨

残疾人社会保障制度是残疾人事业发展的基石，不仅包括面向所有社会成员的一般性社会保障制度，如社会救助、社会保障、社会福利等，还包括针对残疾人的特殊社会保障制度，如残疾人津贴、残疾人医疗康复、残疾人特殊教育、残疾人就业与教育等，普惠与特惠相结合的保障制度共同构建起残疾人社会保障体系框架。近几年，随着经济发展陕西省用于残疾人社会保障的公共财政资金投入连年增加，但是资金增幅较为缓慢，仅以专项财政支持的"为残疾人办好十件实事"投入资金为例，2004年陕西省用于残疾人办实事的资金投入为661.5万元，约占当年财政总收入的0.61%，到2014年为6839万元，约占财政总收入的0.21%，残疾人需求增长与资金投入不成正比，导致残疾人社会保障不能有效兜底。相比城镇

残疾人，农村残疾人社会保障矛盾更为突出，数量较多的残疾人还没有纳入保障体系。

2．残疾人康复的理念、资金、人员队伍、机构等较为缺乏

康复是残疾人的第一大需求，是残疾生活状态向正常生活状态转化的重要途径，从而缓解或消除由残疾带来的对日常生活和社会参与的负面影响。当前，基层康复经费与人才严重不足，残疾康复服务还远远不能满足残疾人的康复需求，特别是在重度孤独症、精神残疾人康复领域，全省许多地方都还处于空白。据残联工作人员在山阳县调查摸底情况来看，有康复需求的有70%左右，而能够得到康复服务的比例仅为30%；另据陕西省康复医院的2014年问卷调查显示，所调查的3882名残疾人中，不同类别残疾人中接受的康复服务需求都较高，但是需求康复服务的内容较大差异，远远满足不了差异化的康复需求。[1] 在康复机构服务方面，设备陈旧落后，专业技术人员缺乏，公办残疾人服务机构主要集中在聋儿语训、辅助器具适配、劳动岗位介绍和技能培训等方面，数量少、服务范围窄；民办残疾人服务机构普遍规模小、技术力量弱、服务内容单一，且多数经营困难，能够作为政府购买服务承接主体的少之又少。在康复理念层面，大多数残疾人本身和家属对康复缺乏必要的理解与支持，更多倾向于医学治疗而缺乏康复服务与训练的意识。

3．残疾人就业从业比例低，人力资本提升和优惠政策落实难

当前，陕西省残疾人就业状况有所好转但困难较大，根据省残联调研结果显示，全省共有22.4万名城镇残疾人和76.18万名农村残疾人实现了就业从业，占全省残疾总人口的39.6%[2]，还有近60%的残疾人没有实现就业从业，残疾人家庭人均收入不仅远低于"非残家庭"，也低于全国残疾人家庭平均水平。财政投入上资金总量和人均数量仍然偏小，现有托养机构、特

---

[1] 陕西省康复医院：《陕西省残疾康复需求现状调查》，《陕西省残疾人事业理论与实践》，2014，第26页。

[2] 戈养年：《同步小康进程中提高残疾人收入的途径及措施》，《2014年陕西省残疾人工作调研报告集》，2014，第35页。

教学校、扶贫基地（企业）等提高残疾人人力资本的投入，财政投资建设仅占30%，导致对残疾人实施扶贫增收的能力十分有限，政府性扶贫增收方式不仅覆盖面小且精准化、精细化不够。虽然政策上制定了残疾人按比例就业的文件，但一些单位和部门仍把安排残疾人就业当作额外的包袱和负担，宁肯缴纳残疾人就业保障金也不愿意录取安置残疾人就业。残疾人就业服务机构性质难以定位、工作经费不足、硬件设施不配套、服务网络不健全、职业培训和就业安置没有有效衔接，也制约着全省残疾人就业服务机构促进残疾人就业的能力。

4. 残疾人公共服务投入不足，导致文体教育工作困难较大

社会上对残疾的认识还比较负面，残疾人往往被视为没有社会贡献只是拖累，新型的"平等、参与、共享"的现代残疾观的社会意识基础还非常薄弱，导致残疾人公共服务在政策设计、资金投入、公共参与等方面跟不上发展需求。残疾人的文体教育往往被社会所忽视，在残疾人文化方面，残疾人文化需求和文化潜力尚未引起社会普遍关注，看书难、看电影难、参与公共文化活动难等文化生活问题突出，共享公共文化服务的难度较大，残疾人文化设施、创业扶持、教育培训等资金来源明显不够。在残疾人教育方面，未能接受教育的比例仍非常高，当前有74个县区没有特殊教育学校，农村残疾儿童入学率不到80%，还有3.7万名盲、聋、弱智农村残疾儿童未能上学。在残疾人体育方面，多数残疾人体育活动开展得还不够普及，残疾人喜爱的体育活动项目较少，缺少活动场所和器材也制约了残疾人体育的开展。

5. 各级残联工作力量不足，基层组织不完善，人员能力总体较低

残疾人联合会负责残疾人工作的主要事务，但现实上各级残联工作力量普遍不足，当前市、县两级残联只有8548个编制，一些县区残联自成立以来没有增加过编制，人数最少的县区残疾只有4名工作人员，导致从事残疾人工作的专业技术人员紧缺，普遍缺乏专业技术人才，特别是康复、辅具、培训方面的人才严重短缺，其中康复机构在岗的管理和技术人员只有687人，相当于1名专业技术人员服务近4000名残疾人。基层残疾人工作主要

依靠残疾人专职委员，但现实当中基层残疾组织无专项工作经费保障，补贴待遇非常低，导致选聘的年龄人员偏大，学历普遍偏低，服务能力较弱，作用难以发挥，工作动力不足。

此外，在残疾人托养、无障碍服务、预防和社会倡导方面都与现实需求有较大差距。分析当前残疾人事业面临困难的最主要原因是残疾治理体系还没有建立起来。十八届三中全会提出全面深化改革的总目标是"完善和发展中国特色社会主义制度，推进国家治理体系和治理能力现代化"，标志着党和政府从"管理"国家到"治理"国家思维上的跨越，也标志着由政府单中心向公民参与的多中心治理模式的转化。残疾人事业的治理也需要摆脱政府单中心主导的行政模式，构建起政府、市场以及公众的多元协商共治模式。当前个别地方出现对残疾工作不重视，一些市县和乡镇党委政府没有把残疾人工作纳入民生改善的议事日程，没有提到推动社会文明进步的认识高度，出现对残疾人工作"说起来重要、做起来不重视"的现象，导致在政策、资金、项目等方面支持力度不大，使残疾人事业发展与经济社会发展大局不协调、不适应，这种现象在基层表现愈加明显。只有摆脱政府行政大包大揽的格局，形成政府主导、部门支持、社会参与、残联尽责的新的残疾治理格局，才能促进残疾人事业获得生机与活力。

三 创新残疾治理体系，推动残疾人事业发展

全球治理委员会认为："治理是各种公共的或私人的个人或机构管理其共同事务的诸多方式的总和"，一般包括目标、结构、功能、制度、策略、方式等几大子系统，各个子系统之间环环相加、紧密相连形成完整的治理网络。残疾治理作为社会治理众多领域之一，当前政府担当社会责任太少，市场配置资源能力弱小，社会公众参与程度太低，使残疾治理的主体责任缺位，根据"多元中心共治"的社会治理精髓，按照"突出残疾是为了消除残疾"的残疾人工作目标，以下将从理念观念、制度文化、技术策略三个方面提出陕西省创新残疾治理的解决之道。

1. 建构"残疾常态化"观念，培育政府、市场、社会的残疾意识与社会责任

世界多样性反映出人的多样性与分层性，残疾人是社会众多人群的一种，残疾本身也是人的一种生活生存状态，但这种状态在一定条件下是可以改变与转化的，因此残疾治理要打破残疾状态所带来的社会角色与地位的固化。理论是行动的先导，理论的贫乏将导致实践层面的浅表化，要加强对残疾理论与残疾治理体系的研究，列出"当前残疾工作面临的重大理论与现实问题"进行重点课题调研，如残疾与残疾人家庭、残疾人的角色转化、残疾的社会分层固化、创新残疾人事业治理体系等，解决当前残疾人工作面临的疑惑与理论困惑。加强"残疾常态化"的舆论宣传，使社会公众正确认识残疾，营造出正面评价、反对歧视的残疾舆论氛围，推介一批自主自强、勇于向上的残疾人事迹在重大节日播出，充分认识到"没有残疾人的小康就没有全社会的小康"，缓解社会对残疾的负面标签化与歧视思维。人的残疾状态容易转化为社会弱势人群的状态，残疾人群体的生存与发展不能被社会忽视和遗忘，这也是文明社会的要求与衡量尺度，要强化政府、市场与公众的社会责任意识特别是政府的社会责任意识，担当起维护社会发展基本公平的责任，在财政投入上要将残疾人工作、项目经费列入政府预算，足额保证，并随着经济社会发展逐年增长，从而撬起市场的资源配置力量和社会参与力量从而获得更多的社会资源，形成政府强、市场强、社会强"三强鼎力"的残疾治理体系格局。

2. 强化多元协商机制，形成"政府主导、市场配置、社会参与"的残疾治理格局

残疾治理的核心是对残疾人及残缺问题的"多元中心共治"，共同担当社会公平与发展的社会责任。根据我国国情与社会发展阶段状况，政府要发挥在残疾治理格局的主导作用，夯实残疾人事业的社会保障体系与公共服务体系，从政策上全面落实残疾人最低生活保障和生活补贴制度，织牢残疾人的最后一道"社会安全网"；从部门合力上，政府各部门单位要齐抓共管形成合力，财政厅、扶贫办、卫生厅、民政厅、教育厅、发改委、人社厅等制定政策

要有残疾敏感性与社会责任意识，残联要积极协调努力争取资源投入与政策措施。要用好市场配置资源的作用，通过政府购买、市场准入和政策优惠，用好市场配置资源杠杆的倍增器，特别是在公共服务体系方面，如特教、语训、康复、精神病防治等领域吸引更多的市场资源，使市场承担更多的残疾人基本公共服务。同时，加强社会的参与动员、助残组织能力提升与倡导，共同形成"平等、参与、共享"的舆论基础和社会良好风气。

3. 加强整合"人、财、物"各种资源，补强政府、市场、社会参与残疾人事业力量

加强政府系统中的残疾人工作的人员队伍建设，适当增加各级残联机构的人员力量，配齐乡镇残疾人专干和基层残疾人专职委员；引进培育康复、托养、器具适配的专业技术队伍，加强社会服务机构从事残疾人工作的社会工作能力的培训与人员选聘，提高公办与服务机构的专业服务水平，建立一支能够满足残疾人服务需求的业务素质过硬和专业技术较强的人员队伍。加强公共财政向残疾人事业投入倾斜，全面落实残疾人生活补贴、养老保险、社会低保、扶贫开发等事业投入，逐步提高人群覆盖范围和保障标准；重点加大农村、低龄、重度特困残疾人群的投入力度，补齐残疾人事业发展的"木桶短板"；开放残疾人机构托养、辅助器具、职业康复、文体健身等市场准入制度，通过市场力量加快民间投入、民办公助、公办民营等社会资金供给；用好残疾人就业保障金、福利基金和社会基金对残疾人事业的资金，弥补残疾人事业发展普遍面临的资金不足。通过建设一批重点工程补齐残疾人公共服务体系短板，根据残疾人需求等级建立一批托养服务网络、康复服务网络、文化服务网络，巩固规范残疾人就业基地，发展残疾人教育机构，从而保证残疾人康复、文化、体育、教育需求以及残疾人就业增收，从而投入更多的"人、财、物"等保证残疾人事业发展。

B.16 陕西省传统文化资源开发利用的现状、问题及对策建议

王晓洁*

摘　要： 陕西是中华文明的重要发祥地，拥有深厚的历史文化底蕴和丰厚的传统文化资源。自从进入21世纪以来，陕西省委、省政府和社会各界力量就日益重视对本省传统文化资源的开发和利用。经过十多年的发展，陕西省对传统文化资源的开发和利用呈现日渐蓬勃之势。当然，由于历史积习、地理位置和人才短缺等原因，陕西省在对传统文化资源的开发和利用上，也出现了诸如思维保守、创新意识欠缺、资金不足和产业化程度较低等问题。随着时代的不断进步和社会的进一步发展，陕西省应努力抓住陕西历史文化产业大发展的历史契机，在走出去和引进来的同时，充分调动社会各界力量的积极性，共同实现对陕西省传统文化资源开发和利用的重要目标。

关键词： 传统文化资源　文化产业化　精品工程

一　陕西省传统文化资源开发、利用的现状

陕西是中华文明的重要发祥地，拥有着深厚的文化底蕴。陕西的传统文

---

* 王晓洁，陕西省社会科学院中国马克思主义研究所，助理研究员。

化资源极其丰厚，这里是华夏人文初祖黄帝的故乡，因此拥有着数量惊人、价值巨大的出土文物。据统计，陕西省文物点共计21020处，国家级历史文化名城6座，省级历史文化名城11座。在这当中，光出土的青铜器就有500多件。不仅如此，陕西省内的遗迹、遗址、陵墓中有近90处为国宝级别。

早在6000多年前的新石器时代，陕西大地上包括西安、临潼、渭南、宝鸡等地便已活跃着半坡人、姜寨人和史家人等，他们不仅学会家畜饲养、捕鱼打猎和采集等劳动方式，而且在一些陶器上刻画几何图纹、记事符号和动植物图像，这表明他们已有着对美的追求和一定的审美观念。

有了此前先祖的奠基，炎黄文明的崛起便不是偶然。根据《国语·晋语》的记载，黄帝和炎帝的父亲是少典氏族的成员，黄帝在姬水一带长大，炎帝在姜水（渭水的一条支流，在今宝鸡境内）一带长大。炎帝最大的功绩是发展了原始农业。传说他发明了最早的农具耒耜，代替双手刨土，提高了耕作能力。培育出最早的谷物粟（小米），古人称之为嘉谷。他还是陶器的发明者，史称炎帝"耕而作陶"（《太平御览》引《逸周书》）。不仅如此，他还发明了医药。为寻找治病延年的药物，他遍尝百草，相传他曾"一日而遇七十毒"（《淮南子》）、"一日百生百死"（《通志》）。黄帝的贡献则主要体现在统一华夏部落和行政制度的创设上。他在位期间，史臣仓颉造字、胡曹发明了衣、其本人发明了舟车和冠。他还设立了"七辅"、"六相"、"三公"、"四吏"、"百官"等官职，是中国行政制度的开始。黄帝死后葬于桥陵（今陕西省延安市黄陵县桥山）。鉴于黄帝在古华夏民族形成和发展过程中所做出的巨大贡献，后人往往在清明节和重阳节前往黄帝陵拜谒礼祭，以表达自己对祖先的感恩和缅怀之情。根据文献记载，西汉武帝就曾亲临桥山祭祀黄帝之冢。自此以后，历经唐、宋、元、明、清乃至抗日战争时期各个主要历史阶段，国家政府和社会公众对黄帝陵的祭祀经久不息。不止于此，后来肇始于陕西大地的周秦汉唐文明前后相继，光耀华夏，与先前的炎黄文明一起成为中国中上古文明史的重要构成，共同推动中华文明的发展与进步，从而助力古代中国跻身为世界四大文明古国之列。

可以说，对黄帝持续祭拜会加深国人对国家和民族的文化认同感和精神归宿感,它对于我们保存、继承和创新传统文化资源无疑具有非凡意义。黄帝陵坐落于陕西大地上,我们自己更应该在国家提倡祭祀黄帝的时代背景下,以祭拜黄帝陵为动力,自觉将陕西省的传统文化资源保护好、开发好和利用好。

今天,我们不仅要积极保护好陕西为中华文明所留存下来的传统文化资源,也要适应时代的变化将其主动开发和利用,将传统与现代相结合,彰显陕西省在全国的传统文化资源优势,为实现"三个陕西"而不断努力奋斗。

近年来,陕西省在文化产业链的打造上日见成效,并逐步形成可喜的态势。"曲江模式"已成为文化古都西安一道亮丽的文化风景线,关中城市群也已走上集约化良性发展之路。陕北红色文化资源丰富,红色文化产业化形势良好,并在向形成多个红色文化创意旅游综合体的目标迈进。由于历史的原因,秦文化和楚文化对陕南影响深远,从而积淀成为特色鲜明的区域文化,在打造独特文化产业园和特色文化产业体系的同时,陕南依托良好的生态环境,持续打造了多个高层次森林公园和风景区,每年吸引大量海内外游客慕名前来。根据陕西省统计局在2015年3月19日发布的《2014年陕西省国民经济和社会发展统计公报》数据显示,陕西省2014年全年接待境内外游客3.32亿人次,比上年增长16.5%;旅游总收入2521.40亿元,比上年增长18.1%。其中,接待入境游客266.30万人次,比上年增长5.1%;旅游外汇收入14.16亿美元,比上年增长5.5%;接待国内游客3.29亿人次,比上年增长17.0%;国内旅游收入2435.00亿元,比上年增长19.9%。从陕西省统计局发布的公报可以看到,随着陕西省委省政府和社会各界力量对文化资源开发和文化资源产业化的日益重视,陕西省的旅游业在全省国民经济构成中所占比例呈增长态势,后劲十足,在这当中,省内深厚、丰富的传统文化资源对特色旅游产业链条的形成及相应经济收入的增长起了不容忽视的重要作用。

2013年,习总书记先后提出了"丝绸之路经济带"和"21世纪海上丝绸之路"的构想。2015年4月,发改委、外交部和商务部联合发布《推动共建丝绸之路经济带和21世纪海上丝绸之路的愿景与行动》,宣告"一带一路"战略进入了深入实施和推进阶段,倾力构建贯穿亚欧非大陆,全方位、多层次、复合型的战略合作平台。根据文化部、财政部2014年8月联发的《关于推动特色文化产业发展的指导意见》，发展特色文化产业，构建特色鲜明、重点突出、布局合理、链条完整、效益显著的特色文化产业发展格局是国家层面整体推动文化产业发展的重要战略目标。2015年春节前夕，习近平总书记来陕视察时，对陕西文化资源非常了解。他强调说："对历史文化，要注重发掘和利用，溯到源、找到根、寻到魂，找准历史和现实的结合点，深入挖掘历史文化中的价值理念、道德规范、治国智慧。"在这种时代背景下，作为拥有悠久历史和丰厚文化资源的陕西省，我们应该充分发挥自己的区域优势和资源优势，对全省境内的文化资源进行充分调查、整体评估、合理规划和积极开发，以使陕西的传统文化资源重新焕发应有的生机与活力，为弘扬陕西优秀传统文化，打造陕西文化强省，迈出坚实的一步。

2014年以来，陕西省委省政府和社会各界力量已充分意识到让沉睡了3000多年的历史文化遗产苏醒的重要性，并使其成为陕西省经济新的增长点和生力军。对此，陕西省委省政府专门成立小组，深入百姓和各单位，广泛听取意见，最终确立了30个重大文化项目，如作为旅游景区的商於古道文化区、文安驿文化园区，作为文化基地的丝绸之路风情街、铜川药王中药文化产业基地等，作为文化设施建设的陕西新图书馆、陕西文化艺术博物院、白鹿原影视基地等。不仅如此，秦始皇兵马俑景区将在兵马俑馆区建地下考古通道连接工程。这30个重大文化项目总投资50亿元，目前已开工建设的有两汉三国文化景区、延安大剧院等12个项目。这些项目建成后，将刺激陕西文化产业的活力，也有效地开发利用了传统文化资源，没有辜负前人为我们留下的宝贵财富。总而言之，关中地区的民俗文化丰富有趣，陕南地区的山水之间蕴藏着深厚的传统文化色彩，陕北高原上孕育了红色的革命战争文化。三个区域所具有的传统文化资源具有不同的特色。

尽管我们在陕西传统文化资源的开发和利用中取得了显著而可观的成绩，但是从长远的观点看，我们对传统文化资源的开发和利用仍有诸多不足，值得我们在以后的开发利用过程中加以注意，从而使陕西省在通往文化强省的道路上少走弯路。

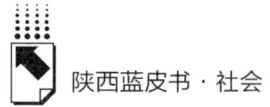
陕西蓝皮书·社会

二 陕西省传统文化资源开发、利用过程中存在的问题

陕西有着丰富、多元的传统文化资源，这是人们众所周知的事情，陕西省委省政府和社会各界力量也已意识到开发和利用传统文化资源的必要性和紧迫性。而且，随着我国经济社会的迅速发展，城乡居民的消费结构正在发生积极变化，人民群众不断增长的精神文化需求日益成为市场经济新的消费热点。在这种情况下，陕西省对传统文化资源的开发和利用，从总体上看是滞后于人民群众的这种需求的。当然，在我们的走访调研中发现，陕西省在传统文化资源开发、利用的具体过程中存在以下几个问题。

（一）由于地处内陆的关系，人们的思维意识、宣传手段和开放胸怀等方面有待于进一步提升与加强

历史上的陕西，处于全国的西北内陆腹地，在周秦汉唐历史时期曾有过较长时期的繁荣兴盛阶段，但是在唐以后随着经济中心的进一步南移，再加上此处多山地，交通极不便利，进一步阻碍了陕西与东部和南方的经济文化诸多方面的交流。在今天，虽然交通、通信、媒介手段多样和便捷，但是由于历史积习的原因，陕西的人们既有着朴实豪爽、诚实热忱的一面，同时其思维意识也或多或少地有着过于谨慎和封闭保守的一面。这种思维意识在某种程度上制约了我们对传统文化资源的产业化开发和利用，从而在对外宣传的效果上也打了折扣。

（二）专业人才比较匮乏，创新意识和能力有所欠缺

在我们国家，对传统文化资源有计划、有步骤地开发和利用，是在 21 世纪以后才真正走向正轨的。由于时间短，再加上人民群众对精神文化的需求日益剧增，目前高校培养出来的精通传统文化资源开发和利用的专业人才数量十分有限，并不能满足当前的行业需求。尽管陕西高校数量众多，但设

置文化产业管理专业的高校并不多，因而人才短缺尤其是文化产业高层次管理人才和宣传营销人才短缺的现象在陕西省也十分突出。这主要表现在，陕西省现有相关人员有些精通传统文化却对文化产业开发、营销不够了解，无法精准把握当前国内外人群对精神文化的需求所在；有些则精通文化产业开发和营销却对丰厚的历史文化无法做到深刻了解与宏观认知，以至于在传统文化的产业化、市场化运作过程中容易目光短视，造成文化产品结构单一，从而难以形成文化产业链及可持续性发展。可以说，专业人才的短缺直接影响到了我们对本省历史文物和文化资源的保护、开发和利用。

（三）陕西省传统文化资源开发、利用所需的资金仍有不足，外部融资不畅

近年来，陕西省委省政府每年在传统文化资源的开发和利用上面所投放的资金量越来越多，但是由于传统文化资源的开发和利用并非短期项目，亦难以收到立竿见影的功效。因而，作为负责传统文化资源开发的当地政府可以在国家政策允许的情况下，适当允许部分非公有制资本和社会各界力量进入文化产业领域，以初步解决融资渠道不畅、投资主体单一、文化产业发展面临资金短缺的问题。

（四）陕西省传统文化资源开发、利用产业化程度较低，缺乏整体性合理规划与布局，尚未形成科学、合理、可持续性的文化产业群和产业链

就全省来看，大多数县市都会拥有数量、水准不等的传统文化资源和文化产业，但是由于专业人才、文化创意、资金投入等方面的种种不足，影响到了文化产业化开发的质量和可持续性。尤其需要指出的是，在历史文化旅游产业区和红色革命文化区内部都会有一些相应文化旅游产品的展示平台，而所展示的产品在形式和内容上往往过于单一，缺乏丰富性和产品的可选择性。不仅如此，在很多大型的文化旅游产业区附近都会有一些包括餐饮在内的配套设施。但这些配套设施往往不够健全，服务水平又低，与外来游客的实际消费需求严重不符。以陕西省临潼秦始皇兵马俑博物馆为例来说，周围虽有基本的配套设施，但亦有令人不太满意的地方。最突出的便是，餐饮业看似有好多家，但饮食做法简单，色香味皆差，甚至比不上西安市内普通的餐馆水准，定价却比后者高2~3倍。这与厚重的历史文化格格不入，其后果便是，多数游客宁愿自带干粮也不愿在景区周围就餐，既严重影响了历史文化资源开发的质量和效益，也与文化资源大省的应有形象不符。

三 陕西传统文化资源开发、利用的对策建议

针对上文我们对陕西省传统文化资源开发、利用的现状以及在开发、利用过程中存在的问题所作的分析，我们认为，应积极响应习总书记所提出的"一带一路"战略计划，抓住陕西历史文化产业大发展的契机，在"走出去"和"引进来"的同时，充分调动社会各界的积极性，共同实现对陕西省传统文化资源开发和利用的重要目标。对此，我们提出以下几条对策和建议，以供有关政府部门和社会人士参考。

第一，打破传统区域文化封闭保守意识的历史局限性，通过"走出去"和"引进来"等方式真正使我们的思维意识变得更有活力与开拓性。在开发和利用传统文化资源方面，我们应该有计划、有组织地派出考察观摩团向做得比较好的省份取经和学习，以更好地取长补短。同时，我们还要坚持"引进来"战略，引进优秀专业人才，引进外地资金，引进成熟先进的管理经验和保障制度，以使我们区域文化产业在博采众长、合理规划中实现良性开发、利用和发展。

第二，对全省境内的传统文化资源做好全面普查、统筹规划工作。政府部门联合省内高校和科研机构的有关专家、学者，对省内的传统文化资源进行一次全面、彻底的普查，将全省范围内的文化资源按照已得到充分开发和利用的、部分得到开发和利用的、尚未得到开发和利用的三种标准来合理分类，做好专项统计，以为后面有针对性、有条理和系统性地开发和利用陕西省传统文化资源奠定基础。

第三，集中资金力量，精心打造一批省内的传统文化资源精品工程。历史上的陕西，文化资源丰富，周秦汉唐文明光耀华夏，在每一个重要历史时期，都会有着一批具有典型时代意义的历史文物和文化遗产。我们在做好普查摸底工作的同时，集中优势力量重点打造一批传统文化精品工程，以切实引领和带动人们对省内传统文化资源的开发、利用。

第四，积极拓宽融资渠道，积极吸纳外地资金，共同参与到对陕西历史文化资源的开发和利用上来。文化产业的开发和利用，首先需要大量资金的投入，没有充足的资金投放，这方面的工作将很难得到展开和充分实现。资金的来源，一方面需要政府的财政和政策的大力扶持，另一方面需要当地政府积极运用各种合理渠道，充分融资，吸引外地资本（包括民间资本和国际资本）注入当地对传统文化资源的开发和利用上来。

第五，加强与高校之间的联系与合作，共同培养和建立高素质专业人才队伍。高等院校具有培养人才和提升素养的独特优势，各级政府应该在充分认识开发和利用传统文化资源必要性和紧迫性的同时，积极定期派送主管部门干部、各级行政部门领导和相关企业从业人员到高等院校接受专业知识与技能的训练与培训。另外，各级政府还可以通过在高等院校挑选相关所需人才到本地去参与、指导，甚至扎根于当地对传统文化资源加以积极的开发和利用。通过政府部门和高校之间的密切联系与合作，最终建立起高素质的专业人才队伍。

总之，我们应紧紧抓住习总书记提出"一带一路"战略的历史契机，依托陕西省独特文化资源优势，做好前期调研和普查工作，对全省范围内的传统文化资源进行合理分类，然后统筹安排，科学规划，将陕西省传统文化资源的开发和利用工作有计划、有步骤、扎扎实实地推动下去。我们相信，经过陕西省委省政府和各级地方政府以及社会各界力量的密切配合、共同努力，陕西省的传统文化资源一定会在21世纪的今天重新焕发活力，从而为中华民族辉煌灿烂的明天提供永不衰竭的精神动力！

B.17
陕西省农村基层选举的现状、问题及对策研究

何文兰*

摘　要： 农村选举是实现基层民主的重要途径。随着村民自治的不断实践与深化，作为选举的重要阵地，基层选举取得了一定的成绩，使基层民主得到了应有的发挥与完善。但是仍然存在许多新情况和新问题，一定程度上影响着村民自治的发展与农村的和谐稳定。本文结合陕西的实际，通过调研分析，客观评估陕西省的选举现状、存在问题，并在此基础上提出既有针对性又可操作的对策建议，目的在于进一步推进农村基层民主政治建设，从而为实现"三个陕西"奠定坚实的基础。

关键词： 陕西　农村　基层选举　民主政治

在现代政党政治中，民主不再是一个抽象、无法触及的上层建筑问题，而是一个具体的关乎每一个人切身利益的现实问题，更是政治理论和社会生活实践中的重点问题。纵观全社会，对任何一个政党来说，民主都是他们树立权威、获得支持、取得执政合法性认同的重要筹码。应该说，民主既包括理念层面，也包括政治制度和政治实践的层面，是理论与实践在政治发展中的统一。而对于"民主"，最早阐述为"人民当家作主"，它是西方思想家

---

* 何文兰，陕西省社会科学院政治与法律研究所助理研究员，研究方向为党史。

卢梭首先提出的。伴随着人类对政治民主的追求与实践，20世纪后，人们对民主的认识有了进一步的发展，把选举作为实现民主的关键手段，认为公平公正的选举有助于化解公共矛盾，使公众能够自愿归顺既定政治秩序的一种象征性仪式，可以有效化解人们对当权者政治行为的疑虑与不满。甚至出现了一个公式：选举＝民主。可见，选举对于实现民主的重要性。也正是由于选举具有这种"减压阀"和"安全阀"的"润滑"、"抚慰"作用，基层选举引起理论者和执政者的高度重视。毫不夸张地说，基层选举的成败关系着农村乃至国家的政治民主发展水平。在我国，尽管随着1998年颁布并实行的《中华人民共和国村民委员会组织法》（以下简称《村委会组织法》）实践以来，基层民主，尤其是基层选举有了提高与完善，但是仍然存在选举文化氛围不浓、选举制度宽泛笼统、选举技术操作缺乏规范等主要问题。这对于保障群众的权益、畅通群众的诉求渠道、实现基层人民当家作主的权利有着严重的影响。因此，要保障社会主义民主大厦屹立不倒，保障农村基层人民民主权利不受侵犯就必须抓好基层民主这个"根基"。要不断培育选举文化，使选举入脑入心；要提高认识，激发群众的政治参与热情；要加强基层选举的规范程序化建设；要建立健全制度以及完善监督机制等。唯有如此，才能激发农村基层群众的积极性与创造性，才能保障农村的和谐稳定，从而保障美丽陕西、和谐陕西和富裕陕西的陕西梦早日实现。

一 陕西农村基层选举的现状

自1987年《村委会组织法》试行以来，全国范围不同程度地进行了贯彻和落实，尤其是1998年该法正式颁布之后，很多省、市和地区进行了不断的探索和创新。陕西省也不例外，尤其近年来在组织管理、维护选民公平公正、依法选举等方面都走在了很多省份的前面。

（一）选举的组织水平全面提高

加强组织是提高选举效率的重要基础，陕西省在历届村"两委会"换届选举中都十分重视组织管理。2014年中央决定全国11个省市将进行村委会换届选举，陕西省委省政府积极做出回应，明确要求陕西省第九届村"两委"换届选举工作从2014年12月起至2015年5月底前结束。省委常委、省委组织部部长毛万春于2014年11月24日在全省村级党组织领导班子和第九次村民委员会换届选举工作视频会上指出，这次村"两委会"换届要适应党建"新常态"，换出"两委"精气神，就是要坚持党要管党、从严治党，坚持从严从实、依法依规。同时还指出，2015年全省村"两委"换届选举要贯彻党要管党、从严治党新要求，全面深化农村改革，全面推进依法治国，巩固拓展教育实践活动成果，要增强村"两委"换届选举工作的责任感和使命感。这就为陕西省村"两委"换届选举定了调子、指了方向。韩城市为确保选民的权利不受侵犯，群众的利益得到合法、合理和公正的维护，也在组织管理方面下硬功夫，做实做细每一个环节。市委市政府提前谋划。自2014年7月起，以整治村级财务、打击破坏选举为重点，在全市联合公、检、法、纪检、监察和政法等多个职能部门集中开展重点村整治工作，扫清了村级换届选举的障碍。蓝田县为圆满、高效地做好农村"两委会"换届的服务保障工作。县检察院组织三里镇、孟村镇、三官庙镇、葛牌镇等村组干部200余人参观警示教育基地，开展警示教育活动，提前为他们打好预防针。由此可见，无论是省委省政府还是基层乡镇都在为确保选举的顺利进行加强组织管理，并且这一方面的能力已经大大提高。

（二）依法选举能力不断增强

陕西省经过第一届"两委"换届选举至今，走过了几十个春秋，也正是由于不断的积累、创新和实践，依法选举的能力才不断增强。毛万春强调，在换届选举工作过程中必须有法度，坚持严把基本原则、严把选人标准、严把工作步骤、严把"四道关口"，把加强党的领导、充分发扬民主和严格依法办事贯彻到基层换届选举过程的始终。所以，各地积极响应号召，按照省委的要求，纷纷贯彻和落实，努力做到有法必依、违法必究，不钻法律漏洞，抱着对人民负责的态度把一些有能力、明是非、懂发展、会服务的能人和强人选进村"两委"班子。长安区为确保2015年全区各街道村级"两委"换届选举工作依法公平公正进行，2014年12月23日区司法局深入滦镇街道上王村进行选举法制宣传，使人们广泛了解有关选举法律的基本知识，对《村民委员会组织法》、《中国共产党农村基层组织工作条例》以及《陕西省村民委员会选举办法》等相关内容有了比较全面的了解，进而了解选举的程序、选民的权利和义务，鼓励群众积极地参与到本次村"两委"换届选举工作中来。有了法律的保障，农村选举不再混乱无序，各项工作顺利进行，其结果正如临潼区西街贾村的老党员张学习说，"我村39名党员（含大学生村官）参加了选举，在选举过程中，没有拉选票贿选现象，没有打电话拉关系，被选人和选举人之间纯属工作关系，连一根烟都没有发"。在历届选举中，这种情况实属罕见。可见，农村基层依法选举的能力不断提高，并且有法可依、有法必依得到了人们的高度认同和赞扬。

（三）群众的选举权利得到普遍的尊重与维护

选举既是权利也是义务。对群众而言，选一个好干部，就是实现和维护自己的利益，就是自己的权利得到尊重与保障。

随着农村改革的不断推进、村民自治的进一步完善，农民群众要求对实现自己权利的知情权、参与权更加重视，对群众选"两委"班子非常关注。同时，选举权也受到各级党委、基层党组织的尊重与保护。比如在候选人提名方面，为体现公正、公开和公平，各乡（镇）不断改进和完善候选人提出办法，经过上级党组织提名、村党组织提名、村委会提名、村民代表提名、村民联合提名等多种提名方式的实践，逐渐形成了目前最流行、最民主的以村民提名为主的提名方式，真正实现村民的自我管理。在正式选举中，对生病请假不能亲自参加投票的，则依法实行委托投票，因外出务工或其他原因不能到场的则要求用函寄的方式投票，以保障他们的选举权利。为保证选民自由表达意愿，一些选举点还普遍设立了秘密划票间，防止干扰。同时对于家族势力影响公平选举，更是注重预防，及时化解。榆林市吴堡县寇家塬镇田家塬、冯家塬两个村组是合并以后第一次村民委员会换届选举，镇党委担心由于关系复杂，个别人会利用家族势力破坏选举。因此，镇长周香梅带领包村干部到村蹲点，摸清动向，排除矛盾，使2015年1月11日正式选举高效完成。

（四）公开、公平、公正的原则更加彰显

良好有序，公开、公正和公平的选举是体现党的执政能力的重要举措，也是不断提高党的执政能力、巩固党的执政基础的基础。因此，省、市、县各级政府都高度重视，并做出了重要的成绩。主要表现在以下三个方面：一是坚持正确的用人导向，严把"进口关"。比如在候选人提名问题上，陕西省制定统一标准，统一衡量，坚决杜绝没有"参照"而"自主裁量"的乱象。与往届村级党支部和村委会选举不同，按照新的规定，2015年村级党组织领导班子和村委会成员候选人资格条件要求"五选八不选"。这样，应当提名谁，群众看了一目了然，而上级也因有所顾虑不能打自己的主意破坏甚至干涉候选人提名，这样就大大提高了公平性。对此，临潼区西泉街办两委会选举领导小组组长的任龙现深有感触地说："过去支部选举候选人采取的是'两推一选'，即党员推荐和群众代表推荐，然后由党员选举，今年村级党支部候选人由街办党工委（乡镇党委）推荐，往届两委会选举最复杂的最难解决的就是宗族势力和宗派势力，还有就是行贿受贿拉选票。今年有了'五选八不选'这个硬性规定，两委会的选举有了政策保障。"二是依法规范选举程序。在基层换届选举中，陕西省主要根据《村民委员会组织法》以及《陕西省村民委员会选举办法》等依法选举，尤其是在保护选民的选举与被选举权利方面，包括选民摸底登记、候选人提名、选举委员会筹建、投票与唱票等主要环节严把关口，坚决打击违法舞弊行为，使贿选拉票、恶意破坏、组织干预的现象减少。三是严肃纪律。严肃的纪律是做好基层选举的重要保障。省委省政府多次强调，基层选举要切实遵守"六个严禁"，认真落实"三个全程"，严格执行"四个一律"。

（五）选举制度不断创新

《党章》和《村委会组织法》虽然对基层选举做了一些制度的规定，但是细看起来，比较宏观。各地根据当地的实际，在坚持基本制度和原则的基

础上，不断创新，很多地方有了成功的经验。比如，白河县在村"两委"换届选举工作中推行的"全程纪实制度"，将选举的内容流程化、选举的过程记录菜单化、责任追究制度化。目的是，防止在村"两委"换届选举工作中出现程序不规范、资料保存不完整、责任难追究等问题，事实证明这种尝试是成功的。再如安康汉滨区建立的"村民代表补选制度"，其中规定，村民代表因各种原因空缺达到1/5时，此次选举无效，应依法按照相关规定和程序由村委会主持择机补选，确保两委班子组织健全。岚皋县从保障党员的知情权、选择权、参与权、决策权和监督权入手，在扩大党内基层民主建设方面，进行了一些有益的探索，取得了一定成效，比如"四荐三差额两选一承诺"工作机制。这些制度都对促进各地的基层选举起到了保障和完善作用。

二 陕西农村基层选举存在的突出问题

陕西地处我国西部，作为欠发达省，基层民主发展相对滞后，尽管陕西省村"两委会"选举现状主流是好的，成绩也是可观的，但仍然存在选举文化氛围欠缺、选民参与积极性程度不高、选举程序不规范、制度不完善、恶意竞争、监督机制不健全等问题。正视这些问题，才能合理地解决问题。

（一）选举文化氛围欠缺

文化孕育着制度，特定的文化产生特定的制度，这是规律。选举文化既属于政治文化范畴又属于社会文化范畴，是政治文化和社会文化不可缺少的组成要素，是历史人文情怀、道德法制意识、核心价值观念、民主选举制度、社会和政治文明发展层次等主要方面在选举过程中的综合反映。可以说，选举文化氛围能够如实客观地反映一个国家、一个省，乃至一个地区的政治经济文化发展的总体水平。不难发现基层民主选举实践中存在的很多问题，可以从制度上解释，也可以从体制机制方面解释，但归根结底还是与当前的诸如民主观念、法制观念、维权意识、公民意识、政治参与意识或话语权意识不足有关，而这些都是选举文化水平低下的具体体现。一言以蔽之，当前农村社会缺少与基层民主自治制度以及科学规范选举有效运行相适应的民主文化。究其原因就是目前我国的政治经济社会发展仍处于社会主义初级阶段，选举文化培育认识上的"缺位"，导致实践上的不"到位"。

（二）政治冷漠

所谓冷漠就是不关心、事不关己的态度。表现在行为上就是不作为或不积极作为。是与政治参与相对应而言的。主要有以下特点：选民对选举活动不关心、不支持也不反对；不参加投票或投票不认真，对于投票的结果满不在乎；对选举过程中的各个环节关注较少、很少参与，也根本不在乎是否合法；有的选民把选举活动当成是一种行政指令，当作任务完成，而不是真正地行使自己的权利。所以，很多时候会出现一些选民自愿转让和放弃自己的提名权和选举权的做法，以及随意"合法授权"让别人代替填写。更有甚者，有的更是缺乏主见，人云亦云，看别人的选票来填写。这一方面是因为上级党组织认识模糊，缺乏有力的组织、引导和管理，另一方面是基层群众的文化素质低，没有认识到选举在基层民主政治建设中的重要性。

（三）选举程序不规范

科学的选举程序是保证选举过程顺利进行的根本举措，也是体现选民意愿的根本保障。但实践中，违反选举程序的问题依然屡见不鲜。

1. 延期或提前换届

根据《中华人民共和国村民委员会组织法》的规定：村民委员会每届任期三年届满应当及时举行换届选举。但实际情况是有的地方村党组织为了保住位子而借口特殊情况，到期不及时进行换届选举。有的地方乡镇党组织为了选上"自己人"又提前换届选举。还有的地方，因为宣传、组织工作没有到位，导致没有选出领导班子，乡镇政府就指定村干部。以上这些行为都是置《村民委员会组织法》于不顾的行为。

2. 提名不规范

《村民委员会组织法》关于村民选举委员会成员的产生办法中，明确强调委员会成员应由村民会议或者各村民小组推选产生。然而直接由乡镇政府任命、由村支部或原村委会代替、不经村民提名推选、提名确定后不是广泛征求村民会议的意见而是个别征求意见的现象依然存在，同时在候选人提名上存在不规范的问题。比如组织提名、要求村民提组织上定下来的人选以及有的地方确定正式候选人不是依据村民提名的得票数，而是依据领导的意图。

3. 选举细节不规范

"细节决定成败"这不是危言耸听。我们经常会发现因为直接、差额、无记名的基本选举原则没有贯彻到位而导致选举失败；因选民登记不规范，投票受干扰以及唱票不合法而导致群众不满意；整个投票选举过程随个人意志而变，未能严格依照法定程序举行，而使选举变相成为实现某个人利益的工具。凡此种种，都是选举过程中一些细节问题导致的。再如，在投票过程中，虽然一再要求无记名投票、公开计票、秘密写票，但是现实的情况却并非如此，代替填票、干预别人填票的现象依然存在。

（四）制度不完善

制度具有根本性、稳定性和长期性的作用。健全而又完善的制度是做好选举工作的根本保障。但目前的总体情况是立法空缺、过于宏观、缺乏配套。

1. 立法空缺

截至目前，中央还没有出台一部专门为规范村级选举的村委会选举法。当前我们实践中可依据和参考的就是《党章》、《村民委员会组织法》以及2013年颁布实施的《中华人民共和国村民委员会选举章程》。

2. 法律、法规的内容过于宏观

选举是体现民主的过程，各个环节都要依法进行才能保证程序合法和目的合法。但是目前已有的法律条文大多数比较宏观，主要侧重于原则性。相对来说具体指导操作的法条太少，缺乏现实指导意义。也正因为如此，再加上实践的时间并不长，各地根据自己的理解贯彻落实的较多，随意性也就较大。很多情况下，地方基层政府最为直接地决定着民主选举的运作及其命运。有的地方甚至每届选举都要制定不同的办法，由于缺乏长期的政策与制度的连贯性，人为因素较大，有的地方选举的办法就是实现组织意愿的途径，这就在很大程度上违背了投票人的选举本意。

3.缺乏综合配套制度

很显然，选举是复杂而又体统的工程，体现公开、公平、公正性是其应有之义。这就要求组织管理、选举监督、后续保障等综合配套。事前的动员培训、事中的选举监督、事后的弹劾罢免以及考核工作都要完备，很明显我们的差距还很大。

（五）恶意竞争

总体来说，农村两委选举的竞争并不激烈，部分村候选人提名只有一人，根本不存在差额选举。但是恶意竞争却时有发生。一是由贿选导致的不平等竞争。这种情况主要出现在有机体资源的村庄。一般形式是候选人对选民施与财物，如给选民发食用油、毛巾、香皂、洗衣粉之类的"收买人心"；有的上门拜访请求，甚至拿政策当幌子，开空头支票。如承诺当选以后让其享受"低保"政策；有的直接以赤裸裸的金钱等作为贿赂形式，是典型的拿金钱买选票，曾出现过韩城的"田森峰"事件。二是利益博弈导致的竞争。这种情况主要出现在集体资源丰富、集体积累雄厚的乡村。这些村，候选人一般都要经过乡镇党委和村党组织的博弈，各自为了利益找自己的代理人，在此类村中，候选人很多不是由村民提名，而是由村党支部或其他提名产生的，有的是镇政府极力推荐的，可见，候选人产生方式很不民主。

（六）监督缺位

无论是贿选情况的频频出现还是选举操作不规范，其中一个重要的原因就是监督的缺位与不到位。所谓的监督缺位和不到位主要来自三个方面。

1.缺乏独立于选举机构的监督机构

我们现在很多村虽然成立了村民监督委员会，但它的主要职责是监督村委履职情况，对于选举的监督由于既没有法律法规的明确规定，也没有地方的成功实践,所以很少涉及。同时,很多村民监督委员会也是"名存实亡",没有固定的人员、固定的待遇,很多人还弄不清监督什么、怎样监督以及监督了怎么办的问题。目前选举监督委员会90%以上的村是坚持"一套人们,两个班子"的思路,即选举委员会和监督委员会合二为一。这就不难想象"既是运动员又是裁判员"的结果。

2. 有关监督选举制度的"真空"

制度漏洞,就会给执行者留下较大的"自主发挥"空间。当前我们能看到的指导选举的制度,其中比较成熟的就是关于提名和选举环节的一些具体规定。而诸如监督、罢免等方面的规定还有很多"盲点",基本上处于"真空断层"状态,即使在候选人的提名中,也没有详细的对党内选举工作中提名候选人的程序、候选人的罢免、酝酿候选人的时间等做出详细的规定,导致很多情况下发现问题由于没有相关制度作参照而不能及时查缺补漏。

3. 监督渠道不畅通

"乡政村治"模式,使村民自治有了进一步的发展,也由此给乡镇党委找到了拒绝监督的理由。而舆论监督在更多的情况则是在"出问题"以后的曝光和跟踪报道,所以,事前监督不到位。群众监督由于掣肘于村级领导权力而不敢监督。所以,监督渠道的堵塞,也就不可避免地滋生着选举中的腐败。

三 进一步完善农村基层选举的几点对策与建议

农村选举制度完善与否,直接影响到陕西省政治经济的发展,针对以上存在的各种问题,我们绝不能轻视小看。必须要在培育选举文化、提高认识激发政治参与积极性、完善程序注重细节、健全制度、突破难题、加强监督等方面做好工作。

(一)培育选举文化

一是加强民主实践,提升群众的选举意识。要创造环境,搭建平台,对农民的选举进行正确的鼓励、宣传和引导，要让群众切身感受到民主是实实在在的，而不是虚无缥缈的。比如选民登记的常态化、规范化和便利化，固定投票箱与流动投票箱的普遍设立等。这些都是具体而又直观的民主实践教育。二是加强道德与法制规范引导民主选举行为。大力倡导诚信意识、担当意识。鼓励群众在选举中不弄虚作假，不拉帮结派，正确行使自己的权利。同时对违反法律、制度的选举行为要及时教育纠正甚至惩处，使群众明确什么是选举权利、如何正确行使自己的权利，这样便有了亲身体会，与感官相比较又更深刻一些。三是科学合理地解决"两委"冲突。要明确"两委"不同的职能与作用。坚持党组织的领导作用和村委会的自治作用。要发扬村级事务由村委会集体决策的作风，而不是村主任一人说了算。同时也要坚持农村基层民主选举中党的领导地位，不能使之边缘化。四是培养高素质的选民。要加强法律宣传，加强选举培训，搭建群众利益诉求平台，广泛听取群众意见，关注群众的热点和难点问题等，从整体上提高选民的选举意识，正确维护自己的合法利益，促进选举顺利进行。

（二）提高认识，激发政治参与热情

思想上重视是基层做好选举工作的基础。之所以会出现"贿选"、"代填选票"、"弃选"乃至政治冷漠，说到底和乡镇党委与群众认知水平低不无关系。所以，一方面要加强乡镇党委在基层换届选举中的作用，另一方面就是要提高群众的认识，激发政治参与热情。

将一个公正有序的选举展现给村民，离不开乡镇党委、政府的作用。这可以从以下几点着手：一是组织动员，保证选举程序的合法性与公正性。包括前期摸底调研、思想宣传、制定选举规划等。二是加强引导。包括对政府的相关工作人员进行培训，提高他们对村委会民主选举重要性的认识，了解基层选举的相关政策等，进而提高其指导水平；加强对村干部的培训教育，使他们掌握相应的选举知识和操作方式，能够在选举中起好带头、表率的作用。三是发挥监督与仲裁的作用，乡镇政府作为国家政权在基层的代表，担负着监督基层选举的工作。因此，要监督不要干预，要纠正不要包庇，要及时发现苗头，又要做好出现问题及时处理的准备。

群众是基层民主实践的最广泛主体，因此提高群众的认识非常重要。要广泛建立深化扩大的群众民主主权意识，提高和激发村民的政治参与热情。在陕西省，农村的发展依然面临很多问题，其中农民文化素质低是其一。目前陕西省农民的文化水平总体不高，而调查研究表明，文化水平和受教育的程度与政治参与的热情和积极性成正比。所以，培养民主意识是提高政治参与热情的主要手段。因此我们要从教育入手，通过教育、培训和宣传使农民有更多的机会了解、认知、体会和参与政治实践。这是一个根本、长期和管用的方法。

（三）加强选举程序规范化建设

民主选举的实质是人民当家作主的一种实践形式，同时也是一种民主秩序的构建方式。实践证明，农村基层党内民主选举，不以选民合法的程序为载体是靠不住的，很难避免目的合法、选举程序不合法的问题。成功的选举既是程序合法又是目的合法。因此，在农村进行党内民主选举迫切需要尽快建立起一套规范的选举制度和规范严密的选举程序。诸如：如何组织选委会、如何确立选举工作人员、如何确立选举监督委员会、如何确定男女候选人比例；何时公布候选人名单、如何发放选票、采用何种投票方式、何时公布选举结果以及如果选举以不可抵抗力耽误何时续补等选举程序。只有这些具体操作规范了，才能保证选举过程和选举目的有效，才能从根本上解决农村基层党内选举制度的规范和选举机制的完善，为农村基层党员实现在党内的决策、管理、监督提供一种秩序构建范式。

（四）建立健全制度

首先，立法明确，统一标准。陕西省村民委员会换届选举工作总的情况是好的，基本上做到了有法可依。但是，由于立法本身和理解方面存在的一些细节问题，导致在具体操作中仍有失误。这就需要我们立法明确，在研究问题时，统一尺度和标准，进而做到统一认识，明确界限。比如，改革和完善村民委员会选举的选民登记制度，明确如何登记、什么时候登记、谁来登记；关于补选制度，如果因为特殊原因导致正在进行的选举无法完成或选举无效的时候，什么时间进行补选，由谁组织；关于领导罢免制度，如果选举的领导违反了组织程序、通过贿选成功或是通过其他不当手段后得选，如何罢免；候选人竞职演说制度，包括演讲的内容、时间、场合等，如果这些都有明确的规定，就能确保正确执行法律，依法进行选举。

其次，强化责任追究制度。如对贿选的责任追究。贿选往往不是一个人引起的。它包括行贿方和受贿方。我们经常在意谁受贿，对其惩处的力度较大，而忽视行贿方，甚至认为其是受害者，惩处力度显然不够，这就不能有效杜绝贿选产生。所以，一定要增加行贿和受贿的成本。同时要从法律的角度明确规定行贿人及参与者的明确界定以及出台相应的惩处措施，以确保对选举中违法行为的制裁有法可依。

最后是建设有效的预警和评估机制。预防与惩处是一体的。甚至预防是更有效的，能把损失和风险降低到最低。我们知道，由选举引起的集体上访事件和利益冲突不在少数。所以一定要对选举过程中可能出现的问题加以预防，同时要对出现问题以后的解决步骤、应对措施做到心中有数。

（五）完善机制，加强监督

缺乏监督或监督不到位的选举，一定不是成功的选举。因此，做好监督至关重要。一方面，监督关口前移。如正式候选人产生后，村委会要及时组织召开村民大会或村民代表会议，由候选人向村民或村民代表介绍自己的治村设想和规划，发表自己的见解，回答选民的疑问。如果发现候选人有贿选或不切实际，抑或是故意蒙蔽群众的承诺，要及时采取措施，取消其候选人资格。另一方面，利用科技，拓宽监督渠道。目前，人口流动频繁，委托投票的现象较多，很多人为了得票而"暗箱操作"，换届选举中如何把关与控制委托投票就成为关键。建议委托人和受托人有正式的委托书。有条件的地方,可运用现代科技手段对选举现场进行有效监督。最后是吸收第三方,扩大监督主体。尤其是注意发挥基层人民代表大会及其人大代表的作用,引入司法公证制度和选举观察员制度,利用学者、人大代表、政协委员等方面的资源到选举竞争激烈或容易发生纠纷的农村和现场进行监督。

B.18
陕西美丽乡村建设研究报告[*]

王旭瑞[**]

摘 要： 当前，美丽乡村建设正在陕西省内如火如荼地进行，这是改善农村人居环境、提升农民生活质量、建设生态文明的重要举措，也是发展新型城镇化、推动城乡一体化的新契机和有力抓手，对"三个陕西"建设具有非常重要的意义。两年多来，陕西的美丽乡村建设已取得了一定的成效，积累了一些经验，但也存在一些不足和问题，值得认真关注和思考。本文根据实地调研及政府官网相关资料，介绍了陕西美丽乡村建设的现状，对建设过程中出现的问题进行了分析，并对下一步的工作实践提出对策建议。

关键词： 美丽乡村 环境 社区 公共服务 陕西

建设美丽乡村是党中央深入推进社会主义新农村建设的重大举措。2013年中央1号文件中首次提出："加强农村生态建设、环境保护和综合整治，努力建设美丽乡村。"此后连续三年，中央在1号文件中都明确提出建设美丽乡村。陕西省委、省政府认真贯彻落实中央精神，于2013年9月在陕西省启动美丽乡村建设。当前，美丽乡村建设正在陕西省内如火如荼地进行，这是改善农村人居环境、提升农民生活质量、建设生态文明的重要举措，也

---

[*] 本文为陕西省社科基金项目"城镇化进程中乡村文化的断裂与重建——基于陕西关中农村的实地调查"的阶段性成果，立项号：2014G15。
[**] 王旭瑞：陕西省社会科学院社会学研究所助理研究员。

是发展新型城镇化、推动城乡一体化的新契机和有力抓手,对"三个陕西"建设具有非常重要的意义。两年多来,陕西的美丽乡村建设已取得了一定的成效,积累了一些经验,但也存在一些不足和问题,值得认真关注和思考。本文介绍了陕西美丽乡村建设的现状,对建设过程中出现的问题进行了分析,并对下一步的工作实践提出对策建议。

一 陕西美丽乡村建设的现状

陕西的美丽乡村建设自启动以来,大致经历三个阶段,即建设试点阶段、持续推进阶段和乡村思想道德建设阶段。

(一)第一阶段:建设试点阶段

2013年9月,根据中央有关文件精神,陕西省财政厅制定了《陕西省美丽乡村建设试点方案》,启动了美丽乡村建设。省上确定在眉县、乾县、耀州、汉阴、白水等5个县(区)先期开展美丽乡村建设试点,并选择蓝田、户县、渭滨、岐山、太白、彬县、秦都、永寿、临渭、大荔、西乡、杨陵等12个县(区)作为市上试点县,进行美丽乡村建设自主试点。目标是通过2~3年的努力,在全省率先建设一批"宜居、宜业、宜游"的美丽乡村,并探索总结好的做法经验和有效模式,为在全省范围内开展美丽乡村建设积累经验。

美丽乡村建设以县为主,统筹推进,各县第一阶段的工作主要是制定建设规划和建设方案。各试点县纷纷根据当地自然条件和发展实际,制定美丽乡村建设规划及具体实施方案。比如在眉县,县政府聘请专业机构编制《眉县城乡一体化建设规划》、《眉县新农村建设总体规划》及《眉县美丽乡村建设5个片区规划》等,坚持"将美丽乡村建设试点与农村乡土民风相结合、与环境整治相结合、与农村实际相结合",初步形成了"以规划引领项目建设,以环境整治提升品位,以项目支撑县域发展"的"三位一体"创新模式。在乾县,美丽乡村建设涉及"环境提升"、"创业增收"、"文明培育"、"服务提升"四项工程,并突出强调四项工程同时规划、同时推进。

对于这样的系统工程，乾县动员果业局、畜牧局、林业局、发改局、教育局等政府各个相关部门，全面投入美丽乡村的建设规划中，对美丽乡村做好产业布局和调整的指导扶持，教育局还对村小学的校舍建设、设备投入、师资配备、教学指导、少年儿童校外活动等方面给予扶持。

据了解，2013年陕西各级财政累计投入美丽乡村建设资金3.5亿元，全省美丽乡村建设试点逐步实现道路硬化、村庄亮化、卫生净化、村庄绿化、环境美化等目标，改善村容村貌和农民人居环境。

（二）第二阶段：全面推进阶段

经过一段时间的建设试点，2014年3月，陕西省政府出台《关于全面改善村庄人居环境持续推进美丽乡村建设的意见》的重要文件，要求以关中地区为重点，以沿渭及交通干线城镇带为突破口，全面开展村庄人居环境整治，改善农村基础设施，持续推进美丽宜居乡村建设。并对推进美丽乡村建设的基本原则、建设内容及保障措施等提出具体要求。各市县政府积极响应，采取各项措施，发挥政府主导和示范村的带动作用，在各地轰轰烈烈地展开了美丽乡村建设活动。

在这一阶段中，各地经过努力实践，美丽乡村建设都取得了实实在在的成绩。比如乾县县委县政府高度重视美丽乡村建设，努力形成城乡区域发展一体化新格局。近两年来，实施一事一议财政奖补项目668个，共投入33582万元，硬化村内道路981公里，修建生产砂石路24.8公里，修建排水渠285.43公里，硬化广场面积11446平方米，铺设人畜饮水管线43公里，安装路灯7480盏，新建村内垃圾池443个，发放垃圾桶3814个，配发垃圾车45辆，建设配电室7个，绿化街道38.6公里，硬化村级文化广场13个。该县农村人居环境、生产条件得到全面改善。

大荔县委、县政府统一部署，于2013年9月全面启动了美丽乡村建设的实施规划，有目的、有步骤地推行乡村环境治理活动。经过近两年的不懈努力，美丽乡村建设已取得很大成效。全县农村"脏乱差"状况明显改观，许多乡镇实现道路硬化、村庄亮化、村庄绿化，城乡整体形象得到有效提升。在建设美丽乡村的过程中,大荔县把三大产业融合发展作为一种方向。先后吸引了一批优质建设项目进入大荔县投资,比如投资1.9亿元的现代农业园区项目将现代农业和观光旅游结合起来;投资4亿元的20兆瓦光伏农业科技大棚电站项目将工业、科技教育和农业采摘旅游融合起来;大型光伏发电、渔光互补项目,将光伏发电和现代养殖渔业融合起来。这些项目将第一、第三产业或一二三产业融合起来发展。旅游、观光、采摘、农耕体验、休闲度假等形式的服务业正在乡村兴起。

(三)第三阶段:将乡村思想道德建设融入美丽乡村建设中

2015年,中央强调要加强农村思想道德建设,全面推进农村人居环境整治。陕西省文明委下发了《关于以"美丽乡村·文明家园"建设为载体大力推进社会主义核心价值观进农村的实施意见》,提出以"美丽乡村·文明家园"为载体,推动建设"环境美、风尚美、人文美、创业美"的陕西美丽乡村。"美丽乡村·文明家园"围绕建设"十个一"目标来组织进行,即建设一个农家书屋,建设一个广播室,建设一个公共文化活动室和文化活动广场,有乡村文明一条街,有善行义举榜,有乡贤文化骨干队伍,有道德讲堂,有一整套乡规民约制度,每年坚持开展"十星级文明户"评选活动,每年评选表彰一次"好公婆"、"好儿媳"、"好家庭"。力争以"十个一"为抓手,以培育新型农民、优良家风、文明乡风、乡贤文化为重点,丰富群众文化生活,推动社会主义核心价值观在农村落地生根。

在这一阶段的建设中,一些县区的做法成效突出,受到肯定。比如平利县通过实施"德在平利"工程,把核心价值观作为农村道德建设的切入点。坚持每年开展一次"十星级文明户"、"最美家庭"、"好媳妇"、"好婆婆"等评选活动,并组织了平利首届道德模范评选表彰活动。同时,通过村民代表大会讨论,制定完善了村民认可、行之有效的村规民约,并与每个农户签订遵守协议。各村还成立乡风文明监督小组,充分发挥道德评议会、红白理事会的作用,严查乡村歪风。在各村建立"善行义举榜",征集好家风、家训,营造"好事大家传、坏事大家管、歪风大家纠"的浓厚氛围。

丹凤县积极开展主题教育实践活动，着力提升城乡群众的科学文化素质和道德修养。在开展核心价值观的教育中，把知行培育、文化铸魂、典型示范三者结合起来，积极寻找丹凤发展的精神支撑，培育丹凤人的道德自觉。县上将核心价值观的要求具体化，制定了《丹凤县文明公约》，为广大群众树立看得见、摸得着、学得了的道德标杆，先后组织开展了"十大诚信经营示范企业（店）、示范个人"、"十大文明家庭"、"十大诚信市民"、"十大创业标兵"、"十大敬老孝亲模范"等评选活动，并通过多种多样的传播形式向广大干部群众宣传核心价值观。

陕西的美丽乡村建设能够取得很好的成效，首先是一些县级政府和相关部门的高度重视和积极组织领导。那些美丽乡村建设工作成效卓著的县区，都是县区领导抱着真正为百姓办实事、造福一方百姓的态度，认真布局规划，采取得力措施，争取各方资金，督促解决建设过程中出现的实际问题，尽力达到群众满意的目标。县区领导对当地百姓和全县整体经济社会的发展尽心负责的态度和实践，对当地美丽乡村建设的成功起着不可替代的重要作用。其次，美丽乡村建设是一项综合性工程，各地在实施过程中将整治环境卫生和当地经济发展紧密结合起来。比如将基础设施建设、湿地保护和发展乡村旅游业相联系，将发展现代农业和乡村观光休闲娱乐联系起来，既改善人居环境，也保护生态环境，同时推动了农村的产业融合，促进了当地农村的经济发展。最后，美丽乡村是一项惠民工程，陕西的美丽乡村建设以百姓的利益为旨归，受到百姓的热情欢迎和积极参与，因而能够得以顺利进行。

二 美丽乡村建设中存在的主要问题

陕西美丽乡村建设在各县区政府的组织领导和各部门的大力支持下，大大改善了村庄环境卫生，提升了公共基础设施，也同农村的经济发展紧密结合，促进了农村产业结构的调整。另外，以美丽乡村建设为主题深化农村精神文明建设，对提高农民文明素质和农村社会文明程度具有非常重要的意义。美丽乡村建设提高了农民的生活质量和幸福指数,也使农民对未来的乡村生活充满信心和希望,取得了很好的成效,但一些地方在建设过程中也暴露了一些问题和不足,比较重要的问题主要有以下几个。

(一)有些地方在美丽乡村建设过程中过于注重经济发展,对生态环境保护及可持续发展重视不够

中央提出美丽乡村建设的初衷,是通过综合整治农村环境卫生促进生态环境的保护。生态环境的恶化是我国连续多年经济高速增长付出的巨大代价,在当前经济发展的新阶段,保护、建设生态环境是重要议题。如果生态环境继续恶化,那么即使乡村经济发展了也不能叫作美丽乡村。然而有些地方过于注重经济发展,在乡村大搞开发建设,征用大片耕地建设经济发展园区,并将一些高污染企业引入其中。这些举措虽然会给当地的经济增长带来好处,但从长远来看,势必危害生态环境。还有一些地方立足和着眼于三产融合的经济利益,对沙丘治理、湿地保护等非经济利益的长远规划较少。在笔者实地调查的一个示范村,环境整洁,特色经济发展较好,传统文化也保持良好,但当地的土地碱化严重,排碱渠已堵塞多年,碱水无法排出,对当地的农业发展造成极大危害。但这一严重的生态问题长期得不到上级领导的重视,一直未能得以解决,村领导和村民十分无奈。

(二)重视乡村基础设施的硬件建设,而忽视农民精神文化生活的软件建设

从不同地方的美丽乡村建设实践可以看到,经过美丽乡村建设,农村的道路得到硬化、绿化、亮化,加上公路的增加和高速的建成,极大地方便了农村和外界的交通和联系,也在一定程度上改变了农民的生活方式。同时,村庄得到净化、美化,村民的生活环境得到很大的改善和提升。另外,许多村里还建起了文化广场、农家书屋等文化设施。这些都是美丽乡村建设取得的巨大成就。但是,有了这些硬件设施,村民的精神文化生活却依然十分贫乏。据了解,在一些村庄,很少有人去农家书屋借书或阅读,文化广场的舞

台也时常空置，很少有演出活动。由于缺乏组织，乡村的文化活动十分单一，许多村庄没有集体文化活动，一些传统文化形式面临后继无人的危机。这些导致人们精神上空虚无聊，没有精神寄托，就容易出现赌博、吸毒等问题，实际上，这些现象在农村普遍存在，已成为严重的社会问题。

近几年来，随着社会的转型，人们的生计方式和生活方式发生改变，农民大多忙碌于干活谋生，村民之间的交流明显减少，更谈不上追求精神文化生活。另外，大量年轻人向城市流动，受到城市文化的影响，对乡村文化已日渐陌生。在这种情况下，如果村里无人组织带动村民进行文化活动，那么各种硬件设施就会形同虚设，村庄就会缺乏生气和活力，村庄社区的凝聚力也会减弱，传统的文化遗产就会面临消亡的危机。因此，在美丽乡村建设中，仅仅达到硬件标准是远远不够的。

（三）农村的医疗、教育、养老等公共服务设施的建设和管理滞后，成为美丽乡村建设的薄弱环节

对于美丽乡村建设过程中农村的医疗、教育、养老等公共服务设施和机构的建设，中央和省上都提出明确的要求，但在实际建设过程中，乡村公共服务设施并没有得到应有的重视，仍存在很多问题。主要问题是政府对这些必需的公共服务设施投入不足、布局不合理、管理不完善等。比如乡村诊所、乡镇医院的管理、医疗水平、应对公共健康问题的能力等相对滞后。在教育方面，目前农村存在问题较多，主要有教育资源不均衡，教师待遇不均衡，撤并小学造成的儿童就学难以及小学、幼儿园布点不均和管理不健全等等。乡村小学校大量撤并给农村孩子上学带来极大的不便，因为学校较远，孩子上学途中存在安全隐患。据报道，家长接送孩子途中已发生多起交通安全事故。小学撤并遭到百姓的诟病。另外，乡村中小学的教育质量、教师待遇等方面也严重滞后。随着年轻人向城市流动，农村老年人对养老机构的需求日益增加，但在许多县区，敬老机构数量少，布点不均，管理运行也存在问题。

此外，美丽乡村建设中还存在对小城镇的建设力度不够，强调对传统历史文化资源的开发利用，而对传统文化的保护传承措施不足等其他问题。

三 关于进一步建设美丽乡村的对策建议

（一）美丽乡村建设须进一步加强生态环境的整治和保护

良好的生态环境是美丽乡村建设不可动摇的根本目标。我国的生态环境问题日益突出，长期强调经济发展速度，造成对自然资源的掠夺式开发利用，加上城市的无限扩张和工业生产造成的污染，使当前绿色耕地明显减少，二氧化碳排放增大，各类垃圾增多，生态文明建设已经成为不容忽视的迫切问题。但正如上文所述，在美丽乡村建设过程中，一些地方过于注重经济利益，对生态环境的保护和建设不够重视。

党的十八大报告指出，面对资源约束趋紧、环境污染严重、生态系统退化的严峻形势，必须树立尊重自然、顺应自然、保护自然的生态文明理念，把生态文明建设放在突出位置。建设美丽乡村，是全面实施生态建设战略、应对生态环境恶化的重要举措。应进一步加强荒沙治理和湿地保护，在挖掘利用湿地、河流、沙漠等自然资源时，应采取有力措施保护生态环境。加大防护林建设力度，加快农村环境综合整治，这也是美丽乡村建设命题中应有之义。

此外，美丽乡村建设还应避免过度城市化倾向。在一些地方，本来山清水秀、农田碧绿，却被当地政府规划为大型工业园，引进大量工业企业甚至高污染企业。有些地方村庄秀美，百姓安居乐业，却被要求拆迁合并，大搞村庄集中。这些过度城镇化举措都会对当地生态环境造成严重破坏，因此应慎重考虑。

（二）应进一步加强农村社区文化建设，丰富农民的精神文化生活

如上文所述，在实施美丽乡村建设过程中，一些地方对农民的精神文化需求缺乏应有的重视。目前，农村的物质生活条件有了显著改善，农民的住

房、家居设施、服装等和城市居民几乎没有太大的区别,许多农民家庭还拥有汽车。经过美丽乡村建设,农村的道路交通更加便利,生活环境得以改善,村庄的文化设施也比较完备,但农民的精神文化生活却比较匮乏。健康、积极的文化娱乐活动能够陶冶人的情操,慰藉人的心灵,让人生更有意义。农村社区的集体文化活动能够增加村民之间的交流,促进村民的团结和凝聚,增强人们对村庄的认同和感情,对社会和谐具有重要意义。因此,在实施美丽乡村建设中,应将丰富农民的精神生活,建设农村社区文化作为一项重要工作。政府应在财政上给予一定的支持,在建设广场、书屋的同时,鼓励农民组织丰富多彩的文化活动,包括文艺表演、书画艺术、读书读报、传统民俗等,尤其对民间传统的艺术形式进行保护性发展。只有充满浓厚文化气息的乡村才是最美丽的。

(三)加强农村社区管理,提升农村公共服务质量

农村的医疗、教育、养老等公共服务设施的建设和管理与城市还有很大差距,成为美丽乡村建设的另一个薄弱环节。医疗、教育、养老机构是社区必不可少的基础公共服务设施,政府应大力支持村镇卫生院、医疗诊所的建设和监管,提升医疗服务水平,防止公共卫生事件的发生,保障村镇居民的就医安全。在教育方面,目前农村存在问题较多,主要有教育资源不均衡,教师待遇不均衡,撤并小学造成的儿童就学难,以及小学、幼儿园布点不均和管理不健全等等。政府应对这些问题予以足够的重视,在财政上给予大力支持,合理布设基础教育网点,加强对公办和私营幼儿园的建设和管理,提升农村义务教育和高中教育的水平,这对农村人口素质的提高有重要意义。在养老方面,政府应积极探索社区养老方式,建设必要的养老设施,满足农民的切身需要。农村社区公共服务设施的建设和管理是美丽乡村建设的重要内容,应进一步加强这项工作。

(四)大力发展小城镇

美丽乡村建设也是新型城镇化建设的重要组成部分,与其搞大拆大建、

村庄集中，不如在原有县城或城镇的基础上，规划建设小城镇。小城镇由于靠近农村，市场较为集中，既保留了乡村的传统文化元素，又具有现代城市特征，其发展对农民移居、缓解大城市过度拥挤和资源不足的问题具有重要意义。小城镇消费水平低，生活方便，如果有更好的就业条件和中小学校等其他公共服务设施，农民将更愿意就近到小城镇定居，因为便于经营自家的耕地和照顾家人，文化上也更适应。然而，目前陕西的小城镇并没有得到应有的发展，就业机会少，医疗、教育、卫生、居住等条件都相对较差，交通不够便利。因此，大力发展小城镇应是美丽乡村建设的重要内容。

第一，应大力建设小城镇的道路交通等基础设施。应增加投入，将高铁、高速公路通向更多县城和小城镇，这对广大农村地区的经济、社会发展具有非常重要的意义。第二，应在原有乡镇企业的基础上发展地方特色产业，创造第三产业，吸引当地农村居民就近就业。小城镇的产业发展应主要依靠当地已有的产业基础，并适当延长产业链。产业链的延长有助于抵抗单一经营的风险，也能为当地居民创造更多的就业机会。第三，建设优美的小镇环境，建造适合农民购买力和生活习惯的特色住宅，让小镇更宜居。小城镇应是绿色的生态小镇，不宜建设高层住宅，更不能建设污染环境的产业。第四，建立优质的教育、医疗、社会保障、法律咨询、银行等各项公共服务设施，加强社会管理，让小镇居民享受到平等的公民待遇。只有这样的小城镇才能吸引更多农民就业、定居，真正提高农民的生活质量。

发展小城镇，让农民离土不离乡，既能增加收入，又能照顾家庭和耕地，避免青年人长期在外打工而产生的留守儿童、空巢老人等社会问题，或因夫妻长期两地分居而产生的其他问题。小城镇是美丽乡村的颗颗明珠，对新型城镇化和生态文明建设都有重大意义。

最后，在美丽乡村建设中还需强调，在对传统历史文化资源开发利用时，应注意对历史文化遗产的保护和传承。总之，美丽乡村建设是以人为本、造福百姓的民生工程，决不能搞急功近利的形象工程、政绩工程。应坚持农民的主体地位，扎实有效地开展工作，在不断总结经验教训的基础上，着眼长远，统筹规划，促进城乡一体化的实现。

B.19
陕西青年群体离婚现状、原因及对策建议[*]

李巾 聂翔[**]

摘 要： 家庭是社会的细胞，稳定的婚姻是个体人生幸福与社会和谐稳定的基础。近年来，随着经济社会快速发展和价值观念与生活方式的改变，我国离婚率逐年攀升已成为不争的事实。本文采用问卷调查、个案深度访谈等多种研究方法，以18~45周岁的陕西青年群体为研究对象，了解陕西省青年群体离婚的现状、特点及趋势，分析导致青年群体离婚的原因，探究离婚对个体、家庭、社会等多层面的影响，在此基础上提出稳定青年婚姻的对策及建议。

关键词： 青年群体 婚姻家庭 离婚

民政部《2014年社会服务发展统计公报》显示，2014年全国依法办理离婚登记363.7万对，自2003年以来我国离婚率已连续12年呈递增状态。随着经济社会快速发展和价值观念与生活方式的改变，我国离婚率逐年攀升已成为不争的事实。本研究立足陕西，通过实地研究对陕西青年群体离婚的现状、特点及趋势等进行深入分析。问卷调查根据受访者的年龄、婚姻状况

---

[*] 本文是国家社科基金项目"和谐家庭建设背景下转型期80、90后青年婚姻稳定性研究"（项目编号：15XRK007）的阶段性研究成果，感谢调查过程中陕西省共青团省委、省民政厅、省、市社会事务处婚姻登记部门给予的协助配合。

[**] 李巾，陕西省社科院社会学研究所助理研究员；聂翔，陕西省社科院社会学研究所助理研究员。

同时兼顾城乡差别进行配额抽样,在西安市各区域、人流量较大的地方随机调查未婚和已婚青年,离婚青年的问卷通过西安市碑林、雁塔、莲湖、长安等区离婚登记处交由当事人自愿填答。最终获取有效样本561份,其中未婚受访者177份、已婚受访者167份、离婚受访者217份。

一 陕西省离婚率趋势与主要特征

离婚率是反映婚姻状况最直接、最敏感的指标,也是公众非常关注的指标。总体上陕西省离婚率水平处于全国中等靠后位置,最突出的特点是"80后"离婚多、陕北人离婚多、高学历离婚多、"闪婚闪离"多。

(一)陕西省离婚率呈现逐步递增态势

近30年来,由于我国经济的高速发展与人们生活空间的快速流动,离婚率连年升高已经成为无可争辩的事实(见图1)。据《2014年社会服务发展统计公报》显示,2014年依法办理离婚363.7万对,比上年增长3.9%,粗离婚率为2.7‰,比上年增加0.1个千分点。其中民政部门登记离婚295.7万对,法院办理离婚67.9万对。陕西省离婚率水平在全国总体靠后,根据2012年民政部公布的相关统计数据来看,全国31个省、自治区、直辖市的离婚率排位较高的分别为新疆、重庆和东北地区,而广东、山西、海南、甘肃、西藏等五省、自治区、直辖市排在后五位,陕西的离婚率排在第20位,查阅2009年资料陕西的离婚率排在第21位,从总体上看陕西省的离婚率处于全国中等靠后的水平。

虽然陕西的离婚率处于全国中等偏下水平,但近年来保持着持续增长的态势。根据陕西省离婚登记处离婚统计数据,2014年全省共有70898对夫妻通过协议离婚成了"最熟悉的陌生人",粗离婚率为1.86‰(不包括诉讼离婚案件数),与全国离婚率相比总体保持同步增长的态势。随着青年群体"离婚自由主义"的倾向日益突出,预计陕西省离婚率继续保持递增态势的可能性较大(见表1)。

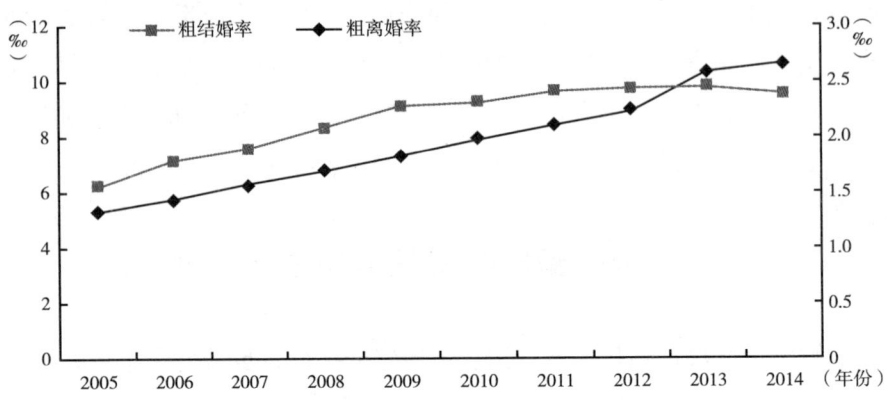

图 1　近年来全国离婚率递增态势

表 1　2010～2014 年陕西省离婚率变动趋势

单位：‰

年份\项目	协议离婚对数	结离比	协议粗离婚率	全国粗离婚率
2010	48128	7.80:1	1.29	2.00
2011	53733	7.37:1	1.44	2.13
2012	58060	6.79:1	1.55	2.29
2013	65759	6.18:1	1.75	2.58
2014	70898	5.57:1	1.86	2.70

（二）陕西省青年群体离婚呈现的主要特征

1."80后"离婚占比相对较高

从陕西省婚姻登记处提供的数据来看（见表2），最近五年，20～24岁的"90后"离婚人数比重为5.9%～7.3%，而25～34岁的"80后"离婚人数比重约占50%，而34～49岁的"70后"的离婚人数比重为36%左右。由此可见，"80后"是当前离婚的主体人群，且从比重来看还在逐年增长，相反其余年龄段离婚人群所占比重在下降。

表2 2010～2014年陕西省离婚当事人年龄情况

单位：人，%

年份\项目	20～24岁	25～34岁	35～49岁	总体
2010	6955(7.2)	46059(47.9)	36008(37.4)	96236(100)
2011	7792(7.3)	53071(49.4)	39238(36.5)	107434(100)
2012	7452(6.4)	59875(51.6)	41360(35.6)	116096(100)
2013	7984(6.1)	67821(51.6)	46544(35.4)	131484(100)
2014	7771(5.9)	73686(55.9)	50071(38.0)	131741(100)

2."闪婚闪离"现象明显

据陕西省婚姻登记处负责人介绍，近年来陕西省青年"闪婚"现象比较明显，一些青年人结婚前相互了解时间不长，遇到喜庆的日子或所谓的好日子喜欢"扎堆结婚"，如2014年的"2·14"、"5·20"、"10·1"等登记结婚人数最多，由此给婚姻埋下隐患。据统计数据显示，2010～2014年离婚当事人婚姻维系时间不到一年、三年、五年的比例虽然有所下降，但总体比重维持在1/5、1/3、1/2的水平（见表3）。另据问卷调查发现，"70后"离婚人群的婚姻持续时间为11.8年（样本量为51份），而"80后"离婚人群的婚姻持续时间仅为4.1年（样本量为71份），两者相差7.7年。由此可以看出，"闪婚闪离"的现象还是比较突出的。

表3 2010～2014年离婚当事人婚姻维系时间的比重

单位：%

年份\项目	1年以内	3年以内	5年以内
2010	19.3	37.4	49.6
2011	19.3	38.6	52.2
2012	17.2	37.3	52.6
2013	17.2	37.3	52.6
2014	15.7	34.8	51.2

3.离婚现象的区域化差异明显

据相关数据显示，除涉外、涉港澳台和华侨的离婚率，关中地区所占比重最高，其次是陕南地区，陕北地区的离婚率最低（见表4）。但近几年三地的离婚率有明显变化，表现在陕南地区的离婚率基本保持不变，关中地区有所下降，而陕北地区则明显的上升，呈现"陕北增长、关中下降、陕南不变"的态势。

表4　2010～2014年离婚区域化特征的变动趋势

单位：%

年份＼项目	陕北地区	关中地区	陕南地区	离婚总对数①
2010	12.2	68.5	19.3	48080(100)
2011	13.9	66.4	19.7	53670(100)
2012	15.0	65.2	19.8	58002(100)
2013	16.4	64.1	19.5	65710(100)
2014	16.6	63.8	19.6	70849(100)

①此处离婚总对数不包括涉外、涉港澳台和华侨的离婚对数。

4. 高学历离婚现象呈增长趋势

数据显示（见表5），在离婚群体当中，近五年小学及初中文化程度的离婚者占50%以上，但近五年来所占总体比例呈下降趋势，而高中（中专）以上文化程度者离婚比例正在上升，尤其是近两三年大专及以上文化程度的离婚群体比例增长较快，高学历离婚逐渐增多，这主要是因为"80后"离婚者文化程度普遍较高，这在问卷调查中也有体现，数据显示高中及以上离婚人群比例"80后"比"70后"高出6.5%。

表5　2010～2014年离婚当事人文化程度变动趋势

单位：%

年份＼项目	小学与初中	高中与中专	大专与本科	其他	小计
2010	53.6	25.1	19.3	2.0	100.0
2011	53.8	24.3	19.4	2.5	100.0
2012	53.8	24.6	19.4	2.2	100.0
2013	52.5	23.1	21.7	2.7	100.0
2014	51.4	21.9	23.6	3.1	100.0

二 陕西省青年群体离婚的新情况、新问题

当前,"80后"已经成为陕西省青年群体离婚的主要人群,通过实地调研与相关资料分析发现,陕西省青年群体离婚呈现一些新情况、新问题,这既与独生子女的群体特征有关,也与当前社会环境和离婚文化倾向的变迁有关。

(一)"80后"独生子女"冲动离婚"比例增加

"80后"独生子女个性强、独立性差、家庭经营能力弱,对离婚多数持着"不合适就散伙、快结快离、互不拖累"的态度。调查显示,"80后"离婚最主要的原因除双方性格和生活方式差异大、处理不好与家庭成员之间的关系外,当时结婚时草率没有想好、生气吵架后冲动离婚的也占较高比例。基层工作人员反映,"80后"独生子女喜欢"跟着感觉走",只要觉得不快乐,不是自己想要的生活,很容易把"拆伙"当作第一选择。另外,新《婚姻法》简化了离婚手续也是导致"冲动离婚"的重要原因,加上很多"80后"离婚时无子女、无财产、无债权,增加了因冲动选择离婚的概率。

(二)父母过度干预子女婚姻,加速子女婚姻的破裂

基层工作人员反映,许多"90后"新家庭从快速组建到最终破裂,与父母长辈的过多介入有关,夫妇双方常常因生活琐事尤其是婆媳关系引发家庭矛盾,导致双方父母非理性参与。从法院受理的"90后"离婚诉讼来看,因家庭经济纠纷、财产争议引起的矛盾很少,大多是因为双方感情、性格以及生活琐事引起,父母在处理矛盾时不能理性正确引导,往往感情用事,反而激化双方的矛盾。此外,一些农村地区结婚相互攀比,彩礼钱越来越多,一些父母在过于繁重的经济压力下操办子女的婚事,也会为婚姻不稳定埋下隐患。

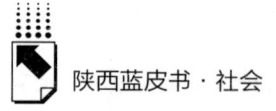

（三）家庭"和"文化受到冲击，维护婚姻的正能量减弱

社会变迁导致人们的择偶、生育、夫妻关系等婚姻恋爱观发生较大改变，传统夫妻间"相敬如宾"的和谐观念，提倡理解、包容和谦让的"家和文化"正在流失；受个体主义、自由主义思潮影响，社会舆论过度强化婚姻自由的"神圣不可侵犯"，一些有利于婚姻维系的缓冲机制被认为是对个体自由的干涉。整体上，社会普遍对离婚的宽容度较高，问卷调查发现，对"试婚"、"裸婚"、"闪婚"等婚姻现象认同感增多且社会舆论总体持宽容态度，由于社会环境缺乏制约离婚的文化因素，一些青年人在婚姻中遇到问题往往会选择离婚的方式来解决。

（四）社会挤压引发"逼婚怪象"，增加社会风险

随着人们思想观念的开放，婚前性行为增多，未婚先孕现象呈上升趋势，未婚先孕会导致被迫完婚，有时双方会没有爱情基础，这种现象在低龄青年中较多存在。一些父母由于家庭压力大要求子女结婚，特别是城市中的高龄"剩女"，社会舆论和周边人的"唠叨"，导致一些人觉得"到了该结婚的年龄"而匆忙选择结婚对象。调查数据反映，43%的受访者认为"到时间再不结婚就不好找对象"，于是就会选择结婚；而在农村地区特别是偏远农村地区，经济状况差，性别比例失衡严重，婚龄男士的婚配已成为难题，迫切需要成家。这种建立在经济利益上的速配婚姻，当一方拒婚或离婚时容易因彩礼钱引发矛盾冲突，甚至引发血案。

（五）因房屋拆迁、买房分房等"政策性离婚"现象增多

市场经济冲淡了传统婚姻道德的束缚，一些与家庭稳定相关的社会政策在制定过程中没有征求社会意见或考虑到可能会给社会造成的影响，导致政策出台后出现"负向刺激"作用，一些人因拆迁安置、二手房买卖、单位福利分房及商品房限购等政策原因，出现扎堆结婚、功利性离婚行为，甚至这种行为在社区内出现被激励的现象，宣称"以9块钱换取90万的房"很

合算。如雁塔区 2010 年因城中村拆迁，离婚人数达到 3110 对，比 2009 年的 1698 对增长了 83.16%。

（六）离婚诱因增多，家庭稳定面临的社会风险增大

随着社会的发展，人们对婚姻质量的期待不断提高，调查反映，双方信任与包容宽容成为维系婚姻关系的基石，希望双方能够"三观"相同、心灵相通，然而现实当中婚姻家庭会不断经受社会诱惑与考验。一些娱乐场所、游戏厅、赌博场所增多，一些人控制不住诱惑，染上赌博、吸毒等不良嗜好，造成家庭解体。现代都市"婚外情"、"小三"、"二奶"现象突出，加上有些人长期两地分居，造成因一方出轨而离婚的现象增多。离婚人员调查显示，有 10% 的家庭因为第三者插足导致婚姻解体。此外，社会节奏加快、生活压力增大、夫妻之间互动与交流减少，特别是一方社会地位的变化，也容易导致婚姻破裂。近年来女性主动提出离婚的比例在逐渐上升。

（七）非理性"扎堆"结婚，成为离婚增多的潜在诱因

对婚姻登记人员的访谈显示，近两三年在网络、媒体的炒作下，很多青年人盲目追求时尚，迎合特殊节日迅速登记结婚，如西方 2 月 14 日"情人节"、中国七夕"情人节"、一些谐音有纪念意义的日子等非常受青年婚龄群体的追崇。西安市婚姻登记处工作人员反映，2010 年 10 月 10 日登记结婚达 2697 对，2013 年 1 月 4 日登记结婚达 5671 对，远远超过正常情况下每天 300 多对的登记数量。同时，大多数青年也认同婚姻只是个人行为，缔结婚姻的基础越来越强调"情感和人际吸引而非责任感"，社会舆论也没有正确引导和倡导，甚至"男挑女看颜，女挑男看钱"的不良社会风气一度蔓延，导致部分青年人的感情盲目和不慎重增多。

（八）"涉外"离婚数量和重组家庭离婚数量增多

从陕西省涉外、涉港澳台和华侨离婚登记处了解到，近年来陕西省涉外、涉港澳台和华侨的婚姻逐年增多，2014 年共办理 461 对"涉外"结婚，

大部分是"陕女嫁外男"且年龄相差较大,"老夫少妻"多,这样也造成了离婚数量的增多,2014年共办理了50对离婚;另外,从长期跟踪"涉外婚姻"的律师处了解到,近几年接触到和了解到的"涉外离婚"案件也逐年增多,生活方式和文化差异大是涉外离婚的主要原因。另外重组家庭的离婚数量也有增多趋势,离婚当事双方财产和与对方孩子的关系处理不好也是重要原因之一。

三 陕西省青年群体离婚的原因分析

通过问卷调查和访谈发现,青年群体对婚姻质量的期待、离婚文化的舆论脱敏、日常交流沟通技能不足,以及结婚手续简化与科技"异化"成为当下青年人离婚的主要原因。

(一)婚姻质量期望高与离婚文化"脱敏"是离婚的舆论基础

改革开放的发展历程推动青年婚姻向世俗化、个体化与物质化的方向发展。青年群体对婚姻的态度更加自由开放,看重婚姻的质量以及个体的体验感受。问卷调查显示,只有46.9%的受访者表示"不结婚压力大",39.9%的受访者表示"结婚是搭伙过日子"。不同受访者对婚姻的看法多是"寻找人生伴侣",讲究"三观相同"(见表6)。在婚姻的形式上更加包容理性,问卷调查显示,61.0%的受访者表示"婚前同居是可以接受的",明确反对试婚、裸婚的比例分别只有30.3%、28.3%。婚姻形式的包容与个体体验感受强化更容易导致婚姻的破裂。此外,人们对婚姻特别是离婚观念发生巨大变化,离婚已经不再是一个闻之色变的敏感词,"离婚自由"已经成了婚姻领域的意识形态与文化基础。问卷调查显示,只有38.5%的受访者认为"离婚是件不光彩的事情",79%的受访者认为"勉强维持的婚姻不如放手",而且相比农村受访者,城镇的受访者对离婚的自由倾向更为明显,反映出整个社会的舆论对离婚总体包容开明,很多人持"不鼓励也不歧视"的态度,认为离婚是个体行为与自由选择。

表6 不同受访者对婚姻看法的比较

单位：%

项目	总体比例	年龄段			婚姻类型		
		"70后"	"80后"	"90后"	未婚	已婚	离婚
寻找人生伴侣	36.1	32.0	37.9	35.4	35.3	37.2	35.9
遵从父母之命	11.0	13.4	11.1	9.2	7.6	11.0	14.2
到了该结婚的年龄	20.7	21.2	22.4	16.7	20.9	20.8	20.5
为了传宗接代	3.5	5.2	3.4	2.6	3.1	2.8	4.6
满足生理心理需要	8.3	6.5	7.8	10.5	9.2	10.0	5.8
改变生活现状	9.7	10.8	7.5	13.4	10.2	11.0	8.0
人不一定要结婚	4.4	3.9	3.8	5.9	7.3	1.8	4.1
其他	6.2	6.9	6.0	6.2	6.3	5.4	7.0
样本量(份)	561	116	312	133	177	167	217

注：此题为多项选择题，所占比例为回应百分比而非个案百分比。

（二）"性格与生活方式差异大"是导致双方离婚的主要原因

对离婚受访者具体离婚原因的调查问卷显示，自诉双方"性格差异大"（29.2%）是导致离婚的最主要原因，其次是"生活方式差异大"（15.0%），而"婆媳、亲戚关系不好"（12.9%）、"结婚草率，没有想好"（11.3%）也占有一定比例，此外"家庭经济问题"、"家庭暴力"也占少部分比例（见表7）。从"70后"、"80后"（实际调查过程中"90后"离婚人群数量非常少）的离婚原因来看，"80后"更容易因为双方间的生活方式差异、婆媳亲戚关系、家庭暴力、当时的冲动等因素而离婚，相对来看，"70后"更容易因为双方性格差异、家庭经济问题、结婚草率等而离婚。这说明"70后"更容易因为双方间的个体原因冲突而离婚，而"80后"更容易因为家庭间的矛盾冲突而离婚。在离婚的过程中，由于女性经济独立能够承担因离婚带来的风险，故女性主动提出或起诉离婚的比例明显增多。

表7 离婚受访者离婚的原因排序

单位：%

项目	总体百分比	离婚原因排名	"70后"离婚原因	"80后"离婚原因
性格差异大	29.2	1	31.4	28.4
生活方式差异大	15.0	2	12.4	17.0
婆媳、亲戚关系不好	12.9	3	10.9	14.2
结婚草率，没有想好	11.3	4	12.4	10.8
家庭经济问题	9.4	5	13.9	6.2
家庭暴力	6.0	6	4.4	6.2
第三者插足	4.7	7	4.4	4.0
配偶有不良嗜好	4.4	8	4.4	4.5
当时的冲动	3.8	9	1.5	5.7
与异性的不道德行为	2.2	10	2.2	2.3
其他	1.3	11	2.2	0.6
样本量	146	—	62	84

注：此题为多项选择题，所占比例为回应百分比。

（三）独生子女家庭容易引发婚姻双方的不稳定性因素

"80后"是我国计划生育政策实施后具有鲜明特点的一代青年群体。由于计划生育政策使得原有家庭的生命历程发生了重大改变，原有菱形或复合型的家庭关系模式只剩下三角形的固定模式，这样使得在家庭内部、上下代之间缺乏回旋的余地，倒金字塔式的家庭人口结构使得"80后"处于家庭关注的唯一焦点，造成"80后"群体普遍自我意识强、利己倾向明显。同时，由于家庭日常生活照顾模式，"80后"群体缺乏个体生活经验，万事由父母拿主意，因此"80后"组建成新的小家庭时，个体与家庭之间的关系还停留在原有的家庭格局之中，缺乏共同维护小家庭的意识与能力，导致婚姻家庭矛盾，容易采取离婚的方式加以解决。

此外，父母在子女婚姻过程中"涉水太深"、干涉太多。基层工作人员反映，"80后离婚，父母的影响力太大了，几乎可以左右着他们的意见选择"。独生子女政策导致父母与孩子间有着过于亲密的关系，子女可以从父母处得到大量的亲情，对小家庭的感情没那么依恋，即使离婚也不"伤"。2015年5月的《陕西日报》登载的一篇报道，一位大荔县的离婚妇女反映，"我们两口子发生争吵时，我公婆就会在这时掺和进来批评我，有时候我和婆婆稍有争执，我丈夫要是向着我，婆婆就会对我俩连打带骂"，"其实我和丈夫的矛盾并不大，但他就是什么事情不论对错都听他妈的"。最终两人在离婚协议上签了字。有时父母在子女离婚与不离婚的过程中还起到"助燃"作用，如一位"80后"离婚妇女口述："嫁给丈夫后一直跟他父母住，他妈妈连门都不敲就直接进我们的房，说'儿子哪里我没见过，你又是女人，有什么好见外的……'。我坚决要搬出去住他就坚决不单飞，我说咱们离婚！我爸也发话了，女儿大不了你回东北，我来养外孙女！有家里人当后台，我二话不说就离了。"

（四）离婚手续简化与技术异化增加离婚的外部风险

2003年新《婚姻法》实施后办理离婚法律手续简化，离婚更加尊重当事人的意思表示，结婚前取消了婚前体检、单位证明，离婚少了很多约束。新《婚姻法》规定，男女双方自愿离婚的准予离婚，婚姻登记机关查明双方确实是自愿并对子女和财产问题已有适当处理时，发给离婚证，办理离婚登记时，婚姻登记员只有审查当事人是否具备离婚条件的权力，不负有调解职责。因此，离婚法律手续的简化使一些原本可以协调的婚姻最终走向破裂。此外，在社会剧烈变化过程中，人们的交流沟通手段也在发生变化，基于情感交流的日常行为被越来越多的如微信、陌陌等社交软件所取代，成为婚姻的"杀手"。基层工作人员反映，一些夫妻离婚的焦点是手机，离婚当事男方喜欢甚至沉迷玩"微信"等聊天软件，妻子对此很不乐意，时间长了两人经常为此吵架，后来妻子翻看丈夫的手机却遭到丈夫拒绝，妻子觉得丈夫肯定做了对不起自己的事情，而丈夫坚决否认并表示手机是自己的隐私，就算是夫妻也应该给对方一定的空间，尊重对方的一些小隐私。矛盾累积最终导致夫妻分道扬镳。

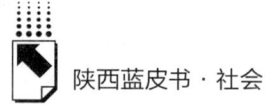

四 缓解青年群体过高离婚率的对策建议

离婚问题是非常复杂的社会问题，近年来随着高离婚率的负面影响日益显现，社会各方也纷纷认识到稳定婚姻的重要性并采取了各种措施来降低离婚率。相关职能部门要树立积极作为的思维，关注离婚的社会后果，阻止自由主义在离婚领域扩散蔓延，通过加强离婚综合治理，形成缓解当前高离婚率的制度合力。其主要对策有以下几点。

（一）强化婚姻咨询服务机构的"缓冲"功能

目前，我国专门从事婚姻家庭指导与咨询服务的机构较少，大多数人认为离婚是个人的私事，是个人隐私，一般都用封闭的心态处理婚姻中出现的变故。相关部门应高度重视并积极开展对婚姻家庭的指导工作的研究，由专业心理工作者成立专门的婚姻指导机构，对人们的婚姻关系进行有效的指导。充分发挥婚姻登记管理机关、村委会、社区等基层组织的管理、教育和服务作用，对将要登记结婚的人进行婚前教育，加强正确的婚姻家庭观教育，增强其婚姻、家庭责任感，提升其处理家庭小矛盾的能力。

此外，在对婚姻当事人进行婚前教育的同时，还要对离婚人员进行指导并加强社区辅导。离婚引发的家庭矛盾和社会矛盾较多，离婚财产问题、子女教育抚养问题，以及离异者因病相互之间的抚养问题等，都需要社会指导部门对离婚者进行相应的心理辅导，让他们用一种公正的心态解决问题。充分发挥现有婚姻家庭咨询服务机构的作用，对前来办理离婚手续的婚姻当事人进行心理疏导，提供夫妻关系调适、家庭关系调解、婆媳关系调适、父母角色教育、亲子教育等全方位婚姻家庭咨询与辅导，及时化解夫妻矛盾、家庭矛盾，使他们能够正确处理婚姻家庭关系。针对冲动型离婚的当事人设置缓冲区，减少冲动离婚。对确实无法继续婚姻生活的当事人，引导其正确处理婚姻家庭问题，冷静处理婚姻关系，防止因过激行为造成互相伤害。

（二）政府加大购买专业化公共服务的投入力度

婚姻问题不仅仅是一个婚姻关系的有无问题，它涉及家庭经济能力提升、家庭角色调整、社会政策干预等多个方面的内容，增强婚姻家庭抵抗外部风险和压力的能力，需要政府和社会的关注与支持。现有婚姻家庭咨询服务机构中大多数工作是由志愿者完成的，缺乏可持续性。政府应该加大投入力度，通过购买服务等手段募集专业的婚姻家庭辅导机构、律师或社会工作师等专业人员，一方面，进入社区建立调解婚姻家庭关系的组织，以社区作为婚姻教育和服务的实践空间，进行和谐家庭建设的宣传教育，消除婚姻中的不稳定因素，提高夫妻双方互爱的能力和婚姻经营能力；另一方面，关口前移，在婚姻登记处做实做牢结婚前的婚姻家庭指导服务，夯实和谐家庭的基础。同时，定期对婚姻登记人员进行业务培训，加强经验交流，解决现有人员不足与素质不高的问题，提高专业服务能力，使工作人员从离婚登记规范化工作到提升离婚干预能力，尽量降低高离婚率带来的负面影响。

（三）加强正确婚恋观和家庭观的教育与引导

加强婚恋观和家庭观教育，有组织、有计划地进入社区，进行和谐家庭建设的宣传教育，增强公民的法制观念，树立正确的人生观、价值观，使夫妻双方在家庭中做到互敬、互忠、互爱，尤其要加强关注低龄化青少年婚恋观的教育，聘请专业的婚姻家庭咨询师进入中学分阶段进行宣讲，帮助中学生树立正确的婚恋观，提高感情调适能力；同时，在全省大学设置婚姻家庭选修课程，针对当前青年婚姻观念淡薄、家庭责任感差、道德评价模糊等问题常态化开展婚前教育和辅导，引导其树立"忠诚守信、平等互敬、宽容礼让、齐家兼爱"的婚姻道德观念，帮助青年人树立科学健康的婚姻家庭观和正确处理婚姻矛盾的态度方法。正确的婚姻价值观是忠诚与奉献，夫妻之间的忠诚与相互奉献是获得真正爱情的源泉。现代社会的复杂性和各种非主流文化对人们的负面影响极大，这就需要各类社会媒体正确宣传婚姻价值观，在全社会进行健康婚姻观的宣传，让人们充分认识到家庭与社会发展的关系、婚姻稳定与社会稳定的关系，自觉维护正确的伦理道德，提倡夫妻忠诚观念、家庭责任观念，并结合一些家庭关系与子女教育成长的案例，让人们懂得对家庭、对夫妻感情忠诚的重要意义，从而为社会的稳定自觉履行公民义务。同时，通过建立各种有效的社会机制，趋利避害，使这些观念的变革更代表先进的主流文化，更符合我国的具体国情，更有利于在提高婚姻质量的同时稳定现有的婚姻家庭制度。

（四）增强婚姻家庭抵抗外部风险和压力的能力

青年群体的婚姻现象与他们所生活的这个时代、社会密切相关。青年群体的高离婚率是社会转型时期婚姻家庭关系变化的缩影和集中反映。青年群体高离婚率的背后蕴含着作为社会细胞的家庭的高不稳定性，在此过程中，需要重塑组织以及文化等社会约束机制。在当今时代变革的背景下，政府、社会应高度关注和支持家庭建设，通过舆论宣传的引导作用，引起政府、社会以及青年群体自身对离婚率攀升的足够重视。首先，提升家庭发展能力，实践家庭教育，建设以和谐家庭为宗旨、婚姻稳定为取向的家庭发展政策；其次，增强青年群体的社会和家庭责任感，增进婚姻主体的福利和满足感，努力提高婚姻生活质量，增强家庭本身抵抗外部风险和压力的能力；最后，政府与社会通过多种手段为提高婚姻质量提供具体的指导或创造支持性的条件，让这一群体从婚姻生活的内部去发现提高婚姻质量、稳定婚姻关系的有效途径，满足更多人实现婚姻及幸福生活的需要，增强婚姻的高稳定性。

（五）加强婚姻登记机关标准化配置建设

当前，全省婚姻登记工作人少量大，标准办公场地较少。全省共有220个婚姻登记处，获得"国家5A级婚姻登记机构"称号的仅有宝鸡市金台区1个，获得"国家4A级婚姻登记机构"称号的不到10个，婚姻登记机关在办公环境、办公设施设备、信息化办公应用、人员素质等方面，与全国其他地区相比还有较大的差距。要健全婚姻登记机构，改善婚姻登记机关办公环境，按照国家《婚姻登记机关等级评定标准》设立婚姻登记候登区、结婚登记区、离婚登记室、婚姻家庭咨询室、结婚办证大厅、档案室等登记服务区域。在现有事业单位人员招募的基础上，增设婚姻登记人员招募类型和数量。优先录取有婚姻家庭培训资格的社区工作人员进入婚姻登记机构。建立市、区（县）两级婚姻登记人员定期培训制度，定期对婚姻登记人员进行业务培训，不断更新业务知识，提升执法水平和业务能力，提高服务质量。

据了解，陕西有些离婚登记处设在政务大厅，保护当事人隐私不够，如丹凤县、子长县、潼关等地区结婚、离婚登记处都设在政务大厅，结婚、离婚在一起办理，当事人的隐私透明化，非常尴尬，群众意见较大。对于部分冲动型离婚的当事人，也没有条件开展调解工作。建议对目前设在政务大厅不利于保护当事人婚姻隐私的登记机关，及时协调争取多方支持，保证婚姻登记机关有一个相对独立的办公场所，最大限度地保护婚姻当事人的个人隐私，为群众提供温馨和谐的登记氛围。

（六）完善婚姻审查规章制度，加大《婚姻法》执行力度

完善婚姻辅导制度、离婚劝和制度，制定离婚预约制度需纳入婚姻登记规定程序中来。2003年颁布的《婚姻登记条例》简化了协议离婚手续，取消了原先离婚需审批一个月的规定，是导致部分夫妻一时冲动而"闪离"的原因之一。在离婚手续变得便捷的同时，高离婚率已成为社会之痛。来自民政部门的数据显示，1980年中国离婚夫妻为34.1万对；2000年为121万对；2010年则升至267.8万对；2014年更达到363.7万对。民政婚姻登记管理机构要加大婚姻登记审核力度。从保护妇女、儿童合法权益，关爱家庭的大局出发，通过认真询问和提供优质、规范化的服务，做好离婚登记咨询的引导和劝导工作，要求婚姻登记部门设立离婚调解室，以最大限度遏制盲目离婚、赌气离婚及为达个人目的"功利性离婚"现象的发生，有效降低离婚率。在完善有关婚姻制度法规的同时，严格按照《婚姻法》规定加大

对"过错方"责任追究的力度,依法保护无过错方,通过对"过错方"的依法制裁,警示、教育公民自觉遵守婚姻道德。

综上所述,青年离婚率随着经济、社会的高速发展在一个较长时期内可能还会继续增长,这一方面与青年群体的成长经历和生活环境息息相关,也与经济社会发展进程中婚姻家庭文化的变迁紧密相连。婚姻家庭是一个多维度的综合体,其健康发展需要家庭及其每个成员共同建设,同样也需要政府、社会等的多方参与,在当前和谐家庭建设背景下应提高家庭处理问题的能力,建设新的婚姻家庭文化,探索稳定婚姻家庭的有效干预路径,以有效解决因离婚而产生的各类社会问题,维护家庭与社会的和谐、有序发展。

B.20
陕西家政服务业发展状况研究*

吴菲霞**

摘　要： 近年来，国家高度重视发展家政服务业，国务院、国家相关部委、陕西省政府出台了一系列政策措施，促进家政服务业的发展，为家政服务业的发展提供了契机。陕西家政服务业经过十多年的发展，服务内容几乎已经延伸到人民群众日常生活的方方面面，呈现多业态、多样化的快速发展态势。家政服务机构获得初步发展，出现了一些理念先进、管理较规范的品牌企业；各地积极开展劳务输出，先后涌现"米脂婆姨"、"镇安女"等一批省内外知名的家政品牌；家庭服务信息化建设上了一个新台阶；标准化建设取得了丰硕成果……机遇与挑战并存，希望与困难同在，当前陕西家政服务业还存在不少问题亟待解决，家政服务业的健康、规范发展依然任重道远。

关键词： 家政服务业　职业标准　陕西

家政服务业是以家庭为服务对象，为家庭生活需求提供劳务的行业。我国的家政服务业是一种新兴产业，它的兴起有着深刻的社会经济背景。一方面随着经济社会的发展，人们对家庭生活质量的要求越来越高，人口老龄化导致的老年人照料、子女照顾、培养教育等需求也逐渐增大。另一方面，现

---

* 本研究报告基本状况部分数据由省人社厅农民工处提供。
** 吴菲霞，陕西省社会科学院社会学研究所助理研究员。

代社会竞争激烈、生活节奏加快，女性就业比例高，人们用于处理家务的时间减少，同时家庭的小型化、核心化使得传统大家庭的互助功能减弱，这都需要将部分家庭事务社会化，由专业机构和人员来承担。家政服务业的发展对促进经济社会的发展具有重要意义——促进了家庭生活质量的提高，吸纳了大量剩余劳动力，还具有有效拉动需求、刺激消费的作用。家政服务业前景广阔，是新兴的朝阳产业。

一 陕西省家政服务业基本状况

本研究从家政服务机构、从业人员、家政服务信息化建设、行业标准化、规范化建设几方面对陕西省家政服务业基本状况进行粗略描述。

（一）家政服务机构状况

1. 数量和分类

据12个市（区）的不完全统计，陕西现有家政服务企业1030个。再加上县一级的服务单位，全省约有家政服务机构1300个。从登记注册形式看，这些服务机构大体分为三类：一是在工商部门注册登记的家政服务企业，有780家左右，占60%；二是在民政、人社、妇联、社区登记的非营利性中介及其他家政服务机构，有390家左右，占30%；三是以家庭或个人为单位联系业务的个体经营服务机构，约130家，占10%。从管理模式来看，现有的家政服务企业分为员工制（包括完全员工制和部分员工制）、准员工制（又称会员制，介于员工制与中介制之间）、中介制三种。其中，实行员工制和部分员工制管理的服务机构有40家左右，仅占3%。

2. 运营状况

根据对西安30家（企业20家、民办非企业单位9家、事业单位1家）家政服务机构的调研分析得知，年营业收入300万元以上的企业有9家，占30%，其中有4家企业年营业收入在800万元以上；50万~100万元的有19家，约占63%；因管理不善，诚信度欠佳，面临停业、退出家政行业的有2

家，约占7%（见图1）。陕西巾帼依诺家政服务有限公司、西安金牌清洁家政绿化物业管理公司、西安五星家政服务公司、西安百姓家政公司4家年营业收入在800万元以上家政服务企业，2012年被国务院发展家政服务业促进就业部际联席会议办公室评为"全国家政服务业百强企业"；汉中东方、宝鸡惠普、咸阳爱心、延安圣情等39户家政服务企业，年营业收入在100万元以上，被评为"全国家政服务业千户企业"，名列西部省（区）前茅。

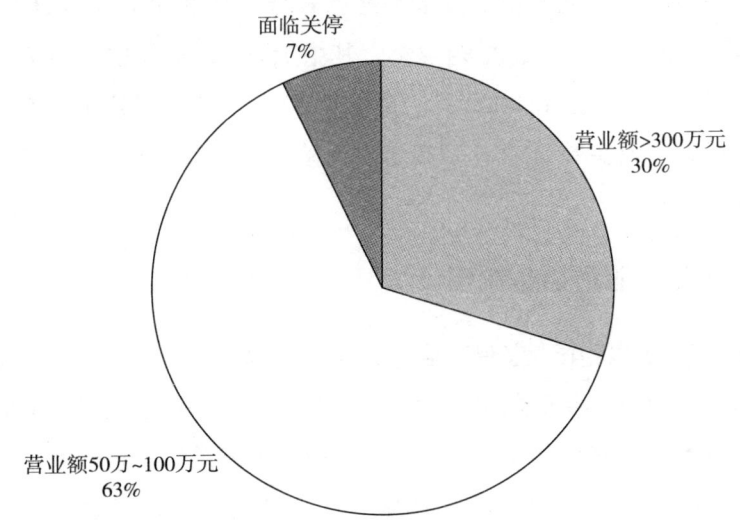

图1　西安30家被调查家政服务机构经营状况

早些年，陕西走劳务输出的路子，推出了"米脂婆姨"、"镇安女"、"金管家"、"兰花花"、"陕妹子"、"汉水妹子"、"汉家嫂"、"西秦女"等家政品牌。近年来，为了加快陕西家政服务业标准化、规范化建设，在政府的推动下，又打造了渭南"博思特"、咸阳"爱心家政"、汉中"定军山"、延安"丁峰"、西安"海鑫"等一批家政服务业品牌，这些企业为行业的标准化、规范化建设做出了重要贡献。

（二）从业人员状况

据12个市（区）的不完全统计，陕西家政服务机构现有家政服务员

85884名，加上县一级的家政服务机构从业人员及通过亲朋好友介绍进入家庭的家政服务员，全省从业人员为20万左右。

从人员结构看，从业人员以农民工为主体，占74.30%；女性占绝大多数，为90.6%；年龄主要集中在30~50岁，占74.20%；文化程度总体较低，以初中及以下文化程度居多，占65.92%，高中文化程度占28.68%，大专以上仅占5.39%。

从工资待遇看，从业者工资水平普遍较低，月平均工资为2095元。月工资3000元以下人员比重占94.4%，其中1500元以下占36.3%。两极分化明显，月工资最高达到8000元、最低1000元。绝大多数从业人员没有参加社会保险，只有少数从业者享受工伤保险。据统计，89.73%的人员参加过家政工程培训。

（三）家政服务信息化建设状况

西安、延安、汉中、宝鸡、榆林、渭南、铜川市，相继建立了家政服务网络平台，使家政服务信息化建设上了一个新台阶。其中值得一提的是铜川市家政服务网络，完全是靠自身力量建设的一个公益性信息服务平台，目前加盟客户2000多家，其中本市家政服务企业48家，为家庭、企业、从业人员提供高效、便捷、免费的服务。参与调查的全省22家大型家政企业、15家中小型家政企业都先后建设了网络管理平台、信息服务网络，服务门类齐全，提供供需对接、信息咨询、服务监督等服务，发展势头很好。

（四）标准化、规范化建设

10年来，在陕西省家政服务业协会的主导下，陕西标准化建设取得了丰硕成果。自创立伊始，陕西省家政服务业协会从行业自律角度积极开展了自我规范化服务引导工作，先后制定了《陕西省家庭服务行业管理规范》、《陕西省家政服务人员职业守则》、《陕西省家政服务消费指南》、《陕西省家庭服务参考价格》、《陕西省家庭服务业通用标准》、《陕西省家庭服务合同》（员工管理、职业介绍）等8个规范，在推动陕西省家政行业的标准化建设、加强行业自律、培育健康家政服务市场、推动家政服务业良性发展方面发挥了积极作用。为了适应新形势、新情况，2007年试行的《陕西省家庭服务通用标准》在2011年经过修改后上报省质量技术监督局，建议以地方标准出台实施，并选取陕西新亿杰、咸阳爱心、渭南市博思特、勉县定军山、延安丁峰家政服务公司五家家政企业作为全省家政服务业标准化试点单位。2013年初开始，省质量技术监督局发文将省家协和标准化试点企业上报的《家政服务通用标准》、《居家养老服务规范》、《母婴护理服务规范》、《搬家服务规范》列入地方标准制定计划，2014年下半年已完成中期评估。

一些目光长远、有一定实力的家政服务机构为了适应管理需要，也都根据企业和所从事专业制定了相应操作规范。例如，渭南市博思特家政服务公司制定了日常家政服务规范、月嫂服务规范、婴幼儿护理规范、老人护理规范、家居保洁规范、油烟机清洗规范、家政员入户规范等20多个服务规范和工作流程标准要求，使家政服务员提供服务的全过程均实行标准化操作，保证了服务的质量。

二 陕西家政服务业存在的问题

（一）供需失衡

目前，陕西家政服务市场供需严重失衡。这种失衡不只体现在家政服务人员的数量上，还体现在服务的质量上。

一方面，家政服务员的数量总体不足。目前全省对家政服务的需求相当大，但供给严重不足。据渭南市调查，城镇居民户需求值为10%，农村居民户需求值为3.3%，以此为参考，可以大略估算全省城镇和农村对家政服务人员的需求量。以第六次人口普查为依据，全省城镇居民户有529.77万户，按这个需求测算，需求为52.97万人；农村户有628.84万户，需求为19.55万人，合计总需求为72.52万人，而目前全省从业人员粗略估计只有20万人左右，缺口非常大。另以西安为例，据调查，西安市老年人照料需要服务人员约6万人，0~3岁婴幼儿照料需要服务人员约1.04万人，家庭保洁需要服务人员约3.4万人，病患陪护需要服务人员约0.2万人，全市需要家政服务人员约为10.6万人，而目前全市家政服务机构从业人员仅有5万余人，还有5万多人缺口。造成这种现象的原因：一是一些人被传统观念束缚，认为家政服务工作就是伺候人的工作，雇主对家政服务员缺乏尊重，家政服务员也存在自卑心理，尤其是城市下岗失业人员，不愿从事家政服务工作。二是家政服务员多是农村外出务工的妇女，由于生活习惯、观念等原因很难融入城市家庭，尤其对住家的家政服务员来说，全天处于异文化中，加上工作和生活边界不明，导致心理压抑感强，影响了他们对工作的认同感。三是由于上海、北京等一线城市家政人员严重不足，工资待遇高，一些掌握一定技能的人员会选择到这些地方发展，造成本地本来紧缺的人力资源更显稀缺。

另一方面，如今雇主对家政服务的专业化和质量的要求越来越高，而家政服务行业从业人员多为提供简单劳务的低技能人员，专业人才、高端人才极其缺乏，尤其是母婴护理、养老护理、高级管家等方面的专业人才，远远不能满足市场需求。究其原因，有以下几方面：一是现有的培训多为基础性培训，偏向理论，专业性强、注重实操的高质量培训少。二是缺少高素质师资。目前培训教师队伍良莠不齐，优秀师资少，能胜任高端人才培训的教师更是稀缺，培训质量难以保证。三是家政服务行业还未纳入正规就业范围，社会保障无着落，职业发展前景不明，大学生不愿进入该行业。四是高等院校开设家政服务相关专业几乎是空白，据了解，陕西省尚无高等院校开设家政服务相关专业。

（二）法律法规缺失，权益维护成难题

近年来，家政服务业权益保护问题突出。所谓"权益"，既包括雇主的权益，也包括家政服务员的权益。

在家政服务员的权益维护方面，目前存在两个问题：一是由于大多数家政服务员处于流动状态，与家政服务公司之间未形成劳动关系，家政服务员在劳动时间、福利待遇、休息休假、劳动保障等方面得不到《劳动合同法》的保护。二是家政服务员在为雇主服务的过程中遭受人身伤害，是否适用最

高人民法院 2003 年 12 月公布的《关于审理人身损害赔偿案件适用法律若干问题的解释》第 11 条的规定，目前各地司法机关还没有达成一致意见。现有立法中，家政服务人员人身损害赔偿责任尚不明晰。在雇主的权益保护方面，根据现行法律及司法解释，在我国服务购买方与家政服务员之间的纠纷不属于劳动纠纷，主要依照《合同法》解决，归《民法》调整。而目前家政服务的购买方签订服务协议的意识不强，即便签订了协议，由于法律知识的欠缺，协议内容不够具体规范，缺乏索赔的依据，雇主也很难成功维权。此外，大部分家政服务机构属于中介性质，不适用《劳动合同法》，这使得雇主的权益受到侵害时，中介公司很容易逃避责任。

权益保障成难题，究其原因，一是目前我国尚没有一部完整系统的法律或法规可以作为保护雇主和家政服务员权益的依据，一旦发生事故，很难从现有的法律法规中找到适用的条款，供求双方均存在后顾之忧。二是行业标准制定滞后，管理和操作不规范。目前，已经发布的家政服务相关国家标准有 2000 年发布的《家政服务员国家职业标准》、2006 年 12 月发布的《社区服务指南第 8 部分：家政服务》（GB/T 20647.8—2006）、2015 年 7 月发布的《家政服务 母婴生活护理服务质量规范》（GB/T 31771—2015）和《家政服务机构等级划分及评定》（GB/T 31772—2015）。陕西省 2007 年出台了《陕西省家政服务标准》。但是家庭服务业涉及近 20 个种类、200 多个服务项目，相比之下，目前制定的标准细化程度、对家政服务各专业的规范指导还远远不足。

（三）家政服务企业低水平发展，员工制难实行

陕西省的家政公司呈"小型化、零散化"的特点。以西安市为例，目前有 300 多家家政公司，注册资金在 100 万元以上的不足 8 家，50 万元以上的仅有 10 家，10 万元以上的也不过 60 家左右。绝大多数家政公司规模较小，注册资金为 3 万元左右。此外，陕西家政服务企业以小型中介机构为主，水平参差不齐，品牌化、专业化程度低。大多数家政服务中介机构管理落后，没有一套家政服务员把关、培训、服务跟踪、纠纷协调处理的管理程序。有的家政服务机构缺乏诚信，对雇主存在欺诈隐瞒行为，抹黑了行业形

象,扰乱了市场秩序。在家政服务机构粗放发展和家政服务员低素质的共同作用下,家政服务行业处于一种低水平运行的状态,无法保证家政服务质量及家政服务员、雇主的安全。

由于中介制弊端的日益暴露,家政服务行业寄希望于"员工制"家政服务企业管理模式。但这一模式在实际中很难实行。究其原因,主要有以下几个方面。

一是企业缺乏实力。采取员工制管理对企业的要求较高,需要有较强的资金实力和抵御风险的能力,而目前大多数家政服务企业税收和各项行政事业收费负担重,属于微利经营,抵御风险能力差,用于提升管理水平和发展的资金匮乏,企业很难实行正规化管理,与所有从业人员签订劳动合同并为其缴纳社会保险。据了解,目前普通家政服务企业在税率方面没有优惠,除年底要交25%的企业所得税外,平时还要缴纳共计17.11%的各种税费,导致行业整体利润极低。县(区)一级家政企业,每千元产值利润不到100元,经营难以为继,每年都有部分企业因严重资不抵债而退出。二是大多数家政服务人员不愿受合同约束。目前,家政服务从业人员大多是进城打工的农民,他们农闲时进城打工,农忙时返乡,每到春节,农民更是纷纷回家过年。此外,家政市场供小于求,且管理较为混乱,哪里给的工资高,农民工就去哪里,流动性很强。目前,家政服务员无论从就业者的主观认识还是客观事实都属于非正规就业,给家政企业的"员工制"增加了难度。三是企业主观意愿不强。陕西乃至全国的家政行业发展处于初级阶段,法律法规、行业标准不健全,行业风险大,在供需双方发生纠纷时,中介型家政服务公司可以钻法律的空子,减少自身承担的责任,导致家政服务企业实行"员工制"的主观意愿不强。四是针对员工制企业的优惠政策落实情况不佳,未能起到调动家政服务企业积极性的作用。2011年,财政部、国家税务总局发布了《关于员工制家政服务免征营业税的通知》(财税〔2011〕51号),规定自2011年10月1日至2014年9月30日,对家政服务企业由员工制家政服务员提供的家政服务取得的收入免征营业税,但落实情况不佳。排除企业自身的因素,省税务局没有具体实施办法,基层税务部门无法操作是直接原因。优惠政策落不到实处,发展前景不明,对调动广大家政服务企业的积极性没有起到应有的作用。

基于以上原因,推行员工制管理难度很大。目前一些家政服务企业已经做到给管理人员缴纳社保,给家政人员缴纳商业保险,但要实现全员缴纳社会保险,实现真正意义上的员工制管理暂时还存在困难。

(四)从业人员素质低,培训机制不健全

如今,人们对家政服务质量的要求越来越高,尤其母婴护理、婴幼儿护理、老年人护理是技术性很强的工作,需要从业者有扎实的理论功底和丰富的实践经验。除此之外,一些高收入阶层需要高级管家,在华居住的外国人需要涉外家政服务员,也需要服务提供者具备较高的素质。目前,陕西省家政服务从业人员多为初中及以下文化程度的农村进城务工人员和城市下岗职工,整体素质较低,能提供这些服务的人才凤毛麟角。究其原因,一是家政服务公司单纯追求利润,缺乏对家政服务人员的培训和管理,很多人经过几天的简单培训就匆匆上岗,有的人甚至没有经过任何培训,无证上岗现象普遍。二是目前家政服务中介公司与家政服务从业人员关系松散,无法对从业人员进行约束。三是家政服务人员服务意识不强,长期就业意愿不高,流动性大,参加培训的主动性不强。

2009年,陕西开始实施"家政工程",至2014年7月,培训了近4万名家政服务人员。除了"家政服务工程"以外,社会上的各种培训名目也很多。但是当前的家政培训领域问题也不少。一是缺少培训指标,补助面积小。据了解培训机构和企业培训后得到补助的面很小,达不到25%。以西安市为例,承担家政工程培训任务的单位,每年能培训6000人左右,补助指标却仅为2000名;另外还有近100家企业和机构每年能培训1.4万名左右服务员,从人社部门落实培训补助指标不足3000人,许多培训单位享受不到培训补助。这主要是由于缺少培训补助资金。二是培训质量欠佳,高证低能现象较多。目前的家政服务培训一方面内容多而杂,重理论轻实践,另一方面培训的时间很短,年龄大、文化水平低的学员在这么短的时间内既无法充分记忆理解,

又很少有机会实际操作，导致培训效果不佳。加上考试不严，通过率高，这样的培训和考试无法保证培训质量和证书含金量。三是培训鉴定存在不规范操作。据了解，家政服务培训及鉴定存在违规操作的现象，有的鉴定机构办培训学校，有的培训机构可以进行技能鉴定，考培不分。四是证书种类多、真假难辨。目前，开展家政培训的机构很多，颁发的证书也五花八门，有的家政公司自己制作培训结业证书，由于顾客缺乏相关知识，往往被误导欺骗。

（五）监管缺位，多部门联动机制缺失

伴随着家政服务行业的发展，家政服务市场乱象丛生：中介与保姆串通骗取中介费；"月嫂"评级随意，要价虚高；各种证书发放混乱，假证大行其道；无证上岗，健康证发放不规范；家政服务公司之间恶性竞争，互相压价争取顾客，提高工资争夺家政服务员；培训和技能鉴定不规范；中介公司不履行核对双方信息的义务……与市场的乱象对应的是行业监管的缺失。当前，涉及家政服务领域的职能部门和机构包括商务部门、人社部门、工商部门、民政部门、地方行业协会，没有明确的主管部门，缺乏统一管理。

商务部门主要负责推进家政服务体系建设，为家政服务企业协调发展提供政策支持，现阶段的主要任务包括组织实施"家政服务工程"，家政服务企业培育、家政服务网络中心建设。但是商务部门没有审批权、行政执法权，对家政企业只是行业指导。工商部门只对经济主体进行监管，看是否证照齐全。人社部门负责职业技能鉴定、农民工就业。消费者协会负责消费者和家政公司之前的纠纷。地方行业协会是民间组织机构，职责是宣传政府的相关政策，配合相关部门开展职业技能培训，推进本地市场的标准化、规范化、制度化，从而促进市场健康运行，但受人力、资金等方面限制，且没有监管的职权、职能，难以进一步加强行业管理。家政服务行业涉及部门虽多，但没有对应的监管部门，是目前家政市场混乱的重要原因。监管的缺失，必然造成行业的失范，加剧家政服务机构、服务购买方、家政服务员之间的矛盾与纠纷。由于大多数家政服务员与家政公司之间不存在劳动关系，不能通过《劳动合同》解决纠纷，大量纠纷只能通过消费者协会和工会协调解决。

鉴于家政服务市场混乱、行业监管缺失的现状，明确主管部门、建立多部门联动协作机制进行规范是十分必要的。2009年以来，由同级人社部门牵头，各市建立了发展家政服务业促进就业厅际联席会议议事协调机制，对陕西省家政服务业的发展起了非常重要的协调和推动作用。尽管如此，问题仍然很多：一是没有市政府主要领导任总负责人，协调工作困难多；二是没有专项经费和专门的工作人员，限制了工作的开展。2014年，按照中央机构改革的要求和省政府安排部署，陕西省发展家政服务业促进就业厅际联席会议制度取消，这意味着陕西家政服务业多部门联动协作工作机制的瓦解，也意味着行业监管的道路更加难行。

三 关于发展陕西家政服务业的建议

（一）建立事前预防、事后救济的家政服务业风险防范控制机制

第一，逐步推动家政服务业地方立法，用法律的形式明确各方责任，使经营者、消费者和家政服务员的权利和义务受到法律的规范。

第二，完善家政服务业职业标准，通过对质量、管理、工作三方面的标准化建设，促进家政服务业的规范化，压缩纠纷产生的空间。

第三，建立企业及家政服务员诚信体系。可以参考深圳的做法，建立以制定家政诚信服务标准和诚信数据库为主要内容的企业及家政服务员诚信体系。

第四，消费者协会出台《家政服务消费争议处理办法》。将完善家政服务纠纷处理原则、家政服务合同，规范经营者、消费者、家政服务人员的权利和义务，家政服务欺诈赔偿责任、消费信用评价等方面纳入其中，为家政服务纠纷处理提供依据。

第五，推广家政服务综合险。在统一社保操作难度大的情况下，推行商业保险是可行的。目前，陕西省家政服务业协会、西安市家政服务协会都推出了相关险种。推广家政服务综合保险，要解决好保费负担问题、企业和家政服务员的观念问题。

（二）完善监管体系

当前的家政服务行业，服务机构泥沙俱下，尤其是大量小中介充斥低端市场。这很大程度上是目前监管缺位造成的。家政服务行业关系到民生和就业，在家庭的和谐幸福、社会的稳定、经济的发展等方面具有重要意义，我国的家政服务行业还处于初级阶段，发展不规范、诚信缺失，地方政府及相关部门应该充分认识家政服务业的重要性，既各司其职又充分交流协调，发挥监管和引导作用。就家政服务业监管缺位的现状，提出如下建议。

第一，完善监管体系，针对目前家政服务业的各种不规范行为，明确监管责任，将监管责任落实到具体部门。

第二，恢复家政服务业促进就业议事协调机制，为家政服务协调工作创造平台。由市政府主要领导任总负责人，设立专项经费和专门人员，保障协调机制顺畅运行。

第三，建立家政服务企业准入机制。实行许可证制度，规定申请标准、要求、条件，企业要经过资质评估并取得执照才能从业、发牌。对企业进行考察，作为续牌和撤销牌照的依据，规范企业经营。除此之外，每年应进行年检。

第四，开展家政服务企业评级工作。《家政服务机构等级划分及评定》已出台，相关部门应尽快制定实施细则，开展家政服务企业的评级工作，通过评级引导家政企业发展方向，促进家政服务企业的优胜劣汰。

第五，建立家政服务机构诚信管理机制。要建立家政服务机构档案，将包括机构评级情况在内的信息记录在案，并借助家政服务信息网络实现企业信息的实时查询，供消费者参考。

第六，建立退出机制。结合考查、年检和诚信情况，将不合格的家政服务机构清理出家政服务市场。

第七，打击"黑家政"、"野家政"。建议工商部门根据属地监管要求，对辖区从事家政服务的公司进行严密排查，严厉打击"黑家政"、"野家政"等无照经营单位以及部分中介机构超范围经营行为。

（三）建立家政服务员诚信管理机制，完善培训教育机制

针对目前家政服务员缺乏职业道德、诚信度不高的状况，建议建立家政服务员诚信管理机制，做好建档、服务跟踪、客户评价、信息更新等基础工作。家政服务员信息应包括职业资格、健康证、身份证、培训情况、从业经历、投诉记录、客户评价等。家政服务员的不良从业经历应如实记录并公开。

针对目前家政服务人员职业素质低、培训机制不健全的现状，提出如下建议。

第一，地方政府要加大对培训的投入力度，建议从用于社会事业和民生工程的资金中列出专项计划作为培训补助资金，同时人社部门从就业培训中每年安排一定数量的家政员培训名额。

第二，在陕西省大、中专院校开设家政服务专业；开展针对高端市场的培训，以满足多层次的市场需求。

第三，改进培训、考核内容和标准，应以实践技能考试为主，考察培训对象能否完成各项实践操作的具体项目，理论笔试所占比重适当缩小。

第四，加强继续培训，扶持、发展有培训实力的品牌家政机构，加强培训的针对性、实用性，采用按照客户需求进行的有针对性的订单式培训，建立在质量跟踪基础上的补充培训。

第五，相关部门要加强对培训和鉴定的监管，坚决查处和杜绝违规行为，保证培训和鉴定工作的公平公正。

（四）以点带面，推进规范化管理

家政服务行业门类众多、内容庞杂，各工种、专业情况千差万别，难以统一管理。应从对部分专业、工种及部分家政服务机构的规范化管理入手，摸索管理经验，以点带面，发挥示范作用，纠正传统的就业观念，树立规范化企业管理典型，逐渐实现家政行业的规范化管理。

建议将母婴护理员（月嫂）、育儿嫂、养老护理员纳入规范化管理范

围,严格执行行业标准。凡持有相应国家职业资格证书的月嫂、育婴师、养老护理员,与政府指定的家政服务机构建立劳动关系的,政府对企业实行优惠扶持政策,并给从业人员在社会保险、培训等方面提供优待条件。

之所以如此选择,因为这些专业领域:一是从业需要扎实的理论知识、专业技能和实践经验;二是矛盾纠纷的多发地带,属于高风险领域,一旦发生事故后果相当严重;三是供求失衡严重,在监管缺失的情况下容易引起市场的混乱;四是专业人才稀缺,急需稳定服务队伍;五是母婴护理、婴幼儿照护、老年人护理的标准化建设可行性强,目前我国家政服务领域已经出台《养老护理员国家职业技能标准》(2002年6月劳动和社会保障部颁布)、《育婴国家职业标准》(2003年2月劳动和社会保障部公布,2003年1月23日实施)、《家政服务母婴生活护理服务质量规范》(2015年7月国家标准委发布,2016年2月1日实施)三项国家标准,也已经或即将有相应的职业资格证书,可以作为职业准入的依据。

B.21
陕西"农转居"社区教育问题研究报告

唐震 李亚绒 张雅丽*

摘　要： 随着我国城市化的进一步推进，大量农民将转化为城市居民。这一转移，除了户籍、居住环境从农村转向城市社区之外，对农民而言，还存在着在生产方式和生活方式等方面的变化。从实践看，完成这个转化有两个路径：一是自然而然地、渐进地让农民自己通过生产生活过程以及世代更替达到"市民化"，二是通过有组织、有意识地推进再社会化行动和社会教育工作加速"市民化"进程。从减小人口再社会化的阵痛看，后一种路径无疑更加重要。但是，就目前而言，针对后一种方式的社区教育尚处在初期阶段，还需要全社会统筹起来，全面推进。其中包括切实发挥各级政府的规划引领和助推功能，建立市一级"农转居"社区教育资源统筹协调机构，建立"农转居"社区教育专项基金，充分发挥社区平台作用，充分发挥驻地企业和学校的助手作用，以及把"农转居"下一代市民的教育作为重中之重，不断实现"农转居"社区教育方式方法创新，建立"农转居"社区教育考评机制等。

关键词： 农转居　社区　市民化　教育　城市化　陕西

---

* 唐震，陕西省社会科学院经济学教授，研究方向为社会转型与人的发展问题；李亚绒，中共西安市委党校社会学专业副教授，研究方向为社会结构与阶层分析；张雅丽，中共西安市委党校管理学专业副教授，研究方向为行政管理。

改革开放以来，随着我国工业化、城市化进程的加快，相当多的农民通过城中村改造、旧城改造或农村片区化社区转型成为城市居民。作为城市中新的一员，农民转居民之后都有一个"市民化"的过程，都存在与城市相融合、相统一的问题。在实践上，这一问题的解决有两个路径：一是自然而然地、渐进地让农民自己通过生产生活过程以及世代更替达到"市民化"，二是通过有组织、有意识地推进再社会化行动和社会教育工作加速"市民化"进程，后一种路径也更加重要。就全国看，"农转居"市民化教育尚处在起步和探索阶段。一是由于当前的"农转居"是快速、批量进行的，"农转居"容易，而"市民化"教育则略显滞后。从现状看，凡是涉及城中村改造或者旧城改造的地区，随着新区基础设施建设工程的竣工，移民搬迁、回迁工作很快就可以到位，这就从形式上完成了从农民到市民的转变。但是，从城市化的内容来看，"农转居"之后新市民群体的产业定位、职业转换、生活方式更替等，则需要较长时间甚至一两代人的努力才能完成，围绕这方面的相关规划并未得到细化。二是各地应"农转居"市民的诉求也有推进教育工作的，但总体看尚处在自发、放任和无序阶段。伴随着农民居住回迁工作的完成，农民对怎样适应新型城市生活的渴求十分强烈，但大多数人都仅限于从自我学习和谋求专业培训机会等方面适应城市生活，依赖政府和社会组织的教育活动仍然较少。三是针对"农转居"市民的教育体制和机制的探索也是初步的和浅表层次的，系统地、全面地甚至从法律的角度对"农转居"市民的劳动、教育等权益保障的条规亦在探索之中。面对我国每年大量的农民转化为城市居民的迁移活动，国家在教育体制、教育模式、教育内容、教育方式的创新方面略显滞后，把"市民化"教育纳入现行教育体系之中进行创新等更是来不及应对。所有这些，在一定程度上使"农转居"市民化教育处在可有可无的状态，如何在此方面落实政府责任和加大政府作为力度也没有可依据的法令和政策，致使"农转居"市民化教育未能走上正规化道路。

针对上述问题，陕西省在城市化过程中对此做了前瞻性探索，从最早兴办新市民学校、新市民大讲堂，到省委、省政府出台《关于省市共建大西安加快推进创新型区域建设的若干意见》，针对城市化过程中市民素质问题明确指出要"提高市民文明素养，推进城乡统筹和一体化发展"；从全省提前政策介入，到社区组织市民各种知识的学习等等举措，在政府、社区和市民等层面形成了"积极开展市民化教育，提高市民素质"的良好局面，从而把"加快实现城乡体制机制一体化"推向一个新阶段。

一 "农转居"社区教育的现状与问题

"农转居"涉及的根本问题是农民"继续社会化"的问题。只有通过进一步社会化，"农转居"市民才能够在个体与社会的互动过程中，逐渐养成市民所具备的独特个性和人格，从原来的农村村民属性转变为现代城市市民属性。而"市民化"教育，恰恰是社会各方围绕农民向市民社会化的方向共同建筑起来的系统工程。

为了全面了解和掌握"农转居"社区教育状况，课题组通过走访考察、座谈讨论、问卷分析和资料整理等方式，对陕西省部分市县"农转居"社区市民化教育问题进行了初步调查研究。其中发放问卷1160份，回收1115份，回收率96.12%；调查内容涉及"农转居"新市民的基本情况、"农转居"后市民对城市适应程度与满意度、收入来源、就业满意度、社区教育现状、闲暇时间利用等二十余项。经过数据分析和提取座谈要点，归纳出"农转居"社区市民化教育有如下特征。

（一）"农转居"市民融入满意度较高，"市民化"进程凸显适应性

针对城市生活适应性调查，市民对"农转居后您在城市的融入程度满意吗"问题的回答基本是满意的，在"非常满意、满意、比较满意、不满意、说不清"备选答案中，选择前三项的分别为248人、508人、350人，合计1106人，占99.2%（见图1）。

这说明，"农转居"市民对目前的城市生活适应性较高，一是反映了原住民在新社区面临的文化冲突较少，能够较快地融入新区生活，二是反映了各区市民化后集中安置区的环境建设、后续服务等相对比较完善，满足了市

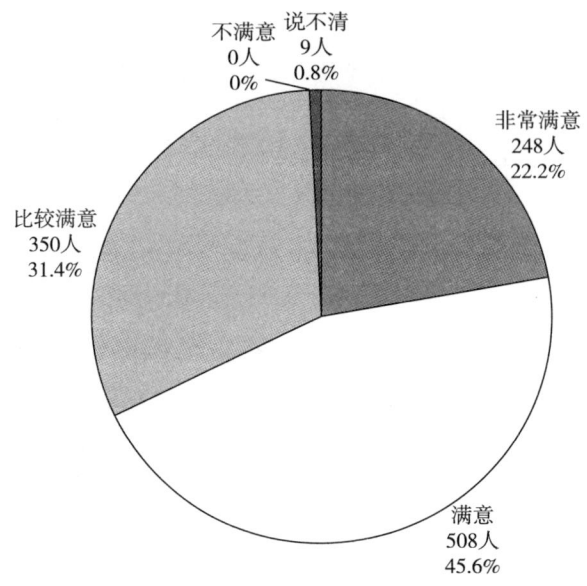

图1 农转居市民生活满意度

民基本需求。陕西省"农转居"社区更多的是整村拆迁、回迁和集中安置,新社区的人员构成基本与原村相似,社区的新社会化特点与原有居住区具有同质化的特征,所以交往起来也非常融洽。相比其他分散安置的社区而言,这种安置方式由于地缘性没有大的改变,农民在其空间上的适应性与心理上适应性受到的冲击也就较小,融入也就较快。加上新社区的基础设施、环境卫生等各方面条件都远远优于过去,所以这些新市民的满意度更高。

(二)"农转居"市民立足城市的初始基础是经济收入,但可持续性发展更需要教育引导

在"您的月收入情况"备选的四个项目即"1500元以下、1500~3000元、3000~5000元、5000元以上"中,选择第二、第三项的最高,分别为496人、480人,占比87%,超过5000元收入的比例也在11%左右,仅有2%左右的被调查者收入在1500元以下(见图2)。

说明"农转居"市民获得的经济补偿等奠定了其立足城市的初始基础,也印证了经济基础对城市适应性在一定程度上起到了决定作用。但从其经济

陕西"农转居"社区教育问题研究报告

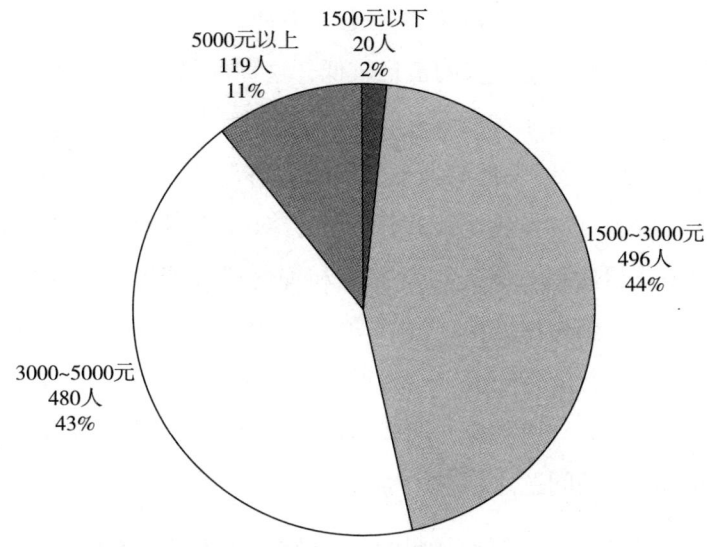

图2 农转居市民基本收入状况

来源看,"出租屋、集体分红、打工、创业与其他"的选项中,出租屋占41.1%,集体分红占29.1%,打工占20.8%,创业占7.0%(见图3)。可

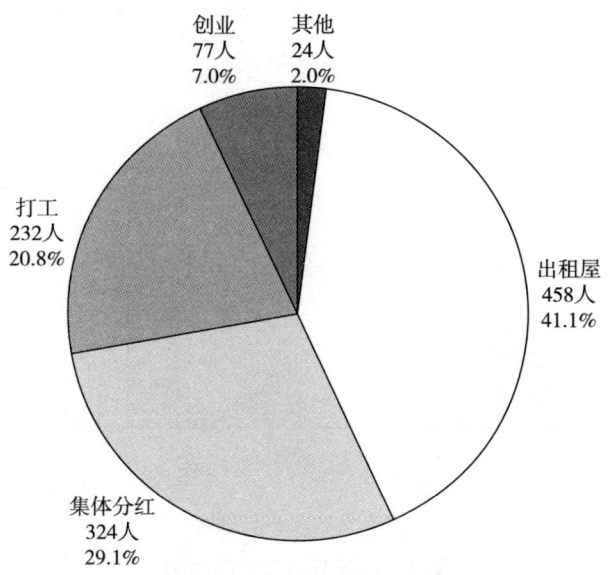

图3 农转居市民主要经济来源

见,"农转居"后主要的经济来源还是与不动产收益和集体收益等密切相关,而依靠自身能力获得收入的占比较低,这种现象,虽然表明收入来源具有暂时的稳定性,但由于和居民个人就业关系不大,属于"坐享其成、坐吃山空",对家庭可持续发展和激烈的城市竞争来说,具有一定的风险性。

事实上,由于对市场经济规律不了解,对投资风险估计不足,"农转居"市民容易盲目跟风,缺乏科学态度和理性思维能力,无法辨别和判断经济行为的真假,容易在城市经济活动中随大溜,上当受骗。不仅经济上蒙受损失,家庭也因此遭受变故。这说明,"农转居"市民化过程中,对市民进行全面的经济社会知识教育,增强市民的理性认识,是当前促使其真正融入城市需迫切解决的问题之一。

(三)"农转居"市民闲暇时间充裕,社区教育未能与闲暇时间有效结合

在问到闲暇时间的利用情况时,位居第一的是"上网",占63.7%;其次是"看报纸、杂志、图书",占34.3%;第三是"看电视、听广播",占28.3%;第四是"参加社区的公共活动",占27.8%;"找人聊天"和"打麻将"分别占7.6%和4%(见图4)。

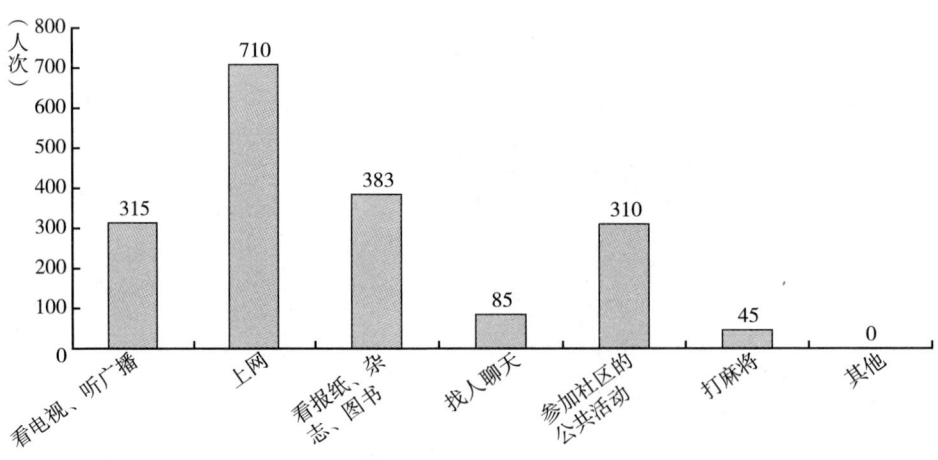

图4 休闲活动与闲暇时间

注:此问卷为多项选择,故总计超过100%。

可以看出，"农转居"市民拥有大量的闲暇时间。由于农民从原来的集体村民突然变成拥有大量房产和资金的所有权人，一部分人除了享有这些房产租赁收入和现金投资回报之外，还来不及考虑下一步应该如何发展、怎么发展的问题。因此，在"农转居"社区，就形成了一个"食息者"阶层，他们把大量时间放在上网、打麻将等娱乐活动上。另一部分"农转居"市民尤其是青年一代也希望谋求理想的职业，但因为城市就业压力及自身素质等原因却游荡于社区之中，不能在个人事业选择上安定下来。所有这些都说明，在"农转居"社区，亟须加强"市民化"教育的提升功能和引导功能，把居民大量闲暇时间的低端娱乐活动用丰富多彩的"市民化教育"的高尚精神活动所取代。

（四）"农转居"市民对城市生活愿望强烈，希冀通过市民化带来素质提升

进一步分析"促使农转居市民化的主要因素"发现，选项由高到低依次为户籍转变、文化素质提升、社保有保障、享受市民待遇、就业层次提高、教育资源共享、城市文明程度高，其占比分别为37.2%、20.2%、16%、14.9%、12.9%、9%、8.1%（见图5）。由此可知，"农转居"新市民对市民化充满了更多的期望，他们迫切希望共享城市发展、不断提升自我素质，但在需求方向上户籍问题仍然是居民关注的焦点。这反映了在"农转居"市民那里，身份仍然是市民化的核心问题。

（五）"农转居"前后市民化教育的黄金时段尚未得到充分利用

"农转居"前后这一阶段，是村民向市民转化过程中心理适应、技能面临挑战等关键阶段，也是市民最迫切需要教育的时期。课题组对比"农转居"前后的教育状况发现，对"您在农转居前有没有参加过教育培训"的回答是：参加过短期职业培训的占59.7%，参加过中等职业培训或教育的占22.2%，参加过初期职业技术培训或教育的占12%，从未参加过任何培训的占6.1%；在"您在农转居后参加过任何形式的教育培训"的回答中，

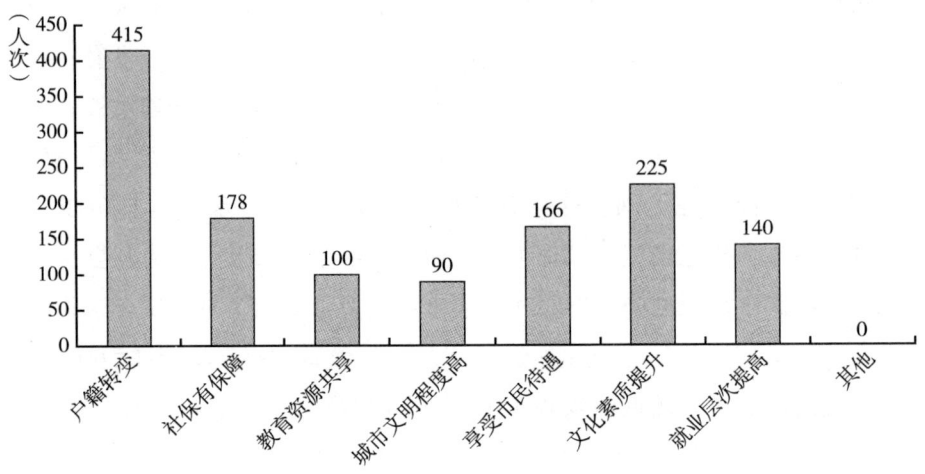

图 5　农转居主要影响因素排序

注：此问卷为多项选择，故总计超过100%。

1~3次的占59.0%，3~5次的占32.9%，5次以上的占5.1%，从未参加过的占3.0%（见图6）。

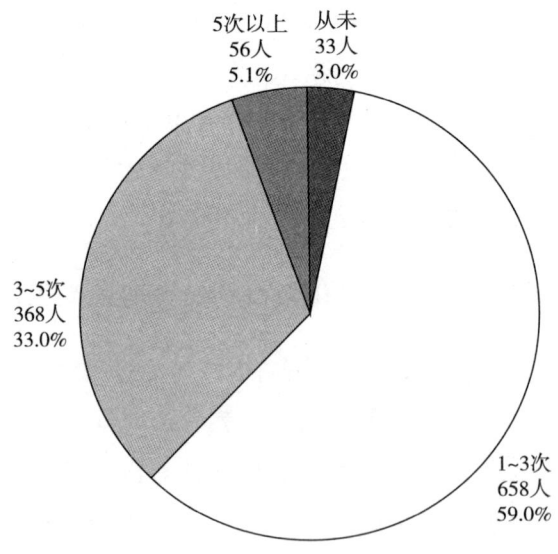

图 6　农转居前后教育培训对比

可以看出，近 2/3 的被访者仅参加过 1～3 次的培训，相对于"农转居"前后三五年内这一重要过渡时期对教育的大量需求，上述培训对市民只能算是杯水车薪。

（六）"农转居"社区教育供需双方错位，影响受教育群体学习热情

为了加快推进区域城市化进程，培育与城市化进程快速发展相适应的市民群体，提高辖区市民综合素质和生活质量，陕西省有些区县开发出诸如"新市民大课堂"、"新市民教育工程"和"新市民素质提升工程"等形式的新市民教育项目。特别是近年来，一些区县继续深入开展"市民化"教育活动，不断丰富教育形式，充实教育内容，扩大受教育面，通过建立一批授课学校、成立一支宣讲队伍、组织一次集中宣传、完成一个调研课题、制作展板巡回展出等多种教育活动形式和载体，从思想认识、行为习惯等各方面引导"农转居"新市民逐步向城市居民过渡，使"市民化"教育达到"五个有"，即有教育阵地、有师资力量、有培训计划、有目标任务、有保障措施。在一定程度上推进了"农转居"社区的教育工作。但是，从调研结果来看，还有一些亟待解决的问题。

在对"您想参加教育培训来提高自己吗"的回答选项中，"想"和"非常想"的比例分别占到 62.8% 和 25.1%，两项合计达到 87.9%；当问到"您认为教育培训水平重要吗"这一问题时，选择"重要"与"非常重要"两项的分别为 63.9% 和 24.8%，两项合计为 88.7%。这两个问题说明，"农转居"市民对接受教育培训的主观认识和需求都是强烈的，他们在主观愿望上急需政府和社会给予培训引导，也非常想通过接受教育和培训来提升自己。但结合"市民化教育中存在的问题"的回答选项，课题组发现，被调查者的选择由高到低排序为："教育数量少、质量不高"（51.8%）、"缺乏针对性"（42.0%）、"被教育者热情不高"（41.5%）、"教学设备、方法欠缺"（35.9%）、"师资水平不高"（17.3%）和"资金不足"（12.9%）等（见图 7）。

反映出农转居市民对培训水平有更高要求，希望在培训方向和方式上加

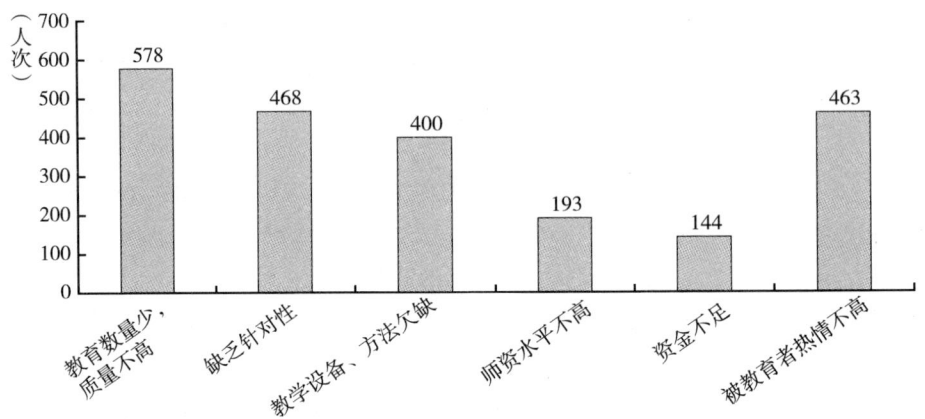

图7 农转居市民化教育效果评价

注：此问卷为多项选择，故总计超过100%。

强针对性等。在座谈中课题组了解到，目前开展的对"农转居"市民化的教育还存在：一是在教育与培训项目上，表现出"层次低、质量低、成本低、效益低"的"四低"现象；二是在教育培训的组织形式上，依然主要采取"讲授为主、短期为主、通识为主"的老做法，难以满足"农转居"市民多层次、多元化的学习需求。这一状况，对下一步市民化教育提出了更高要求。

（七）"素质教育"是"农转居"社区初期教育的首选

在教育内容方面，被问及"您需要哪些方面的教育培训？"时，选项结果排序依次是素质提升、职业技能、法律法规、创业培训、心理健康、政治理论，其占比依次为57.4%、53.6%、53.4%、46.8%、42.2%、28.6%（见图8）。在这里，素质提升被排在第一位。

另外，从表1对现有培训内容、需求人次、所占比例之间关系的统计看，"农转居"市民的培训需求主要分布在城市文化习俗、法律常识普及、人际交往礼仪、岗位技能提升等城市市民必须具备的基本素质领域，表明了农民在向市民转变初期特别需要提升的就是适应城市生活生产的基本素质。

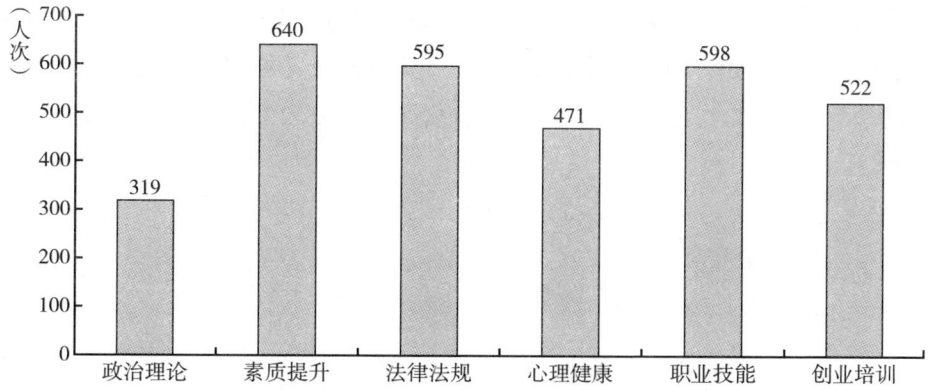

图 8 农转居市民培训需求指标

注：此问卷为多项选择，故总计超过 100%。

表 1 培训需求问卷调查

单位：人次，%

培训内容	需求量	比例
城市文化习俗类	640	57.4
法律常识普及类	595	53.4
人际交往礼仪类	471	42.2
提高生活品质类	522	46.8
岗位技能提升类	598	53.6
高等学习教育	319	28.6
被调查人数	1115	—

注：此问卷为多项选择，故总计超过 100%。

（八）"农转居"社区教育作为国家对公民的义务，多数市民倾向于实行免费教育

虽然中央和省级财政近年来在市民化教育支出已注入了大量的资金，但总体上来看，与庞大的"市民化"人口基数相比，政府所划拨的资金明显是严重不足的，而且在经费供给与分担上缺乏稳定性。课题组在调研中发现，一些达到 2000 户以上人口规模的社区，可以在经费使用上得到更多的优惠，而没有达

到人口规模的社区，其使用相关经费比较有限。调研中对"您更希望接受哪种教育模式"的问题，绝大多数市民明确主张免费教育（59.8%），有1/5多主张补贴学费（23.3%），还有近1/5主张发放培训券（18.2%）（见图9）。

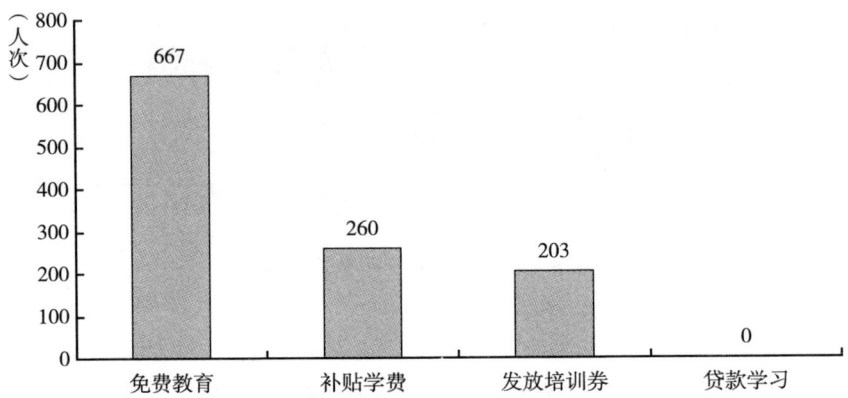

图9 农转居市民期望接受的教育模式选择

注：此问卷为多项选择，故总计超过100%。

实际上，这些数据的基本倾向都表达的是免费教育的愿望。这就需要思考"市民化"教育在经费上的分担问题，该不该由受教育者付费或者该付费多少的问题。"农转居"作为国家城镇化建设重大战略的组成部分，必须从制度层面为"市民化"教育经费投入提供一定保障。比如，安徽池州发放失地农民就业免费培训券，北京将培训款打入失地农民的社会保障卡，淮南对定点培训机构实行资金直补个人等，都体现了国家和政府在这一教育中的义务和责任。

二 "农转居"社区教育功能缺失的机制与原因

"农转居"市民化既不简单是指农民在社会身份和职业上的转变，也不仅指农民在居住空间上的位移，而是"农民"概念内涵向"市民"概念内涵转变的质变，是通过对新市民的价值观念、思想意识、生活方式、职业行为及权利义务关系等的重塑而发生角色转型的过程。然而，审视我国既有的城市化推进策略,大部分是对城市化过程中的物质利益关系的调整和规制,而针对人的塑造的一系列制度设计还很不到位,致使"农转居"市民融入城市的功能并没有被充分激活或唤醒,这就需要认真查找"农转居"市民化进程中教育功能丢失的原因,寻求"人的城市化"所需要的真正机制和手段。

(一)"农转居"市民内外既定因素制约教育功能进一步发挥

考察"农转居"市民在城市化进程中的适应性与竞争力状况,关键要看他们终身学习能力如何。但是"农转居"市民受到自身认识水平与经济因素的双重制约,终身教育理念几乎空白,绝大多数人不具有强烈的学习意识,未能养成良好的学习习惯,致使学习能力较差或匮乏。当"农转居"市民已经处于成年阶段时,对他们进行再教育的难度更大。进一步看,"农转居"市民作为一个特殊群体,在他们身上实现再教育,还存在更深层次的问题亟待解决。

第一,从个体内在动因看,传统农村社会的价值观念助长了"农转居"市民的惰性。观念决定思路和出路,"农转居"市民既有的价值观念影响到其市民化进程与职业分化,他们的内在意识并没有随着物质生活上的城市化标准而更新或拓展,依然停留在初始状态。因而,面对大额的拆迁补偿或赔偿带来的经济殷实现状,他们容易表现出"小富即安"的自我满足状态,进而抑制了学习的动力。例如针对"您认为现有的教育水平能适应当前社会发展和职业发展的需要吗"这一问题,受访者的回答是基本适应(47.5%)、适应(32.0%)、非常适应(14.5%)、说不清(6.0%)(见图10)。

综合统计,在自我适应性判断方面,这一比例高达94%,反映出这一群体对自我提升和主动学习方面充满了满足感和优越感,再学习的动力缺乏。而从年龄因素看,排在前三位的是"35~50岁"(33.5%)、"18~35岁"(30.4%)、"50岁以上"(19.8%)。说明上述自我适应性观念普遍存在于年富力强、更需要考虑长远发展的中青年群体中。这一现状,是深入推进"农转居"市民化教育的一大障碍。

第二,从个体外在关系看,人际关系网络的同质化倾向使农民"继续社会化"受到阻滞。城市化中以业缘为主的现代城市人际关系,改变或打

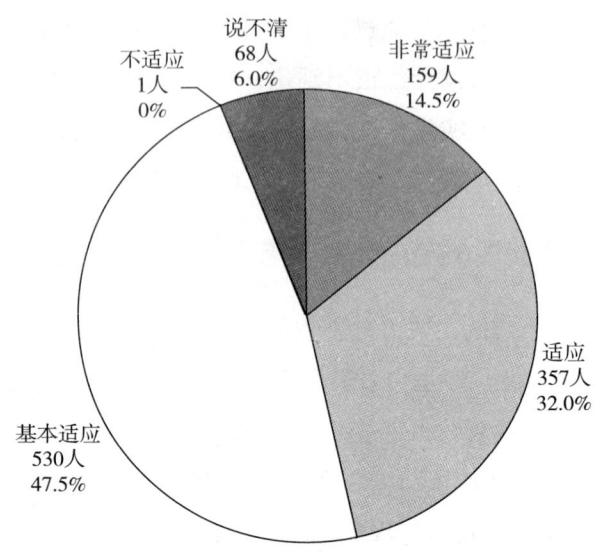

图10 农转居市民受教育水平自我评价

注：不适应的仅有1人，比例近乎于0。

破了以血缘和地缘关系为主的传统社会人际关系，但从现实看，"农转居"市民的交往方式仍然沿袭着农村的血缘与地缘关系而向外展开其社会交往，以业缘为主的城市社区交往方式并没有占据主导地位。这是因为，长期形成的二元城乡分割状态将城郊农民的社会交往更多地束缚在农村地域的内部，"农转居"整体回迁后又局限于原有群体组成的社区内部，虽然住宅空间发生了变化，但主要人际关系还是原有的血缘、地缘结构，致使"农转居"个体之间所获得的社会关系具有同质化倾向。正因为如此，"农转居"市民虽身处都市却与都市世界隔离或边缘化，他们对原有村落在心理认同与生活情感上表现出强烈的依赖感，在社会地位上具有自我中心主义，因而对"市民化"教育也比较漠视。在一定程度上影响了"农转居"市民从农村社会关系属性向城市社会关系属性的转变。

（二）"农转居"社区教育平台建设乏力，制约教育功能进一步发挥

社区教育是教育同社会的结合过程，是市民再教育的重要平台，涉及社

区教育的规划、政策制定与组织管理，社区教育的具体内容与教育手段，也包含着社区教育的实体建设与具体实施等诸多方面。

然而我国的社区教育起步较晚，20世纪80年代中期兴起于城市，21世纪以来才受到国家的高度重视，开始在全国建立了一批由城市辐射到农村的社区教育实验基地。基于此，把"农转居"市民化教育主阵地放在社区，是符合我国实际情况的明智举措。但是，由于社区在我国城市管理体系中仅有自治之名，缺乏自治之实的尴尬地位，社区办教育往往是力不从心的事情。调查显示，一些"农转居"社区还不能达到有计划、大规模、常态化地举办"市民化"教育活动，加之"农转居"社区往往有大量的事务性工作要做，用于举办"市民化"教育的人力、物力、财力相当有限，每年举办教育的频次也只能尽力而为。在问卷答案中，认为社区仅是"偶尔举办（1次或2次）"的占75.5%，"经常举办（1年举办3次以上）"的占24.5%，没有"从未举办"的选项（见图11）。综合统计，社区举办活动的频次还是偏少，还没有真正成为当前"农转居"市民化教育的主阵地。

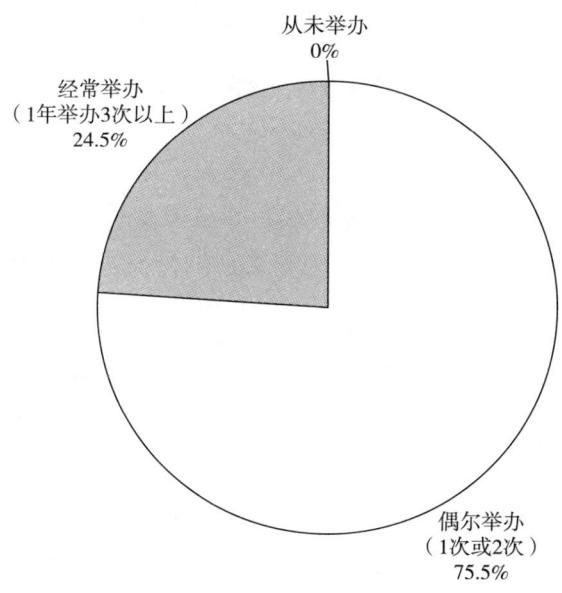

图11　社区举办教育频次

应该说,"农转居"之后,市民群体的主要活动平台是所在社区。社区能够组织和利用区域内外各类教育资源实现"市民化"教育最大化。在回答"您参加过哪些部门或机构组织的培训教育"时,排序依次为"社区(47.4%)、政府(25.5%)、企业(14.9%)和专业培训机构(12.9%)"(见图12);当问到"您认为市民化教育应该由哪个部门或机构主持?"时,排位第一是"社区"(41.3%),第二是"政府"(26%),第三是"专业培训机构"(22.3%),第四是"企业"(8.6%)。

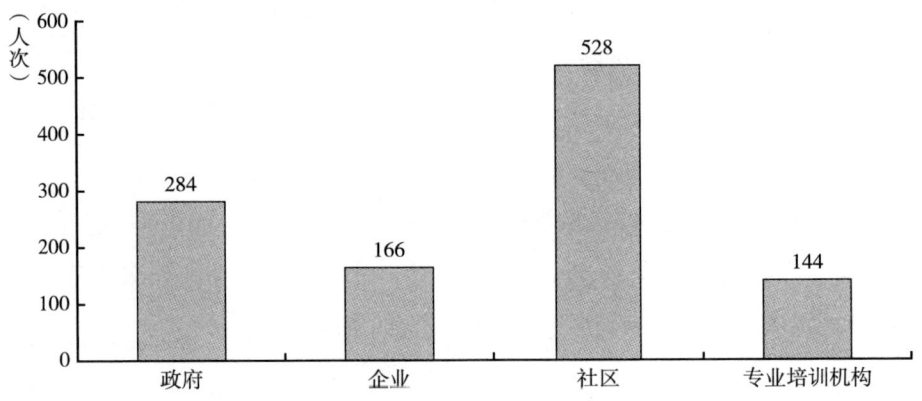

图12 培训资源供给主体比较

注:此问卷为多项选择,故总计超过100%。

分析上述数据我们发现,"农转居"市民接受教育的主渠道似乎固定在社区这一平台,他们也对社区给予了更多的期待,希望社区在市民化教育中发挥更大的作用。

(三)政府发挥引领、推动作用不足,制约教育功能的进一步发挥

在我国,政府既承担着公共教育资源的主体角色,也是公共教育服务的主要供给者,政府行为对"农转居"市民化教育的方向、方式和速度等具有重要作用。但从实践看,"农转居"社区教育在潜能发挥方面还没有完全体现准公共产品的性质,政府在"市民化"教育中发挥引领和推动作用还

需要进一步加强。

一是缺乏系统的政策法规支持。目前,"农转居"市民化教育的立法建制工作仍未提上议事日程。面对庞大的城市拆迁改造工作,政府往往只能是伴随城中村改造拆迁工作的总体规划捎带着做好"市民化"教育工作,导致"市民化"教育工作落实起来出现较大的弹性,政府相关职能部门不能形成相互支撑的体制机制合力。

二是缺乏对职业教育应有的重视。职业教育是直接面向就业的教育,在培养和造就大批高素质劳动者、新型农民和开发劳动力资源方面,紧密联系市场需求,成为最直接有效的培养手段。因而,职业教育与"农转居"市民化教育具有同等的功效。政府重视职业教育,自然也就惠及市民化教育。

三是缺乏广泛深入的宣传。在"农转居"之前,农民对城市生活只看到其外表,并未从生产方式和生活方式上真正体验到城市生活的本质。但是,如果在此前不做宣传,农民进入城市就可能经受较长的摸索时期。可见,凡是涉及"农转居"的地区,宣传工作一定要走在前面,要让农民提前详细深入地了解城市生活的方方面面,形成对城市生活的正确认识,引领农民顺利地向市民转化。

(四)驻区教育资源缺乏整合,制约教育功能的进一步发挥

"农转居"市民化教育不仅要依托于城市发展规划、城市社区平台,而且需要公共资源配置和教育资源共享,需要依赖城市文化的浸润和教育机构教化。调研发现,一些拥有科研院所等优厚条件的区县在"农转居"市民化教育上对这些驻地资源也难以整合利用。这些机构各自为政,主力仍然放在公办、自办教育项目上。各区县"农转居"市民化教育这一重大工程的主要牵头部门是城乡统筹部门和党校,其难以承担起资源整合、总体规划等重担。一些高校则游离于"市民化"教育之外,许多驻地学校不能发挥"市民化"教育的助手作用,加上普通高校的成人教育与"农转居"社区教育不能对接,社区职业培训便少了一支生力军。针对"农转居"市民急需的理财等专业知识的培训和引导难以安排到位,许多"农转

居"市民轻信一些金融机构、储蓄所和非法集资机构的宣传,在投资理财中造成损失,市民的这种需求与驻地财经院校和法律院校资源闲置形成鲜明对比。这一点,应作为教育部门和地方政府在"农转居"社区教育方面的课题加以研究。

三 完善"农转居"社区教育的思路与对策

"农转居"社区教育,最终是一个"育人化人"的艰巨过程,是农民市民化进程中的重要环节。相关部门应通力协作,积极通过各种类型、各种形式的教育、培训、教化,使得文化内化于心,外化于行,真正实现农民向城市市民的转换,完成角色蜕变,最终成为与城市文明要求相适应的现代城市公民。

(一)科学设定教育内容,扎实做好"融入"教育

如何融入城市生活,是"农转居"市民面临的主要问题。融入,是多方位的融入,这就需要在教育内容上科学设定。第一是人口素质的融入。人口素质是诸多要素的集合。"农转居"市民的素质,主要包括思想道德素质、身体素质和科学文化素质。第二是思想观念的融入。观念是行动的先导。"农转居"的过程,是农民人生态度、理想追求的转变,同时,也要树立市场经济、平等竞争等观念。第三是行为方式的融入。受农业自然经济条件影响,农民的生产方式与生活方式表现为日出而作、日落而息,其在行为方式上也呈现自由、散漫、无序等特点。而城市生活节奏快,时间观念强,与之形成鲜明对比。这就需要农民转变其原有的生活方式。第四是权利主体的融入。"农转居"市民化,说到底就是农民从农村集体社群中的权利人转变为城市市民社会的权利人,成为与市民具有同样待遇的社会公民。因此,要激发"农转居"市民的权利意识,提高其市民意识和公民意识,尽快实现角色的转变。第五是生活质量的融入。要使农民能够真正享受现代化、城市化所带来的便利,提升其幸福指数,增强其归属感。

（二）切实发挥各级政府的规划引领和助推功能

政府的职能之一就是社会服务。"市民化"教育是政府职能的体现，政府需要在其中切实发挥好助推器的作用。提供公共教育资源是政府社会服务职能的体现。政府一方面要把握"农转居"教育的发展方向，进行宏观指导；另一方面，要制定发展规划，进行资源配置，调动"农转居"市民的积极性。还有，要进行方式方法的创新，营造良好教育氛围。可以通过编写教育读本、举办市民大讲堂、制作市民化教育展板等形式，做好社区教育宣传工作。发挥先进典型的示范带动作用，组织丰富多彩的社区联谊活动。在进行社区规范培训的同时引导市民直接参与社区管理，参加居民议事会议；在进行爱国主义知识教育的同时带领市民到爱国主义教育基地参观，让其切身感受革命先烈为国为民热血奉献的爱国情怀，从而使"农转居"市民在世界观、人生观和价值观等方面获得全面提升。

（三）建立市一级"农转居"社区教育资源统筹协调机构

"农转居"社区教育是一个系统工程，涉及方方面面的机构，要配置上上下下的资源，需要建立全面的统筹协调机制。从陕西省实践看，"农转居"市民化教育的统筹协调工作确定在市一级较为适宜。通过建立市一级统筹机制，由市级部门牵头，以区级相关部门为依托，盘活市内现有教育资源，如党校、电大、高校以及其他教育资源等，形成社区教育基地，从而构建一个"政府统筹、教育主管、部门配合、社会支持、社区自主、群众参与"的自上而下的市民教育运行机制，做到"农转居"市民化教育的全覆盖。

（四）积极筹措资金，建立"农转居"社区教育专项基金

"农转居"教育需要充足的经费做保障。可以考虑设立教育基金，由国家、地方、个人三方共担。个人部分，在"农转居"市民的货币补偿中，将教育费用单列，作为专项教育基金的构成。同时，国家和地方按照一定比

例予以配套。在可能的情况下，还可对规模稳定、水平相对有保证的社区内"市民化"教育试行政府购买式教育服务等模式。

（五）把"农转居"社区办成市民化教育的新型平台

社区，作为人们生活居住的主要场所，越来越发挥着重要作用。"农转居"市民化教育，也要充分发挥好社区这一平台作用。一是要做好组织架构，在"农转居"过程中，组织先行，尽早筹划工作。二是要做好人员专业化培训，培养社区工作者的专业素养。三是要做好市民化教育的组织协调工作，对师资、场地、教育内容、方式方法等做好规划。四是要营造社区的文化氛围，以文化浸润，鼓励社会资本投资社区文化建设，打造社区文化建设的新格局。

（六）发挥驻地企业和学校的助手作用

从地缘政治的角度看，驻地单位对地方重大工作或困难应该尽到协助的义务，"农转居"市民化教育恰恰可以成为体现驻地单位这一职能的窗口。因此，需要驻地企业、高校等教育机构，在"农转居"教育中切实发挥作用，发挥其在资源、人力、教学、科研等方面的优势，一方面，为市民化教育提供师资等教育保障，壮大社区教育的师资队伍；另一方面，发挥其资源优势，如图书馆、教学设施等的共享，为市民化教育提供服务。

（七）把"农转居"下一代市民的教育作为重中之重

教育是一个持续、动态的过程，不仅要关注当下，更要着眼于未来的发展，尤其是在"农转居"这个群体中，中老年人虽然已经实现了"农转居"，但在生活习惯、职业选择方面基本定型，再教育工作在他们身上更多的是渐进性和适应性。而对青少年来说，他们正处在人生开启、事业蓬勃发展的进取时期，"市民化"教育将为他们创造美好的未来。所以，"农转居"后下一代的教育问题就是"市民化"教育中非常重要的组成部分，应该视为重中之重，常抓不懈。

（八）建立"农转居"社区教育考评机制，把好教育考评关口

"农转居"市民化教育效果如何，一要看市民身上发生了多少变化，二要通过良性的考评机制加以督促和引导。考评组织的构成，可以是多方位的，既有职能部门、社区学院，还有社会各界和"农转居"市民。考评的内容，一是对教育机构的考评。主要是组织机构、师资力量、课程设置、运行机制、教学活动、条件保障等。二是对教育指标体系的考评。主要是教育质量、管理水平、学员评价、社会满意度等。三是对考评方法的设定。主要是检查考核、社会评价、业务指导。同时，要进行各教育机构之间的资源整合，并建立准入制度，保证教育培训的高水平。

B.22
西安市雾霾天气治理的现状、问题及对策建议*

高 萍**

摘 要： 雾霾天气治理作为生态环境保护的重要组成部分，关系人民生活，关乎民族未来。2015年，西安市全面实施雾霾天气治理六大举措，切实加大监督检查工作力度，初步建成治污减霾网格体系，努力营造雾霾天气治理舆论氛围，严格开展工作考核与责任追究制度，积极建立以关中地区为主的联防机制，力求雾霾天气治理取得更大成效。本文针对西安市雾霾天气治理过程中部门联动与协作、现有监测体系、企业自身、宣传工作、环保执法及公众参与方面存在的问题，提出了相应的对策建议。

关键词： 西安市 雾霾天气 治理

2015年2月13~16日，习近平总书记来陕视察工作时指出，陕西生态环境保护，不仅关系自身发展质量和可持续发展，而且关系全国生态环境大格局。他还特别强调，在生态环境保护上，一定要算大账、长远账、整体账、综合账，不能因小失大、寅吃卯粮、急功近利。总书记的讲话表明，生态环境保护是陕西经济社会发展的当务之急与永恒主题，我们应该给予高度重视与关心。雾霾天气治理作为生态环境保护的重要组成部分，关系人民生

---

* 该研究报告系陕西省社科界2014年重大理论与现实问题研究项目"西安公众对雾霾天气的风险认知研究"（立项号：2014Z064）成果之一。
** 高萍，陕西省社会科学院社会学研究所助理研究员。

活，关乎民族未来。本文将立足2015年西安市雾霾天气治理的实际，并且围绕其治理过程中存在的一系列问题，提出相应的对策与建议。

一 西安市雾霾天气治理的现状

（一）全面实施雾霾治理六大举措

2015年，西安市加大"减煤、控车、抑尘、治源、禁燃、增绿"等综合措施的落实力度。针对"减煤"，力争实现年内主城区20蒸吨以下的燃煤锅炉、煤炭经营场所以及居民蜂窝煤用户三个方面的"清零"；针对"控车"，继续加快淘汰黄标车及老旧车辆的速度，加大对机动车辆尾气污染的防治力度；针对"抑尘"，对建筑工地、混凝土搅拌站等重点区域加强管理与防治，在60%以上的中心城区建筑工地安装视频监控设施，严格保证湿法作业，严格落实所有建设项目100%具备防尘措施；针对"治源"，进一步优化生活能源结构，加快改造农村落后用能方式步伐，不断提高城镇天然气普及率与集中供热率；针对"禁燃"，对污染源实现多领域、全方位、不间断地巡查，有效遏制垃圾、秸秆、落叶焚烧、露天烧烤以及餐饮油烟；针对"增绿"，争取年内新增400万平方米以上城市绿化面积，完成11.5万亩造林，大力实施"八水润西安"工程，力求年内新增6350亩湿地、2800亩生态水面。

（二）切实加大监督检查工作力度

2015年，各职能部门、街办等对燃煤总量的削减情况、小火电机组及黄标车的淘汰情况进行专项检查，加大和增加对重点污染区域与污染企业、建筑扬尘、餐饮油烟排放等的检查力度与频次。对一些问题企业，责令要求整改。对整改后仍达不到要求的，各相关区县、开发区遵照市减霾办指示，责令其停业一月，集中进行整改。直到通过市治污减霾办、市建委、区县（开发区）联合验收并符合要求后，才可再次投入生产。此外，对这些问题企业，市建委还采取降低信用评级、取消资质、在媒体曝光等措施进行惩处。据统计，上半年全市已累计关闭、取缔违法排污企业100多户。另外，据2015年《西安市"治污减霾"工作实施方案》规定，治污减霾各项工作的落实与推进情况要实行月通报制度，各环保分（县）局、直属单位及局机关相关处室需遵照客观、准确、量化原则，对每月工作进展进行报送，市局每月也要对现场进行核查；另外，各环保分（县）局、直属单位及局机关相关处室要在每月第一个工作日的15时前，按照要求报送上月工作任务的完成情况。

（三）初步建成治污减霾网格体系

自从《西安市治污减霾网格化管理实施意见》下发以来，各区县通过学习文件、召开业务培训会等方式，充分了解治污减霾网格化管理出台的背景、全市网格化管理的现状及需要开展的业务、环保所的职能分工及监督奖惩机制等，积极探索与实施治污减霾网格化管理工作。目前，全市治污减霾网格化管理工作进展良好，网格体系也已初步建成。据了解，全市已经建立1个一级（市级）网格、21个二级（区县级）网格、223个三级网格、2471个四级网格，成立201家环保所，到岗5966名网格员。根据网格管理模式，将分别用"块"、"片"、"面"来确立责任人与任务，对国控污染源、污染企业密集的区域、环境风险企业及减排重点企业等实施分级分类监管。另外，依据具体情况落实三级责任主体（网格责任领导、主要负责人及直接负责人），并且实施逐级负责制。通过网格化管理的实施，基层环境监管的长度得到了延伸，宽度得到了扩展，环境监管的效能得到了明显提升。

（四）努力营造雾霾治理舆论氛围

各级政府、环保部门及一些媒体积极开展雾霾治理宣传工作，努力营造全民参与雾霾治理氛围。比如，碑林区积极开展植树造林活动、新《环境保护法》年系列宣传教育活动、碑林低碳示范城区创建活动、社区环境法律工作室建设活动以及治污减霾群众书画作品宣传活动等；在长安广场，西安市环保局、长安区政府、西安广播电视台联合举办"我知晓 我参与"凝聚治污减霾正能量"大型有奖问答活动；莲湖区通过在辖区重点路段、人流密集处悬挂横幅的方式向市民宣传雾霾天气治理，通过动员沿街门店利用 LED 显示屏滚动播放来宣传市上的环保口号；高陵县开通"高陵治污减霾"公众微信号，定期向公众递送治污减霾信息，这种方式便于广大公众随时了解治污减霾相关知识，也便于其向县治污减霾办反映问题或者提出自己的意见建议。以上种种方式，使市民对雾霾天气治理的关注度与知晓度有所提高，践行环保、积极参与雾霾治理的意识也有所增强。

（五）严格开展工作考核与责任追究制度

结合新《环境保护法》，2015 年西安市加大考评考核与责任追究力度，制定《大气污染防治工作责任追究办法》以及年度、月度考核办法，坚持将雾霾治理的力度与成效作为检验各级、各部门责任担当与执行力的重要标尺；真正做到严督实查、铁面问责，如 32 名领导干部先后被市纪检监察部门问责处理，重点污染企业被"从重处罚"、"挂牌督办"、"限期治理"以及"媒体曝光"。拿各区县来讲，阎良区治污减霾办每月组织工作人员监督考核辖区各部门的治污减霾工作情况，对整改不力与工作进展缓慢的单位进行责任追究，并将其结果纳入年终考核；未央区出台了全市最严厉的责任追究办法，即对大气污染月度考核连续两次排名后三位的街办进行行政责任追究；对一些责任不明确的问题，高陵县治污减霾办进行了划分，力求真正做到"事事有人抓，件件有人管"，凡是接到高陵县治污减霾办发送的督办单但没有按时完成整改的，都将会被移交到县监察局接受处理。

（六）积极建立以关中地区为主的联防机制

近年来，关中地区多次发生了"污染范围广、持续时间长、污染程度重、累积效应大"的雾霾天气，目前已经成为全国雾霾天气最为严重的区域之一。为从根本上解决关中地区雾霾天气治理各自为战、难以形成区域合力的局面，省上出台了《大气污染重点防治区域联动机制改革方案》。该方案提到，西安、咸阳、宝鸡、渭南、韩城、铜川、杨凌示范区与西咸新区城市规划区等为核心防治区域，火电、燃煤锅炉、水泥、钢铁、煤化工、焦化、玻璃、石油化工、陶瓷、机动车、建筑工地等为重点防控对象，二氧化硫、氮氧化物、烟尘、粉尘、挥发性有机物为重点防控的污染物。该方案还提到，关中城际轨道交通网应该加快建设速度；本着"公交优先"的原则，在核心防治区域内，积极建设"免费自行车服务网络"等慢行交通体系；以环境空气质量改善为核心，实施大气环境保护考核评价制度与目标责任制；制定关中地区产业准入目录，控制火电、煤化工、水泥、钢铁、焦化等行业规模总量，等等。

二 西安市雾霾天气治理存在的问题

（一）部门间的联动与协作亟待深化

鉴于雾霾天气治理的特殊性，环保部门在现实工作中，通常需要得到发改、财政、工信、公安、法院、检察院、住建、商务和统计等部门的协同与配合。但是，在很长一段时间内，这些部门内部的资源配置良好，但是部门之间的联动与协作非常欠缺，这导致雾霾天气治理过程中存在多头执法、协调困难、责任推诿等现象。尽管新《环境保护法》规定，县级以上地方人民政府环境保护主管部门，对本行政区域环境保护工作实施统一监督管理。但在实际操作过程中，环保部门与其他部门平行，甚至被视作弱势部门。这样，由于缺乏有效的手段，环保部门的这一职能并不能得到很好的发挥，这为环保工作的开展带来了重重困难。尤其是在雾霾天气治理过程中，环保部门特别需要得到公检法部门的支持与配合，然而事实是，公检法部门中熟悉环保业务的人员并不多，他们也未曾将环境违法问题作为特殊的重要工作来对待。以上种种导致环保部门在现实工作中经常遭遇无奈与尴尬。

（二）现有监测体系难以满足新需求

目前，西安市已经初步建立了治污减霾网格管理体系。但就政策和管理层面，西安市仍然存在许多跟不上新形势、新任务的地方。拿基层监测站来讲，虽然也有仪器设备及监测设施等方面的配置，但现有的取证设备、执法通信设备和记录设备与大数据时代的需求已经相去甚远。另外，许多监测站目前仍然存在监测队伍不稳定、经费较为短缺、监测人员业务能力偏弱且积极性不高等问题。此外，要扎实、有效地落实网格化监管，是以科学、合理地划分环境监管网格为前提的。然而，目前一些区县环境监管网格划分的科学合理性是要受到质疑的。这些无疑都为空气质量的监测带来了障碍。据市统计局的一项调研显示，在对空气质量监测数据比较关注的人群中，有29.4%的人认为监测数据与个人感受是经常吻合的，44.1%的人认为有时吻合，15.0%的人认为很少吻合，11.5%的人说不清。虽然这与公众对空气质量的认知程度有关，但从侧面也或多或少暴露出现有监测体系对空气质量的监测与预警工作有待于大幅提升。

（三）企业缺乏自我监管意愿与能力

目前，部分企业在环保部门监察过程中，存在慌张、遮掩、隐瞒、答非所问等现象。究其原因，无不与企业重视经营、轻视大气污染相关。比如，一些企业或者煤质不达标，或者没有排污许可证，或者没有经过环境影响评价审批，或者长期试生产不经环保验收；一些企业或者没有安装污染物在线监控设施，或者安装了但没有运行，或者因为保养不到位导致运行期间故障频繁；一些企业为了节约用人成本，或者随意安排人员兼职负责环保工作，这导致人员工作精力分散，在污染治理方面互相推诿，能拖就拖，或者安排负责环保工作的人员没有与环保相关的知识作为支撑，这导致其无法制订与企业污染相关的治理措施；一些企业套用其他企业的治理模式，这导致对污染物治理的效果始终不尽如人意；还有一些企业因为是民生项目或者基础设施项目，认准环保部门不会对其实施强制措施，侥幸心理促使其久拖不办环保手续。以上种种狭隘的思维与做法导致企业给自身与环保部门工作设置了很多障碍。

（四）宣传工作存在"虚浮"现象

目前，环保部门及媒体针对雾霾天气治理已经做了很多宣传工作，也取得了明显成效。但这并不排除一些宣传仍然存在内容空泛、对象虚化、创意贫乏等"虚浮"现象。其一，环保部门及媒体的一些宣传或者居高临下讲些枯燥乏味的大道理，或者老生常谈书本里的死知识，殊不知社会公众更多需要的是与自身生产生活息息相关的雾霾天气预防与治理方面的具体知识。比如，目前大多市民愿意自觉监督空气污染行为，但实际上，他们遇到污染空气的事件时，站出来举报的很少。之所以如此，原因是多数人并不知道举报的途径。其二，通常面向全社会展开的环境知识宣传教育，都要经历由点到面、由局部到全面的过程。而目前，环保部门及媒体针对雾霾天气治理所做的一些宣传却喜欢搞热闹非凡的大场面，极力追求形式上的时髦，忽视宣传所要表现的思想内容，且未对处于各阶层、各年龄段及各行业的受众特点做出分析与研究，这样势必削弱了雾霾天气预防与治理方面的宣传效果。

（五）环保部门执法动力较为欠缺

尽管新《环境保护法》为环保部门赋予了多项执法权，但目前，西安市一些基层环保部门执法动力仍然严重不足。究其原因，一是基层环保执法建设比较滞后。虽然近年来西安市对雾霾天气治理的财政投资力度在持续加大，但雾霾天气治理的具体工作任务也在逐年增加。和增加了的工作量相比，对雾霾天气治理投入的资金仍显不足，这导致基层环保工作人员与仪器设备配置严重不足而无力去承担繁重的环保执法任务。二是基层环保部门的执法任务比较重，他们经常需要深入污染产生的源头进行明察暗访，对企业的排污数据也要定期核查，一些工作人员存在庸、懒、散的状态，还有一些人拉不下情面对一些企业的违规排放进行认证与处置。三是执法人员缺乏应对一些企业偷排、超标排污及与环保部门玩"猫捉老鼠"游戏等问题的策略。四是一些违规企业四处托人情、找关系,导致环保部门对其实施处罚困难重重。以上种种无疑打击了基层执法人员的工作积极性,对执法效果也造成了严重的不良影响。

(六)公众环保参与意识有待提高

目前,一些区县的某些地方长期存在脏乱差问题,恶劣的生活环境导致一些公众环境保护意识淡薄,许多人寄希望于别人,而不愿意自己为环境保护付出努力。还有一些公众虽然具有环保意识,但没有环保行为。由于缺乏有关环境保护的知情与监督渠道,以及对环保认知水平参差不齐,社会公众参与环境保护的积极性与主动性很难得到调动。像有些地方,群众发现了一些大气污染事件却因为不知道该怎么做,而出现了一些不理智的过激违法行为,或者只能在沉默中纵容一些企业的违规排放。通常,受影响人群是可以参加规划与建设项目环境影响评价调查会、论证会和听证会的,但在实际操作中,由于现行法律法规未对受影响人群的覆盖范围做以具体规定,这样,一些受影响人员就可能被排除在这个范围之外。此外,一些企业以商业秘密为由,拒绝公开具体环境信息。新《环境保护法》强调公众参与、全民共治,如何将这一思想落实到具体的雾霾治理工作中去,是我们应该认真思考的问题。

三 西安市雾霾天气治理的对策建议

(一)优化环境监管体制外部环境

鉴于雾霾天气治理需要各部门之间的协同与配合,因此,各级人民政府应该充分发挥监测方案制订总指挥的作用,使分散在各个部门的监测资源得到有效整合。对各个部门而言,也应该清醒地认识到,他们的协同与配合不仅仅体现在一两次工作上,而且体现在更为宽泛的领域。首先,从理念上来讲,协同与配合不仅要达到思想认识上的统一,还要达到行动上的互补与一致。拿监测结果的共享来讲，一些数据基础较好的部门可以作为牵头单位开发数据共享平台，其他各部门也可在这里获取或上传数据，这样就会形成空气监测方面的大数据库，而不至于造成监测资源的巨大浪费。其次，针对雾霾天气治理的部门协同应该是全方位的，包括业务协同、人事协同、财务协同等。对此，各部门应该认识到，雾霾天气治理是公益事业，不管各部门的工作方式、方法有多大差异，但其目的都是为了让人们呼吸到清新的空气，从这个意义上来讲，各部门之间就更应该相互理解、密切联合、通力协作。

（二）有力有序推进监测体系建设

新形势下要落实网格化环境监管，首先要解决监测部门技术设备跟不上网格化环境监管需要的问题。为此，各级监测部门应该切实加强硬件建设，有计划、有步骤、有力度地扎实推动监测体系建设，积极落实基层监测站仪器设备的保障工作。其次，要解决监察人员能力跟不上网格化监管的问题。为此，各级环保部门可采取远程教育、聘请专家开讲座、到院校进修等形式，本着注重实用性的原则，缺什么就学什么、急需什么就补什么，对工作人员进行务实、高效的培训。另外，可以将相关专业的大学毕业生纳入网格，使其成为基层环保员，因为有专业功底作支撑，网格管理的水平就会大大提高。最后，要优化雾霾天气监测网络布局，使监管网格划分的科学合理性能够跟上网格化监管的需求。为此，应该在深入了解辖区环境基本情况的基础上，结合辖区企业分布情况、重点监管行业特点、监测人员的构成及专业技能，来科学规划网格区域，尽力做到统筹兼顾，突出重点源，兼顾一般源。

（三）企业必须完善自我监管机制

环保建设在企业成长过程中是一项非常基础的工程。在生态环境保护背景下，企业更应转变观念，不仅要立足长远发展、做大做强的目标，还应具备保护环境的责任担当。首先，企业应当将环保工作视作日常工作的重要组成部分，通过外出学习或者参加培训班等形式培养一些能够胜任环保工作岗位的专业骨干，并且按照岗位定好职责。其次，企业除了逐步淘汰落后工艺与设备,推行清洁生产,降低废气排放总量外,还应自觉办理排污许可证,配合环保部门的审批与验收,加强污染治理设施的运行与维护,规范内部管理,落实其在线监控的主体责任。再次,从环评开始,企业就应当对不同的环保资料与数据进行存档。这既便于企业的自行监测,也便于环保部门掌握其动态与信息。最后,企业除向公众普及环保知识、定期公开环保数据外,还可开辟更多渠道使其直接参与到项目的环境风险评估中,这远比其口头上承诺的"污染风险在可控的范围内"更易于得到环保部门与公众的信任。

(四)努力提升宣传工作质量

要克服雾霾天气治理宣传工作中存在的"虚浮"现象,环保部门及媒体必须大兴求真务实之风,积极增强宣传工作中的针对性。首先,雾霾天气治理的宣传可重点针对学校、社区等。拿学校来讲,可为不同年龄段的学生针对雾霾天气治理定制不同的宣教活动,以此来达到教育一个学生、带动一个家庭、影响整个社会的目的。这样既可以提升宣传效果,又可以节约宣传成本。其次,促进社会公众环境行为与环境意识的有机结合。可从社会公众的日常生活入手,加强绿色生活信息发布,为其践行绿色生活方式提供必要的服务;利用媒体营造爱护自然、勤俭节约、绿色低碳的社会氛围,坚决抵制过度消费、炫耀消费等畸形消费观念。再次,新媒体的不断出现促使社会公众参与环境保护的方式更加多元、自主与开放。目前,宣传部门应充分利用视频、博客、微信等新媒体,促使公众在雾霾天气治理过程中发出自己的声音,这将对有力打击违法排污企业、及时遏制政府不当决策等起到重要作用。

(五)不断增强环保部门的执法能力

打铁还需自身硬。要提高环保部门执法能力,首先要加大对基层环保部门的资金投入力度,适度增加基层环保部门的人员编制,增添仪器设备,尽快改变基层环保执法建设比较滞后的局面。其次,为有效解决基层环保部门工作人员目标不明、责任不清、任务不具体等问题,可将环境执法任务落实到基层环保部门的具体工作人员，要求他们如实记录每日的工作开展情况以及存在的问题，主管领导要对执法日记进行不定期抽查。再次，基层环保部门工作人员要学习和巩固与大气污染相关的法律知识，了解与掌握大气污染监察现场执法、执法文书制作等相关业务，以此来达到提升监察人员理论水平与业务能力的目的。最后，打造"双随机"抽查团队。为此，可将全部被监管单位与有资格的监察人员分别入库，由计算机随机抽取被监管单位与监察人员名单，监察人员再通过摇号方式抽取相应的被监管单位。由于被监管单位与监察人员没有长期、固定的联系，这在一定程度上则遏制了人情执法的弊病。

（六）着力构建全民环保行动体系

生态文明建设涉及社会公众在生产方式、生活方式乃至价值观念诸领域的深刻变革。雾霾天气治理作为西安市的重点民生工程，与每个西安人的日常生活息息相关。除政府部门和企业外，对雾霾天气治理还需要全社会的共同参与和通力合作。对公众来讲，增强大气环境保护意识，自觉履行大气环境保护义务，就在每个人的身边，举手之力可得。比如，采购低碳环保产品、乘坐公共交通工具出行、多种一棵树、少抽一支烟；看到焚烧垃圾、冒黑烟的车辆等污染大气环境的现象，要及时加以阻止或拨打投诉电话；遇到违规排放废气并且对大气造成污染的企业，不再采取那些不理智的过激对抗行为，而是主动与环保部门取得联系，充分捍卫自身对一些大气污染事实的知情权与监督权。以上这些看似只是一些平凡、微不足道的小事，但如果社会上许多人都具备这种意识且付诸行动，那就可能汇聚成全民严格自律、遵章守纪、捍卫蓝天的强大合力，这对西安市雾霾天气的治理无疑大有裨益。

皮书起源

"皮书"起源于十七、十八世纪的英国,主要指官方或社会组织正式发表的重要文件或报告,多以"白皮书"命名。在中国,"皮书"这一概念被社会广泛接受,并被成功运作、发展成为一种全新的出版形态,则源于中国社会科学院社会科学文献出版社。

皮书定义

皮书是对中国与世界发展状况和热点问题进行年度监测,以专业的角度、专家的视野和实证研究方法,针对某一领域或区域现状与发展态势展开分析和预测,具备原创性、实证性、专业性、连续性、前沿性、时效性等特点的公开出版物,由一系列权威研究报告组成。

皮书作者

皮书系列的作者以中国社会科学院、著名高校、地方社会科学院的研究人员为主,多为国内一流研究机构的权威专家学者,他们的看法和观点代表了学界对中国与世界的现实和未来最高水平的解读与分析。

皮书荣誉

皮书系列已成为社会科学文献出版社的著名图书品牌和中国社会科学院的知名学术品牌。2011年,皮书系列正式列入"十二五"国家重点出版规划项目;2012~2015年,重点皮书列入中国社会科学院承担的国家哲学社会科学创新工程项目;2016年,46种院外皮书使用"中国社会科学院创新工程学术出版项目"标识。

中国皮书网
www.pishu.cn

发布皮书研创资讯，传播皮书精彩内容
引领皮书出版潮流，打造皮书服务平台

栏目设置：

- □ 资讯：皮书动态、皮书观点、皮书数据、皮书报道、皮书发布、电子期刊
- □ 标准：皮书评价、皮书研究、皮书规范
- □ 服务：最新皮书、皮书书目、重点推荐、在线购书
- □ 链接：皮书数据库、皮书博客、皮书微博、在线书城
- □ 搜索：资讯、图书、研究动态、皮书专家、研创团队

中国皮书网依托皮书系列"权威、前沿、原创"的优质内容资源，通过文字、图片、音频、视频等多种元素，在皮书研创者、使用者之间搭建了一个成果展示、资源共享的互动平台。

自 2005 年 12 月正式上线以来，中国皮书网的 IP 访问量、PV 浏览量与日俱增，受到海内外研究者、公务人员、商务人士以及专业读者的广泛关注。

2008 年、2011 年中国皮书网均在全国新闻出版业网站荣誉评选中获得"最具商业价值网站"称号；2012 年，获得"出版业网站百强"称号。

2014 年，中国皮书网与皮书数据库实现资源共享，端口合一，将提供更丰富的内容，更全面的服务。

法律声明

"皮书系列"（含蓝皮书、绿皮书、黄皮书）之品牌由社会科学文献出版社最早使用并持续至今，现已被中国图书市场所熟知。"皮书系列"的LOGO（ ）与"经济蓝皮书""社会蓝皮书"均已在中华人民共和国国家工商行政管理总局商标局登记注册。"皮书系列"图书的注册商标专用权及封面设计、版式设计的著作权均为社会科学文献出版社所有。未经社会科学文献出版社书面授权许可，任何使用与"皮书系列"图书注册商标、封面设计、版式设计相同或者近似的文字、图形或其组合的行为均系侵权行为。

经作者授权，本书的专有出版权及信息网络传播权为社会科学文献出版社享有。未经社会科学文献出版社书面授权许可，任何就本书内容的复制、发行或以数字形式进行网络传播的行为均系侵权行为。

社会科学文献出版社将通过法律途径追究上述侵权行为的法律责任，维护自身合法权益。

欢迎社会各界人士对侵犯社会科学文献出版社上述权利的侵权行为进行举报。电话：010-59367121，电子邮箱：fawubu@ssap.cn。

社会科学文献出版社

权威报告·热点资讯·特色资源

皮书数据库
ANNUAL REPORT(YEARBOOK) DATABASE

当代中国与世界发展高端智库平台

皮书俱乐部会员服务指南

1. 谁能成为皮书俱乐部成员？
- 皮书作者自动成为俱乐部会员
- 购买了皮书产品（纸质书/电子书）的个人用户

2. 会员可以享受的增值服务
- 免费获赠皮书数据库100元充值卡
- 加入皮书俱乐部，免费获赠该纸质图书的电子书
- 免费定期获赠皮书电子期刊
- 优先参与各类皮书学术活动
- 优先享受皮书产品的最新优惠

3. 如何享受增值服务？

（1）免费获赠100元皮书数据库体验卡

第1步 刮开附赠充值的涂层（右下）；
第2步 登录皮书数据库网站（www.pishu.com.cn），注册账号；
第3步 登录并进入"会员中心"—"在线充值"—"充值卡充值"，充值成功后即可使用。

（2）加入皮书俱乐部，凭数据库体验卡获赠该书的电子书

第1步 登录社会科学文献出版社官网（www.ssap.com.cn），注册账号；
第2步 登录并进入"会员中心"—"皮书俱乐部"，提交加入皮书俱乐部申请；
第3步 审核通过后，再次进入皮书俱乐部，填写页面所需图书、体验卡信息即可自动兑换相应电子书。

4. 声明

解释权归社会科学文献出版社所有

皮书俱乐部会员可享受社会科学文献出版社其他相关免费增值服务，有任何疑问，均可与我们联系。

图书销售热线：010-59367070/7028
图书服务QQ：800045692
图书服务邮箱：duzhe@ssap.cn

数据库服务热线：400-008-6695
数据库服务邮箱：database@ssap.cn
兑换电子书服务热线：010-59367204

欢迎登录社会科学文献出版社官网
（www.ssap.com.cn）
和中国皮书网（www.pishu.cn）
了解更多信息

社会科学文献出版社 皮书系列
SOCIAL SCIENCES ACADEMIC PRESS (CHINA)

卡号：077810434288
密码：

S 子库介绍
ub-Database Introduction

中国经济发展数据库

涵盖宏观经济、农业经济、工业经济、产业经济、财政金融、交通旅游、商业贸易、劳动经济、企业经济、房地产经济、城市经济、区域经济等领域，为用户实时了解经济运行态势、把握经济发展规律、洞察经济形势、做出经济决策提供参考和依据。

中国社会发展数据库

全面整合国内外有关中国社会发展的统计数据、深度分析报告、专家解读和热点资讯构建而成的专业学术数据库。涉及宗教、社会、人口、政治、外交、法律、文化、教育、体育、文学艺术、医药卫生、资源环境等多个领域。

中国行业发展数据库

以中国国民经济行业分类为依据，跟踪分析国民经济各行业市场运行状况和政策导向，提供行业发展最前沿的资讯，为用户投资、从业及各种经济决策提供理论基础和实践指导。内容涵盖农业，能源与矿产业，交通运输业，制造业，金融业，房地产业，租赁和商务服务业，科学研究环境和公共设施管理，居民服务业，教育，卫生和社会保障，文化、体育和娱乐业等100余个行业。

中国区域发展数据库

以特定区域内的经济、社会、文化、法治、资源环境等领域的现状与发展情况进行分析和预测。涵盖中部、西部、东北、西北等地区，长三角、珠三角、黄三角、京津冀、环渤海、合肥经济圈、长株潭城市群、关中—天水经济区、海峡经济区等区域经济体和城市圈，北京、上海、浙江、河南、陕西等34个省份。

中国文化传媒数据库

包括文化事业、文化产业、宗教、群众文化、图书馆事业、博物馆事业、档案事业、语言文字、文学、历史地理、新闻传播、广播电视、出版事业、艺术、电影、娱乐等多个子库。

世界经济与国际政治数据库

以皮书系列中涉及世界经济与国际政治的研究成果为基础，全面整合国内外有关世界经济与国际政治的统计数据、深度分析报告、专家解读和热点资讯构建而成的专业学术数据库。包括世界经济、世界政治、世界文化、国际社会、国际关系、国际组织、区域发展、国别发展等多个子库。

陕西蓝皮书
BLUE BOOK OF SHAANXI

广视角·全方位·多品种

- 全书紧紧围绕党的十八大及十八届三中全会关于社会发展的重大决策部署，紧贴"三个陕西"的建设实际，对陕西社会发展的诸多领域进行了全面深入的探讨。其中，法治政府建设、革命老区扶贫问题、行政审批制度改革以及移民搬迁问题成为本年度的热点。

- 本书既总结和回顾了过去一年陕西社会建设取得的成就，也分析和梳理了当前社会发展中存在的问题和挑战，探求有效的应对之策，为进一步思考和把握陕西社会发展实际、政策指向和工作策略等提供重要参考。

·权威平台·智库报告·连续发布

"皮书说"微信

出版社官方微信

内赠数据库体验卡

皮书序列号：B-2009-114

中国皮书网　www.pishu.cn

ISBN 978-7-5097-8401-3

定价：69.00元